Deutsche Heldensagen

Herausgegeben von
Edmund Mudrak

ENSSLIN

36. Auflage 2004 Ensslin im Arena Verlag GmbH, Würzburg

303.–305. Tausend

© **2001 Ensslin im Arena Verlag GmbH, Würzburg.**
(Erstausgabe 1955.) Alle Rechte vorbehalten.
Coverillustration: Klaus Steffens.
Gesamtherstellung: westermann druck GmbH, Braunschweig.
Printed in Germany.
ISBN 3-401-40000-2

INHALT

WIELAND DER SCHMIED

Im hohen Norden Europas lebte einmal ein König; der hatte drei Söhne. Sie hießen Wieland, Egil und Schlagfittich und hielten als gute Gesellen treu zusammen. Gerne zogen sie gemeinsam auf Jagd aus und verstanden sich wohl auf die Kunst des Skilaufes. Man sagte der gesamten Sippe außermenschliche Herkunft nach: Die Urahne des Geschlechtes, so hieß es, sei eine Meerfrau gewesen.

Die drei Brüder liebten ein freies, ungebundenes Leben, und so kam es, dass sie immer weiter hinauszogen. Auf einem dieser Jagdzüge gerieten sie in eine Gegend, die ihnen gerade ihrer Einsamkeit wegen gefiel. Ein See lag dort, in den ein Fluss mündete. Sie nannten das Tal, das dieser durchfloss, das Wolfstal und den See den Wolfssee. Sie erbauten sich dort ein Haus und beschlossen, in der Gegend zu bleiben, solange es ihnen gefiele.

So einsam und verlassen auch der Wolfssee dalag – nie hatten die Brüder dort die Spur von Menschen wahrgenommen –, war es von ihm doch nicht weit zur Grenze eines Reiches, über das damals König Nidung herrschte. Nidung erfuhr sehr bald von dem neuen Haus am Wolfssee, doch tat er nichts, um die Brüder zu stören. Er befahl nur, ihm Kunde zu geben, wenn sich am Wolfssee etwas Besonderes zutragen sollte.

Eines Tages hatten die drei Brüder einen wunderbaren Anblick. Von Süden her kamen drei Schwäne geflogen und senkten sich zum Wolfssee hinab. Sie glaubten die Gegend ganz einsam und ahnten nicht, dass sie beobachtet wurden. Unbekümmert warfen sie ihre Federhemden ab, und drei Frauen kamen zum Vorschein, schöner als die Brüder jemals welche gesehen hatten. So singt das alte Heldenlied von Wieland und den drei Frauen:

Mädchen von Süden
durch den Myrkwid flogen,
die Schwanenjungfraun,
Schlacht zu wecken;
zu säumen am Seestrand
saßen sie nieder,
des Südens Kinder,
spannen köstliches Linnen.

Die drei Brüder hatten sich rasch, ohne viel Worte zu wechseln, untereinander verständigt: Wenn sie die drei Schönen in ihre Gewalt bekämen,
dann sollte es ein anderes Leben am Wolfssee werden als bisher! Sie
schlichen an die Stelle heran, wo die Federhemden lagen, und rafften sie
mit raschem Griff zusammen. Zu spät erkannten die entsetzten Frauen, was
geschehen war. Ohne ihre Flughemden waren sie hier in der Wildnis hilflos
und dem Verderben preisgegeben. Wohl baten sie die Brüder flehentlich, ihnen ihr Eigentum zurückzugeben, aber diese wollten davon nichts hören
und forderten, die Schwanenjungfrauen sollten als ihre Frauen bei ihnen
bleiben. Diesen blieb keine andere Wahl, als die Werbung anzunehmen, und
so nahm Egil Ölrun zum Weib, Schlagfittich die Schwanweiß, Wieland
aber die Herwör.
Die drei Paare lebten nun in Frieden und Eintracht Jahr um Jahr, und nichts
schien ihr Glück zu stören. Die Flughemden hatten die drei Brüder in einer
Truhe gut geborgen und glaubten sie dort sicher. Niemals ließen die drei
Frauen vor ihren Gatten ein Wort darüber fallen, dass sie sich etwa nach
ihrem früheren Leben zurücksehnten und wünschten, so wie einst in der
Schlacht ihres Amtes als Walküren zu walten. In Wahrheit aber stieg ihre
Sehnsucht danach Jahr um Jahr.
Schon war das neunte Jahr seit der Zeit angebrochen, da sie ins Wolfstal
gekommen waren. Immer weniger achteten die Brüder auf das Geheimnis
der Truhe mit den Schwanenhemden, und ein unachtsames Wort verriet den
Frauen das Versteck. Wohl ließen diese sich nichts anmerken, aber als bald

darauf die drei Brüder gemeinsam zur Jagd auszogen, fanden sie bei der
Rückkehr das Haus leer. Aus der geöffneten Truhe fehlten die Federhemden, und die drei Brüder erkannten sogleich, was geschehen war.

Leer und öde war das Haus nun geworden, und weder Egil noch Schlagfittich wollten dort noch länger verweilen. Der eine nahm auf seinen Schnee-
schuhen den Weg nach Osten, der zweite wandte sich nach Süden, um nach
den entschwundenen Frauen zu suchen. Nur Wieland konnte nicht glauben,
dass ihn Herwör für immer verlassen habe. Einsam blieb er im Haus am
Wolfssee zurück und harrte sehnsüchtig auf die Heimkehr seiner Frau.

Ein kostbares Andenken hatte sie ihm zurückgelassen, einen goldenen Ring
von seltsamer Schönheit. Wieland war ein kunstreicher Schmied und verstand sich ebenso darauf, unübertreffliche Waffen herzustellen wie kunstvolle Geschmeide aus edlem Metall. So schmiedete er auch – denn ihm,
dem Königssohn, stand Gold in reicher Fülle zur Verfügung – kostbare
Ringe, die dem Herwörs fast völlig glichen, sodass sie kaum von ihm zu
unterscheiden waren. Nur ein ihm wohl bekanntes Kennzeichen sagte
dem Schmied, welcher Ring der echte war.

Von allem, was sich im Wolfstal zugetragen hatte, erhielt König Nidung
bald sichere Kunde; er erfuhr auch, dass Wieland allein dort zurückgeblie-
ben war und kostbare Waffen und Kleinode besaß. Da war sein Entschluss
bald gefasst. Er gedachte Wieland seiner Kostbarkeiten zu berauben und
ihn selbst gefangen zu nehmen, sodass er ihm mit seiner Kunst dienen müsse. Heimlich sandte er seine Mannen zum Überfall aus.

> Nächtlich ritten Mannen,
> genagelt die Brünnen,
> ihre Schilde blinkten
> im Schein des Halbmonds.
> Sie stiegen aus den Sätteln
> am Saalgiebel,
> gingen hinein
> durch den ganzen Saal.

Bald hatten sie die Ringe Wielands gefunden, die er an einer Bastschnur aufgereiht hatte. Sorgsam wurden sie einzeln abgestreift und untersucht, und schließlich entdeckte der scharfe Blick des Anführers das Kennzeichen des echten Ringes. Diesen behielt er bei sich, die anderen reihte er wieder an der Bastschnur auf. Dann verließen die Männer das Haus und legten sich in der Nähe in den Hinterhalt.

Nicht lange währte es, da kehrte Wieland müde von der Jagd zurück. Weite Wege hatte er ziehen müssen, aber das Glück war ihm günstig gewesen, denn er hatte einen Bären erlegt. Nun schürte er ein mächtiges Feuer an, das er mit harzreichen Föhrenästen und mit vom Wind ausgedörrtem Waldholz nährte. Er briet ein Stück vom Bärenfleisch und verzehrte es, dann aber dachte er, auf dem Bärenfell hingestreckt, zu ruhen. Er nahm seine Ringe zur Hand, wie er es gewohnt war, und begann sie zu zählen. Da stutzte er – er vermisste den echten Ring! Wohin konnte er geraten sein? Aber so viel er auch grübelte, er fand nur eine Erklärung: Herwör allein kannte den echten Ring, nur sie, so meinte er, war imstande, ihn von den vielen anderen zu unterscheiden. So freute er sich der Gewissheit, dass er nicht vergeblich auf sein Weib gewartet. Sicherlich war sie heimgekehrt und neckte ihn jetzt nur noch, wenn sie sich vor ihm verbarg – bald würde sie vor ihn hintreten. Lange saß er da und sann, dann aber übermannte ihn die Müdigkeit, und er sank in tiefen Schlaf. Doch jäh fuhr er auf, als er sich von harten Fäusten gepackt fühlte. Sogleich wusste er, dass er sich nicht mehr wehren konnte, denn Hände und Füße waren schwer gefesselt. Das hatten Nidungs Mannen getan, die nur darauf gelauert hatten, bis Wieland in Schlaf versunken wäre, und dann sogleich in seine Behausung eingedrungen waren. Sie rafften zusammen, was ihnen wertvoll schien, dann nahmen sie den Gefangenen mit sich und führten ihn vor König Nidung. Mit grimmer Wut sah Wieland, dass die Beute schon verteilt war. Der König selbst trug Wielands gutes Schwert an der Seite, am Arm Bödwilds, der Königstochter, aber erblickte er den Ring seiner Frau. Mit heuchlerischem Vorwurf beschuldigte Nidung Wieland, dieser habe ihm Gold entwendet und daraus Kleinode geschmiedet. Voll ohnmächtigen Zornes hörte sich Wieland die Beschuldigungen an und wies sie mit Stolz zurück. Aber Nidungs Weib hatte ihn genau beobachtet, und ahnungsvoll sagte sie sich, dass dieser Mann furchtbare Rache üben würde, wenn es ihm jemals möglich sein sollte; da beschloss sie, das für immer zu vereiteln, und sprach zu ihrem Gatten:

>>Nicht geheuer ist er,
der vom Holz kommt!
Seine Augen gleichen
dem gleißenden Wurm;
die Zähne fletscht er,
zeigt man sein Schwert,
erblickt er den Ring
an Bödwilds Arm.
Der Sehnen Kraft
an den Knien durchschneidet!
Er sitze hinfort in Säwarstad!<<

Säwarstad hieß eine kleine Insel; sie lag nahe beim Festland und war daher leicht erreichbar. Dort wurde eine Schmiede für Wieland eingerichtet, der in Nidungs Auftrag seine Kunst üben musste. So herrliche Werke schuf der Gelähmte, dass sein Ruf weithin über alle Lande drang und seine Lebenszeit um viele Geschlechter überdauerte. Gehorsam tat er, was Nidung von ihm verlangte. Doch niemals vergaß er, was dieser ihm angetan hatte, und sein Rachedurst stieg von Tag zu Tag. Er kannte keinen anderen Gedanken als den, wie er seinem Feind vergelten könne, was dieser an ihm verbrochen hatte, und in einsamem Selbstgespräch rief er sich immer wieder alles in die Erinnerung zurück:

>>An Nidungs Seite
seh ich mein Schwert,
das ich geschmiedet,
so scharf ich konnte,

und ich gehämmert,
bis hart mich's dünkte:
Nun bleibt sie mir fern,
die funkelnde Wehr,
nicht wird sie Wieland
zur Werkstatt gebracht;
und Bödwild trägt –
Buße erleb ich nicht –
meiner Gattin
goldne Ringe!

So ersann er ein Kunstwerk, das bisher noch kein Mensch erdacht hatte und das ihm helfen sollte, der verhassten Gefangenschaft zu entfliehen, nämlich ein Paar künstliche Flügel, mit denen er sich in die Luft erheben konnte. Unermüdlich schaffte er in Nidungs Dienst, aber auch des Nachts fand er keine Ruhe, denn in ihrem Schutz werkte er an seinen Flügeln.
Nidung hatte zwei Söhne, die noch im Knabenalter standen. Auch sie wussten von dem gefangenen Schmiedekünstler, und die Neugier zog sie hinaus nach Säwarstad, um Wielands Werke zu bewundern. Voll Eifer traten sie zu der Truhe, in der Wieland die Kleinode aufbewahrte, die seine rastlosen Hände schufen, und konnten sich an dem vielen Gold nicht satt sehen. Wieland sah, wie in ihnen das gierige Verlangen erwuchs, diese Herrlichkeiten selbst zu besitzen. Da lockte er sie: »Kommt morgen wieder, doch sagt ja niemandem, nicht Eltern noch Schwester, weder Knecht noch Magd, dass ihr mich aufsuchen wollt! Dann soll all das Gold euch gehören!«
Dieser Lockung konnten die Brüder nicht widerstehen. Heimlich suchten sie Wieland auf und eilten zur Truhe; sie stand offen, und gierig beugten sie sich hinab, um das Gold darin zu sehen und mit den Händen zu durchwühlen. Darauf hatte Wieland gewartet. Er schlug den Ahnungslosen die Köpfe ab, sodass sie tot niedersanken. Dann warf er Rumpf und Beine in die Grube seiner Esse, mit den Häuptern aber begann er ein schauriges Werk. Aus dem Schädeldach, das er in Silber fasste, machte er Trinkscha-

Die Vorderseite des Runenkästchens von Clermont, auch Angelsächsisches Runenkästchen oder Schrein von Auzon genannt. Es ist aus Walrosszahn gearbeitet und stammt aus dem 7. Jahrhundert n. Chr. – Die Fläche ist in zwei Felder gegliedert. Die rechte zeigt die Huldigung der drei Weisen aus dem Morgenland vor dem Jesuskind. Auf dem linken Feld ist Wieland in seiner Schmiede dargestellt. Unter der Esse liegt der Körper des einen der von Wieland getöteten Königssöhne. Dem Schmied gegenüber stehen Bödwil und deren Magd. Rechts von dieser Gruppe sieht man den mit Vogelfang beschäftigten Egil; er schafft die Federn für die von Wieland gefertigten Flügel herbei. Die begleitende Magd und die Rolle Egils zeigen, dass der Darstellung eine den Angaben der Thidrekssaga entsprechende Sagenfassung zugrunde liegt.

Der Deckel des Runenkästchens ist einer einzigen Darstellung gewidmet: dem Angriff auf ein Haus, das von einem Krieger verteidigt wird. Dieser ist durch die Runeninschrift rechts von seinem Kopf namentlich als Egil, der Bruder Wielands, bestimmt. Einige der von links her angreifenden Krieger sind bereits verwundet und außer Gefecht gesetzt; der Schild des vordersten Angreifers ist von zwei Pfeilen durchbohrt, die aus der Richtung der am oberen Bildrand sichtbaren, waagerecht liegenden Gestalt kommen. Egil kämpft mit dem Bogen, was seiner Eigenschaft als Meisterschütze entspricht. Man kennt indes keine Sagenfassung, die dieser Darstellung entspricht.

len, ein Geschenk für Nidung. Die Augen fasste er wie Edelsteine und sandte sie als Schmuck Nidungs Gattin; aus den Zähnen aber entstand ein Brustschmuck für Bödwild.

Auf keines ihrer Kleinode war Bödwild so stolz wie auf den Ring, der einst Herwör gehört hatte. Doch war sie oft unachtsam, und so geschah es, dass ihr eines Tages der Ring zerbrach. Sie erschrak heftig und wagte nicht, das Geschehene dem Vater oder der Mutter zu gestehen, aber sie wusste auch, dass nur ein Meister den Schaden bessern konnte – Wieland. So blieb ihr keine Wahl, als den Weg nach Säwarstad anzutreten. Voll Scheu trat sie vor Wieland und bat ihn um seine Hilfe. Dieser empfing sie mit trügerischer Freundlichkeit. Er versprach, ihren Wunsch so zu erfüllen, dass sie selbst von dem Schaden nichts mehr merken werde und Vater und Mutter den Ring für schöner halten sollten als zuvor. Damit betörte er die Ahnungslose, und als er nach reichlicher Bewirtung in sie drang, die Seine zu werden, wies sie ihn nicht ab. So wurde sie heimlich Wielands Weib, und zu spät erkannte sie in plötzlicher Ernüchterung, wie schwer sie sich dadurch gegen ihre Eltern vergangen hatte. Weinend verließ sie Säwarstad, voll Furcht vor dem Schicksal, das nun Wieland treffen werde, aber auch voll Angst vor dem Grimm des Vaters gegen sie selbst.

Wieland aber sah nun seine Rache erfüllt. Seine selbst geschaffenen Flügel hoben ihn hoch in die Luft, und so flog er Nidungs Behausung zu, auf deren Umzäunung er sich niederließ. Die Königin, die vor furchtbaren Ahnungen und schwerer Sorge keine Ruhe fand, stand eben draußen und wurde Zeugin des seltsamen Schauspieles. Sie rief ihrem Gatten zu:

> »Wachst du,
> Nidung, Niarenkönig?«

Dieser antwortete:

> »Immer wach ich,
> der Wonne beraubt;

nicht kommt mir Schlaf
seit der Kinder Tod.
Kalt ist mein Haupt,
kalt war dein Rat!
Das wünsch ich nun,
mit Wieland zu reden.«

Allzu deutlich ließ ihn sein böses Gewissen ahnen, welche furchtbaren Folgen sein Frevel gegen Wieland gehabt hatte und wie schwer es ihm vergolten wurde, dass er dem verderblichen Rat seines Weibes gefolgt war. Nun,
da er erkennen musste, dass der von ihm so arg misshandelte Wieland, den
er sicher in seiner Gewalt geglaubt hatte, sich mit Leichtigkeit seiner Macht
zu entziehen wusste, war er nicht mehr im Zweifel darüber, wer ihn seiner
Söhne beraubt hatte, und ihn verlangte nur noch nach letzter Gewissheit
über das, was ihm eine innere Stimme sagte. Wieland aber forderte erst
einen feierlichen Eid von Nidung, bevor er auf die Frage nach dem Verbleib
von dessen Söhnen Antwort gab:

»Erst sollst du alle
Eide schwören
bei Schildes Rand
und Rosses Bug,
bei Schwertes Schärfe
und Schiffes Bord,
dass Wölunds Weib
kein Weh geschieht,
dass du meine Buhle
nicht morden lässt,
ob ein Weib ich habe,
das wohl ihr kennt,
ob ein Kind ich habe
im Königssaal.«

Erst als Nidung sein Begehren erfüllt hatte, enthüllte er ihm mit erbarmungslosem Hohn das Schicksal seiner Söhne. Er hieß den König in der Werkstatt draußen auf Säwarstad Nachschau halten – da werde er in der Essengrube die Rümpfe seiner Söhne finden. Auch davon gab er dem König Kunde, welche Bewandtnis es mit den Trinkbechern für ihn selbst sowie mit dem Schmuck für Gattin und Tochter habe, den diese von ihm empfangen hätten. Am schwersten aber traf es Nidung, als Wieland ihm eröffnete, dass Bödwild sein Weib geworden sei und ein Kind erwarte; denn das schien ihm die größte Schmach, dass er den Sohn seines Todfeindes seinem Eid gemäß bei sich am Hof aufziehen müsse. Seine Klage galt nun nicht so sehr dem Verlust seiner beiden Söhne als der Machtlosigkeit, die ihn zwang, ohnmächtig der Flucht Wielands zuzusehen. Denn kein Geschoss vermochte den Feind zu treffen, der sich nun bis zu den Wolken des Himmels emporschwang, um für immer das Land zu verlassen, das sein Leiden und seine Not, dann aber seine Rache gesehen hatte, die nie und nirgends ihresgleichen fand.

Damit endet die Sage von Wieland. Es wird aber erzählt, dass Bödwild Mutter eines Sohnes wurde, der kräftig heranwuchs. Als er groß und stark genug dazu war, sandte die Mutter ihn in die Ferne zu seinem Vater, der als kunstfertiger Schmied weit und breit berühmt war. Wieland nahm den Sohn gut auf und unterwies ihn in allen Fertigkeiten, deren ein Held bedurfte, um in Ehren zu bestehen. Schließlich hielt es den Jungen nicht mehr beim Vater, und unstillbarer Tatendrang trieb ihn hinaus in die Welt. Von Wieland mit einer herrlichen Rüstung und einem unübertrefflichen Schwert sowie mit einem Ross ausgestattet, wie es kein zweites gab, ritt er aus, um den König aufzusuchen, dessen Ruhm schon damals die Lande erfüllte – Dietrich von Bern. Wielands Sohn aber führte den Namen Witege. Als er auszog, da ahnte er noch nichts von der unabwendbaren Bestimmung, die ihn in Freundschaft und Feindschaft so eng mit Dietrich von Bern verbinden sollte, dass einer dem anderen zum Schicksal werden musste.

WALTHER UND HILDEGUND

Walther und Hildegund bei Attila

Vor langen Zeiten – mehr als eineinhalb Jahrtausende sind seither verflossen – kamen die Völker Europas in Aufruhr gleich den Wogen des Meeres. Den Anstoß dazu gab das wilde Reitervolk der Hunnen, das von seinen Wohnsitzen in Ungarn aus, getrieben vom Machtwillen seines Königs Attila, alle Völker Europas mit Krieg überzog. Wer sich Attila entgegenstellte, wurde mit Gewalt unterworfen, wer sich aber fügte, dem gewährte der mächtige Hunnenkönig Schutz und Bündnis.

Auch gegen das Volk der Franken rüstete er die Heerfahrt. Dem König Gibich, der dort herrschte, war eben ein Sohn geboren worden, den er Gunther nannte. Noch mitten in der Freude über die Geburt eines Erben erreichte Gibich die Kunde, dass die Hunnen zahllos wie der Sand am Meer an der Grenzmark stünden.

Gibich durfte nicht hoffen, dass die Waffen und die Kraft seines Volkes ausreichten, um den bisher nie besiegten Feind zu bestehen. Sein Rat, den er hatte berufen lassen, stimmte einhellig dafür, dass es klüger sei, dem übermächtigen Feind Zins zu zahlen und Geiseln zu stellen, als Land und Leute, Gut und Blut in ungleichem Kampf aufs Spiel zu setzen. Deshalb wurden reiche Schätze von Gold und Silber an den Hunnenkönig Attila gesandt und ihm Hagen von Tronje, ein schöner, eben zum Jüngling heranreifender Knabe aus edlem Geschlecht, als Geisel gestellt.

Nun ließ Attila von den Franken ab und zog mit seinen Scharen weiter nach den Ufern der Rhone, von wo aus er das Volk der Burgunden bedrohte.

Gar bald empfing denn auch der Burgundenkönig Herrich die Botschaft, dass der Feind ins Land gebrochen sei und auf Châlons, die feste Königsstadt, heranziehe, da die Franken sich König Attila unterworfen hatten. Ohne Verzug rief er seine Lehensträger zusammen und hielt Rat, ob sie den Hunnen entgegenziehen und kämpfen sollten. Sie erkannten jedoch alsbald, dass es töricht wäre, wenn die viel schwächeren Burgunden das unternehmen wollten, was die mächtigen Franken nicht gewagt hatten. So wurden denn Boten zu Attila gesandt, die den Mächtigen um Frieden baten. »Auch ich bin ein Freund des Friedens«, erwiderte der Hunne, »und nur den bekämpfe ich mit den Waffen, der sich meiner Macht entgegenstellt.« Als die Boten mit dieser Kunde heimkehrten, begab sich Herrich selbst mit reichen Geschenken zu Attila und schloss den Vertrag mit ihm. Als Geisel aber stellte er seine Tochter Hildegund, sein einziges Kind. So musste sie, ihrer Eltern liebstes Kleinod, in die Fremde ziehen.

Attila führte nun sein Heer weiter nach Westen, gegen Aquitanien, wo König Alpher herrschte, dessen Sohn Walther nach dem Willen der Eltern schon als Kind mit Hildegund verlobt worden war. Mit Entsetzen vernahm Alpher, dass Gibich und Herrich sich den Hunnen unterworfen hatten und dass diese nun gegen sein Land heranzogen; konnte er doch nicht hoffen, sich dieser Feinde mit Waffengewalt zu erwehren. »Was sollen wir uns lange bedenken«, sprach er; »wir können Attila ja doch nicht widerstehen, und wenn wir nun dasselbe tun wie schon vor uns die Franken und Burgunden, so ist das für uns keine Schande. So will ich denn Boten zu Attila senden, ihm meinen Sohn Walther als Geisel anbieten und den Zins leisten, den er von mir fordert.« Unverzüglich führte er seinen Entschluss aus, und so kehrten die Hunnen ohne Schwertstreich und nur durch den Schrecken allein, den schon ihr Name verbreitete, siegreich, mit reichen Schätzen und mit Hagen, Hildegund und Walther als Geiseln nach Ungarn zurück. Dort befahl Attila, Hagen und Walther sorgfältig zu erziehen, als wären sie seine eigenen Söhne, während er Hildegund seiner Gattin Ospirin in Obhut gab. So wuchsen die Jünglinge fröhlich heran und waren bald in allen Künsten des Krieges und des Friedens wohl erfahren, sodass sie schließlich alle

Hunnen an Tapferkeit und Klugheit weit übertrafen. Attila schätzte sie deshalb sehr und gab ihnen hohe Ehrenstellen in seinem Heer, deren sie sich durch ruhmvolle Taten in vielen Kämpfen und auf mancher Kriegsfahrt würdig erwiesen. Hildegund blühte zu einer herrlichen Jungfrau heran und erwarb sich das Vertrauen der Hunnenfürstin in so hohem Maße, dass ihr die Schatzkammer der Hofburg anvertraut wurde. Sie galt als Erste nach der Königin.

So gingen viele Jahre dahin; da starb zu Worms König Gibich, und ihm folgte in der Herrschaft sein inzwischen herangewachsener Sohn Gunther. Der löste das Bündnis mit Attila und weigerte sich, fernerhin Zins zu zahlen. Als Hagen das erfuhr, empfand er es nicht ratsam, länger bei den Hunnen zu bleiben; in einer finsteren Nacht schied er ohne Urlaub und eilte auf verborgenen Pfaden der Heimat zu.

Der Gemahlin Attilas wollte die Flucht Hagens nicht aus dem Sinn; sie fürchtete, dass es eines Tages auch den tapferen Walther gelüsten könnte, in ähnlicher Weise wie sein Gefährte das Weite zu suchen, und riet darum ihrem Gemahl, den jungen Recken, dessen Heldenkraft eine Stütze des Hunnenreiches sei, durch eine Braut aus fürstlichem Geschlecht dauernd zu fesseln. Dem König erschien dieser Rat klug, und er sprach zu Walther: »Du hast in meinem Dienst so manche Mühe und Gefahr ertragen müssen, und darum bin ich dir mehr als allen anderen gewogen. Meinen Dank will ich dir aber nicht mit Worten, sondern durch Taten abstatten: Wähle dir die Schönste und Edelste unter den Töchtern der Hunnenfürsten, und was du an Land und Leuten und Geld und Gut dazu begehrst, das sei dein!«

Walther aber hatte ganz andere Pläne. Er durchschaute sogleich die Absicht des Königs und wich mit kurzen Worten dem Angebot aus, das ihn für immer mit dem Hunnenreich verbinden sollte: »Ach, Herr, was ich getan, ist solch hohen Preis nicht wert. Ich möchte gerne noch länger bei Euch sein und in Eurem Dienst Ruhm erwerben, aber wenn ich mir nach Eurem Gebot ein Weib erwähle, so muss ich mein Haus bestellen und den Acker bebauen, der Freude aber, unter Euren Augen hinauszuziehen in Kampf und Sieg, für immer entsagen. Darum beschwöre ich Euch, erlass mir die Ehe! Zu jeder

Stunde des Tages und der Nacht bin ich willig, für Euch zu kämpfen, solange mir die Sorge um Weib und Kind die Blicke im Schlachtensturm nicht rückwärts wendet und mir Mut und Arm lähmt.«

Diese Worte gefielen Attila wohl, und er sprach bei sich: »Walther entflieht mir nimmermehr!« Um ihm seine Huld voll zu beweisen, erkor er den jungen Helden bald darauf zum Heerführer gegen ein aufrührerisches Grenzvolk, das mit Waffengewalt wieder unterworfen werden musste.

Glänzend rechtfertigte Walther das Vertrauen des Königs; er verrichtete Wunder an Tapferkeit, sodass die Feinde sich bald zu wilder Flucht wandten. Über den Sieg frohlockend, zogen die Hunnen in die Heimat zurück, und während alle anderen in froher Erwartung des Wiedersehens mit Weib und Kind ihre Heimstätten aufsuchten, ritt Walther auf Attilas Burg zu. Dort eilten ihm die Diener entgegen, nahmen ihm sein Ross ab und fragten eifrig, wie es auf dem Heerzug ergangen sei. Vom langen Ritt ermüdet, gab Walther auf die vielen Fragen nur kurze Antwort und trat sogleich in die Burg ein, um Attila den Sieg zu melden.

Unterwegs aber traf er in einem der Gemächer Hildegund an, die allein dort verweilte. Freundlich begrüßte er sie mit Umarmung und Kuss, dann aber bat er um einen Trunk, da er müde und durstig sei. Sogleich füllte ihm Hildegund einen Becher mit Wein, er aber fasste ihre Hand, und während sie ihn schweigend anblickte, trank er und gab ihr das leere Gefäß zurück. Beide wussten wohl, dass sie einander seit langem verlobt waren, und Walther begann: »Viele Jahre schon tragen wir beide das Los der Verbannung und wissen doch, dass unsere Eltern uns füreinander bestimmt haben. Nun scheint es mir Zeit, davon nicht mehr länger zu schweigen!« Hildegund meinte, Walther spreche im Scherz; sie schwieg zuerst, dann aber rief sie unwillig: »Warum sprichst du Worte, von denen dein Herz nichts weiß, und gedenkst heuchlerisch der Verlobung, die du in Wahrheit verachtest? Scheine ich dir ja doch viel zu gering, als dass du daran dächtest, ich könnte deine Braut sein!« Walther aber entgegnete ernst: »Wie sehr verkennst du mich! Ich kenne keine Verstellung gegen dich. Wüsste ich, dass du mir geneigt bist, und versprichst du mir zu schweigen, so wollte ich dir nun, da wir al-

Die 18 cm lange Spangenfibel aus Wittis-
lingen stammt aus dem 7. Jahrhundert n.
Chr. Fibeln dieser Art sind dreigliedrig:
Kopf, Bügel und Fuß. Sie besteht aus rei-
nem Silberguss, der mit farbigen Zelleinla-
gen gefüllt ist; auf der Fußplatte sind zwei
Tierköpfe zu erkennen. Die vorliegende
Fibel ist ein wahrhaft fürstliches Prunk-
stück; sie belegt die allgemein verbreitete
Sitte, den Toten ihre wertvollste persön-
liche Habe mit ins Grab zu legen. Wir verdanken dieser Sitte eine Fülle wertvoller
Kulturerzeugnisse.

Die ostgotische Adlerspange entstammt
einem größeren, in Cesena (Oberitalien)
gefundenen Schatz aus dem 5. oder 6.
Jahrhundert n. Chr. Sie ist 12 cm lang; die
einzelnen Zellen waren mit Almandinen
und Perlen ausgelegt. Die Form der Span-
ge lässt vermuten, dass noch ein zweites
Stück vorhanden war und dass beide paar-
weise auf der Brust getragen wurden. Von
den Edelsteinen dieses Zierschmuckes ist
nur noch ein geringer Rest erhalten.

lein sind, meine geheimsten Pläne enthüllen.« Da erkannte Hildegund, dass
ihr Argwohn grundlos gewesen war, und erwiderte: »Alles will ich erfüllen,
was du mich tun heißt.« Diese Worte gaben Walther die freudige Gewissheit, dass Hildegund mit ihm eines Sinnes war. Nun eröffnete er ihr, was er
schon lange erwogen hatte: »Sehnsüchtig gedenke ich stets der Heimat,
und verhasst ist mir das Elend der Fremde. Darum will ich mich nun endlich insgeheim zur Flucht rüsten, die mir schon längst gelungen wäre, hätte
ich es nur über mich gebracht, dich hier allein zurückzulassen.« Hildegund
erwiderte aus tiefstem Herzen: »Dein Wunsch ist auch der meine; darum
sage, was ich tun soll. Dein Schicksal soll auch das meine sein, ob uns nun
Heil oder Unheil beschieden ist.« Da legte ihr Walther seinen Plan dar:
»Nimm aus der Schatzkammer, die du im Auftrag der Königin behütest, vor
allem den Helm und die aus dreifachem Draht gewirkte Brünne des Königs
und beschaffe für jeden von uns vier Paar Schuhe! Das alles lege in zwei
Schreine und fülle sie überdies so weit mit goldenen Spangen, dass du sie
noch zu tragen vermagst! Von den Schmieden aber lass heimlich Angelha-
ken fertigen! Denn Fische und Vögel müssen unterwegs unsere Nahrung
sein. Sorge dafür, dass alles in einer Woche bereit ist! Denn zu dieser Frist
will ich für Attila und Ospirin, für die Fürsten und ihre Mannen ein reiches
Fest bereiten und dafür sorgen, dass sie so lange dem Wein zusprechen, bis
sie schwer betrunken sind und in tiefen Schlaf verfallen. Dann wollen wir
unseren Weg in die ferne Heimat antreten.«

Die Flucht

Der Tag des Festmahls war angebrochen. In teppichbehangener Halle
prangte König Attila auf purpurgeschmücktem Thron, und vor ihm
schmausten die Hunnen an den Tischen, die sich schier bogen unter der
Last der köstlichen Speisen. Walther machte den Wirt, und als der Schmaus
vorüber und die Tische weggeräumt waren, trat er mit einem mächtigen, bis
an den Rand mit edlem Wein gefüllten Humpen, auf dem die Taten alter

Zeiten eingegraben standen, vor den König und bat, Attila möge ihn, allen zum Beispiel und Heil, zuerst leeren. Dieser erhob sich, schwang den Humpen mit starker Hand und leerte ihn mit einem gewaltigen Zug, sodass kein Tropfen mehr darin blieb. »Jetzt tut mir's nach, ihr Mannen!«, rief er, während lauter Jubel die Halle durchbrauste und die Schenken den Saal durcheilten, um überall die Humpen bis zum Rand zu füllen. Nun hob ein scharfes Trinken an, und bald wankte manch starker Mann in den Knien, den sonst zehn nicht bezwungen hätten, und manche Zunge, die sonst nur ernste Worte sprach, lallte trunkene Weise. Das Zechgelage dauerte den ganzen Tag, und als die Mitternacht kam, saßen sie noch und tranken, bis endlich einer nach dem anderen von Wein und Schlaf bezwungen dalag, während sich Attila weinschwer in seine Kammer begab.

Jetzt war die rechte Stunde gekommen. Walther gab Hildegund das Zeichen, sich zu rüsten, und zog, nachdem sie die Schreine und Geräte gebracht hatte, sein Ross aus dem Stall, das wegen seines herrlichen Wuchses und seiner wallenden Mähne der Löwe hieß, hängte ihm die Schreine über und wappnete Stirn und Seite des hufscharrenden Tiers mit Erz. Er selbst rüstete sich mit Attilas Helm und Panzer, gürtete die linke Lende mit einem doppelschneidigen Schlachtschwert und die rechte nach hunnischem Brauch mit dem scharfen, krummen Halbschwert. Dann ergriff er Schild und Speer und öffnete geräuschlos eine Nebenpforte. So schritt er hinaus aus der Hofburg Attilas, gefolgt von Hildegund, die das Ross am Zügel führte und Angeln und Leimruten trug.

Mit schnellen Schritten eilten sie durch die schweigende Nacht, und als der Morgen kam, wandten sie sich zum Wald, um in dessen verborgenem Dunkel behutsam weiterzuziehen. So eilten sie über Berg und Tal dem Ziel entgegen, Walther fröhlich und wohlgemut, Hildegund aber oftmals bänglich lauschend, ob nicht die Hunnen sie verfolgten.

Die trunkenen Hunnen aber lagen noch in der Halle in tiefem Schlaf, bis die Mittagssonne sie mit heißem Strahl endlich weckte. Nun hob ein langes Gähnen und Ächzen an, und auch Attila trat, sein schweres Haupt mit beiden Händen haltend, aus seiner Kammer.

Als er vergeblich nach Walther Ausschau hielt, meinte er, dieser habe sich zu ungestörtem Schlaf an einen ruhigen Platz zurückgezogen, und befahl ihn herbeizurufen. Die Diener liefen und riefen und sahen und suchten allerorten, aber nirgends war der Held zu finden.

Jetzt kam auch Ospirin, Attilas Gemahlin, herein und forschte nach Hildegund, die heute zum ersten Mal säumig war, das Gewand der Königin zu bringen; aber auch sie war von niemandem gesehen worden. Da wurde der Hunnenfürstin klar, dass Walther das Festmahl nur benutzt hatte, um sie alle zu überlisten.

Vorwurfsvoll sprach sie zum König: »Nun ist es eingetroffen, was ich vorausgesagt habe. Nun ist die Säule, die unser Reich stützte, gewichen. Walther ist mit Hildegund entflohen, und das unselige Trinkgelage, durch das ihr euch betören ließt, ist schuld daran.«

Da entbrannte Attila in furchtbarem Zorn. Wütend zerriss er seinen Mantel von oben bis unten, und so groß war sein Grimm, dass er den ganzen Tag über kein Wort zu sprechen vermochte und weder Speise noch Trank berührte. Als dann die Nacht hereinbrach, konnte er kein Auge zutun und wälzte sich ruhelos auf seinem Lager. Immer wieder erhob er sich und durchwanderte die ganze Burg.

So verbrachte er schlaflos die Nacht, während indessen die beiden Flüchtlinge rastlos dahinzogen. Als dann endlich der Morgen anbrach, rief Attila seine Mannen zusammen.

»Wer mir Walther zurückbringt«, sprach er, »gefesselt wie einen Hund, den will ich so, wie er steht, rings mit Gold umhüllen und noch sein Haupt damit überhäufen!« Aber keiner, ob hoch oder niedrig, wollte den Kampf gegen Walther wagen, mochte auch sonst so mancher danach verlangen, seinen Kampfesmut zu bewähren, und mochte der reiche Lohn noch so sehr locken. Denn niemand traute sich zu, den Helden zu überwinden, und Attilas Angebot blieb erfolglos.

So zog Walther unangefochten weiter. Um unentdeckt zu bleiben, verfolgten die beiden ihren Weg nur bei Nacht, unter deren Schutz sie ohne Aufenthalt der Heimat zustrebten. Bei Tag aber verbargen sie sich im Dickicht.

Dort ruhten sie; Walther fing mit der Leimrute Vögel, und wenn sie an Flüssen oder Bächen rasteten, reichte die Jungfrau dem Genossen die schlanke Angelrute; dann lagen bald zappelnde Fische im Gras.

Vierzig Tage und Nächte waren so dahingegangen, bis sie endlich nahe von Worms an den Rhein kamen. Ein Ferge setzte sie über den Strom und erhielt von Walther dafür zwei Fische, die dieser gefangen hatte.

Am andern Morgen eilte der Ferge nach Worms und bot bei des Königs Küchenmeister die Fische feil; dieser kaufte sie und briet sie dem König zum Frühmahl. Als Gunther sie gekostet und näher betrachtet hatte, rief er den Küchenmeister zum Hochsitz heran: »Was sind das für Fische? Nie sah ich solche, vom Rhein stammen sie nicht; sag an, wo hast du sie erhandelt?« Da berichtete der Küchenmeister, dass sie frühmorgens ein Ferge gebracht habe. Gunther aber war nicht zufrieden; er gebot, den Mann holen zu lassen, und verlangte von diesem ausführlichen Bericht über die seltsamen Fische. Der Ferge erzählte: »Als ich gestern Abend mit meinem Kahn am Ufer lag, kam ein Mann, ganz in Erz gehüllt und mit Schwert, Schild und Speer so gerüstet, als zöge er zum Kampf; hinter ihm ging eine schöne Jungfrau, die ein schwer beladenes Streitross am Zaum führte, und wenn das Ross die Mähne schüttelte, klang es aus den Schreinen auf seinem Rücken wie blankes Gold und Edelgestein. Die zwei habe ich übergefahren, und der Held gab mir die Fische als Fergensold.«

Unter den Mannen Gunthers, die in der Halle auf des Schiffers Erzählung lauschten, war auch Hagen, der aus Hunnenland entflohene Held; dem wurde alsbald klar, dass der Fremde kein anderer als Walther gewesen sein könne, und fröhlich rief er: »Freut euch mit mir, ihr Freunde! Das ist Walther, der Sohn Alphers; mein treuester Geselle bei den Hunnen kehrt heim!«

Da rief Gunther mit mächtiger Stimme unter jubelndem Beifall: »Wohl ist dies eine Freudenbotschaft, aber anders, als Hagen meint! Das Schicksal selbst hat mir den Schatz wieder ins Land gesandt, den Attila einst meinem Vater Gibich abgepresst hat!« Bei diesen Worten sprang er so hastig auf, dass er den Tisch umstieß, und befahl sein Ross vorzuführen. Sogleich wählte er zwölf seiner Mannen aus, deren Kraft und Mut er längst erprobt

hatte, darunter auch Hagen, und befahl ihnen, ihm zu folgen, um Walther
den Schatz abzujagen. Hagen aber gedachte der alten Treue, die ihn mit seinem einstigen Gefährten verband, und versuchte Gunther von seinem Vorhaben abzubringen. Aber jedes Wort war hier vergeblich; Gunther beharrte
auf seinem Entschluss und rief zornig: »Was zögert ihr so lange? Vorwärts,
die Schwerter umgegürtet, die Panzer umgeschnallt! Soll uns etwa ein so
gewaltiger Schatz entgehen?« Ungesäumt ward danach seinem Gebot getan, und rasselnd und klirrend sprengte er mit seinem Gefolge aus dem Tor,
um Walther zu ereilen und ihm den Schatz abzujagen. Trübsinnig ritt Hagen
mit, immer noch darauf bedacht, vom Kampf abzuraten; aber seine wohl
gemeinten Worte und Warnungen verhallten wirkungslos.

Indessen war Walther mit Hildegund einem tiefen, wildreichen Wald, dem
Wasgenwald, zu gezogen und hatte dort zwei nahe beieinander stehende
Felsen gefunden, die sich oben zu einer Wölbung vereinigten, sodass sie
eine geräumige Höhle mit moosigem Grund bildeten. »Hier wollen wir rasten«, sprach er zu Hildegund. »Das ist eine gute Lagerstatt, um auszuruhen
und uns zu erfrischen.« Schwer lastete die Müdigkeit auf ihm, denn seit
dem Beginn der Flucht von Attilas Hof hatte er niemals anders geruht, als
stehend auf seinen Schild gestützt, und dabei kaum ein Auge geschlossen.
Er legte seine Waffen ab, bettete sein Haupt in Hildegunds Schoß und sagte:
»Halte sorgsam Ausschau, und siehst du, dass sich in der Ferne eine Staub-
wolke erhebt, dann wecke mich! Aber nicht zu jäh, selbst wenn es eine
mächtige Schar sein sollte, die etwa herannaht!« Mit diesen Worten schloss
er die Augen zum lange entbehrten Schlaf.

Unterdessen war König Gunther mit seinen Recken in scharfem Ritt dem
Wasgenwald nahe gekommen und entdeckte plötzlich im Gras Hufspuren,
die sich tief eingegraben hatten. »Hier! Wir sind auf seiner Fährte!«, rief er,
dem Ross die Sporen gebend. »Noch heute fangen wir Walther, der uns
nicht entkommen soll und uns den Schatz überlassen muss!« Da wandte
sich Hagen nochmals an Gunther: »Eines, oh König, sollst du wissen: Hättest du Walther so oft wie ich im Kampf gesehen, dann glaubtest du gewiss
nicht, dass du ihn so leicht berauben kannst. Noch in jedem Kampf hat

Walther alle anderen an Tapferkeit so weit überragt, dass ihn die Feinde ebenso hassten, wie ihn seine Freunde bewunderten. Wer ihm gegenübertrat, der musste alsbald hinab ins Totenreich. Glaube mir, dem Erfahrenen: Walther ist als Gegner furchtbar!«
Aber in törichtem Wahn schlug Gunther die Warnung in den Wind und setzte hastig die Verfolgung fort, sodass er bald in die Nähe des Rastplatzes kam, an dem Walther und Hildegund Zuflucht gesucht hatten.

Der Kampf am Wasgenstein

Hildegund hielt Wache und spähte aufmerksam in die Ferne. Am aufwirbelnden Staub erkannte sie das Herannahen von Gunthers Schar und weckte Walther mit sanfter Berührung, sodass er, das Haupt erhebend, fragte: »Was gibt's, naht uns ein Feind?« Sie sprach: »Horch! Mich dünkt, es kommt eine Schar geritten.« Da erhob sich Walther, legte wieder die Rüstung an, und nachdem er durch einen Sprung seine Glieder geschmeidig gemacht hatte, schwang er zur Probe das Schwert durch die Luft, um für den Kampf bereit zu sein. Hildegund sah indessen Speere und Schilde schon nahe durch die Waldung schimmern und rief: »Wehe uns, die Hunnen kommen! Lieber will ich von deiner Hand sterben als ihre Beute werden!« Walther aber spähte, die Hand vors Auge gehalten, scharf hinaus nach der nahenden Schar, dann sprach er nach einer Weile lächelnd: »Oh, Hildegund, wie irrtest du! Das sind keine Hunnen, sondern Franken vom Rheinstrom, die hier das Gefilde bewohnen; von denen wird sich wohl keiner des Sieges über mich rühmen. Blick hin! Dort seh ich einen Helm blinken, den wir kennen. Das ist Hagen, mein Gefährte aus dem Hunnenland; von all denen, die da drunten reiten, müsste ich vor ihm allein auf der Hut sein, wenn er als Feind käme, denn er kennt meine Art zu kämpfen und weiß manche Kampflist.«
Auf dem Waldpfad drunten aber deutete eben Hagen mit dem Speer nach dem schmalen Zugang zu dem Felsen, den man den Wasgenstein nannte,

und sprach zu Gunther und den Genossen: »Ihr seht, hier nützt die Überzahl wenig; reizt daher den Fremden nicht zum Kampf, sondern sendet einen Boten zu ihm, der Sippe, Namen und Heimat von ihm erkunden und ihn fragen möge, woher er kommt. Vielleicht bittet er um Frieden und überlässt uns den Schatz ohne Blutvergießen. Wenn der Mann dort wirklich Walther ist, so achtet er vielleicht als weiser Mann die Würde des Königs.«

Dieser Rat gefiel dem König, und er sandte einen grauhaarigen Recken, Gamelo von Metz, der nicht lange säumte, zu der Felsburg ritt und dem vor der Höhle harrenden Helden zurief: »Künde mir, Fremdling, wie du heißt, aus welchem Land du kommst und wohin du reist!«

Ruhigen Mutes erwiderte ihm der Jüngling: »Künde du mir zuerst, ob du aus eigenem Willen kommst oder ob dich ein anderer sendet, denn ich sehe, du bist hier nicht allein!« Stolz entgegnete darauf der Herold: »Mich hat König Gunther hierher gesandt; er möchte erfahren, was du in seinem Land hier auf dem Wasgenstein zu schaffen hast.«

»Zwar weiß ich nicht, warum ihr den Geschäften eines Wanderers nachforschen müsst«, entgegnete Walther, »aber dennoch will ich gerne auf deine Frage antworten. Ich heiße Walther und Aquitanien ist meine Heimat. Aus weiter Ferne komme ich, vom Hunnenland, wohin mich dereinst mein Vater Alpher als Geisel sandte und von wo ich nun heimkehre.«

Da rief Herr Gamelo: »Wenn du mit heilen Gliedern von dannen willst, so sende alsbald die Maid mit den beiden Schreinen und dem Ross dem König zu, dann will er dir das Leben schenken!«

Unwillig entgegnete Walther: »Wie sprichst du doch einem Toren gleich! Dein König kann mir das nicht schenken, was er nicht hat und auch nie erlangen wird, solange dieses Schwert hier blitzt. Er ist kein Gott, der über Leib und Leben gebietet, und solange ich nicht gefesselt in seinem Kerker liege, sollte er sich hüten, mir so zu drohen. Doch wenn er mich ohne Streit ziehen lässt, so will ich ihm, um ihn als König zu ehren, hundert schwere Goldspangen senden.«

Mit dieser Botschaft ritt der Herold zurück, und Hagen riet dem König, dieses Angebot anzunehmen. »Mir träumte«, berichtete er, »letzte Nacht von

Die obere Abbildung zeigt eine prachtvolle fränkische Prunkspange in Form eines stilisierten Kleeblattes mit Pflanzenverzierungen. Sie stammt aus dem reichen Goldschatzfund von Hon in Norwegen. Aus dem gleichen Fund sind die beiden ebenso vorzüglich gearbeiteten Anhänger unten. – Nicht nur die scharfen Schwerter der Franken standen bei den kampfgewohnten Nordleuten in hohem Ansehen, auch die kostbaren Schmuckstücke der fränkischen Goldschmiede waren dort anscheinend sehr beliebt und stellten eine begehrte Handelsware dar.

schwerem Leid, das uns beiden widerfuhr; du warst im Kampf mit einem wilden Bären, der dir das Bein bis zur Hüfte zerriss, und als ich dir beisprang, riss mir das Ungeheuer mit seiner Tatze ein Auge und sechs Zähne aus. Drum meide, oh König, diesen Streit, der dir schwerlich Sieg verschafft!« Hochmütig antwortete Gunther: »Nun sehe ich, dass du deinem Vater Hagathie gleichst! Feig bist du wie er und weißt hundert Ausflüchte, um dich dem Kampf zu entziehen!« Über den ungerechten Vorwurf, den der König gegen ihn und seinen Vater erhob, wurde Hagen zornig. »Wohlan denn, so fechtet diesen Streit nur allein aus! Dort harrt der Mann eures Angriffs, nach dessen Schätzen dich gelüstet; ihr seid ihm nahe genug, und da euch nicht so wie mich Feigheit abhält, möge jeder nach Lust den Kampf wagen. Ich aber will an dem Raub, den ihr vorhabt, keinen Anteil haben.« Nach diesen Worten ritt er auf einen nahe gelegenen Hügel, sprang vom Ross und ließ sich nieder.

Gunther aber entsandte nochmals Gamelo mit der Weisung, den ganzen Hort zu verlangen und ihn mit Gewalt zu nehmen, wenn er verweigert werde. Der Recke rief Walther schon von weitem diese Botschaft zu. Dieser aber schwieg, bis sein Gegner herangekommen war und seine Forderung wiederholt hatte. Dann sprach er: »Ich habe den Schatz König Gunther nicht entwendet, und ich habe auch nichts von ihm geborgt, sodass ich ihm etwa Zins schuldig wäre; auch habe ich niemanden in eurem Land geschädigt. Ist aber euer Volk so menschenfeindlich, dass es keinen Wanderer auf seinem Boden duldet, wohlan, dann will ich den Weg mit zweihundert Spangen erkaufen. Ich will sie dem König senden, wenn er nicht auf dem Kampf besteht und mir Frieden gewährt.«

»Ich will nicht länger mit dir feilschen wie ein altes Weib!«, rief Gamelo zornig, fasste Schild und Speer und warf den Schaft mit wilder Kraft, dass er zischend durch die Lüfte fuhr. Doch der Jüngling wich gewandt zur Seite, und das Eisen bohrte sich tief in die Erde. »Wohlan denn, mir ist es auch so recht!«, rief Walther und schoss seinen Speer mit solcher Wucht durch den Schild des Gegners, dass das Geschoss die rechte Hand Gamelos, mit der dieser eben das Schwert ziehen wollte, an dessen Schenkel heftete und noch tief in des Rosses Rücken fuhr. Das Ross bäumte sich hoch auf vor Schmerz und hätte den Reiter abgeschüttelt, wenn er nicht durch die Waffe festgehalten worden wäre, die er nun, den Schild loslassend, mit der Linken herauszuziehen suchte. Aber Walther sprang heran und bohrte dem Feind das Schwert ins Herz, worauf Ross und Reiter blutend stürzten.

Als Gamelos Neffe Skaramund seinen Onkel fallen sah, rief er: »Mir lasst die Rache! Ich räche den Tod des teuren Onkels oder sterbe!«

Grimmig stürmte er den Hügel hinan, zwei Speere in den Händen schüttelnd, aber Walther stand ruhig, als wüsste er von keiner Gefahr, an dem Felshang. Zähneknirschend rief der Franke: »Was stehst du so voll Mut und Zuversicht? Mich locken nicht deine Schätze, ich will den Blutsfreund rächen, den du, Mörder, erschlagen hast.«

»Wenn du beweisen kannst«, entgegnete ruhig der Held, »dass ich den Kampf begonnen oder durch mein Tun verschuldet habe, so möge dein Speer mir gleich das Herz durchbohren!«

Da warf Skaramund in rascher Folge die beiden Speere, deren einer den Schildrand Walthers traf und abgeschüttelt wurde, während der andere sich in den moosigen Grund bohrte. Dann riss er das Schwert aus der Scheide, um mit einem schnellen Streich Walthers Stirn zu spalten; aber er lenkte sein Ross zu nahe an seinen Gegner heran und traf den Helden nur mit dem Schwertgriff, sodass lichte Funken dem Erz entstoben. Ehe er das Ross wenden und noch einmal anreiten konnte, fuhr ihm Walthers Speer unter dem Kinn in den Hals, dass ihm das Schwert entsank und er aus dem Sattel stürzte. Neben dem Onkel hauchte er sein Leben aus.

Voll Grimm sah Gunther den Tod des jungen Helden: »Auf«, rief er, »lasst dem Feind nicht Zeit, sich zu erfrischen! Dann schwindet ihm die Kraft, und er büßt mit seinem Herzblut für die Erschlagenen.«

Da sprengte als dritter Kämpe Werinhard, ein vortrefflicher Bogenschütze, gegen den Hügel.

Schon aus der Ferne entsandte er Pfeil um Pfeil gegen den Helden, um ihn zu reizen, aber machtlos prallten alle Geschosse an Walthers Schild ab, sodass der Schütze schwer ergrimmte und sein Ross spornte, um den Gegner

mit dem Schwert anzugreifen. »Dir war mein Geschoss zu luftig und zu
leicht«, rief er; »nun sollst du meines Armes Wucht erproben!«

»Komm nur heran! Darauf warte ich schon lange!«, entgegnete Walther
und warf mit voller Kraft seinen Speer dem Ross des Feindes in die Brust.
Hochauf bäumte sich das schwer getroffene Tier; es schlug mit den Hufen
die Luft, schleuderte seinen Reiter zu Boden und stürzte auf ihn nieder, sodass es ihn mit seinem Leib bedeckte. Walther sah es und entrang, wie ein
Adler herabstürzend, das Schwert der Faust des Gefallenen, dessen langes
Haar er rasch mit der Linken erfasste. Ein wuchtiger Streich, und mit abge-
schlagenem Haupt lag Werinhard bei seinem Ross im Staub.

Sogleich rief Gunther einen vierten Kämpen auf, den Tod der Genossen zu
rächen. Da erhob sich Eckefried aus Sachsenland, ein gewaltiger Held, der
einst in seiner Heimat im Zorn einen mächtigen Mann erschlagen hatte und
um dieser Blutschuld willen in der Fremde weilte; der trieb sein rotbraunes,
geschecktes Ross gegen den Hügel. Er gedachte, den gefährlichen Gegner
durch Spottworte aus seiner Stellung herauszulocken, und rief Walther zu:
»Bist du denn aus Fleisch und Blut und nicht ein leeres Luftgewebe, das in
der Wildnis spukt, weil du jedem Hieb entschlüpfst? Komm herab, wenn du
Mut hast!« Lachend rief Walther: »Ich kenne diese Listen, Sachse; komm
du nur heran, dann sollst du den Deinen erzählen, was für ein Gespenst du
im Wasgenwald erwittert hast!«

»Nun, ich will es bald erkunden, wer du bist!«, rief Eckefried, schwang seinen eisenbeschlagenen Speer am Riemen und schleuderte ihn gegen
Walther; aber die Speerspitze bog sich am Schildrand um und der Schaft
prallte ab. Da ergriff Walther seinen schweren Eschenspeer und rief: »Gib
Acht, das ist meine Gegengabe!« Und krachend fuhr das Eisen durch den
Panzer in die Brust Eckefrieds, dass sich aus ihr ein Blutstrom ergoss und er
todwund vom Ross stürzte. So fand der Sachse im Wasgenwald den Tod,
vor dem er aus seiner Heimat geflohen war. Sein Ross aber trieb Walther als
gute Beute hinter sich auf die Weide.

Als fünfter Kämpe erbot sich Hadawart, einer der stärksten Helden
Gunthers, zum Streit, wenn ihm des Gegners trefflicher Schild als Sieges-

preis zufalle, was ihm vom König gerne gewährt wurde. Er sprengte ohne
Speer, nur seinem Schwert vertrauend, gegen den Feind, aber das Ross
scheute vor den Leichen der Erschlagenen, über die es nicht hinüberwollte,
und so musste Hadawart aus den Bügeln springen und zu Fuß vorschreiten.
Walther lobte ihn, dass er es verschmähte, mit ihm, dem Unberittenen, vom
hohen Ross herab zu kämpfen, doch Hadawart schalt: »Wie ein listiger
Lindwurm, der sich zusammenrollt und seinen Leib hinter seinem Schup-
penpanzer verbirgt, bist du bisher selbst der kleinsten Wunde entgangen.
Aber gegen das Schwert in meiner Hand sollen dir deine Künste nichts helfen! Leg unverweilt deinen schön gemalten Schild ab, er ist mir als Kampf-
preis vom König zugesagt, und ich möchte ihn nicht zerhauen! Dir kann er
doch nichts mehr nützen, denn wenn du mich auch bezwängest, so würdest
du doch meinen Freunden erliegen, die dich nicht entwischen lassen, auch
wenn du dich zum geflügelten Vogel wandeln könntest.«
Furchtlos sprach Walther: »Den Schild will ich behalten, ich danke ihm
viel; er schirmte mich vor meinen Feinden in mancher Schlacht und ließ
sich die Wunden schlagen, die mir zugedacht waren. Und wie gut er mir
heute dient, das hast du selbst gesehen.«
»So wird ihn dir mein starker Arm entreißen, wenn du mir ihn verweigerst,
und Ross und Gold und Jungfrau dazu!«, rief Hadawart und ließ sein breites
Schlachtschwert mit beiden Händen auf Walthers Panzer niedersausen,
dass lichte Funken durch die Wildnis stoben.
Noch nie sah der Wasgenwald solchen Kampf wie den der zwei sturmküh-
nen Helden, von denen der eine mit dem Schwert, der andere mit dem Speer
so gewaltig kämpfte, dass es von den Schilden und Helmen scholl, wie
wenn die stolze Eiche von der Axt getroffen darniederkracht. Betroffen ge-
wahrten die Franken Walthers wundersame Kraft, die, ohne zu ermatten,
auch diesem Recken widerstand. Jetzt aber hob sich Hadawart hoch empor
und hieb mit einem mächtigen Streich nach dem Haupt des Gegners, um
mit einem Schlag den Kampf zu beenden, doch Walther lenkte das Schwert
mit dem Speer zur Seite. Es entglitt Hadawart und flog ins Gestrüpp. Hadawart eilte dem Gebüsch zu, um die Waffe wieder zu erreichen, aber Walther

war schneller. »Wohin? Nimm doch den Schild!«, rief er und schlug den Gegner nieder. Dann entriss er ihm den Schild und heftete den Liegenden mit dem Speer an den Boden; so endete Hadawarts Leben.

Jetzt lagen fünf erschlagen. Als Sechster eilte Patafried, Hagens Schwestersohn, kampffreudig auf den Hügel zu, unbekümmert um die Bitten des Onkels, der ihm warnend zurief: »Wohin rennst du, Knabe? Sieh hin, schon winkt der Tod dir zu, ein frühes Ende ist dein Los! Du kannst dich an Kraft nicht mit Walther messen!«

Die Warnung verhallte bei dem Jüngling wirkungslos. Sein einziges Trachten ging dahin, Ruhm und Beute zu gewinnen, und bekümmert rief Hagen ihm nach: »Oh schnöde Habgier, du forderst blutigen Zoll! Oh, verschlänge doch die Erde das arge Gold, das so bittern Leidens Grund ist und auch dich ins Verderben führt! Was soll ich nun deiner Mutter künden, was deiner Gattin, die du kinderlos und ohne Trost zurücklässt? Wie ein Wahnsinniger eilst du in deinen Untergang!«

Walther gewahrte von ferne den Schmerzensausbruch des alten Freundes und sprach zu dem heranstürmenden Jüngling mit bittender Stimme: »Oh, folge dem wohl gemeinten Rat, kühner Jüngling, und meide den Kampf mit mir! Sieh hier die tapferen Helden, die meine Hand fällte, und erlass es mir, dir dasselbe Los zu bereiten!« Patafried aber erhob drohend den mächtigen Speer: »Was kümmert dich, Mordgeselle, mein Los? Zum Kämpfen bin ich gekommen, nicht zum Schwatzen!« Stolz rief er's und schleuderte mit flinker Hand das scharfe Erz.

Es war erfolglos, Walther wies mit seinem Eschenspeer behänd die Waffe im Flug ab, dass sie sausend an ihm vorüberfuhr und sich knapp neben Hildegund tief in die Erde bohrte. Laut schrie die Jungfrau auf, der das Herz erzitterte; doch da sie, aus der Höhle spähend, gewahrte, dass Walther noch unverletzt auf dem Hügel stand, verzagte sie nicht.

Noch einmal warnte Walther den Gegner; Patafried aber zückte erbittert das Schwert und rannte ihn mit hoch geschwungener Klinge an. Zornig sah es der Held und knirschte mit den Zähnen wie ein von den Jägern umstellter Eber. Als nun der Franke mit starkem Arm zu mächtigem Streich ausholte, bog Walther, der seinen Speer in die Erde gestoßen hatte, flink das Knie und wich, vom Schild gedeckt, dem Schlag aus, sodass Patafried ins Leere schlug und von der Wucht seines eigenen Schwerthiebs zu Boden gerissen wurde. Zwar erhob er sich wieder, aber Walther zerschlug ihm mit dem Schwert den Schild und bohrte ihm die Waffe durch das Eisenhemd tief in den Leib, sodass Patafried tot auf dem Platz blieb.

Den Freund zu rächen, machte sich jetzt Gerwit auf; er trieb sein flinkes Ross in einem gewaltigen Satz über den Haufen der erschlagenen Genossen hinüber, und ehe sich noch Walther von dem erschlagenen Patafried gewendet hatte, hieb er mit der zweischneidigen Streitaxt nach ihm. Aber Walther ergriff seinen Eschenspeer, um dem Gegner den unwillkommenen Gruß gebührend heimzuzahlen. Der aber wendete sein Ross bald rechts, bald links und wich so dem Speer aus, während er zugleich mit dem Schwert auf Walther einhieb, sobald er eine Blöße des Gegners zu bemerken meinte.

Er wollte diesen dadurch ermatten, aber Walther wurde des Spieles müde; er ersah einen günstigen Augenblick, hob plötzlich mit dem Speereisen Gerwits Schild in die Höhe und stieß mit dem Schaft so gewaltig nach, dass der Franke, ins Herz getroffen, mit lautem Schrei rücklings zu Boden stürzte und im Todeskampf mit den Füßen den blutigen Grund schlug.

Entsetzt sah das kleine Häuflein der Wormser Recken das traurige Ende des Genossen und bat den König, vom Kampf abzulassen und nach Worms zurückzureiten. Gunther aber wollte davon nichts wissen und schrie wütend: »Was? Ihr wollt mit Spott und Schande vom Wasgenstein fliehen? Das soll nimmermehr geschehen! Lieber erleide ich dreimal den Tod, ehe ich mich schmachbeladen in Worms zeige. Soll der unversehrt fortziehen, der uns die Freunde erschlug? Nun geht es nicht mehr um den Schatz, sondern um Vergeltung für den Tod unserer Gefährten. Blut verlangt wieder Blut und Tod den Tod! Darum auf zur Rache!« So entflammte er alle zu neuem Streit, und jeder wollte der Erste sein im Kampf auf Leben und Tod.

Während sie so miteinander in Worten eiferten, nahm Walther seinen Helm ab und hängte ihn an den Ast eines Baumes; ihm war von den vielen Kämpfen heiß geworden, und in tiefen Zügen atmete er die würzige Waldluft und wischte sich den Schweiß von der Stirn. Dies bemerkte der Franke Randolf und spornte sein Ross in schnellstem Lauf auf den waffenlosen Gegner, um ihm den scharfen Speer in gewaltigem Stoß tief ins Herz zu bohren. Doch der Panzer war Wielands Werk. Er widerstand dem Stoß und Walther blieb unverletzt. Eilends griff er nach seinem Schild; den Helm zu nehmen blieb ihm keine Zeit, denn schon schwirrte Randolfs Schwert durch die Luft und schor dem Barhäuptigen zwei Locken von der Stirn, ohne aber sein Haupt zu verletzen. Doch der Franke holte blitzschnell zu neuem Streich aus, sodass ihm Walther kaum noch den Schild entgegenhalten konnte, in dessen Gespänge nun die Klinge tief hineinfuhr. Während sich Randolf vergeblich mühte, sie herauszureißen, ersah Walther seinen Vorteil, schnellte vor, riss so den grimmigen Feind, der seine Waffe nicht losgelassen hatte, zu Boden, und mit dem Ruf: »Nun zahlst du mir mit deinem Kopf die Schmach der Glatze!«, schlug er ihm das Haupt ab.

Jetzt schritten die letzten drei Kämpen Gunthers gemeinsam vor, an ihrer Spitze der kampferprobte Held Helmnot, der einen mächtigen Dreizack an einem dreifachen Seil als Waffe führte und ihn gegen Walthers Schild zu werfen gedachte. Wenn dann die Widerhaken im Schild festsäßen, sollten alle gemeinsam mit aller Kraft am Seil ziehen und so den Feind aus seiner unnahbaren Felsenhöhle herabzerren.

Von dieser Kampfeslist erhofften sie sicheren Sieg und Helmnot wog den Dreizack in der mächtigen Faust. »Hab Acht, Kahlkopf, da kommt dein Tod geflogen!«, rief er und warf das Geschoss, das wie eine Schlange, die aus dicht verhüllendem Laubwerk auf ihren Raub zuschießt, zischend die Lüfte durchsauste und sich tief in den Buckel des dumpf erdröhnenden Schildes einbohrte. Vom siegesfrohen Schrei der Franken hallte die Felsschlucht wider; sie hatten Schild und Waffen abgeworfen und zogen mit aller Macht am Seil, dass der Schweiß in Strömen von den Stirnen rann. Gunther selbst war herzugeeilt und hatte sich seinen Mannen beigesellt, aber Walther stand an den Boden gewurzelt fest wie ein Baum und wankte nicht. Da mahnten sie einander: »Nur festgehalten und ihm erst den Schild herabgerissen, dann fangen wir ihn bald lebendig!« Außer Helmnot und Gunther

Der Spangenhelm von Planig (Ende des 5. Jahrhunderts n. Chr.) ist eines der schönsten Stücke der Helmgattung. – Ein Spangenhelm, dessen Träger nur ein sehr hoher Adliger oder ein Stammesfürst sein konnte, besteht zumeist aus sechs eisernen Bügeln, die am Stirnreif angesetzt sind und sich zu einer Spitze vereinigen. Die Zwickel zwischen den Spangen sind mit Metallplatten gefüllt und tragen gravierte Verzierungen. Der Spangenhelm wird als Grundform der deutschen Kaiserkrone erkennbar, sobald die Füllplatten fortfallen. – Bei dem abgebildeten Helm bestehen die Spangen aus vergoldeter Bronze, die Platten aus Silber auf Eisenunterlage. Über dem Stirnreif liegt ein Bronzeband aus gepressten Ornamenten. Die Wangenklappen sind aus Eisen mit vergoldeter Bronzeauflage; die Lederverschnürungen an ihren Rändern sind noch vorzüglich erhalten.

waren es die zwei Freunde Drogo von Straßburg und Tanast von Speyer, die als die Letzten von zwölf starken Recken sich am Seil abmühten.

Da ließ Walther den Schild plötzlich fallen und stürmte pfeilgeschwind gegen seine Feinde los, zuerst auf Helmnot einhauend, dem er mit einem Streich Helm und Haupt spaltete. Dann wandte er sich gegen Drogo, der, ins Seil verwickelt, vergeblich Schild und Schwert zu ergreifen suchte, und hieb ihm die Wade vom Bein weg, während er zugleich den am Boden liegenden Schild des Gegners ergriff. In Schmerz und Zorn warf Drogo einen ungefügen Felsstein gegen Walther, sodass sein eigener Schild von dem Wurf zertrümmert wurde, und erraffte dann sein Schwert, das er, auf die Knie gestützt, wütend schwang: »Nun hole zu dem Schild dir auch das Schwert, wenn du Mut hast!«, rief er, da er gewahrte, dass sein Freund Tanast Schild und Schwert aufgerafft hatte und ihm zu Hilfe herbeieilte.

Aber Walther war wie der Blitz: Mit einem flinken Streich schlug er ihm die schwertbewehrte Rechte ab und wandte sich dann alsbald gegen Tanast, der vergeblich den Freund mit dem Schild zu decken versucht hatte. Mit ungeheurer Wucht sauste Walthers Schwert auf dessen Schulter nieder, sodass Arm und Schild ins Gras flogen und die Klinge, an der Seite niederfahrend, tief in die Hüfte des Unglücklichen eindrang. Sterbend sank Tanast neben Drogo nieder und flüsterte, ihn mit den brechenden Augen anblickend: »Fahre wohl, teurer Freund!«

Verzweifelt überschüttete nun Drogo, der ohne den Freund nicht länger leben wollte, den Gegner so lange mit Schmähungen, bis Walther ein Ende machte und auch ihm den Tod gab. Entsetzt sah Gunther, wie mit Drogo der letzte seiner Mannen den Tod fand. Hastig floh er davon, schwang sich auf sein Ross und ritt zu Hagen hin. Er bestürmte ihn mit Bitten. Aber Hagen erwiderte finster: »Nein, Herr! Ich bin wie mein Vater, der hat auch stets mit klugen Worten den Kampf zu meiden gewusst; ich zittere, wenn ich ein Schwert sehe, darum such dir nur andere, unverzagtere Helfer!« Doch Gunther ließ nicht ab. »Bei den Göttern beschwöre ich dich«, rief er, »gedenke nicht jetzt meiner Schuld! Was ich im Zorn geredet, will ich, wenn wir heil nach Hause kehren, dir reichlich büßen; doch jetzt, Freund, gedenke einzig des edlen Blutes, das heute vergossen wurde, und wende deinen Zorn gegen den grimmigen Unhold, nicht gegen mich, denn nimmer wird sonst das stolze Frankenland die Schmach verwinden, die uns heute angetan wurde! Ein Mann, so werden unsere Feinde höhnen, erschlug ungestraft der Franken ganze Heldenschar!«

Noch immer zögerte Hagen; er gedachte der Treue, die er Walther einst gelobt hatte, aber auch alles dessen, was er soeben mit angesehen hatte. Immer dringender flehte ihn Gunther an, dass er endlich beschloss, seinem Gefolgsherren seinen Beistand nicht mehr zu versagen. Musste er doch um seine Ehre fürchten, wenn er Gunther in dieser Not ohne Hilfe ließ. Er brach sein Schweigen und sagte: »Nicht länger will ich dir meinen Arm weigern, Herr, doch wohin willst du mich führen? Sprich, nennst du den, der in einen Abgrund springt, nicht richtiger toll als kühn? Und solch ein Toller wäre ich, wenn ich Walther in seiner Felsenburg droben bestehen wollte. Solange er diese innehat, ist alles vergeblich, und wenn wir auch ein ganzes Heer gegen ihn führen würden. Doch weil mir deine Ehre, oh König, und der Ruhm des Frankenlandes höher stehen als mein eigenes Leid – denn nur um meines Neffen willen hätte ich meinem Freund nimmermehr die Treue gebrochen –, so will ich einen Weg ersinnen, auf dem uns doch der Sieg über unseren Gegner glücken dürfte. Darum wollen wir jetzt abziehen und auch ihn nicht am Abzug hindern. Wenn er dann, uns ferne wähnend, sich ins offene Feld hinabwagt, so folgen wir ihm im Rücken, und wenn er, keines Angriffs mehr gewärtig, sorglos dahinzieht, dann wollen wir erproben, ob er in der Tat unverwundbar ist. Dann magst aber auch du Speer und Schwert schwingen, oh König, denn ich weiß, dass er sich nicht scheut, uns beide zu bestehen!«

Dieser Rat gefiel Gunther sehr und er umarmte seinen wiedergewonnenen Kampfgenossen mit innigem Dank. Darauf gaben sie ihren Rossen die Sporen und hatten bald auf schattiger Höhe einen verborgenen Ort gefunden, der ihnen sicheren Hinterhalt und den Rossen gute Weide bot.

Walther stand immer noch kampfbereit und ging mit sich selbst zu Rat, was wohl am besten sei, die Nacht nochmals hier im Felsenhorst zu verbringen

oder durch Gestrüpp und Dorn im Wald weiterzuziehen. Lange schwankte
er unentschieden, das eine und das andere bedächtig erwägend, da ihm die
Unterredung des Königs mit Hagen und die Umarmung sehr verdächtig
waren und er fürchtete, dass sie vielleicht nach Worms geritten seien, um
neue Kämpen herbeizuholen. Doch endlich entschied er sich zu bleiben,
damit der König nicht sage, er sei wie ein Dieb zur Nachtzeit entronnen.
Er hieb mit scharfem Schwert Äste und Dornengestrüpp zusammen und
schichtete so ein Verhau vor die Höhle, um vor einem Überfall sicher zu
sein. Dann wandte er sich mit ernstem Antlitz zu den Leichen der Erschlagenen und bettete sie in Reihen, dass sie wie schlummernd dalagen. Hierauf kniete er, das Antlitz gegen Morgen gekehrt, nieder und betete, das
bloße Schwert in Händen:

>>Du, der ob allem waltet, der alles weiß und sieht
und ohne dessen Willen auf Erden nichts geschieht,
ich danke dir, Allvater, dein Schirm und Schutz ist groß:
Vor Schmach ward ich bewahret und feindlichem Geschoss.
Oh, hör auch jetzt mein Flehen, du Himmelsfürst, mit Huld!
Dem Schuldigen verzeihst du und strafest nur die Schuld:
So nimm denn auf in Gnaden die toten Helden alle,
dass ich dereinst sie grüße in deiner Himmelshalle!<<

Die Entscheidung

Die Sonne war untergegangen und der Vollmond über der Felsschlucht
des Wasgensteins emporgestiegen. Walther erhob sich vom Gebet
und band die in der Nähe weidenden Rosse der Toten mit Weidenzweigen
fest, dann löste er den schweren Panzer vom erhitzten Leib und bat Hildegund, dass sie ihm nun nach dieses Tages Not und Beschwerde Speise und
Trank zur Stärkung reiche. Es war zu später Stunde, als er nun endlich, auf
seinen Schild gelagert, die müden Glieder ausruhen durfte, während Hil-

degund es übernommen hatte, die eine Hälfte der Nacht getreu Wache zu halten; um die Zeit der Morgendämmerung, wenn eher Gefahr zu fürchten war, wollte er selbst Wächter sein. So schlummerte er beruhigt ein, in Schlaf gewiegt von Liedern, die Hildegund leise sang, um sich wach zu erhalten.

Seine Rast dauerte nicht lange; mit dem ersten Morgengrauen erhob er sich wieder und hieß nun seine treue Gefährtin der Ruhe pflegen, während er, auf den Speer gestützt, hinauslauschte in den schweigenden Wald und emporsah zum Himmel, der sich im Osten allmählich zu färben begann.

Als nun der Tag graute, lehnte er die Waffe an einen Baum und sammelte die umherliegenden Schwerter, Schilde und Helme und Spangen, mit denen er vier der Streitrosse belud. Dann weckte er Hildegund, hob sie auf das fünfte Ross und bestieg selbst das letzte. Nochmals spähte er hinaus in die Wildnis und lauschte hinunter ins Tal, aber nichts regte sich als der Morgenwind, der mit leisem Flüstern durch die Wipfel fuhr. Beruhigt trieb er nun die vier Rosse mit der Waffenbeute den Hügel hinab, hieß dann Hildegund folgen und schloss selbst in voller Rüstung auf dem erbeuteten Streitross den Zug, während er sein eigenes Tier, den Löwen, der die kostbaren Schreine trug, am Zügel nachzog.

Sie waren etwa tausend Schritt weit geritten, als Hildegund, die in Furcht und Bangen oftmals Ausschau hielt, zwei gewappnete Reiter erblickte, die von einem nahen Hügel herab in vollem Lauf nahten. Vor Schreck erbleichend, mahnte sie Walther zur raschen Flucht. »Sie kommen, sie kommen!«, rief sie. »Eile, sonst naht uns doch noch der Tod!«

Walther wandte sich und erkannte alsbald die beiden Gegner.« Ich will mir nicht jetzt noch Spott und Schmach erwerben«, rief er, »nachdem ich so viele Feinde niedergerungen habe! Wartet auch der Tod auf mich, viel lieber will ich streiten, als wie ein Hase davonlaufen. Nimm du den Zaum des Löwen, der die Schätze trägt, und flieh mit den Rossen dort hinüber nach dem Hain! Ich aber will hier am Bergeshang die Feinde empfangen, wie es sich gebührt.« Hildegund tat sofort nach Walthers Gebot, er aber fasste den Schild und schwang den Speer, um zu erproben, wie sich sein Ross, das ihm noch fremd war, wohl im Kampf bewähren werde.

Mit scheltenden Worten rief Gunther ihn schon von ferne an: »Jetzt ist dir dein unnahbarer Schlupfwinkel, aus dem du die Zähne fletschtest, genommen! Jetzt gilt's, deinen Mut zu zeigen und im freien Feld zu fechten. Nun wird sich erweisen, ob das Ende auch dem Anfang gleicht!«

Mit keinem Wort erwiderte der Held die prahlerische Rede, sondern wandte sich, als habe er nichts gehört, an Hagen: »Mit dir habe ich zu reden, alter Freund! Was ist geschehen, dass ich den, der einst im Hunnenland in Schmerz von mir schied, als Feind in Waffen wieder sehen muss? Oh, wäre ich bei den Franken, dachte ich oftmals in der Wildnis! Dort lebt mein Freund Hagen; wenn mich der erblickt, wird er mir entgegenkommen, mich zur Rast und Einkehr nötigen und mir ins Heimatland das Geleit geben. Oh Freund! Gedenkst du nicht mehr unserer frohen Jugend, der Zeit, da wir daheim und im Feld voll Eintracht lebten? Lass ab vom Frevel und beginne nicht den Kampf! Ich will es dir reich mit Gold lohnen.«

Doch finster blickte Hagen und rief: »Erst übtest du Gewalt, jetzt sprichst du listig schmeichelnd. Du hast die Treue gebrochen: Mit unbarmherziger Hand erschlugst du uns die Freunde und Genossen. Und noch mehr, du sahst mich abseits vom Kampf am Weg sitzen, und doch erschlug dein Schwert den Sohn meiner Schwester. So hast du zuerst den Schwur verletzt, drum will ich keine Versöhnung mit dir. Mein Neffe ist mir um Sold nicht feil, und sein Blut fordere ich jetzt von dir. Entweder will ich dich bestehen oder sterben!«

Er sprang vom Ross und mit ihm Gunther. Jetzt wartete auch Walther nicht länger und schwang sich aus den Bügeln, um den Streit zu Fuß auszufechten. Sie standen alle unbeweglich und deckten sich sorglich mit den Schilden, jeder den ersten Streich vom Gegner erwartend.

Hagen brach als Erster den Frieden und schleuderte mit voller Kraft seinen Speer, sodass er in sausendem Flug gegen Walther heranschwirrte. Dieser aber lenkte das verderbliche Geschoss mit schräg gehaltenem Schild ab, sodass es wie von glattem Marmor abglitt und sich tief in die Erde bohrte. Jetzt warf Gunther seinen Speer, aber mit so schwacher Kraft, dass er kaum am Schild haftete und mit leichter Mühe von Walther abgeschüttelt wurde.

Dieser Misserfolg dämpfte die stolze Zuversicht der beiden Franken, doch zorngemut zückten sie die Schwerter und sprangen mit vorgehaltenem Schild gegen ihren Feind.

Furchtbar an Blick und Gebärden war Walther anzuschauen: Er kämpfte mit dem Speer, sodass die beiden mit den kürzeren Schwertern nicht an den kühnen Mann herankommen konnten. Da vermeinte Gunther seinen Schaft, der zu Walthers Füßen lag, erhaschen zu können, wenn Hagen solange allein gegen den Feind anstürme, und er winkte dem Genossen mit den Augen, dies zu tun. Hagen begriff den Wink und drang gegen Walther vor; dieser aber merkte, als sich der König bückte, alsbald die Absicht und trat, Hagen mit erhobenem Speer zurücktreibend, mit dem Fuß plötzlich auf die Waffe. Jetzt wäre es um den König, dem in Todesangst die Knie wankten, geschehen gewesen, wenn nicht Hagen ihn mit seinem Schild gedeckt und zugleich nach Walthers Antlitz einen scharfen Streich geführt hätte, bei dessen Abwehr Walther einen Schritt zurückweichen und so den König freigeben musste. Zitternd erhob sich Gunther und griff auf Hagens Zuruf wie dieser wieder zum Schwert, mit dem sie nun den Gegner bald einzeln, bald vereint bedrängten.

Fest und unerschütterlich stand Walther, dem wilden Bären gleich, den vergeblich die heulende Meute umtobt und anspringt, aber es war jetzt schon um die neunte Morgenstunde, die Sonne schien heiß, und der Held, der Ermüdung spürte, dachte bei sich: Weh! Zeigt mir das Glück keinen anderen Weg, so erliege ich den Feinden. Sorgenvoll schaute er umher, da plötzlich kam ihm ein Gedanke. Er erhob seine Stimme und rief Hagen laut an: »Oh Hagedorn, du trägst Laub, um zu stechen, nicht um schlaue Sprünge zu machen. Was neckst du mich und fliehst? Hab Acht, ich gebe dir Raum, damit du näher herankommst!« Er sprach's und warf in gewaltigem Schwung den Speer, dass das Eisen Schild und Panzer Hagens durchdrang und ihm noch das Fleisch ritzte. Dann, dem Speer im Flug nachrennend, lief er mit rasch entblößtem Schwert den König an, dem er mit ungeheurem Schlag den Schild wegschlug und zugleich das linke Bein über dem Knie vom Leib trennte. Blutend fiel Gunther auf seinen Schild nieder, und schon holte

Walther zum Todesstreich aus, als Hagen, der eigenen Lebensgefahr nicht achtend, dazwischensprang, sodass der Hieb auf sein Haupt niedersauste. Aber sein Helm war gut geschmiedet; wohl sprühten Feuerfunken hoch empor, doch der Helm blieb ganz, während Walthers Klinge klirrend in Stücke brach.

Voll Zorn über den Verlust schleuderte Walther das Heft von sich, aber er musste diese Unbedachtsamkeit teuer büßen, denn in demselben Augenblick blitzte Hagens Schwert hernieder, und Walthers tapfere Rechte, der Schrecken so vieler Helden, sank abgehauen zu Boden. Laut jubelte Hagen, doch Walther schob, den Schmerz bezwingend, den blutigen Stumpf in den Schild, zückte wie der Blitz mit der Linken das kurze Hunnenschwert und versetzte dem Gegner einen wütenden Streich mitten ins Gesicht, dass ihm das rechte Auge und sechs Zähne ausgeschlagen wurden und er halb tot zurücktaumelte.

Damit war der Streit zu Ende, denn auch Walthers Kraft war nach diesem Hieb erschöpft, und bleich lehnte er, schwer atmend, an seinem Schild. Den Frieden, den die Gesunden wohl nimmermehr eingegangen wären, schlossen jetzt die wunden Helden. Ein jeder hatte sein Pfand gegeben, dort lag des Königs Bein, hier Walthers Rechte und da Hagens Auge.

So hatte ein jeder sein Teil von den Hunnenschätzen. Walther aber rief mit lauter Stimme nach Hildegund, die sogleich herbeikam und den Kämpfern die Wunden verband. Nachdem dies geschehen war, gebot Walther der Jungfrau, aus den Schreinen auf des Löwen Rücken Weinkrug und Becher zu holen und ihnen zur Sühne einen guten Labetrunk zu kredenzen. »Den ersten Becher«, setzte er hinzu, »sollst du Hagen reichen, das ist ein Held sondergleichen. Den zweiten Becher reiche mir, denn mehr als die andern musste ich hier erdulden! Zuletzt mag Gunther trinken, der bei all den Kämpfen wenig Schweiß vergossen und nur lau gestritten hat.«

Mit Freuden befolgte Hildegund Walthers Geheiß und bot Hagen den ersten Becher. Dieser aber, obwohl ihm die Zunge trocken war, sprach: »Nicht mir, sondern Walther gebührt der erste Trunk, denn besser als wir alle hat er gekämpft!« So tranken alle drei der Reihe nach.

Wenn auch am Leib wund, so doch ungebrochenen Mutes saßen nun die beiden Freunde beim Wein und tauschten, wie sie vorhin Schwertstreiche gewechselt hatten, Scherzworte, die scharf hin und her flogen. »Nun, mein Freund«, sprach Hagen, »musst du eifrig die Hirschjagd pflegen und dir aus den Fellen Handschuhe schneiden. Dann fülle den rechten nur ja mit feiner Wolle – Fremde täuscht dann vielleicht das Trugbild der Hand. Ein neuer Brauch wird an deinem Hof gelten: Du fichtst mit der Linken, du speist mit der Linken, du umarmst deine Hildegund mit der Linken; alles, was du tust, muss linkisch und schief sein.«

Nun war die Reihe an Walther, der lachend rief: »Halt ein, Einaug, und blicke nicht so scheel in die Zukunft! Dies kann ich mit meinen zwei Augen doch noch besser als du, und ich will dir prophezeien: Du kannst, Einäugiger, künftig mit querem Blick deine Helden grüßen, aber lass dich das nicht verdrießen! Wenn du nach Hause kommst, lässt du dir einen Brei kochen, dann hast du Speise für deinen zahnlosen Mund und eine Salbe für dein Auge, so dient dir ein Ding für zwei.«

Unter solchen Scherzen erneuerten sie den alten Bund und hoben, nachdem sie allmählich zu Kräften gekommen waren, den lahmen König, der schwach und schweigend im Moos lag, behutsam auf sein Ross. Dann schwang sich auch Hagen in den Sattel und ritt an der Seite seines Herrn langsam gen Worms zurück. Walther aber und Hildegund erreichten wohlbehalten die Heimat, wo sie mit großen Ehren und voll Freude empfangen wurden, und noch in demselben Jahr wurde Hochzeit gefeiert.

Dreißig Jahre lang gebot nach dem Tod des Vaters Walther dem Volk, aber von seinen Taten als Herrscher ist keine Kunde auf uns gekommen.

Geblieben ist nur das Lied von Walther und Hildegund, das seinen Ruhm bis in unsere Tage erhalten hat.

DIE SAGEN VON DEN NIBELUNGEN

DIE ALTE SAGE VON DEN NIBELUNGEN

Die Wölsunge

Aus längst vergangenen Zeiten stammt die Kunde von einem Mann, der Sigi hieß. Er war ein stattlicher, kräftiger Mann, der einsam auf seinem Hof saß, und seine Nachbarn blickten mit Scheu auf ihn, denn es hieß von ihm, dass er von Odin abstamme. Seine größte Freude war die Jagd, bei der er seinen ganzen Ehrgeiz daransetzte, sich von niemandem an Kraft und Geschicklichkeit übertreffen zu lassen.

So zog er wieder einmal mitten im tiefen Winter hinaus in den Wald, und dabei begleitete ihn Bredi, der Knecht seines Nachbarn Skadi. Die beiden trennten sich voneinander und jagten den ganzen Tag. Als es dann Abend wurde und sie das erlegte Wild zusammentrugen, da zeigte sich, dass Bredi eine weit größere und bessere Beute erjagt hatte als Sigi. Als dieser sah, dass der Knecht über ihn Meister geworden war, ergrimmte er zutiefst; in seinem Zorn verließ ihn jede Besinnung, sodass er über Bredi herfiel und ihn erschlug. Dann verbarg er den Leichnam in einem tiefen Schneehaufen und kehrte nach Hause zurück. Dort sagte er, Bredi habe ihn draußen im Wald verlassen, und er wisse nicht, wo er geblieben sei.

Skadi aber wollte dieser Erzählung keinen Glauben schenken und schöpfte Verdacht gegen Sigi. Er sandte Leute in den Wald hinaus, um nach Bredi zu suchen, und diese entdeckten den im Schnee verborgenen Toten. Es galt aber seit jeher als eine arge Meintat, mitten im Frieden einen anderen ohne

Grund zu erschlagen und das Geschehen obendrein auch noch zu verhehlen. Wer eine solche Tat beging, hatte den Frieden verwirkt, der dem Dasein jedes Einzelnen Schutz und Sicherheit gewährte, und man nannte ihn »Wolf im Heiligtum«.

Es war ihm verwehrt, weiterhin in der Gemeinschaft seiner Gefährten zu leben, und jeder durfte ungestraft gegen ihn die Hand erheben. So konnte Sigi nicht länger in der Heimat bleiben; er musste seinen Besitz verlassen und in die Fremde ziehen. Doch gewährte ihm sein Vater Odin Schutz und Hilfe, denn er verschaffte Sigi Schiffe und ein starkes Gefolge, womit dieser auf Heerfahrt auszog. Das Schicksal war ihm günstig, sodass er schließlich einen mächtigen König nach hartem Kampf besiegte und an seiner Stelle die Herrschaft übernahm. Sein Gegner war in der Entscheidungsschlacht gefallen und Sigi nahm dessen Tochter zum Weib. Denn er hatte mit den Blutsverwandten des Besiegten Frieden geschlossen und hoffte durch diese Heirat das Geschehene eher vergessen zu machen.

Seine Gattin schenkte ihm einen Sohn, den er Rerir nannte. Rerir wurde von seinem Vater sorgfältig erzogen und wuchs zu einem kräftigen, tapferen Mann heran. So vergingen die Jahre, und Sigi war bereits ein bejahrter Mann; da aber zeigte sich, dass die Söhne des von ihm einst erschlagenen Königs, die Brüder seiner Gattin, die Rache für den Vater nicht vergessen hatten, mochte auch lange Zeit seitdem vergangen sein. Sie sammelten, sobald es ihnen möglich war, eine große Schar und überfielen damit Sigi. Da dieser nicht darauf vorbereitet war und nur ein geringes Gefolge hatte, trugen seine Gegner den Sieg davon, Sigi aber büßte mit allen seinen Gefolgsmannen das Leben ein.

Rerir war bei diesem Kampf nicht zugegen und entging daher der Gefahr. Sigi hatte aber großen Anhang im Land und bei den Nachbarn gehabt, und so konnte Rerir in Kürze eine große Schar von Kriegern zusammenbringen, mit deren Hilfe er sich in den Besitz seines Vatererbes setzen und den Überfall auf Sigi an seinen Mutterbrüdern rächen konnte. Auch eine schöne Frau, die seiner ihrer Abkunft nach würdig war, gewann er zum Weib, und so schien nunmehr alles wohl geordnet zu sein, hätte sich nicht eine Sorge eingestellt, die das Königspaar Jahr um Jahr mehr bedrückte: Der Ehe wurden keine Kinder beschert und die Hoffnung auf einen Erben schwand mehr und mehr dahin.

Da wandten sie sich bittend an die Götter und wirklich wurde ihre Zuversicht von Odin und Frigg belohnt. Odin übergab der Walküre Liod, der Tochter des Riesen Hrimnir, einen Apfel und befahl ihr, die Frucht dem König zu überbringen. In Gestalt einer Krähe flog Liod zu Rerir, der schweren Gedanken nachsinnend auf einem Hügel saß, und ließ die Frucht in seinen Schoß fallen. Rerir erkannte, was das zu bedeuten habe. Freudig eilte er heim und gab seiner Gattin den Apfel zu essen.

Aber noch bevor das Kind zur Welt gekommen war, dessen Geburt die beiden Gatten nunmehr in festem Vertrauen erwarteten, musste Rerir mit seinem Heer gegen Feinde ausziehen, die sein Land bedrohten. Auf diesem Kriegszug erkrankte er und starb; der Gedanke, dass er nun von der Erde gehe, um Odin aufzusuchen, machte ihm den Tod leicht. Auch die Königin überlebte ihn nicht lange, denn zur selben Stunde, als ihr Kind, ein Knabe, das Licht der Welt erblickte, verschied sie. Der Knabe aber war groß und stark, und es heißt, dass er seine Mutter noch geküsst habe, ehe sie die Augen schloss. Er wurde Wölsung genannt, und als er erwachsen war, erhielt er die Walküre Liod zum Weib, die dereinst seinem Vater den Apfel gebracht hatte. Sie lebten in guter Eintracht zusammen und hatten zehn Söhne und eine Tochter.

Der älteste Sohn, Sigmund, und die Tochter, Signy mit Namen, waren durch Schönheit und Verstand besonders ausgezeichnet; sie galten als die trefflichsten und besten unter den elf Kindern Wölsungs. Auch die neun anderen Söhne Wölsungs waren große Helden und wurden mit ihrem Vater im Lied gepriesen, denn Wölsung war einer der kühnsten und weisesten Heerkönige, der in allen Schlachten siegreich war.

König Wölsung ließ eine gewaltige Halle erbauen, in deren Mitte eine mächtige Eiche stand. Die breiten Zweige des Baumes ragten in stolzem Wuchs über das Dach der Halle. Der Stamm aber stand unten in der großen Halle. Man nannte ihn den »Kinderbaum«.

In jener Zeit herrschte in Gautland ein reicher König namens Siggeir; der hatte zahlreiches Kriegsvolk und war weit und breit gefürchtet. Als nun Wölsungs Tochter zur stattlichen Jungfrau herangeblüht war, kam Siggeir und warb um Signys Hand. Wölsung nahm den Antrag wohl auf. Signy war zwar dem trotzigen, tückisch blickenden Freier nicht zugeneigt, aber sie überließ die Entscheidung ihrem Vater, und so ward sie mit Siggeir verlobt. Das Königspaar rüstete die Hochzeit in glänzender Weise, und als das Gastmahl bereit war, kamen die Gäste und Freunde Wölsungs und König Siggeirs in der Halle zusammen.

Fröhlich saßen sie beim Mahl, und da es Abend war, wurden große Feuer angezündet; der Eichenstamm aber stand in der Mitte der Halle. Als nun die Männer frohgemut beim Becher saßen, trat ein Mann herein, der allen unbekannt war. Er war angetan wie ein Wanderer. Ein alter, fleckiger Mantel umhüllte seine hohe, mächtige Gestalt, und obgleich er barfuß ging und seine Linnenhosen am Bein mit Schnüren festgeschlungen waren, erschien er doch wie ein Herrscher. Ein tief in das Gesicht herabhängender Hut bedeckte sein Haupt, und man gewahrte noch darunter, dass der Fremdling einäugig war. Er hielt ein Schwert in der Hand und trat mit ihm an den Stamm; ohne ein Wort zu sprechen, schwang er die Waffe mit Macht und stieß sie so gewaltig in das zähe Holz der Eiche, dass sie bis zum Heft hineinfuhr. Erstaunt sprangen die Gäste empor und allen versagte die Stimme. Der Fremde aber sprach: »Wer dieses Schwert aus dem Stamm zieht, der soll es von mir als Geschenk empfangen, und bald wird er erkennen, dass er nie ein besseres geführt hat!«

Hierauf verließ er wiederum die Halle, und niemand wusste, wer er war und wohin er ging. Ohne zu zögern, versuchten nun alle, das Schwert herauszuziehen. Zuerst traten die beiden Könige hinzu, dann die anderen Gäste der Reihe nach. Keiner aber vermochte es herauszubringen; das Schwert saß wie festgewachsen in dem Stamm und rührte sich nicht im Mindesten, wie sehr sie auch zogen. Da trat, nachdem es alle Hochzeitsgäste vergeblich versucht hatten, auch Sigmund hinzu, der älteste Sohn Wölsungs. Der ergriff das Schwert am Heft und zog es mit leichter Mühe aus dem Stamm, so,

als ob es nur lose darin gesteckt hätte. Neugierig betrachteten die Helden
die Klinge, und die Waffe schien so ausnehmend gut, dass alle beteuerten,
noch niemals ein so tüchtiges Schwert in Händen gehabt zu haben. Alle
erkannten nun, dass der Fremde kein anderer als Odin gewesen war und
dass sein Geschenk unschätzbaren Wert besaß. Darum war König Siggeir
besonders lüstern nach dem Besitz der Waffe, und er erbot sich, dem jungen
Sigmund das Schwert dreifach mit Gold aufzuwiegen.
Sigmund aber weigerte sich, die Gabe des Gottes von sich zu lassen. »Du
hättest dieses Schwert ebenso herausziehen können wie ich«, sprach er,
»wenn dir beschieden gewesen wäre, es zu besitzen. Da es aber mir zugefallen ist, so erhältst du's nicht, und wenn du mir auch all dein Gold dafür
bietest.« Wölsung und die Gäste freuten sich über die Mannhaftigkeit Sigmunds, der ein gutes Schwert höher achtete als Gut und Gold; Siggeir aber
war schwer erbost; er verbarg jedoch seinen Zorn und tat, als ob ihn die
Weigerung wenig kümmere.
Am andern Tag wollte er mit seiner jungen Frau nach Hause fahren, unter
dem Vorwand, er wolle nicht warten, bis der Wind wachse und die See un-
befahrbar werde.
Das war gegen Sitte und Brauch, allein König Wölsung wollte ihn nicht von
seinem Entschluss abbringen, da er sah, dass es ihm ernstlich darum zu tun
war, fortzukommen. Signy aber war ganz unglücklich; sie nahm ihren Vater
beiseite und sprach: »Ich will nicht mit König Siggeir ziehen, mein Herz
lacht ihm nicht entgegen, und das weiß ich durch meine eigene Zukunfts-
kunde und vom Schutzgeist unserer Sippe, dass diese Heirat uns großes
Unheil bringen wird, wenn wir die Ehe nicht bald wieder auflösen.«
»Du sollst nicht so sprechen, meine Tochter«, entgegnete Wölsung, »du bist
Siggeir angetraut, und es wäre eine große Schmach für ihn und für uns,
wollten wir einen solchen Treuebruch begehen – haben wir doch keinen
Grund dazu. Siggeir würde gewiss Böses mit Bösem vergelten!«
Dieser Entscheidung fügte sich Signy, und Siggeir rüstete alsbald sein
Schiff zur Heimfahrt. Ehe er jedoch wegfuhr, lud er den König und dessen
Söhne ein, ihn in drei Monaten in Gautland zu besuchen, um dort nachzu-

holen, was jetzt an Festen bei der Hochzeit gemangelt hatte. König Wölsung vernahm dies Wort gern und versprach, mit den Seinen zu kommen.
So schieden sie, und Signy fuhr mit Siggeir von dannen.

Zur verabredeten Zeit rüstete Wölsung die Fahrt und fuhr mit seinen Söhnen und großem Gefolge auf drei Schiffen nach Gautland zum Gastgebot
seines Schwiegersohnes. Sie hatten guten Wind und kamen ohne Unfall
zum Land Siggeirs. Der Abend sank schon hernieder bei ihrer Ankunft, und
sie beschlossen deshalb, auf den Schiffen zu bleiben und erst am anderen
Morgen zur Königsburg hinaufzuziehen. Als es nun Nacht wurde, kam
Signy zu den Schiffen und bat ihren Vater und ihre Brüder inständig,
sogleich umzukehren, ohne Siggeirs Halle aufzusuchen, denn der verräterische König habe ein großes Heer zusammengezogen und sinne nun darauf,
sie alle zu verderben. »Darum rate ich euch«, sprach sie, »dass ihr alsbald
wieder heimfahrt und ein starkes Heer sammelt; dann mögt ihr wiederkom-
men und dem König seine Heimtücke vergelten.«

Wölsung aber wollte davon nichts wissen. »Alle Welt weiß«, rief er, »dass
ich schon als Knabe schwor, weder Feuer noch Eisen jemals zu scheuen.
Ich habe diesen Eid gehalten von Kindheit an, warum sollte ich ihn jetzt im
Alter brechen? Nimmermehr sollen auch deine Brüder verhöhnt werden,
dass sie Gefahr und Tod fürchten, denn einmal muss doch jeder sterben,
und niemand kann seinem Geschick entgehen. Darum ist mein Rat, dass
wir nicht fliehen, sondern unsere Schwerter aufs Tapferste gebrauchen. Ich
habe hundert Schlachten geschlagen und bald mehr Volk gehabt und bald
weniger, und doch war stets der Sieg mein.«

Signy vernahm den Entschluss des Vaters mit leidvollem Herzen. Sie bat
ihn, dass er sie auf dem Schiff lasse, um Not und Tod mit ihm und den Brüdern zu teilen. »Nein, mein Kind«, entgegnete Wölsung, »du gehörst nach
Brauch und Recht zu deinem Mann, darum sollst du wieder zur Burg
zurückkehren und dort bei Siggeir bleiben, wie es uns auch ergehe.« Mit
bitteren Tränen schied da Signy von ihrem Vater, der die Männer auf den
drei Schiffen sich zum Kampf rüsten ließ. Als der Tag anbrach, stiegen sie
alle in voller Rüstung ans Land, und sie hatten nicht lange auf König Sig-

geir zu warten, denn schon öffneten sich die Tore der Burg, und die Kämpen des Gautenkönigs strömten ihnen entgegen.

Gar bald war die Schlacht heiß entbrannt, und obgleich die Gauten wie Halme unter der Sense vor den Schwertern der Wölsunge zusammensanken, trieb doch der trotzige Siggeir immer wieder neue Haufen vorwärts gegen die nicht allzu zahlreiche Heldenschar seiner Gegner. Achtmal drang König Wölsung mit den Seinen siegreich in die Reihen der Feinde, aber vergeblich. Als er sich zum neunten Mal zum Sturm anschickte, traf ihn ein Speer ins Herz, und er sank tot zusammen.

Damit wich das Glück von den Verratenen; Wölsungs ganzes Gefolge fiel unter den Streichen der übermächtigen, von allen Seiten andringenden Gegner; Sigmund und seine Brüder aber wurden gefangen.

Als Signy den Ausgang der Schlacht erfuhr, bat sie ihren Mann, er möge ihre Brüder nicht sogleich töten, sondern in den Stock setzen.

»Unklug bist du«, erwiderte Siggeir, »dass du für deine Brüder Schlimmeres erbittest als den Tod, aber es soll dir gewährt sein.« Er ließ die Königssöhne in den Wald führen, wo ein starker Baum in der Mitte gespalten und mit runden Löchern versehen wurde. In diese zwängte man die Füße der Gefangenen, denen die Hände auf den Rücken gebunden wurden. Dort saßen sie den ganzen Tag bis zur Nacht. Um Mitternacht aber schlich eine Wölfin herbei, biss einem der Brüder die Kehle durch und fraß ihn auf.

So ging es neun Nächte hindurch, bis von allen Gefangenen nur noch Sigmund am Leben war. Signy hatte durch einen vertrauten Knecht Kunde davon erhalten, was geschehen war, aber sie konnte ihren Brüdern nicht helfen. Nun sandte sie den Vertrauten hinaus in den Wald und befahl ihm, Sigmunds Antlitz mit Honig zu bestreichen und ihm auch etwas davon in den Mund zu geben. Als dann in der Nacht die riesige Wölfin wiederkehrte, beleckte sie Sigmunds Antlitz und steckte ihm, nach dem Honig lüstern, die Zunge in den Mund. Da biss Sigmund kräftig zu und ließ nicht locker, wie sehr die Wölfin auch riss und zerrte. Sie stemmte sich mit solcher Macht gegen den Block, dass dieser barst und Sigmund frei war. Die Wölfin aber ließ er nicht los, und schließlich riss er ihr die Zunge samt der Zungenwurzel aus dem Rachen, sodass sie verendete; es geht aber die Sage, die Wölfin sei König Siggeirs Mutter gewesen, die in dieser Gestalt König Wölsungs Söhne getötet habe.

So hatte Sigmund seine Freiheit wiedererlangt und fristete sein Leben lange Zeit in einem Erdhaus, das er sich im Wald erbaute. Alle seine Gedanken galten aber der Rache für den Vater und seine Brüder; eines Abends begab er sich an König Siggeirs Hof und versteckte sich in der Vorhalle des Saales hinter Bierfässern, die dort standen. Siggeir und Signy hatten zwei Knaben, die in der Halle mit Goldringen spielten. Einer der Ringe rollte davon, bis in die Vorstube zu dem Fass, hinter dem Sigmund versteckt war. Als einer der Brüder nach dem Ring suchte, entdeckte er hinter dem Fass den Fremden und eilte, Siggeir zu berichten, was er gesehen hatte. Sogleich gebot Siggeir seinen Mannen, den Eindringling zu ergreifen, und obgleich sich Sigmund tapfer wehrte, wurde er schließlich doch überwältigt und gefesselt. Siggeir aber überlegte, welchen Tod er Sigmund sterben lassen solle. Schließlich ließ er einen großen Hügel aus Steinen und Rasen machen; dahinein wurde Sigmund gebracht und der Hügel dann von oben zugedeckt. Bevor das aber geschehen war, warf Signy einen Bund Stroh zu Sigmund hinab und bat die Mannen Siggeirs, davon dem König nichts zu melden. Sie erfüllten ihren Wunsch; Sigmund aber fand im Stroh sein Schwert, das ihm Signy auf diese Weise in die Hände gespielt hatte. Mit Hilfe der Waffe arbeitete sich Sigmund aus dem Hügel heraus und eilte sogleich zu König Siggeirs Hof zurück, wo alles im Schlaf lag. Da trug er Holz in Mengen zusammen und setzte es in Brand, sodass Feuer und Rauch die Schläfer weckten. Der König fragte, wer das Feuer angelegt habe, Sigmund aber antwortete: »Hier ist Sigmund, König Wölsungs Sohn, und nun sollst du erkennen, dass nicht alle Wölsunge tot sind.«

Vergeblich versuchten Siggeir und seine Mannen, sich einen Ausweg zu schaffen, doch alle kamen in der brennenden Halle um. Auch Signy, die trotz allem ihren Gatten nicht verlassen wollte, fand so den Tod.

Sigmund kehrte nun heim in das Reich seines Vaters, und der Ruhm, den er sich durch seine Rachetat erworben hatte, wuchs mit den Jahren immer mehr an. Er vertrieb den König, der sich nach dem Tod König Wölsungs im Land festgesetzt hatte, und unternahm viele siegreiche Heerfahrten. Er nahm Borghild, eine Frau aus altem Geschlecht, zur Ehe und lebte viele Jahre mit ihr, bis ein schwerer Zwist mit Borghilds Blutsverwandten den Frieden seiner Ehe störte, sodass er sich von ihr trennen musste.

Zu dieser Zeit lebte ein mächtiger und berühmter König, der Eylimi hieß und dessen Tochter Hiördis als die schönste und weiseste aller Frauen weithin berühmt war. Obwohl Sigmund inzwischen zu Jahren gekommen war, beschloss er, um sie zu werben. Er sandte Boten zu Eylimi, und dieser bereitete ein reiches Gastmahl, zu dem er Sigmund einlud, der ihn darauf mit einem stattlichen Gefolge aufsuchte. Zur selben Zeit aber traf auch Lyngvi, König Hundings Sohn, bei Eylimi ein, da er ebenfalls um Hiördis zu werben gedachte. Eylimi wusste genau, dass von dem Werber, der Hiördis nicht erhalten würde, Feindschaft zu erwarten war. Er sprach zu seiner Tochter: »Du bist ein verständiges Mädchen und wohl imstande, dir selbst einen Mann zu wählen; darum entscheide nach deinem Herzen! Dein Wille soll dann auch der meine sein.« Da entgegnete sie: »Schwierig scheint mir diese Wahl zu sein, aber obgleich König Sigmund schon bejahrt ist, will ich dennoch ihn wählen, weil er der Berühmtere ist.«

Darauf ward Hiördis mit Sigmund vermählt und die Hochzeit mit einem großen Fest gefeiert. Dann begab sich Sigmund mit seiner Gattin heim in sein Reich, und sein Schwiegervater Eylimi begleitete ihn.

Sigmunds Tod

Eylimi hatte mit Recht geahnt, dass der abgewiesene Freier auf Rache sinnen würde. Lyngvi sammelte ein mächtiges Heer und zog, begleitet von seinen Brüdern, in König Sigmunds Land. Als er dort angelangt war, sandte er Sigmund Boten und sagte ihm Krieg an. Sigmund antwortete, er werde sich zum Kampf stellen, und zog sein Heer zusammen. Hiördis aber ließ er mit reichem Gut, begleitet von einer Dienstmagd, in einen Wald nahe dem Kampfplatz bringen; dort blieb sie, während der Kampf ausgetragen wurde. Die Söhne König Hundings hatten aber ein weit größeres Heer mitgebracht als König Sigmund und Eylimi. Dennoch nahmen diese den Kampf mit ungebrochenem Mut auf. Sigmund ließ das Heerhorn blasen, das schon sein Vater gehabt hatte, und feuerte seine Mannen an. Trotz seines Alters schlug er sich mit größter Tapferkeit und war immer der Vorderste beim Kampf. Zahllos waren die Pfeile und Speere, die gegen ihn heransausten, aber seine Schutzgeister hüteten ihn so gut, dass er lange Zeit unverwundet blieb. Er aber fällte seine Gegner in Scharen. Als jedoch die Schlacht einige Zeit gedauert hatte, trat Sigmund ein Mann mit tief herabhängendem Hut und blauem Mantel entgegen; der hatte nur ein Auge und trug einen Speer in der Hand. Als der König gegen ihn ausholte, traf sein Schwert auf den Speer und zersprang alsbald in zwei Stücke. Da erkannte Sigmund, dass sein Gegner Odin war. Von der Stunde an wandte sich auch das Glück von ihm, und bald lagen er und Eylimi todwund auf der Walstatt, während der Rest seines tapferen Heeres durch die Übermacht der Feinde zersprengt und erschlagen wurde.

König Lyngvi zog nun zur Königsburg Sigmunds, um die schöne Hiördis als Gefangene fortzuführen, aber er fand die Burg leer, weshalb er bald weitereilte, um das ganze Land vollends zu unterwerfen und unter seine Helden zu verteilen. Hiördis aber schlich sich im Dunkel der Nacht aus dem Waldversteck auf die Walstatt und kam dorthin, wo ihr Vater und ihr Gatte lagen. Eylimi war tot, aber Sigmund atmete noch, und bald ruhte sein bleiches Haupt im Schoß der treuen Gattin, die ihn fragte, ob er wohl noch zu heilen sei. Da antwortete er mit ernster Stimme: »Viele genesen bei geringerer Hoffnung, mir aber entwich das Glück, und darum verlange ich nach keiner Heilung mehr. Odin will nicht, dass ich mein Schwert weiterschwinge, das an seinem Speer zerbrochen ist.« Sie aber sprach: »Hoffe und lebe der Rache! Höchstes Glück wäre es mir, wenn du geheilt würdest und meinen Vater rächtest!«

»Einem anderen ist das bestimmt«, erwiderte Sigmund. »Du wirst eines Knaben genesen, der wird berühmt und der Herrlichste seines Geschlechtes

werden. Pflege ihn wohl und verwahre für ihn die Gabe Odins, die zerbro-
chene Klinge. Aus ihr wird dereinst wieder ein gutes Schwert geschmiedet,
das Gram heißen soll! Unser Sohn wird es tragen und manche Heldentat
mit ihm vollbringen. Sein Name wird nimmer vergessen, sondern genannt
werden, solange die Welt steht; das soll dein Trost sein. Mich aber ermatten
meine Wunden, ich muss jetzt meine dahingegangenen Magen aufsuchen.«
Er sprach nichts mehr, Hiördis aber saß bei ihm, bis er starb.

Unterdes war der Tag heraufgekommen, und da gewahrte sie viele Schiffe,
die, mit Gewappneten gefüllt, eben ans Land stießen. Rasch tauschte sie
hinter einem Felsen mit ihrer Magd die Kleider und gebot dieser, sie solle
sich für die Königstochter ausgeben und sich mit ihrem Namen nennen,
was die getreue Dienerin auch versprach. Indessen waren die fremden
Recken ans Land gekommen und hatten die beiden Frauen, die in den Wald
fliehen wollten, bald ereilt. Sie wurden vor den Heerführer gebracht, der ihnen verkündete, dass er Alf, der Sohn des Königs Hialprek von Dänemark,
sei, und sie um die traurigen Ereignisse befragte, die hier vorgegangen sein
müssten, da ja die ganze Walstatt mit Gefallenen bedeckt sei. Die Magd
erzählte, dem Gebot der Herrin gehorsam, von Lyngvis Übermacht und
dem Tod Eylimis und Sigmunds, die hier mit ihrem Volk erschlagen lägen.
Alf fragte nun, ob sie wüsste, wo König Sigmunds Schatz verborgen sei.
Die Magd bejahte dies und wies ihn zu dem Ort, wo der Schatz im Wald
versteckt war. Da fanden die Dänen so viele Kostbarkeiten, dass niemand
jemals solchen Reichtum an einem Ort beisammen gesehen hatte, und
schafften den Schatz alsbald auf die Schiffe.

Alf ließ darauf die beiden Könige bestatten und fuhr mit den Frauen heim
nach Dänemark, wohin er zuerst die Kunde von dem Tod der beiden Heer-
fürsten brachte. Als seine Mutter, die Königin, die zwei Frauen sah, fragte
sie ihren Sohn: »Sag an, warum hat die schönere Frau weniger Ringe und
schlechteres Gewand? Mich dünkt, ihr habt die geringere der edleren vorgezogen.« Alf erwiderte: »Ich habe sogleich geahnt, dass nicht einer Magd
Sinn in ihr wohnt, denn als wir zusammentrafen, verstand sie es gut, Fürsten zu empfangen; ich will sie deshalb einmal auf die Probe stellen.«

Nun geschah es, dass sich König Alf zu den Frauen setzte und während des Gesprächs wie zufällig fragte: »Woran erkennt ihr, wenn es nach der Nacht zu tagen beginnt, die Zeit, auch wenn ihr die Gestirne nicht seht?« Da antwortete die verkleidete Magd: »Ich habe ein gutes Zeichen; seit meiner Jugend war ich gewöhnt, vor Sonnenaufgang Milch zu trinken; wenn ich auch später davon abließ, so wache ich doch immer noch zu dieser Stunde auf, und das ist mein Merkmal.« Der König schwieg, denn dies war die Sitte der Mägde. Als er nun an Hiördis dieselbe Frage richtete, antwortete sie: »Mein Vater gab mir ein Goldringlein, das die Eigenschaft besitzt, gegen Ende der Nacht am Finger zu erkalten, sodass ich jedes Mal erwache, und dies ist mein Merkmal.« Alf sprach lächelnd: »Dort war Gold nicht selten, wo Dienstmägde es trugen. Mich dünkt aber, du hast dich bisher verstellt, obgleich das nicht nötig war; denn du bist keine Magd, und nun soll besser mit dir verfahren werden, denn du sollst meine Frau werden, sobald du dein Kind geboren hast.«
Da gestand sie ihm die Vermummung und nannte ihren Namen und Stand. Sie lebte von nun an bei Alf in großen Ehren.

Sigurds Geburt und Jugend – Der Drachenkampf

Nach einiger Zeit wurde Hiördis ein Knabe geschenkt. Man brachte ihn vor König Hialprek, und als dieser die blitzenden Augen des Knaben sah, freute er sich und sagte voraus, das werde ein Mann, mit dem sich kein anderer je werde vergleichen können. Das Kind ward darauf mit Wasser begossen und Sigurd genannt. Da Hiördis einige Zeit nachher die Gemahlin Alfs wurde, blieb der Knabe am Königshof und wuchs, von allen geliebt, herrlich heran. Sein Lehrmeister und Erzieher war Regin, ein unansehnlicher, zwergenhaft gestalteter, aber überaus kluger und erfahrener Mann, der ihn in all den Kunstfertigkeiten unterwies, die sich für Königssöhne ziemen. Regin verstand auch goldene Spangen und gute Schwerter zu schmieden; doch war er tückischer Art und suchte des Knaben Habgier zu wecken und ihn heimlich gegen die Könige aufzureizen, was ihm aber bei dem edlen Sinn Sigurds nicht gelang. So fragte er ihn eines Tages: »Weißt du auch, welch großen Schatz deine Mutter von deinem Vater Sigmund mitgebracht hat, und dass die Dänenkönige ihn verwahren und darüber schalten?« Da erwiderte der Knabe: »Das geziemt ihnen wohl, denn sie verstehen für jetzt noch, ihn besser zu hüten als ich.«

Ein andermal schalt er den Knaben, der sich bei den Rossen herumtrieb: »Mich wundert, dass du der Könige Rossknecht werden willst und wie ein Landstreicher einhergehst.« Sigurd aber antwortete: »So ist es nicht; es ist alles in meiner Gewalt, was ich etwa haben will.«

»Nun denn, so verlange von König Hialprek ein Ross«, erwiderte Regin. »Das werde ich sogleich erhalten, wenn ich es will«, sagte Sigurd und ging zur Königshalle, um sich ein Ross geben zu lassen. Da sprachen Alf und Hialprek freundlich: »Wähle dir aus unserem Gestüt selbst das Ross, das du am liebsten haben willst.« Als Sigurd am andern Tag den Hain aufsuchte, wo die Königsrosse weideten, begegnete er einem alten Mann mit langem Bart, der ihn fragte, was er vorhabe. Als ihm Sigurd erwiderte, dass er sich ein Ross auswählen wolle, wobei er gern den Rat eines erfahrenen Mannes höre, ging der Alte mit ihm und sprach: »Vor allem lass uns gehen und die Tiere in den Fluss treiben!« Sie trieben nun die Rosse in die Tiefe des Stromes, alle aber kehrten alsbald ans Land zurück, außer einem grauen Hengst, der mit gewaltiger Kraft die Fluten teilte. Er war noch jung, aber mächtig an Wuchs, und kein Reiter war bisher auf seinen Rücken gekommen. Da sprach der Alte: »Dieser Hengst stammt von Odins Ross Sleipnir; er wird, wenn du ihn sorgfältig aufziehst, besser als alle anderen Rosse.« Mit diesen Worten verschwand der Greis. Sigurd aber führte den Hengst, den er Grani nannte, nach Hause und erzählte Regin sein Abenteuer. Der Greis, der Sigurd beraten hatte, war Odin gewesen.

Bald darauf sagte Regin zu Sigurd: »Allzu gering ist deine Habe, und ich bedaucrc cs, dass du wie ein Dorfjunge einhergehst. Ich kann dir aber sagen, wie du einen großen Schatz gewinnen und dabei noch hohe Ehre erwerben kannst.« Als Sigurd fragte, wo denn der Schatz verborgen liege

und wer ihn verwahre, erzählte Regin weiter, dass er auf der Gnitaheide
unweit von ihnen von einem Drachen namens Fafnir gehütet werde; wer
diesen Schatz besitze, der bedürfe keines weiteren Gutes, und wenn er auch
der älteste und berühmteste König werden sollte. Sigurd antwortete, von
diesem Ungeheuer habe er schon gehört; es sei so gewaltig und bösartig,
dass niemand wage, es anzugreifen. Da schalt ihn Regin und sprach: »Dieser Drache ist auch nicht anders als sonst die Lindwürmer, du aber scheinst,
wenn du auch vom Stamm der Wölsunge bist, doch nicht den Mut deiner
Ahnen zu haben!«

»Es mag sein, dass mir noch manches an Tüchtigkeit fehlt«, erwiderte Sigurd, »denn es ist noch nicht lange her, dass ich ein Kind war; aber weshalb
reizt du mich zu diesem Kampf?«

Da antwortete Regin: »Das ist eine ganze Geschichte; die will ich dir erzählen: Mein Vater hieß Hreidmar; der war ein mächtiger und reicher Mann
und hatte drei Söhne, Fafnir, Otr und mich, und war ich auch der Geringste
an Wuchs und Kraft und Rüstigkeit, so konnte ich doch Eisen, Gold und Silber bearbeiten und schuf daraus manch neues Werk. Fafnir war bei
weitem der Stärkste und Grimmigste und hätte am liebsten alles allein
gehabt, was da war. Mein Bruder Otr aber war ein gewaltiger Weidmann, er
konnte sich verwandeln und war täglich in Ottergestalt im Strom, aus dem
er sich Fische holte. Dort war auch ein Wasserfall, in dem der Zwerg
Andvari täglich in Gestalt eines Hechtes Fische fing; auch mein Bruder Otr
holte sich dort Fische. Eines Tages nun kamen die drei Asen Odin, Loki und
Hönir zu dem Strom und trafen bei dem Wasserfall einen Otter, der hatte
einen Lachs gefangen und verspeiste ihn eben. Da nahm Loki einen Stein
und warf den Otter zu Tode; sie freuten sich, dass so mit einem Wurf Otter
und Lachs erbeutet seien, und nahmen die Tiere mit. Am Abend kamen sie
zu Hreidmars Gehöft, baten um Nachtherberge und wiesen ihre Beute vor.
Als Hreidmar den Otter sah, rief er Fafnir und mich herbei und sagte uns,
dass unser Bruder von den Fremdlingen erschlagen worden sei. Alsbald ergriffen wir sie und legten ihnen als Buße und Lösung auf, dass sie den Otterbalg mit Gold füllen und auch von außen damit umhüllen sollten. Des-

halb sandten sie Loki nach Gold aus, worauf dieser von der Meergöttin Ran ein Netz entlieh. Das warf er am Wasserfall aus und hatte bald Andvari, den Zwerg in Hechtgestalt, gefangen, von dem die Sage ging, dass er große Schätze besitze. Er bedrohte ihn mit dem Tod, wenn er ihm nicht all sein Geld ausliefere, worauf der Zwerg alles, was er besaß, herbeibrachte. Als Loki den Schatz an sich genommen hatte, gewahrte er, dass Andvari einen Goldring in der Hand verbarg, und verlangte auch diesen, obgleich der Gefangene flehentlich bat, ihm den Ring zu lassen, da er mit dessen Hilfe sein Gold wieder ersetzen könne. Loki entgegnete jedoch, Andvari solle nicht ein Gran des Goldes behalten, und nahm ihm auch den Ring weg. Da sprach der Zwerg den Fluch aus, der Ring solle jedem den Tod bringen, der ihn besitze. Loki erwiderte, dass ihm dieser Fluch gut gefalle, und ging mit dem Schatz in Hreidmars Gehöft, wo er den Ring Odin gab. Darauf füllten die Asen den Otterbalg so dicht sie konnten mit Gold und umhüllten ihn auch außen damit, worauf sie zu Hreidmar sagten, er möge sehen, ob der Balg ganz umhüllt sei. Da sah Hreidmar ein einziges Barthaar noch unbedeckt und gebot, auch das zu verhüllen, sonst sei der Vertrag nichtig. Nun zog Odin Andvaris Ring hervor und verhüllte das Haar, damit sie der Otterbuße ledig seien. Loki aber sprach:

> ›Das Gold ist gezahlt,
> großes Bußgeld
> erhieltst du für mein Haupt.
> Deinem Sohn
> schafft es nicht Segen,
> es bringt euch beiden den Tod.‹

Da entgegnete Hreidmar: ›Eure Drohungen fürchte ich nicht, schert euch davon!‹ Die Asen zogen nun fort, später aber erschlug Fafnir unsern Vater und nahm all das Gold an sich. Mich selbst jagte er unter Todesdrohungen von dannen, als ich meinen Anteil forderte, und gönnte niemandem etwas von dem Schatz. Er suchte die Gnitaheide auf, machte sich dort ein Lager und legte sich in Lindwurmgestalt auf das Gold; dort liegt er noch heute, aber ich weile seitdem bei König Hialprek, dessen Schmied ich wurde, und übernahm deine Pflege. Nun kennst du meine Geschichte und weißt, dass ich des Vatererbes und der Bruderbuße entbehre.«

Sigurd, der schweigend den Worten Regins gelauscht hatte, erwiderte: »Du hast viel verloren, und deine Blutsfreunde haben schlimm gegen dich gehandelt; zeige deine Kunst und schmiede mir ein Schwert, besser als alle andern Schwerter, wenn du willst, dass ich Fafnir erschlage.«

Regin war bereit, diesen Wunsch zu erfüllen, und schmiedete ein starkes Schwert. Als er aber die Waffe Sigurd übergab, rief dieser aus: »Das ist schlechte Schmiedearbeit!«, und hieb mit dem Schwert auf den Amboss, wobei es sogleich zersprang. Sigurd verlangte nun ein zweites, besseres Schwert, und Regin machte sich wieder an die Arbeit. Er übergab Sigurd das neue Schwert mit den Worten, dieses werde doch wohl zur Zufriedenheit ausgefallen sein, und setzte hinzu: »Schwierig ist es, für dich zu schmieden!« Als Sigurd indes das Schwert versuchte, zerbrach es ebenso wie das erste. Unwillig sagte er zu Regin: »Du scheinst deinen Blutsfreunden zu gleichen und ebenso treulos zu sein wie sie.«

Er ging hierauf zu seiner Mutter und fragte sie: »Ist es wahr, was ich vernommen habe, dass dir einst König Sigmund das Schwert Gram in zwei Stücken übergeben hat?« Als sie dies bejahte, bat er um die beiden Schwertteile, und sie erfüllte seinen Wunsch, denn sie meinte, von Sigurd könne sie Heldentaten erwarten.

Sigurd eilte nun zu Regin und bat ihn, aus den zwei Stücken nach bestem Wissen und Können ein Schwert zu schmieden. Regin war ärgerlich und ging ungern zur Schmiede, weil ihm Sigurd allzu viel zu verlangen schien, und schweißte im Zorn die Schwertstücke zusammen. Als er aber die Waffe aus der Esse zog, schien es, als ob Feuer aus den Schneiden sprühe. Da sprach er zu Sigurd: »Wenn auch dieses Schwert versagt, so verstehe ich für dich keines zu schmieden.« Schweigend nahm der Held das Schwert aus Regins Händen und spaltete mit gewaltigem Schlag den Amboss bis auf den Fuß hinab; die Waffe aber blieb unversehrt. Da lobte er Regins Meister-

werk sehr und ging nun zum Fluss, warf eine Wollflocke hinein und hielt
das Schwert dagegen. Und siehe da! Die Schärfe der Klinge schnitt die
Flocke entzwei, als diese in den Wellen dagegen trieb. Frohgemut gewahrte
dies Sigurd und lobte wiederum die Trefflichkeit der Waffe vor Regin, der
nun den Jüngling daran mahnte, sein Versprechen wegen Fafnir nicht zu
vergessen. Sigurd erwiderte: »Ich werde es erfüllen, aber zuvor habe ich
noch etwas anderes zu verrichten. Denn«, so fuhr er fort:

> »Hell werden lachen
> Hundings Söhne,
> die Eylimi
> das Ende brachten,
> wenn Sigmunds Sohn
> der Sinn noch mehr
> nach roten Ringen
> als nach Rache steht.«

Ungern vernahm Regin diese Worte, doch konnte er gegen Sigurds Vorhaben nichts einwenden und musste es geschehen lassen, dass Sigurd kurze
Zeit darauf zu den Königen ging und sprach: »Ich bin lange hier gewesen
und habe euch für eure aufrichtige Freundschaft und für so manche Ehre zu
danken. Nun aber möchte ich Hundings Söhne aufsuchen, damit sie erfahren, dass die Wölsunge nicht alle tot sind. Dazu erbitte ich eure Hilfe.«
Die Könige erklärten sich bereit, ihm zu gewähren, was er verlangte. Sie
ließen alsbald ein großes Heer ausrüsten und alles aufs Sorgfältigste bereiten, Schiffe und Heergeräte, damit seine Kriegsfahrt herrlicher werde denn
je eine zuvor. Dem Helden selbst ward das beste und stattlichste Drachenschiff gegeben, und mit gutem Wind fuhr die Flotte von dannen. Nach Verlauf weniger Tage aber kam ein gewaltiges Wetter mit Blitz und Sturm, und
die Flut war, als ob man in Blut schaue. Der kühne Sigurd gebot, die Segel
nicht einzuziehen, sondern noch höher zu setzen und mutig dem Sturm zu
trotzen. Als sie an einer Bergspitze vorbeisegelten, rief ein Mann die Schif-

fe an und sprach: »Wer ist der Seekönig, der dort über hohe Wogen und brausende Flut einherfährt? Die Segelrosse sind mit Schweiß bedeckt, schwer werden sie dem Sturm widerstehen!«
Sigurd nannte seinen Namen und begehrte zu wissen, wer der Frager sei. Dieser antwortete:

> »Hnikar ruft mich,
> was Raben speist,
> junger Wölsung,
> und zur Walstatt zog;
> den Mann vom Felsen
> magst du nennen
> Feng oder Fjölnir
> Fahrt begehr ich.«

Sie nahmen nun den Alten ins Schiff, und plötzlich legte sich das Unwetter, sodass sie ungefährdet im Reich der Hundingssöhne an Land kamen; da verschwand Fjölnir.
Sigurd und seine Mannen gingen nun an Land und verbrannten die Wohnstätten und Burgen der Feinde. Alles Volk floh vor ihnen und brachte Lyngvi die schlimme Kunde, dass ein gewaltiges Kriegsheer ins Land gefallen sei; die Flüchtlinge sagten, die Hundingssöhne hätten sich schwer getäuscht, als sie alle Wölsunge erschlagen glaubten, denn dieses Heer führe der Wölsung Sigurd, Sigmunds Sohn!
König Lyngvi ließ nun durch sein ganzes Reich ein Heergebot ergehen und zog mit seinen Brüdern und den Helden, die ihm Heerfolge leisteten, dem Feind entgegen. Da erhob sich die härteste Schlacht, die je geschlagen ward, und die Luft war erfüllt von den Pfeilen und Speeren, die in die Heerhaufen fuhren. Schwerter und scharfe Streitäxte wurden geschwungen, Schilde und Brünnen zerhauen, viele Helme gespalten.
Die Schlacht hatte schon lange gewährt, und viele Gefallene bedeckten die Walstatt, als Sigurd mit dem Schwert Gram in der Hand zu dem Banner der

Feinde vordrang. Er hieb Männer und Rosse nieder und drang so durch die
Schlachtordnung der Hundingsmannen, dass alle vor ihm flohen, denn weder Helm noch Brünne hielten seinem Schwert stand, und niemand glaubte
je zuvor einen so kühnen Helden gesehen zu haben. Als Sigurd so das Banner der Feinde bedrohte, kamen ihm die Söhne König Hundings entgegen
und gedachten, ihm das gleiche Los zu bereiten wie einst seinem Vater.
Sigurd aber spaltete mit einem Streich König Lyngvis Helm und Haupt und
erschlug darauf dessen Bruder Hiörvard und nach der Reihe alle die Hundingssöhne, die ihm entgegentraten, dazu so viele Helden ihres Heeres,
dass niemand die Gefallenen zählen konnte.
Sigurd kehrte nun mit reicher Beute nach König Hialpreks Land zurück,
und dem glücklichen Sieger wurden große Ehren und Feste bereitet.
Als die Siegesfeste und Gelage vorüber waren, mahnte Regin Sigurd und
sprach: »Nun wirst du doch endlich einmal, wie du mir verheißen hast, gegen den Drachen reiten, da du deinen Vater und deine Blutsfreunde gerächt
hast.« Sigurd versprach zu erfüllen, was er ihm verheißen habe, und rüstete
sich alsbald zum Kampf mit dem Drachen.
Gemeinsam ritten Sigurd und Regin zur Gnitaheide bis zu dem Weg, den
Fafnir zu nehmen pflegte, wenn er zur Tränke kroch, und sie sahen, dass die
Klippe, auf der er bei dem Wasser lag, wenn er trank, dreißig Klafter hoch
war. Da sprach Sigurd: »Du sagtest mir, dass Fafnir nicht anders sei als
sonst ein Lindwurm, doch scheint mir seine Spur übergroß zu sein. Wie soll
ich dieses Ungeheuer bezwingen?« Da erwiderte Regin: »Mache auf Fafnirs Weg eine Grube und setze dich hinein! Wenn dann der Wurm zum Wasser kriecht, so stich ihm ins Herz und gib ihm so den Tod!«
»Wie wird es mir aber ergehen«, fragte Sigurd, »wenn das Blut des Un-
getüms mich überströmt?« Regin entgegnete zornig: »Dir ist nicht zu raten,
da du dich vor allem und jedem fürchtest, und ungleich bist du an Mut deinen Freunden!«
Sigurd wollte diesen Vorwurf nicht hinnehmen. Er spornte alsbald sein
Ross zum Ritt durch die Heide, Regin aber verbarg sich an einem sicheren
Ort. Sigurd machte sich nun unverdrossen daran, eine Grube zu graben, und

Die aus dem 13. Jahrhundert n. Chr. stammenden Türpfosten der Kirche von Hyllestad. Sie zeigen zunächst in Einzeldarstellung den Ablauf der Nibelungensage vom Schmieden des Schwertes Gram bis zum Tod Regins. Die Darstellung beginnt auf dem rechten Pfosten unten und wird auf dem linken Pfosten, wieder von unten, fortgesetzt. Rechter Pfosten von unten nach oben: Regin und sein Gehilfe schmieden das Schwert Gram; Regin übergibt Sigurd das Schwert Gram; Sigurd durchbohrt den Drachen Fafnir mit Gram. Linker Pfosten von unten nach oben: Sigurd brät das Drachenherz und führt den Daumen, den er sich beim Befühlen des Herzens verbrannt hat, zum Mund. Das Herzblut, das ihm dabei auf die Zunge kommt, lässt ihn die Sprache der Vögel verstehen. Wir sehen das Ross Grani und darunter zwei Vögel, zwei davon rechts, einen links vom Baumstamm. Sie berichten Sigurd von Regins tückischem Anschlag und raten ihm, den Schmied zu töten. Die oberste Darstellung zeigt Gunnars Tod: Der liegend dargestellte, ganz von Schlangen umgebene Gunnar (Gunther) schlägt mit den Zehen die Harfe.

als er bei dieser Arbeit war, kam ein alter Mann mit langem Bart und fragte
ihn, was er da tue. Als er es ihm gesagt hatte, sprach der Alte: »Das ist ein
unüberlegtes Handeln; mache mehrere Gruben, sodass das Blut nach und
nach in sie hineinrinnen kann. Du aber setze dich in eine davon und stich
von da aus dem Wurm ins Herz!« Sigurd tat so und wartete, in der Grube
verborgen, bis Fafnir zum Wasser kroch. Als dies geschah, entstand ein so
großes Getöse, dass die ganze Heide von der Wucht des Wurms erzitterte.
Er blies Gift vor sich her, aber Sigurd fürchtete sich nicht und gewahrte
ohne Angst das Nahen des Drachen. Als dieser nun über die Gruben kroch,
bohrte ihm Sigurd das Schwert unter den linken Bug, sodass die Klinge bis
ans Heft hineinfuhr.

Als Fafnir die Wunde fühlte, schlug er wild mit Haupt und Schweif um sich,
sodass alles zerschmettert wurde, was er traf. Nun sprang Sigurd aus der
Grube heraus und jetzt sah einer den andern. Fafnir rief seinen Gegner mit
menschlicher Stimme an und sprach: »Was bist du für ein Menschenkind,
der du deinen Stahl in Fafnirs Blut rötest? Mir steckt dein Schwert im Herzen.« Sigurd wollte jedoch seinen Namen nicht nennen, denn das war
allgemeiner Glaube, dass ein Sterbender die Macht habe, einen Menschen
zu verwünschen, wenn er ihn dabei mit seinem Namen nenne. Er erwiderte
daher: »Einen Vater hatte ich nicht wie Menschensöhne, ich wandere einsam als mutterloses Kind.«

»Wenn du weder Vater noch Mutter hast«, entgegnete Fafnir, »durch welches Wunder bist du dann auf der Welt? Einen Lügner nenne ich dich, wenn
du mir in meiner letzten Stunde nicht deinen Namen nennst!« Da sprach
Sigurd: »Meine Abkunft ist dir so wenig bekannt wie ich selbst: Ich heiße
Sigurd, und Sigmund hieß mein Vater; mit seiner Waffe habe ich dich überwunden.« Da fragte Fafnir: »Wer hat dir zu dieser Tat geraten? Was reizte
dich, nach meinem Tode zu trachten? Ein Held war dein Vater, du helläugi-
ger Geselle, und früh schon zeigst du deinen Wagemut!«

Sigurd aber sprach: »Mein Mut reizte mich, und zu der Tat halfen mir meine Rechte und mein scharfes Schwert; wer aber in der Jugend feige ist, wird
auch im Alter nicht kühn!«

Da sprach Fafnir warnend: »Hüte dich vor dem Hort, den ich so lange behütete! Glaube mir, das gleißende Gold bringt dir den Tod!« Sigurd aber wollte davon nichts hören. »Dein Rat kümmert mich nicht«, sprach er, »denn für
jeden kommt einmal der Todestag. Ich reite nun dorthin, wo der Schatz verborgen ist, du aber liege hier im Todeskampf und fahre dann zu Hel!« Noch
einmal aber warnte der todwunde Fafnir: »Ich weiß es wohl, Regin hat mich
verraten, und Verrat sinnt er auch gegen dich; er will unser beider Blut!
Doch nun muss ich mein Leben lassen; du hast gezeigt, dass du der Stärkere bist.« Mit diesen Worten starb er.

Eben begann Sigurd, sein Schwert vom Blut zu säubern, als Regin herbeikam und ihm zurief: »Heil dir, du Held! Einen großen Sieg hast du errungen, da du Fafnir erschlagen hast, auf dessen Wegen niemand zu wandeln
wagte; dein Ruhm wird dauern, solange die Welt steht, du Unverzagtester
unter allen Geborenen!«

Sigurd strich die Schwertklinge am Gras trocken und erwiderte: »Ungewiss
ist, wer der unverzagteste Geborene ist; gar mancher ist tapfer, auch wenn
er sein Schwert nicht in die Brust des Feindes stößt.«

Nach diesen Worten Sigurds schwieg Regin eine ganze Weile und stand wie
in schwerem Sinnen, dann aber begann er, und sein ganzes Wesen schien
wie verwandelt: »Froh und siegesfreudig bist du nun, Sigurd, da du meinen
Bruder erschlagen hast. Aber freilich bin ich selbst nicht unschuldig an dieser Tat.« Nach diesen Worten schnitt er Fafnir das Herz aus der Brust, trank
das aus der Wunde strömende Blut und verlangte von Sigurd, er möge ihm
das Herz braten, während er selbst sich schlafen lege. Sigurd gab seinem
Wunsch nach und briet des Drachen Herz am Spieß. Als der Saft heraus-
rann, griff er mit dem Finger daran und prüfte, ob es schon gar sei. Er ver-
brannte sich dabei und steckte den Finger in den Mund. Aber als ihm Fafnirs Herzblut auf die Zunge kam, verstand er plötzlich die Sprache der
Vögel und vernahm deutlich, was Meisen, die auf dem Felsen saßen, einander zuriefen. Die eine sang: »Dort sitzt Sigurd, blutbespritzt brät er am Feuer Fafnirs Herz für Regin; wenn er es selbst äße, würde er weiser werden als
irgendein Mann auf Erden.« Die zweite sang: »Dort liegt Regin und sinnt

darauf, den zu betrügen, der ihm vertraut.« Die dritte aber rief: »Um einen
Kopf kürzer lasse Sigurd den alten Betrüger zu Hel fahren! Nicht klug ist er,
wenn er ihn schont!« Da tat Sigurd nach den Worten der Vögel und hieb
Regin das Haupt ab. Dann aß er das Drachenherz und hörte nun, wie die
Meisen sangen: »Binde, oh Sigurd, die goldenen Ringe zusammen! Die
allerschönste Maid wissen wir, um die du werben sollst. Ein Saal steht auf
dem hohen Hindarfiall, ganz ist er außen von Feuer umlodert; dort schläft
Brünhild, die streiterfahrene Königstochter, die Odin einst mit dem Schlafdorn stach. Nur du vermagst nach der Nornen Beschluss kühnen Sinns
ihren Schlummer zu brechen!«

Brünhilds Erweckung

Fafnirs Spur verfolgend, suchte nun Sigurd dessen Höhle auf und fand
darin eine Menge Gold sowie viele andere Kleinode, darunter das
Schwert Hrotti und Fafnirs Helm, den Aegis- oder Schreckenshelm. Er füllte alles samt dem Gold in zwei große Kisten und lud diese Grani auf. Dann
nahm er das Ross am Zügel, doch wollte es nicht gehen. Da erkannte
Sigurd, was Grani wollte, und setzte sich auf seinen Rücken. Sogleich rannte das Ross, als ob es keine Last zu tragen hätte. Sigurd ritt weite Wege, bis
er nach Hindarfiall, dem »Hindenberg«, kam. Auf dem Berg sah er einen
mächtigen Lichtschein, als ob ein Feuer brenne, das zum Himmel empor-
leuchte. Wie er aber hinzukam, sah er eine Schildburg und oben darauf ein
Banner. Furchtlos betrat er das Innere und fand darin einen Gewappneten
liegen, der von tiefem Schlaf befangen war. Er nahm ihm den Helm vom
Haupt und erkannte, dass es eine Frau war. Die Brünne umschloss sie so
fest, als wäre sie angewachsen. Da schnitt er sie ihr mit dem Schwert vom
Leib, und nun erwachte die Schläferin. Sie sprach:

>»Wer schnitt die Brünne?
>Wie brach mein Schlaf?

Die bleiche Not,
wer nahm sie mir?«

Sigurd antwortete: »Sigmunds Sohn mit Sigurds Schwert zerschnitt dir die
Rüstung.« Da sprach die Frau:

»Lange schlief ich,
lang schlummerte ich,
lang ist des Lebens Leid!
Odin schuf,
dass den Schlummerbann
zu lösen mir nicht gelang.«

Sigurd fragte sie, wer sie sei. Da nahm sie ein Horn, füllte es mit Met und
reichte es ihm als Erinnerungstrank. Dazu sprach sie die Worte:

»Heil dir, Tag!
Heil euch, Tagsöhne!
Heil, Nacht und Nachtkind!
Mit holden Augen
schaut her auf uns
und gebt uns Sitzenden Sieg!
Heil euch, Asen!
Heil euch, Asinnen!
Heil dir, fruchtschwere Flur!
Rat und Rede
gebt uns Ruhmreichen beiden
und heilkräftige Hände.«

Sie nannte sich Brünhild und sagte, sie sei eine Walküre. Dann erzählte sie,
dass zwei Könige gegeneinander gekämpft hätten, Hialmgunnar und Agnar
genannt. Hialmgunnar war alt und ein tapferer Kämpfer, weshalb ihm Odin

den Sieg verheißen hatte. Sie aber fällte ihn im Kampf und gewährte Agnar
den Sieg. Erzürnt über ihren Ungehorsam, stach Odin sie mit dem Schlafdorn und verhängte über sie, dass sie nicht mehr Walküre sein, sondern sich
vermählen solle.

Da tat sie das Gelübde, dass sie keinen Mann heiraten werde, der sich
fürchten könne. Nach diesenWorten reichte sie Sigurd das gefüllte Horn
und sprach dazu:

> »Bier bring ich dir,
> Brünneneichbaum,
> gemischt mit Stärke
> und stolzem Ruhm.
> Voll von Sprüchen
> und Freudenrunen,
> gutem Zauber
> und Glücksrunen.«

Nun bat Sigurd sie, ihn Weisheit zu lehren, denn sie wusste Kunde aus allen
Welten und konnte auch in die Zukunft sehen.

Da tat sie ihm Sprüche kund, die ihm in schwerer Lage Hilfe bringen konnten, dann aber verkündete sie ihm, dass sein Leben nur kurz sein werde. Sie
schloss mit den Worten:

> »Wähle nun,
> du kannst es jetzt,
> schimmernder Schildbaum!
> Wort oder Schweigen
> wähle du selbst!
> Bestimmt ist alles Unheil.«

Sigurd antwortete, dass er den Tod nicht fürchte und von seinem Weg nicht
abweiche. Er sprach zu ihr, dass er sie zum Weib nehmen wolle, denn sie sei

ganz nach seinem Sinn, und sie erwiderte, ihn wolle sie am liebsten zum Gatten, hätte sie selbst unter allen Männern zu wählen. Da verlobten sie sich einander und schwuren einander Treue.

Gudrun

Sigurd nahm nun Abschied von Brünhild, denn er hielt die Zeit der Vermählung noch nicht für gekommen, da er vorher noch die Welt zu sehen und manche Tat zu vollbringen gedachte. Sein Schicksal führte ihn südlich an den Rhein, an König Giukis Hof. Dieser hatte drei Söhne, Gunnar, Högni und Gutthorm; seine Tochter Gudrun war ihrer Schönheit wegen weithin berühmt, seine Gattin Grimhild aber war zauberkundig. Als Giukis Mannen den Fremden kommen sahen, rühmten sie seinen mächtigen Wuchs, der alle überragte, sein Ross und seine Waffen. Da ging ihm Giuki an der Spitze seines Hofgesindes entgegen und fragte ihn nach Namen und Herkunft. Der Fremde nannte sich Sigurd, König Sigmunds Sohn, und darauf hieß Giuki ihn willkommen und lud ihn ein, an seinem Hof zu verweilen. Sigurd nahm die Einladung an und wurde an Giukis Hof in hohen Ehren gehalten. Er war stets in der Gesellschaft von Giukis Söhnen, aber wie stark und tapfer diese auch waren, so übertraf sie doch Sigurd in jeder Beziehung. Sein Herz aber war ganz von Brünhild erfüllt, sodass er oft im Gespräch an sie dachte und Gudrun nicht beachtete.

Das alles beobachtete Grimhild, Gudruns Mutter. Sie meinte, es wäre ein großes Glück für ihre Tochter und das ganze Haus, wenn Sigurd Gudrun zum Weib nähme, zumal sie auch von den großen Schätzen erfahren hatte, die er besaß.

Als eines Abends alle beim Trank saßen, bot sie ihm ein volles Horn mit den Worten: »Wir alle freuen uns darüber, dass du unser Gast bist, und wollen dir alles Gute gewähren. König Giuki soll dir wie ein Vater sein, ich wie deine Mutter, Gunnar und Högni wie deine Brüder! Wenn ihr einander Eide schwört, kommt euch niemand gleich!« Da trank Sigurd, aber nachdem das

geschehen war, gedachte er Brünhilds nicht mehr: Mit Zauberkunst bereitet, hatte der Trank ihn sie vergessen lassen. Grimhild aber riet Giuki, er
möge Gudrun Sigurd zum Weib geben; das sei der größte Held, den es auf
Erden gebe, und an ihm würden sie eine mächtige Stütze haben. Der König
antwortete: »Ungebräuchlich ist es, seine Tochter anzubieten, doch ist es
mehr Ehre, sie Sigurd anzubieten, als wenn andere um sie werben.«

Als eines Abends Gudrun den Met einschenkte, sah Sigurd, wie schön sie
war. Da sie nun weggegangen war, redeten die Könige mit Sigurd, und
Giuki begann: »Viel Gutes hast du uns erwiesen, Sigurd, und eine große
Stütze warst du bis jetzt für unser Reich, das möchten wir dir gerne danken.« Darauf setzte Gunnar hinzu: »Ja, alles wollen wir daran wenden, dass
du lange hier bleibst, und bieten dir ein Reich und Gudrun zum Weib. Kein
anderer, das glaube, würde unsere Schwester erhalten, auch wenn er um sie
bäte!« Gerne vernahm Sigurd diese Worte und erwiderte: »Habt Dank für
diese Ehre! Ich will gerne annehmen, was ihr mir bietet.« Da schworen sie
einander Blutsbrüderschaft.

Jetzt wurde ein herrliches Hochzeitsmahl gehalten, das viele Tage währte,
und Sigurd trank den Brautlauf mit Gudrun. Freude und Kurzweil aller Art
waren da zu schauen und prächtige Lustbarkeiten, jeden folgenden Tag
wurde besser bewirtet als am vorhergehenden. Als die Feste vorüber waren,
begab sich Sigurd mit seinen Schwägern auf Kriegsfahrt, und nach vielen
Heldentaten kehrten sie mit reicher Beute heim.

Die Werbung um Brünhild

So vergingen manche Jahre, und fröhlich und wohlgemut lebte Sigurd
mit Gudrun an Giukis Hof. Mit seinen Schwägern hielt er treue
Freundschaft. Da sagte eines Tages Grimhild zu ihrem Sohn Gunnar: »Eure
Herrschaft steht in hohem Ansehen, nur eines ist nicht gut, dass du nicht
vermählt bist. Wirb doch um die schöne Brünhild, sie ist für dich die ehren-
vollste Braut; Sigurd wird sicherlich mit dir reiten.«

»Gewiss ist Brünhild schön, und nicht unerwünscht wäre es mir, sie zum Weib zu haben«, entgegnete Gunnar. Alsbald ging er zu seinem Vater und sagte es sodann auch seinen Brüdern und Sigurd, und alle bestärkten ihn in seinem Vorhaben. Nun rüsteten sie sogleich die Fahrt und ritten über Berg und Tal bis zu König Budli, Brünhilds Vater, bei dem sie ihre Werbung vorbrachten. Er nahm diese wohl auf, wenn Brünhild nicht Nein sagen werde, denn sie sei so stolz, dass sie nur den Mann nehme, den sie selbst wolle. Da ritten sie weiter nach Lyndalir zu Brünhilds Ziehvater Heimir, der sie freundlich aufnahm und, nachdem er Gunnars Anliegen vernommen hatte, zur Antwort gab, Brünhild werde nur dem als Gattin folgen, der durch das lohende Feuer reite, das um ihren Saal brenne.

Gunnar ritt sein gutes Ross Goti, das er gegen das Feuer spornte, aber der Hengst wich zurück. Da rief Sigurd: »Warum weichst du zurück, Gunnar?« Er antwortete: »Der Hengst will nicht durchs Feuer gehen, willst du mir dein Ross Grani leihen?« Diesen Wunsch erfüllte Sigurd, und Gunnar ritt nun nochmals gegen das Feuer, aber Grani wollte nicht von der Stelle. Da tauschten sie, so wie Grimhild sie es gelehrt hatte, die Gestalt, und Sigurd ritt, Grani mit dem Schwert spornend, durch das Feuer. Alsbald erhob sich ein lautes Getöse, die Erde erbebte, das Feuer erbrauste, und die Lohe schlug hoch auf zum Himmel.

> Der Brand raste,
> der Boden wankte,
> hohe Lohe
> zum Himmel stieg:
> Keiner wagte
> von des Königs Recken,
> hindurchzureiten,
> darüber zu setzen.
>
> Sigurd Grani
> mit Gram spornte;

die Rüstung blinkte,
die Regin schlug;
das Feuer erlosch
dem Fürstensohn;
die Lohe wich
dem Wagefrohen.

Als Sigurd dann in die Burg hineinkam, fand er dort ein schönes Gemach,
in dem Brünhild saß. Sie fragte ihn, wer er sei. Da erwiderte er: »Ich bin
Gunnar, Giukis Sohn, und du sollst nun meine Gemahlin werden, da ich
durch deine wallende Lohe geritten bin kraft des Jaworts deines Vaters
Budli, deines Pflegevaters Heimir und deiner eigenen Zusage.« Sie antwortete zögernd: »Nicht weiß ich recht, was ich darauf sagen soll.« Sigurd aber
stand aufrecht vor ihr auf dem Estrich, und die Hand auf den Schwertknauf
stützend, entgegnete er: »Ich will dir reiche Morgengabe an Gold und kostbaren Kleidern geben.« Sie erhob sich nicht vom Sitz, sondern das behelm-
te Haupt sorgenvoll wie ein Schwan auf der Woge hin und her wiegend,
erwiderte sie, das Schwert in der Hand: »Sprich nicht so zu mir, Gunnar,
wenn du nicht kühner bist als jeder andere Mann! Ich war im Kampf mit
Heerkönigen, meine Waffen waren gefärbt in Männerblut, und danach verlangt mich noch immer.« Er antwortete: »Manche Ruhmestat hast du vollbracht, aber gedenke nun deiner Verheißung, dass du dem Mann angehören
wollest, der durch dieses Feuer geritten wäre!« Da erkannte sie, dass er
richtig gesprochen hatte, stand auf und begrüßte ihn freundlich.
Er weilte nun drei Nächte bei ihr. Sooft sie aber beisammen waren, stets
legte er das entblößte Schwert zwischen sich und sie. Als sie ihn fragte, was
das zu bedeuten habe, erwiderte er, es sei ihm beschieden, dass er so die
Vermählung mit seiner Frau feiern müsse, sonst wäre es sein Tod. Darauf
gab er ihr einen kostbaren Ring aus Fafnirs Schatz und empfing von ihr den
Ring Andvaranaut, den er ihr einst gegeben hatte, als er sich auf Hindarfiall
mit ihr verlobt hatte, und schied von ihr am dritten Tag. Er ritt zu seinen
Gefährten zurück, die ihn draußen erwarteten, und Sigurd und Gunnar

Oberteil der silberbeschlagenen Schwertscheide von Gutenstein in Baden, die aus
dem 5. und 6. Jahrhundert n. Chr. stammt.
– Zu den notwendigsten und am höchsten
geschätzten Besitztümern des Mannes gehörten seine Waffen, ganz besonders sein
Schwert, von dem im Kampf Sieg und
Leben abhingen. Die Klinge wurde sorgfältig geschmiedet. Griff und Scheide waren häufig kunstvoll verziert. – Besondere
Beachtung verdient hier das oberste Feld,
das einen Krieger in Wolfsmaske zeigt. Er
trägt in der einen Hand ein Schwert, in der
anderen einen Speer; hinter ihm ist ein mit
Pfeilen gefüllter Köcher sichtbar. Die beiden unteren Prägeplatten stellen Widder-
köpfe dar.

Dieses silberne Ortband – es stammt aus
dem 5. Jahrhundert n. Chr. und wurde in
Nydam, Schleswig, gefunden – verzierte
das untere Ende einer nicht mehr erhaltenen Schwertscheide. Am oberen Ende
des Ortbandes sind zwei gegenständige
Menschenköpfe erkennbar, unmittelbar
darunter Arme und Hände. Danach folgen drei gegenständige Paare ornamental
aufgelöster Tierleiber. Das Ortband ist in
der Mitte durch am Rand angebrachte
und mit einer Querspange verbundene
Wülste in zwei Felder gegliedert.

nahmen wieder ihre eigene Gestalt an. Alle zusammen begaben sich nach
Lyndalir zu Heimir, wo sie berichteten, dass Gunnar durch die Waberlohe
geritten sei und Brünhild errungen habe.

Am selben Tag noch kam auch Brünhild zu ihrem Pflegevater und sagte
ihm im Vertrauen, dass ein König durch ihr Feuer geritten sei und sich mit
ihr vermählen wolle. »Er nannte sich Gunnar«, berichtete sie, »ich aber
glaubte bestimmt, dass dies niemand vermöge als Sigurd, mit dem ich mich
einst auf dem Berg verlobte.« Da erwiderte ihr Heimir, dass nicht Sigurd,
sondern Gunnar den Ritt durch das Feuer vollbracht habe und dass es also
bei der Verlobung mit diesem bleiben müsse. Da musste Brünhild trotz
ihres Zweifels einsehen, dass sie das Wort, das sie gegeben hatte, gegen
ihren Willen einlösen müsse.

Die Helden aber kehrten nun heim, und Grimhild dankte Sigurd für seine
Begleitung und Hilfe, Gudrun aber nahm den Ring Andvaranaut an sich.

Das Königspaar rüstete nun die Hochzeit zu, zu der Brünhild mit ihrem
Vater Budli kam. Die Vermählung wurde mit großer Pracht und Herrlich-
keit gefeiert, und Gunnar und Brünhild saßen einträchtig beisammen und
tranken den Vermählungsbecher. Die Festlichkeiten dauerten viele Tage;
aber als alles zu Ende war, erinnerte sich Sigurd an Brünhild und an all die
Eide, die er geschworen hatte; er ließ jedoch nichts davon verlauten und
stellte sich ganz ruhig.

Der Streit zwischen Brünhild und Gudrun

Eines Tages gingen die Königinnen Brünhild und Gudrun gemeinsam
zum Rhein, um ihr Haar zu waschen. Brünhild watete weiter hinaus
in den Strom als Gudrun. Diese fragte, warum das geschehe. Brünhild erwiderte: »Wie sollte ich das Wasser an meinem Haupt dulden, das aus
deinem Haar rinnt? Ist doch mein Vater weit mächtiger als der deine, mein
Gatte aber hat viele Heldentaten vollbracht; er ritt auch durch das lodernde
Feuer – dein Mann aber war König Hialpreks Knecht!«

Zornig entgegnete Gudrun: »Besser stünde es dir an zu schweigen, als meinen Mann zu lästern, von dem alle sagen, dass keiner seinesgleichen lebt. Er hat Fafnir erschlagen und den reichen Hort gewonnen, der nun sein Eigen ist, und den Ritt durch die Waberlohe vollbracht, während du glaubtest, das sei Gunnar gewesen. In Wahrheit aber kam Sigurd zu dir und nahm dir den Ring Andvaranaut von der Hand – hier kannst du ihn sehen!« Sie zog den Goldring Andvaranaut hervor und hielt ihn ihr entgegen. Brünhild sah den Ring und erkannte ihn; sie wurde leichenblass und ging nach Hause, ohne ein Wort zu sprechen.

Abends beim Schlafengehen erzählte Gudrun ihrem Gemahl von dem Streit und sagte: »Warum ist wohl Brünhild nicht zufrieden mit ihrem Reichtum und Glück? Sie hat doch einen vortrefflichen König zum Mann.«

Da erwiderte Sigurd ernst: »Wann war das, dass sie je einmal sagte, sie habe einen vortrefflichen Mann oder denjenigen, den sie am liebsten wolle?«

»Nun will ich doch morgen danach fragen«, sprach Gudrun erregt, »wen sie am liebsten haben will!«

Sigurd entgegnete warnend: »Davon rate ich dir ab; du wirst es bereuen, wenn du es tust.«

Gudrun aber trat trotz dieser Warnung am andern Morgen zu der in düsterem Schweigen sitzenden Brünhild und sprach: »Sei doch nicht so finster, Brünhild! Betrübt dich unser gestriges Gespräch, oder was sonst steht deinem Frohsinn im Wege?«

»Du hast ein grausames Herz«, entgegnete Brünhild, »dass du eine so boshafte Frage tust!«

»Glaube das nicht«, erwiderte Gudrun, »und antworte mir lieber!«

»Frage lieber nach Dingen, die sich besser für dich schicken«, sprach Brünhild, »für Glückliche wie dich ist es ja leicht, zufrieden zu sein!«

»Zu früh noch ist es, mich glücklich zu nennen«, entgegnete Gudrun, »doch nun sprich, was wirfst du mir vor?«

»Zu Unrecht bist du Sigurds Weib«, rief Brünhild; »Sigurd und ich hatten einander Eide geschworen, ihr aber wusstet, dass ihr mich betrogt, und das will ich rächen!«

Gudrun antwortete: »Ich wusste nichts von eurer Verabredung, und mein Vater hätte meinetwegen auch eine andere Heirat für mich ausersehen können, ehe ich Sigurd kannte.«

»Ich gönne dir weder ihn noch seinen Reichtum«, antwortete Brünhild.

Gudrun aber sprach: »Du hast einen so edlen Mann, dass es ungewiss ist, welcher der mächtigere König ist.«

»Sigurd schlug den Drachen und ritt durch das lodernde Feuer, das ist mehr wert als König Gunnar und sein ganzes Reich!«, rief Brünhild.

»Du bist besser vermählt, als du es verdienst«, entgegnete zornig Gudrun, »und dein Übermut wird noch übel enden!«

»Grimhild ist an allem schuld«, rief Brünhild, »sie ist die Anstifterin und Urheberin des Unheils, das uns verdirbt.«

»Schmähe nicht meine Mutter Grimhild, die gegen dich wie gegen eine Tochter ist, und schweige mit solch verkehrten Worten!«, zürnte Gudrun.

»Du kannst mich nicht schweigen heißen«, rief Brünhild, »du, die in ganz ungehöriger Weise mit Sigurd zusammenwohnt; möge es dir so ergehen, wie du es an mir verdient hast!« Sie sprang auf und eilte zu ihrem Gemach, wo sie sich niederlegte und in dumpfem Brüten verharrte.

Bald drang die Kunde zu König Gunnar, dass Brünhild krank sei. Er ging zu ihr und fragte, was ihr denn begegnet sei, aber sie antwortete nicht und lag wie tot. Als er ernstlich in sie drang, sprach sie endlich: »Wo hast du den Ring, den ich dir gab, als du durch meine wallende Lohe rittest?« Da er schwieg, fuhr sie fort: »Jetzt weiß ich es gewiss. Nicht du, Gunnar, rittest durch das Feuer! Ich aber schwor, nur der Mann solle mein Gatte werden, der die lodernde Glut durchreite, und das ist Sigurd, der furchtlose Held. Durch euren Betrug bin ich nun eidbrüchig, weil ich an seiner Stelle dich zum Gatten habe, und dafür sollte ich dich töten!«

Ingrimmig riß sie ein Schwert von der Wand und wollte den König erschlagen. In diesem Augenblick aber sprang Högni herzu, der die Wütende in Fesseln legte. Gunnar löste sie jedoch alsbald wieder aus den Banden, denn so sprach er: »Ich will nicht, dass mein Weib in Fesseln liege.« Aber finster entgegnete Brünhild: »Kümmere dich nicht darum, denn nun siehst du

mich niemals wieder fröhlich in deiner Halle bei Spiel und froher Wechsel-
rede, und niemals wieder darfst du von mir Rat erwarten!« Sie richtete sich
auf und begann so heftig zu weben, dass das Gewebe zerriss. So laute Weh-
klage erhob sie, dass man es durch die ganze Burg hörte.

Gudrun fragte eine von Brünhilds Dienerinnen, warum alle so unfroh und
betrübt seien. Diese erwiderte: »Ach, das ist eine unselige Zeit, unsere Halle ist voller Leid und Kummer!« Da sprach Gudrun: »Wir wollen wieder
fröhlich sein, geh hin zu Brünhild und lade sie zu Tisch!«

»Das kann ich nicht tun«, erwiderte die Frau, »ich wage nicht mit ihr zu
reden, denn manchen Tag schon trank sie weder Met noch Wein, der Götter
Zorn ist über sie gekommen.« Nun wandte sich Gudrun an Gunnar und
sprach: »Geh zu Brünhild, deiner Frau, und sage ihr von mir, ihr Kummer
tue mir Leid.« Gunnar antwortete: »Sie hat es mir verboten, ihr zu nahen,
aber ich will es trotzdem versuchen.« Er ging hin und bot alles auf, ihr Worte abzugewinnen, aber er konnte keine Antwort erlangen, ebenso wenig wie
Högni, der auf Gunnars Bitte ebenfalls an ihr Lager ging.

Jetzt wurde Sigurd aufgesucht und gebeten, mit Brünhild zu reden; der aber
erwiderte kein Wort, und dabei blieb es für diesen Tag. Am andern Morgen
ging er in den Wald hinaus auf die Jagd, und als er zurückkehrte, sprach er
zu Gudrun: »Mir schwebt vor, es werde etwas Furchtbares geschehen und
Brünhild sterben!«

»Wundersam geht es mit Brünhild zu«, erwiderte Gudrun. »Sie hat schon
sieben Tage und Nächte geschlafen und niemand wagt, sie zu wecken.« Sigurd antwortete: »Sie schläft nicht; sie sinnt schwere Anschläge gegen
mich aus!« Da sprach Gudrun weinend: »Das wäre mir ein großer Schmerz,
dich in Gefahr zu wissen; geh zu ihr und besänftige ihren Zorn!«

Sigurd ging zu Brünhilds Saal, den er offen fand, und schlug den Vorhang
von ihrem Lager zurück: »Wache auf, Brünhild, die Sonne scheint über die
ganze Burg, du hast schon allzu lange geschlafen, wirf doch den Groll von
dir und sei wieder fröhlich!« Sie sprach: »Was soll das, dass du dich er-
dreistest, mich zu besuchen?« Sigurd antwortete: »Du redest ja mit niemandem, deshalb komme ich, dich zu versöhnen.«

»Keiner handelte schlimmer gegen mich bei diesem Trug als du«, erwiderte sie, »aber dennoch will ich dir meinen Groll sagen: Du trägst die Schuld an meinem Leid!«

»In irrem Wahn bist du«, sprach Sigurd, »wenn du glaubst, dass mein Herz dir böse gesinnt sei, aber dein Gemahl ist der, den du dir erkorst.«

»Nein«, sagte sie, »nicht Gunnar ritt durch das Feuer, nicht er brachte mir zur Morgengabe erschlagene Drachen und Schätze; ich wunderte mich gleich über den Mann, der in meinen Saal kam, und ich glaubte deine Augen zu sehen, aber ich konnte es nicht mit Gewissheit erkennen, denn wie ein Zauberschleier lag es vor meinen Blicken.«

»Ich bin kein besserer Mann«, sprach Sigurd, »als König Giukis Söhne!«

»Erinnere mich nicht an meinen Zorn!«, rief Brünhild. »Du, Sigurd, erschlugst den Wurm und durchrittest das Feuer, und zwar meinetwegen, und nicht Giukis Sohn.« Sigurd aber antwortete: »Keineswegs ward ich dein Mann noch du meine Frau; Gunnar, der ruhmreiche König, brachte dir den Goldschatz.«

»Nie lachte mein Herz Gunnar zu, wenn ich ihn sah«, entgegnete Brünhild, »grimmig hasse ich ihn, wenn ich es auch vor anderen verberge, und nichts ist mir das Leben wert, da ich doch um alle Freude betrogen bin.« Sigurd antwortete: »Lebe, Brünhild, und sei deinen Freunden wohlgesinnt! Meinen ganzen Goldschatz will ich dir dafür geben.«

»Du erkennst nicht, wie ich es meine«, sprach sie. »Du ragst hoch über alle Männer, aber keine Frau ist dir verhasster als ich!«

»Das Gegenteil ist wahr!«, rief Sigurd, dem jetzt auch das Herz überschwoll. »Ich liebe dich mehr als mich selbst, obgleich ich dem Betrug unterlag, denn immerfort, wenn ich auf meine innere Stimme achte, härmt es mich, dass du nicht mein Weib wurdest; doch ich überwand mich, so viel ich vermochte, wenn ich in der Königshalle um dich war, und ich freute mich doch auch wieder, dass wir alle wenigstens in Freundschaft beieinander waren.«

»Allzu lang hast du versäumt«, entgegnete Brünhild, »mir das zu sagen, denn nun findet mein Leid keine Heilung mehr!«

»Dein Name war mir entschwunden«, sagte Sigurd, »und ich erkannte dich erst, als du schon vermählt warst – das ist mein größter Schmerz!« Darauf erwiderte Brünhild: »Ich schwor einen Eid, dem Mann anzugehören, der durch die Waberlohe reite; den Eid will ich halten oder sterben.«

»Lieber, als dass du stirbst«, rief Sigurd, »will ich dich zum Weib nehmen und Gudrun verlassen!« Brünhild aber entgegnete: »Ich will weder dich noch einen anderen zum Mann.«

Da schritt Sigurd hinaus, und »so schwoll ihm die Brust vor Kummer und Schmerz«, heißt es in einem alten Lied, »dass ihm die Brünne an den Seiten entzweibarst«.

Als Sigurd wieder in die Halle trat, fragte Gunnar, wie es stehe und ob jetzt Brünhild die Sprache wiederhabe. Sigurd sagte ihm kurz, sie könne wieder sprechen, worauf Gunnar abermals zu ihr ging und sie fragte, ob sie für das Leid, das ihr geschehen sei, Buße annehmen wolle. Aber auch dieses Angebot blieb vergeblich.

»Ich bin schmählich betrogen«, sagte Brünhild, »und einer von uns dreien muss sterben – Sigurd, du oder ich; denn Sigurd hat alles Gudrun gesagt, und sie hat es mir vorgeworfen.« Unverrichteter Dinge musste Gunnar von ihr scheiden.

Einige Tage darauf suchte Gunnar Brünhild abermals auf. Da sprach sie: »Macht und Schatz, mich selbst und dein eigenes Leben sollst du verlieren, wenn du Sigurd nicht erschlägst!« Da gab Gunnar jede Hoffnung auf, dass sie ihren Sinn ändern könnte, und begab sich hinweg.

Sigurds Tod

Voll innerer Unrast blieb Brünhild allein. Immer wieder kehrten ihre Gedanken zu dem Frevel zurück, der an ihr begangen worden war, und dass sie gegen ihr Gelöbnis Gunnar zum Mann genommen hatte, während Sigurd, der sich einst mit ihr verlobt hatte, Gudrun zum Weib hatte. Sie klagte die Nornen an, die Schicksalsfrauen, die über sie dieses furcht-

bare Geschick verhängt hatten, aber immer mehr und mehr steigerte sich
ihr Grimm gegen Sigurd, von dem sie sich betrogen und verhöhnt fühlte,
und so reifte in ihr endgültig der Entschluss, Sigurd müsse sterben. Als
Gunnar wieder einmal zu ihr ins Gemach trat, sprach sie zu ihm: »Wir müssen uns trennen, denn ich will nicht mehr länger mit dir zusammenleben,
sondern zu den Meinen heimkehren, und mit mir wirst du auch die Lande
verlieren, die ich dir zugebracht habe.« Da drang Gunnar in sie, sie möge
ihren Entschluss zurücknehmen, sie aber antwortete: »Wohlan, um einen
Preis will ich deinen Wunsch erfüllen: Lass Sigurd sterben! Geschieht das
aber nicht, dann tue ich, was ich dir sagte, und du sollst mich niemals wieder sehen.«

Voll Zorn und Trauer vernahm Gunnar diese Worte. In ernsten Gedanken
saß er den ganzen Tag, schwankend, was er tun solle, aber er konnte zu
keinem Entschluss kommen und ließ seinen Bruder Högni zu sich rufen,
um mit ihm zu beraten. Er berichtete ihm die Worte Brünhilds und sagte,
dass es ihm die größte Schmach scheine, wenn seine Frau von ihm ginge. Er
wisse keinen Ausweg aus dieser Bedrängnis als den Tod Sigurds, da er
lieber selbst sterben als Brünhild verlieren wolle. Högni missbilligte den
Anschlag. »Es ziemt uns nicht«, sprach er, »mit einer Gewalttat die ge-
schworenen Eide zu brechen; auch haben wir eine große Stütze an Sigurd;
kein König ist uns gleich, solange er lebt, und einen solchen Schwager bekommen wir nimmermehr; diese Tat brächte schweres Unheil über uns.«

Gunnar aber sprach: »Ich muss Brünhilds Willen erfüllen; dazu habe ich
mich jetzt entschlossen. Nichts kann mich davon abbringen, denn ich habe
Sigurd arges Unrecht zu vergelten.« Er schloss mit den Worten:

> »Der Held schwor mir
> heilige Eide,
> heilige Eide,
> und hielt keinen;
> aller Eide
> einziger Hort

sollte er sein
und sann auf Trug!«

Högni antwortete: »Brünhild hat in dir den Hass erweckt, der dich jetzt zum
Mord treibt. Sie gönnt Gudrun Sigurd nicht zum Gatten und dich will sie
nicht zum Mann.«
Da er aber erkannte, dass Gunnars Entschluss nicht zu ändern war, hielten
beide Rat, wie sie die Tat am besten ausführen könnten, und beschlossen
ihren Bruder Gutthorm dafür zu gewinnen, weil dieser nicht wie sie selbst
mit Sigurd als Blutsbruder verbunden war. Sie klagten Sigurd des Verrates
an, und um Gutthorm zu blinder Wut aufzustacheln, setzten sie ihm eine
Speise von furchtbarer Wirkung vor.

> Sie schnitten den Wurm,
> sie schmorten den Wolf,
> sie gaben vom Wolf
> Gutthorm zu essen,
> eh sie vermochten,
> meintatlüstern,
> an den klugen Helden
> Hand zu legen.

Mit Giukis Söhnen war Sigurd in den Wald geritten, da tötete Gutthorm den
Ahnungslosen in jähem Überfall. Kaum aber war die Tat geschehen, gellte
den Mördern die Ankündigung der Vergeltung in die Ohren.

> Erschlagen war Sigurd
> südlich vom Rhein;
> vom Baum rief
> der Rabe laut:
> »An euch wird Atli
> Eisen röten,

der Meineid muss
die Mörder fällen!«

Gemeinsam mit Sigurd waren die drei Brüder ausgezogen, ohne ihn kehrten sie zurück. Als sie zu Hause einritten, stand Gudrun draußen vor dem Tor, um ihren Gatten zu empfangen. Weil sie ihn vermisste, fragte sie sogleich, was das zu bedeuten habe. Während die beiden anderen verlegen schwiegen, enthüllte Högni sogleich unverhohlen die volle Wahrheit:

»Nieder hieben
den Helden wir;
der Hengst neigt das Haupt
auf des Herrn Leiche.«

Laut auf lachte da Brünhild, als sie diese Worte hörte. »Nun erst«, sprach sie zu den Brüdern, »ist euch die Herrschaft sicher, denn hätte Sigurd länger gelebt, so hätte er sie gewiss an sich gerissen!«
Gudrun aber vernahm voll Entsetzen die Kunde von der Untat und rief aus:

»Furchtbar sprichst du
Frevelworte;
Geistern verfalle
Gunnar, der Mörder!
Rache werde
ruchloser Tat!«

Mit lauten Reden betäubten die Mörder ihr Gewissen. Sie tranken bis in die Nacht und entschliefen alsbald in ihrem Lager – nur einer nicht, Gunnar. Ihn floh der Schlaf, von düsteren Gedanken verscheucht.

Er regte den Fuß,
er redete viel,

denken musste
der Degen immer,
was Rabe und Aar
gerufen hatten
hoch vom Baum,
als sie heimritten.

Lang vor Tagesanbruch fuhr Brünhild vom Schlaf auf. Ihr war gewesen, als hätte sie Gunnar gefesselt ins Feindesheer reiten sehen, und sie wusste, dass dieser Traum den Untergang der Brüder bedeutete; sie rief:

»So wird vernichtet
der Nibelunge
mächtiger Stamm;
Meineid schwort ihr!«

Schonungslos hielt sie Gunnar sein Verbrechen an Sigurd vor, unbekümmert darum, dass sie selbst es heraufbeschworen hatte: »Vergessen hast du, Gunnar, dass du vordem mit Sigurd das Blut mischtest, und hast ihm übel gelohnt, was er Gutes an dir tat. Er hielt getreulich die Eide, und auch ich will das halten, was ich gelobte, denn ich verhieß mich demjenigen, der meine feurige Lohe durchritt, und das war Sigurd; und da ich nicht mit ihm leben durfte, so will ich mit ihm sterben!«

Da stand Gunnar auf und schlang verzweifelt die Hände um ihren Hals, flehend, dass sie weiterleben und von ihrem Entschluss abstehen möge; sie aber stieß ihn von sich und die andern auch, die zu ihr kamen, und sagte, es werde nicht gelingen, sie wankend zu machen.

In seiner Not wandte sich Gunnar um Rat an Högni, aber dieser antwortete kalt: »Niemand möge Brünhild hindern zu sterben! Zum Unglück ward sie einst geboren, und über so manchen Helden brachte sie großes Missgeschick!« Unwillig versagte er sich jedem weiteren Gespräch und wandte sich von Gunnar ab.

Brünhild aber wappnete sich wie einst, da sie als Walküre gewaltet hatte. Dann zückte sie ihr Schwert und stieß es sich unter dem Arm tief in die Brust. Zu Gunnar aber sprach sie, während ihr Leben entfloh: »Eine letzte Bitte habe ich an dich, Gunnar: Lass einen großen Scheiterhaufen errichten auf dem Feld, mir und Sigurd und unserem Gesinde! Lass die mit Blut gerötete Decke darüber spannen und lass mir zur Seite Sigurd verbrennen und ihm zur Seite seine Mannen, zwei zu Häupten und zwei zu Füßen, zwei Hunde und zwei Habichte; so ist alles nach Gebühr geordnet. Zwischen uns beiden liege das ringgeschmückte Schwert, das scharfe Eisen, wie damals, da Sigurd durch die Flammen ritt und wir die Ringe wechselten. Nicht armselig wird seine Todesfahrt, und das Tor Hels fällt ihm nicht auf die Ferse, denn acht edle Dienstmannen und fünf edle Mägde, mir einst von meinem Vater als Gefährten gegeben, ziehen als Gefolge mit ihm. Mehr würde ich noch sagen, wenn das Schicksal mir noch länger Atem gäbe, doch die Stimme versagt, die Wunden schwellen, Wahrheit aber sprach ich, so gewiss ich sterbe.«

Alles wurde so zugerüstet, wie Brünhild es verlangt hatte. Ihre Leiche wurde zusammen mit der Sigurds auf den Scheiterhaufen gelegt, dessen Flamme beide verzehrte.

Der Untergang der Giukunge

Sigurd und Brünhild waren tot, Gudrun aber führte ihr Leben in Trauer um den toten Gatten im Haus ihrer Brüder. Da warb eines Tages der Hunnenkönig Atli, der Bruder Brünhilds, um sie, und Gunnar, der als Ältester ihrer Gesippen die Stelle des Vaters vertrat, nahm für die Schwester die Werbung an. So musste Gudrun, zum zweiten Mal vermählt, in die Ferne ziehen. Sie fügte sich ihrem Schicksal und ward im Hunnenland Mutter zweier Söhne. Nach Sigurds Tod hatten Gunnar und Högni die Schätze an sich genommen, die der Held einst durch seinen Sieg über Fafnir erbeutet hatte. Das wusste Atli und gedachte sich des Hortes zu bemächtigen. Aber

nicht offen und mit Gewalt wollte und konnte er sein Ziel verfolgen, sondern er wählte List und Heimtücke. Er sandte einen Boten, Knefröd genannt, zu Gunnar, der ihn und Högni zu Atli einladen und ihnen reiche
Gastgeschenke verheißen sollte – Waffen, Kleinode, Land. Gunnar hörte
die Botsaft an, dann aber zählte er stolz die eigenen Reichtümer auf, die
weitaus größer und besser seien als alles, was die Hunnen hätten. Högni fiel
ihm ins Wort und sagte, was es wohl zu bedeuten habe, dass Gudrun ihnen
einen Ring gesandt habe, umwunden mit Wolfshaaren. Das bedeute eine
Warnung – der Weg zu Atli bringe schwerste Gefahr. Betretenes Schweigen
herrschte nach diesen Worten in der Halle, bis sich endlich Gunnar erhob
und seinen Entschluss kundtat: Er wolle trotz aller böser Vorahnungen die
weite Fahrt wagen; und er sprach über sich selbst eine feierliche Verwün-
schung aus, wenn er seine Zusage nicht einhalten sollte:

>   »Genießen sollen Wölfe
>   des Nibelungenerbes,
>   grimme Grauröcke,
>   wenn Gunnar ausbleibt;
>   braunzottige Bären
>   sollen beißen mit den Hauern,
>   wenn der König nicht kommt,
>   der Krieger Meute!«

Als die beiden Brüder Gunnar und Högni auszogen, geleiteten ihre Mannen
sie voll düsterer Ahnungen ein Stück Weges, und Högnis Sohn gab ihnen
beim Abschied ein Segenswort mit: »Wo Beherztheit euch hinführt, fahret
heil und klug!«
Lang und schwierig war der Weg über Bergland und durch pfadlose Wildnis, bis sie endlich ihr Ziel erreichten. Da sahen sie Atlis Burg vor sich, von
schwer bewaffneten Kriegern bewacht. Schild stand an Schild. Atli aber
zechte, ohne seine Gäste zu begrüßen, in der Halle weiter. Als diese eintra-
ten, rief ihnen Gudrun zu, sie seien verraten und sollten eilends die Halle

verlassen. Nicht im Festkleid, sondern in Helm und Brunne hätten sie kommen sollen, um den Hunnen den Tod zu geben und Atli in den Schlangenhof zu werfen, der nun für Gunnar bereitet sei. Aber die Warnung kam zu spät. Schon hatten die Hunnen sich Gunnars bemächtigt und fesselten ihn. Högni wehrte sich tapfer und warf sieben Hunnen ins Feuer, das in der Halle brannte, ehe sie auch ihn überwältigen und binden konnten.

Jetzt sah sich Atli seinem Ziel nahe. An Gunnar ward die Frage gestellt, ob er mit seinen Schätzen Leben und Freiheit erkaufen wolle. Der Held aber antwortete, er und Högni hätten einander geschworen, die Schätze nicht preiszugeben, solange sie beide lebten. Bevor er spreche, müsse Högni also sterben, und als Wahrzeichen seines Todes möge man dessen Herz vor ihn bringen. Die Hunnen gedachten ihn listig zu täuschen, schnitten dem feigen Koch Hialli das Herz aus der Brust und brachten es Gunnar. Dieser aber erkannte den Betrug und rief aus, das Herz, das da auf der Schüssel vor ihm bebe, sei nicht Högnis, sondern Hiallis Herz. Da gaben die Hunnen ihre Täuschungsversuche auf. Högni achtete nicht des Schmerzes, ja er lachte, als man ihm, dem Lebenden, das Herz aus der Brust schnitt. Als man es sodann Gunnar zeigte, rief er aus, jetzt erkenne er Högnis Herz; wenig bebe es nun hier auf der Schüssel, und noch weniger habe es einst in der Brust des Helden gebebt. Nun wusste er gewiss, dass sein Bruder tot war und dass er ohne jede Rücksicht ganz nach seinem Willen handeln konnte. Aus seinen trotzigen Worten musste Atli erkennen, dass er jetzt, da das Geheimnis Besitz dieses einen Mannes war, jede Hoffnung auf den Gewinn des Hortes aufgeben musste:

»So wenig wird, Atli,
ein Auge dich sehen,
wie du selbst, König,
die Kleinode schaust!

Einzig bei mir
ist allverhohlen

der Hort der Nibelunge:
nicht lebt mehr Högni!
Immer war mir Zweifel,
da wir zwei lebten:
Aus ist er nun,
da nur ich lebe.

Nun hüte der Rhein
der Reden Zwisthort,
der schnelle, den göttlichen
Schatz der Nibelunge!
Im wogenden Wasser
das Welschgold leuchte,
doch nimmer an den Händen der Hunnensöhne!«

Auf Atlis Befehl wurde nun der Gefangene in den Schlangenhof gebracht. Zornig hielt Gudrun dem Gatten seinen Treubruch vor und verwünschte ihn. So möge es ihm selbst ergehen, wie er Gunnar die Eide gehalten habe! Mitten unter dem Gewürm schlug Gunnar die Harfe, deren Klänge es beschwichtigten und einschläferten – eine einzige Schlange ausgenommen; sie war es und man sagte, es sei Atlis Mutter gewesen –, die mit ihren Bissen Gunnar tötete.
Atli aber kehrte zum Zechgelage in die Halle zurück. Da trat ihm Gudrun entgegen und reichte ihm den gefüllten Becher.
Aber als er das Mahl genossen hatte, das sie ihm bereitet hatte, und als reichlicher Trunk seine Sinne umnebelt hatte, gab sie ihm mit hohnvollen Worten schreckliche Kunde:

»Hüter der Schwerter,
du hast deiner Söhne
blutige Herzen
mit Honig verzehrt!

Du Mutiger magst
menschliche Leichen
hungrig verzehren
und auf den Hochsitz entsenden.

Nimmer kommen
zu den Knien die
Erp und Eitil,
die immer frohen;
auf dem Sitz im Saal
siehst du nimmer
die Goldspender
Gere schäften.«

Lautes Getöse entstand nach diesen Worten in der Halle, die Hunnen weinten – nur Gudrun blieb tränenlos, und weder über den Tod der Brüder noch über den Mord an den eigenen Kindern, die sie Atli zum Trotz mit eigener Hand getötet hatte, wurde ihr Auge nass.

Sie spendete mit freigebiger Hand reiche Schätze an Atlis Mannen, das Fest nahm seinen Fortgang. Atli selbst aber war schwer trunken und vermochte nicht, die geschehene Untat zu vergelten und Gudruns weiterem Tun zu wehren. Sie stieß dem Waffenlosen das Schwert in die Brust, sodass sein Blut die Lagerstatt überströmte. Dann legte sie Feuer an die Halle, in der die vom Siegestaumel und vom Trunk berauschten Hunnen schließlich eingeschlafen waren, und bald stürzten die Balken der Halle, alles unter sich begrabend, zusammen. Gudrun hatte den Tod ihrer Brüder furchtbar gerächt, aber auch ihr Leben endete in den Flammen.

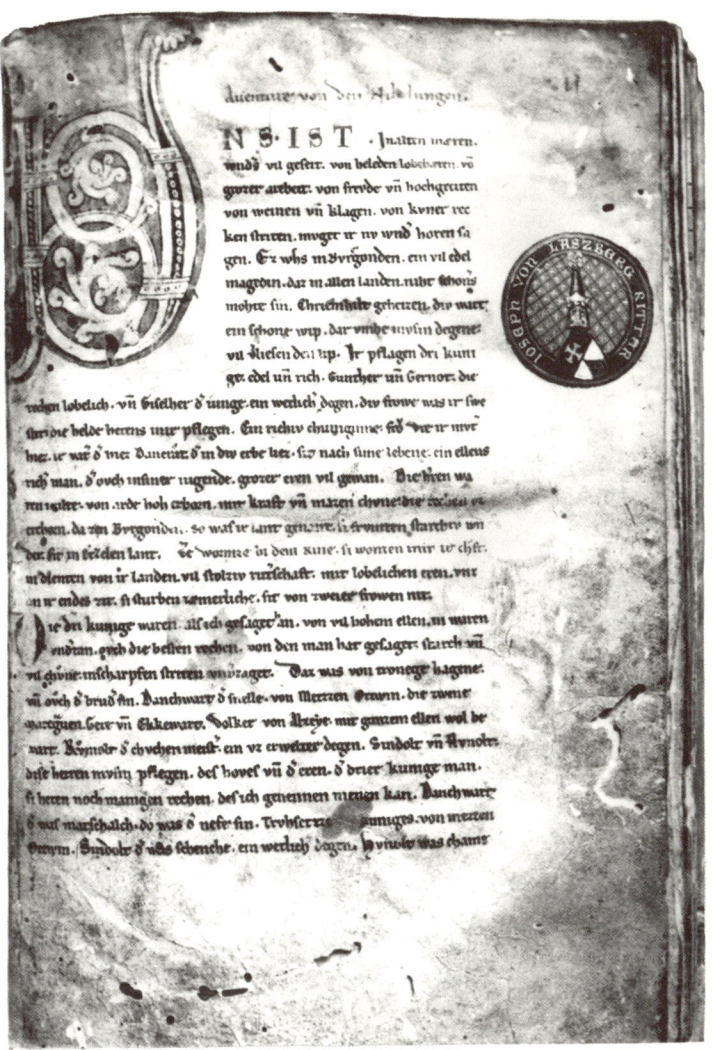

Die erste Seite der Nibelungenhandschrift C. Das Nibelungenlied ist in einer großen Zahl von Handschriften enthalten, von denen jedoch nur ein Teil vollständig ist. Die ältesten vollständigen Handschriften, die zum Teil voneinander abweichen, bezeichnet man mit A, B, C. Unser Bild zeigt die erste Seite von C, einer Pergamenthandschrift des 13. Jahrhunderts. Die Handschrift befindet sich in der Fürstlich Fürstenbergischen Hofbibliothek in Donaueschingen. Wie unser Bild zeigt, ist sie mit größter Sorgfalt geschrieben. Der Text ist fortlaufend wiedergegeben, es beginnt also nicht jeder Vers mit einer neuen Zeile.

DER NIBELUNGE NOT

Sigfrid und Kriemhild

In alter Sage wird uns erzählt von kühnen Helden und von ihren Taten, von Freude und Festen, aber auch von Trauer und Klage, von schweren Kämpfen und harter Not; von all dem sollen die folgenden Blätter Kunde geben. Im Land der Burgunden, zu Worms am Rhein, lebte einst eine Jungfrau, Kriemhild genannt. Ihre Schönheit übertraf die der Frauen in allen Landen, kühne Männer umgaben sie, und niemand war ihr gram. Drei Helden aus königlichem Geschlecht, Gunther, Gernot und Giselher, denen die stolze Ritterschaft des Landes diente, waren ihre Brüder. Ute hieß ihre Mutter; ihr Vater Dankrat hatte den Söhnen die Herrschaft über das Land als Erbe hinterlassen. Um die drei Brüder scharte sich ein stattliches Gefolge kampferprobter Helden, allen voran Hagen von Tronje, dessen Bruder Dankwart das Amt des Marschalls innehatte. Hagens Neffe Ortwin von Metz war Truchsess, der Schenke hieß Sindolt, der Kämmerer Hunold, der Küchenmeister Rumold. Zwei Markgrafen, Ger und Eckewart, lebten am Hofe, und Volker von Alzey war ebenso erprobt im Streit, wie er als Meister des Saitenspiels die Könige und ihr Gefolge durch seine Kunst erfreute.

Einst ängstigte Kriemhild ein schwerer Traum: Ihr war, als hätte sie einen schönen und starken Falken aufgezogen, den ihr zwei Adler entrissen, sodass sie darüber schweres Leid empfand. Bekümmert erzählte sie davon ihrer Mutter. Ute aber sprach: »Der Falke ist ein edler Gatte; Gott möge ihn behüten, denn der Traum bedeutet, dass du ihn bald verlieren musst.« Da antwortete Kriemhild, von einem Gatten wolle sie nichts wissen und bis zum Tode unvermählt bleiben; so werde sie durch Liebe nie Kummer erfahren. Vergeblich sprach ihr die Mutter zu, von solchen Gedanken zu lassen; ihr Sinn blieb fest, denn noch kannte sie keinen, dem sie sich in Liebe zugeneigt hätte.

Zur selben Zeit wuchs in den Niederlanden am Rhein, in der Burg zu Santen, als Sohn des Königs Sigmund und dessen Frau Siglind Sigfrid zu einem starken Helden heran. Mit aller Sorgfalt wurde er wohl behütet erzogen, und als die Zeit seiner Waffenfähigkeit gekommen war, rüstete König Sigmund zur Feier der Schwertleite ein großes Fest, zu dem von nah und fern viele fremde Gäste geladen wurden. Hundert Altersgenossen empfingen zugleich mit Sigfrid das Schwert; er erhielt Land und Burgen zu Lehen, während er selbst seine Schwertgenossen reich beschenkte. Bis zum siebenten Tag währte das Fest in Freuden und mit frohem Ritterspiel; dann nahmen die Gäste, von Frau Siglind reich beschenkt, Abschied und zogen wieder in ihre Heimat zurück.

Nun verlebte Sigfrid seine Tage in ungetrübter Freude. Da hörte er von Kriemhild und ihrer Schönheit, aber auch davon, dass sie keinem Freier Gehör schenke, wie viele sich auch um ihre Hand bewürben. Auch Sigfrid hatte man längst geraten zu freien, und so beschloss er, Kriemhild zum Weib zu nehmen. Als Sigmund von diesem Entschluss erfuhr, vernahm er den Willen seines Sohnes nur ungern, und auch Siglind hatte große Sorge um ihn – sie kannte Gunther und dessen Mannen genau. »Willst du von deinem Wunsch nicht abstehen«, sprach Sigmund, »so will ich dir gerne beistehen, so gut ich kann. Aber Gunther dient so mancher tapfere Held, und wäre sonst keiner da als Hagen von Tronje, so fürchtete ich doch, dass uns die Werbung um die Jungfrau noch zum Leid gereicht.« Sigfrid ließ sich aber durch die Warnung seines Vaters nicht beirren. »Was ich nicht in Frieden und Freundschaft erbitten kann«, meinte er, »das will ich mit starker Hand erwerben; ich getraue mich wohl, Gunther Land und Leute mit Gewalt abzugewinnen.« Da sprach Sigmund: »Deine Worte sind unbedacht; würden sie am Rhein bekannt, so dürftest du es nicht wagen, die Burgunden aufzusuchen – seit langem kenne ich Gunther und Gernot. Mit Gewalt kann niemand Kriemhild gewinnen. Willst du aber dennoch mit Heereskraft ausziehen, so wird sich zeigen, dass wir Freunde haben.« Aber dieser Vorschlag war nicht nach Sigfrids Sinn. Nicht durch Heerfahrt wollte er Kriemhild gewinnen, sondern nur selbzwölft auf die Werbung ausziehen. Zwar trauerte Siglind über die Absicht ihres Sohnes, denn sie fürchtete, er werde durch Gunthers Mannen sein Leben einbüßen. Aber Sigfrid tröstete sie und rief, er fürchte niemanden. Er bat nur, ihn und sein Gefolge würdig auszustatten, und da sie erkannte, dass er seinen Willen doch nicht ändern werde, erfüllte sie seinen Wunsch.

Mit Waffen und Kleidern prächtig ausgerüstet, auf herrlichen Rossen trat Sigfrid mit seinem Gefolge die Reise an und erreichte glücklich am siebenten Morgen Worms. Als sie am Hof ankamen, bestaunten alle die herrlich gerüstete Schar, und Gunthers Mannen eilten ihnen entgegen, um die Gäste im Land ihres Herrn zu empfangen. Sie nahmen ihnen die Rosse ab, um sie in den Stall zu bringen, aber Sigfrid wehrte ihnen das. Er rief, man solle die Rosse an Ort und Stelle lassen, denn er wolle bald wieder von dannen reiten. Er verlangte zu wissen, wo er Gunther antreffen könne, und wurde zu dem Saal gewiesen, wo Gunther inmitten seiner Helden weilte.

Als dem König die Botschaft gebracht wurde, dass fremde Helden ins Land gekommen seien, die niemand kenne, wurde auf den Rat Ortwins Hagen herbeigerufen, der in fremden Landen wohl Bescheid wusste. Als dieser hörte, was man von ihm verlange, sah er vom Fenster her nach den Fremden aus. Er bewunderte deren prächtigen Aufzug und ihr Gebaren, dann aber sprach er: »Zwar habe ich Sigfrid noch nie gesehen, aber ich möchte wohl glauben, dass er der Held ist, der dort herankommt. Er bringt wohl große Neuigkeiten in unser Land!«, und fuhr fort: »Ich weiß von verwegenen Taten, die Sigfrid vollbracht hat. Schilbung und Nibelung, die Söhne Nibelungs, fanden durch ihn den Tod. Als Sigfrid einmal allein seines Weges zog, fand er vor einem Berg die Mannen Nibelungs um einen reichen Hort geschart. Man hatte den Schatz aus dem Berg ins Freie getragen, um ihn zu teilen. Als der Held herangekommen war, rief einer der Mannen Nibelungs, hier komme Sigfrid aus Niederland. Man empfing ihn gut, und Schilbung und Nibelung baten ihn, er möge den Schatz, ihr Vatererbe, unter ihnen teilen. Sigfrid sah, dass edles Gestein und rotes Gold in Fülle ausgebreitet lagen – hundert Lastwagen hätten nicht gereicht, den Hort von der Stelle zu bringen. Er versprach ihren Wunsch zu erfüllen, und freudig gaben ihm die beiden Brüder Nibelungs Schwert Balmung zum Lohn. Aber das Abenteuer führte zu einem bitteren Ende. Er konnte ihnen den Schatz nicht zu Dank verteilen, sodass sie in heftigen Zorn gerieten. Zwar waren zwölf starke Riesen zur Hand, die ihnen dienten, aber deren Hilfe nützte ihnen nichts: Im Kampf erschlug Sigfrid Schilbung und Nibelung ebenso wie die Riesen. So machte er sich das Land und siebenhundert Helden untertan. Vergeblich versuchte der Zwerg Alberich, der Hüter des Schatzes, seine getöteten Herren zu rächen. Zwar brachte er Sigfrid in große Not, aber als es diesem gelang, Alberich seinen Tarnmantel zu entreißen, der ihn unsichtbar gemacht hatte, war der Sieg gewonnen und der Hort erbeutet. Nun ließ Sigfrid den Schatz wieder in die Berghöhle tragen, und Alberich musste ihn wieder behüten, nachdem er hatte schwören müssen, ihm getreulich zu dienen. Noch andere Kunde habe ich über Sigfrid: Er erschlug einst einen Drachen und badete in dessen Blut. Davon ward seine Haut hörnen, sodass keine Waffe ihn verletzt. Ich rate, wir sollten ihn gut empfangen und nicht seinen Zorn erwecken.«

Auf diese Worte Hagens hin entschloss sich Gunther, an der Spitze seiner Mannen Sigfrid entgegenzugehen und ihn geziemend willkommen zu heißen. Sobald er Sigfrid aber begrüßt hatte, fragte er ihn, was ihn nach Worms an den Rhein geführt habe. Ohne Zögern antwortete Sigfrid, er habe gehört, dass um Gunther die kühnsten Helden versammelt seien, die es gebe; aber auch des Königs Tapferkeit sei weithin berühmt, und das wolle er erproben. Auch er selbst sei ein Recke, dem die Krone des Königs bestimmt sei. »Wenn Ihr«, sprach er, »so kühn seid, wie Euer Ruf berichtet, so will ich um alles, was Ihr habt, um Land und Leute, mit Euch kämpfen und es mir untertan machen.«

Als Gunthers Mannen hörten, dass Sigfrid gekommen war, um Gunther seine Lande zu nehmen, packte sie der Zorn. Gunther aber fragte, womit er es verdient habe, dass er das Land verlieren solle, das sein Vater lange in Ehren beherrscht habe. Da antwortete Sigfrid, auch er setze sein Erbe zum Pfand; wer über den anderen siege, der solle beider Land beherrschen. Da erhoben Hagen und Gernot Widerspruch, und Ortwin von Metz rief, Sigfrid habe ohne Grund zum Kampf herausgefordert; wenn etwa Gunther und seine Brüder sich nicht wehren könnten, so wolle er den Kampf aufnehmen, und

führe der Fremde auch ein ganzes Heer herbei. Zornig antwortete Sigfrid,
er selbst sei ein mächtiger König, Ortwin aber eines Königs Mann, der sich
nicht des Kampfes gegen ihn vermessen dürfe. Da rief Ortwin ergrimmt
nach Waffen, Gernot aber trat mit gütlichem Vorschlag zwischen die Streitenden. Er sprach, noch habe Sigfrid nichts getan, was den Streit unver-
meidlich mache, und obgleich es auch zwischen Sigfrid und Hagen noch zu
einem scharfen Wortwechsel gekommen war, verschaffte sich Gernot
schließlich doch Gehör und verbot seinen Helden jeden weiteren Wort-
kampf mit Sigfrid. Dann wandte er sich an diesen mit den Worten: »Ihr und
Eure Gefährten sollt uns willkommen sein, und ich und meine Verwandten
wollen Euch gerne zu Diensten stehen.«

Den Gästen ward der Willkommstrunk gereicht, Gunther aber fügte Gernots Worten hinzu, soweit es mit Ehren sein könne, solle Sigfrid das Land
mit allen seinen Bewohnern zur Verfügung stehen, sie wollten Gut und Blut
mit ihm teilen. Diese Worte besänftigten Sigfrid, dessen Mannen nun die
beste Herberge angewiesen wurde. Er selbst aber weilte als willkommener
Gast bei Hofe. Gab es irgendeine Kurzweil, so war er stets der Erste dabei,
und im ritterlichen Spiel, beim Steinwerfen wie beim Schaftschießen, tat er
das Beste. Aber auch, wenn es galt, die Frauen zu unterhalten, sah man Sigfrid gern. Was immer man begann, er fand sich stets zur Teilnahme bereit.
In seinem Herzen aber bewahrte er die Liebe zu Kriemhild; und sie, die er
noch nie gesehen hatte, lobte ihn oft im vertrauten Kreis.

Sammelten sich Ritter und Knappen auf dem Hof zu ritterlichem Spiel, so
sah Kriemhild gerne vom Fenster aus zu. Sigfrid aber dachte immer daran,
wie er es anfangen könne, Kriemhild einmal mit eigenen Augen zu sehen.
So verging ein Jahr des Aufenthaltes bei den Burgunden und noch immer
war ihm sein Wunsch nicht in Erfüllung gegangen.

Da kamen aus weiter Ferne Boten nach Worms, die schwere Sorge ins Land
brachten. Lüdeger aus dem Sachsenland und Lüdegast aus Dänemark hatten sie ausgesandt, und als die Fremden an den Hof gerufen wurden, richteten sie ihren Auftrag aus: »Lüdeger und Lüdegast«, so sprachen sie, »sind
von Zorn gegen euch erfüllt und wollen euer Land mit Krieg überziehen. In

zwölf Wochen wollen sie aufbrechen, darum sammelt eure Freunde um euch, die euch helfen können, Land und Burgen zu verteidigen. Wollt ihr euch aber mit unseren Herrn vertragen, so lasst sie das wissen; dann werden sie vom Heerzug abstehen, und ihr könnt den Kampf vermeiden, der viele gute Ritter das Leben kosten wird.«

Auf diese Worte hin erbat sich Gunther Frist, um seine Getreuen zusammenzurufen, ihnen den drohenden Krieg anzukündigen und ihren Rat einzuholen. Sogleich ließ er Hagen und Gernot berufen, dazu die besten Helden, die ihm dienten, und verkündete ihnen, was ihm die Boten ausgerichtet hatten. Gernot rief aus: »Mit den Schwertern wollen wir die Eindringlinge abwehren; wem der Tod bestimmt ist, der wird in diesem Krieg fallen, aber meine Ehre vergesse ich deshalb nicht. Unsere Feinde sollen uns willkommen sein!«

Hagen von Tronje aber mahnte zur Vorsicht: Lüdeger und Lüdegast, so meinte er, seien voll Übermutes, sie selbst aber könnten ihre Mannschaft in der kurzen Frist, die ihnen gestellt sei, nicht aufbieten. Er riet daher, sich an Sigfrid zu wenden. Inzwischen wurden die Boten, so ungerne man sie sah, auf das Beste versorgt.

Gunther vermochte den schweren Kummer, der ihn drückte, nicht zu verhehlen, und so fragte ihn Sigfrid eines Tages, wo er sein fröhliches Wesen gelassen habe, das er sonst immer gezeigt habe. Da antwortete Gunther, er müsse seine Sorgen heimlich bei sich behalten und dürfe sie nicht allen kundtun; nur treuen Freunden könne er sich anvertrauen. Da antwortete Sigfrid: »Ich habe Euch noch nichts abgeschlagen; sucht Ihr Freunde, so will ich einer davon sein, Euer Leid wenden und Euch bis zum Tod zur Seite stehen.« Auf diese Worte hin vertraute Gunther Sigfrid an, was den Burgunden drohe. Sigfrid aber rief aus, Gunther möge die Drohungen der Feinde gering achten. Brächten sie auch dreißigtausend Mannen ins Land, so wolle er sie bestehen, selbst wenn seine eigene Mannschaft nur tausend Krieger zähle. Da er selbst nur über die zwölf Recken seines Gefolges verfüge, möge Gunther tausend seiner Mannen aufbieten – mit dieser Macht werde er das Land beschirmen. Hagen und Ortwin, Dankwart und Sindolt sollten mit zu Felde ziehen, Volker aber die Fahne tragen. Er riet Gunther, die Boten heimzusenden; er möge ihnen sagen, dass man Gunthers Scharen gar bald auf dem Plan sehen werde. Diesen Rat befolgte Gunther. Er ließ die Boten reich beschenkt von dannen ziehen und trug ihnen auf, daheim zu melden, wolle man ihn heimsuchen, so werde es harten Kampf geben.

Als die Boten daheim ihren Auftrag ausgerichtet und berichtet hatten, was für Helden sie zu Worms gesehen hätten, besonders aber, dass Sigfrid aus Niederland bei Gunther weile, da reute es Lüdeger, dass er Gunther so vorschnell zum Kampf herausgefordert hatte. Doch sammelten er und Lüdegast von Dänemark ein mächtiges Heer, mit dem sie die Heerfahrt antraten. Inzwischen hatte auch Gunther seine Mannschaft aufgeboten und ließ alles zur Heerfahrt rüsten. Sigfrid riet ihm, zu Hause bei den Frauen zu bleiben und ihm seine Mannen anzuvertrauen; er getraue sich wohl, ihm Ehre und Habe zu behüten. Er wolle die Feinde in ihrem eigenen Land aufsuchen, sodass ihr Übermut sich in schwere Sorge wandeln müsse.

Gunther tat nach Sigfrids Rat; sein Bruder Gernot zog mit ins Feld. Hagen von Tronje aber war Scharmeister und Volker führte die Fahne.

So wurde der Kriegszug begonnen, und als man in die Nähe des Feindes gekommen war, ritt Sigfrid selbst auf Kundschaft aus. Während er das Heer Hagen und Gernot anvertraute, ritt er allein in Sachsen ein. Bald erblickte er das mächtige Heer der Feinde, das, vierzigtausend Mann stark, auf freiem Feld lagerte. Auch vonseiten der Gegner war ein Held auf Kundschaft ausgeritten, das war Lüdegast selbst. Als beide einander erblickten, ritten sie aufeinander los und ein heftiger Kampf entbrannte. Zwar beobachteten dreißig von den Kriegern der Feinde, wie die beiden zusammentrafen, aber ehe sie herankamen, hatte Sigfrid den Kampf gewonnen. Aus drei schweren Wunden blutend, musste Lüdegast um sein Leben bitten und dem Gegner seinen Namen nennen. Als ihn aber Sigfrid gefangen abführen wollte, griffen ihn die dreißig Feinde an. Sigfrid indes ließ seinen Gefangenen nicht los, und der Kampf endete damit, dass er alle seine Gegner bis auf einen erschlug. Der ritt eilends davon und brachte dem Heer die Kunde von dem, was geschehen war. Den Dänen tat es bitter Leid, dass ihr König

Lüdegast gefangen war, und als man diese schlimme Nachricht dessen
Bruder Lüdeger brachte, tobte dieser in wildem Zorn. Sigfrid aber brachte
Lüdegast gefangen zum Heer und vertraute ihn der Obhut Hagens an.
Dann ließ Sigfrid die Fahne aufbinden und rief aus: »Wohlauf, nun soll
noch mehr geschehen! Behalte ich das Leben, so soll manche Frau im Sach-
senlande trauern, bevor der Tag ein Ende nimmt!« Das Heer brach auf,
Volker ritt mit der Fahne voran und alles war begierig auf den Kampf. Als
dann die Gegner aufeinander prallten, erhob sich ein harter Streit, denn
auch die Dänen taten ihr Bestes. Laut erklangen die Waffen, und die Helden
aus Niederland folgten Sigfrid ins Getümmel der Schlacht. So schnell drangen sie auf die Feinde ein, dass die Burgunden zurückblieben. Sigfrid aber
schlug den Gegnern, deren Helme seinem Schwert nicht standhielten, blutige Wunden. Dreimal hatte er, immer wieder umkehrend, die Schar der
Feinde durchritten; da war auch Hagen mit dem gesamten Heer herangekommen, und diese Hilfe hob noch Sigfrids Mut. Da stieß Lüdeger auf ihn,
voll Zorn darüber, dass er sehen musste, wie der Held mit Balmung seine
Mannen erschlug.
Während beider Gefolge aufeinander eindrang, fochten beide einen harten
Kampf aus. Lüdeger wusste wohl, dass Sigfrid es gewesen war, der seinen
Bruder Lüdegast gefangen genommen hatte, und mit umso härteren Schlä-
gen setzte er dem Gegner zu. Sigfrids Ross strauchelte, aber bald hatte es
sich erholt, und der Held war des Sieges über den Sachsen gewiss. Endlich
erkannte Lüdeger, dass er Sigfrid, der an der auf seinen Schild gemalten
Krone deutlich erkennbar war, keinen Widerstand mehr leisten konnte, und
rief mit lauter Stimme den Seinen zu: »Lasst ab vom Streit, meine Mannen!
Sigmunds Sohn, den starken Sigfrid, habe ich hier erkannt. Ein widriges
Geschick hat ihn nach Sachsen hergesandt!« Er befahl, die Fahne zu sen-
ken, und bat um Frieden. Der wurde ihm gewährt, aber er musste als Geisel
den Siegern in König Gunthers Land folgen.
Gernot und Hagen ließen die Verwundeten auf Bahren legen und so im Zug
mitführen. Fünfhundert Feinde mussten dem Heer als Gefangene folgen.
Sieglos ritten die Dänen in ihr Land zurück, und die Sachsen hatten in

diesem Kampf wenig Ruhm erworben; sie hatten so manchen Toten zu beklagen. Gernot aber sandte Boten nach Worms, die dort die frohe Kunde von dem errungenen Sieg melden sollten. Als sie ihren Auftrag ausgerichtet hatten, herrschte überall eitel Freude.

Einer der Boten wurde heimlich vor Kriemhild geführt, und sie fragte ihn, ihm reichen Lohn verheißend, darüber aus, wie es im Kampf ergangen sei, wie es mit ihrem Bruder Gernot und ihren anderen Freunden und Verwandten stehe und wer im Kampf den größten Ruhm erworben habe. Da antwortete der Bote: »Keiner hat sich im Kampf als zaghaft erwiesen. Niemand aber hat sich so bewährt wie unser Gast aus Niederland, der kühne Sigfrid. Was immer auch Dankwart und Hagen an Taten verrichtet haben, das alles bedeutet nichts gegen das, was Sigfrid getan hat. Er hat den kühnen Lüdegast bezwungen und dessen Bruder, den Sachsenkönig Lüdeger. Sie, die in ihrem Übermut den Krieg begonnen haben, müssen nun Gunthers Gefangene sein.« Als Kriemhild das hörte, errötete sie vor Freude darüber, dass Sigfrid mit solcher Ehre den Kampf beendet hatte, und ließ dem Boten reich verzierte Kleider und zehn Mark Goldes reichen.

Als dann das siegreiche Heer zu Worms einzog, hieß man die Gesunden ebenso wie die Verwundeten freudig willkommen. Lüdeger aber ward vor Gunther geführt, der ihm zurief, nun werde ihm vergolten, dass er ihm so viel Schaden zugefügt habe; Gott möge es seinen Freunden lohnen, was sie für ihn getan hätten. Lüdeger antwortete, noch nie habe ein König so mächtige Geiseln gewonnen; er bot großes Gut dafür, dass man ihm milde Haft angedeihen lassen wolle. Diesen Wunsch wollte Gunther gerne erfüllen und beide Könige ungefesselt lassen, wenn man ihm Bürgschaft dafür gebe, dass sie nicht entfliehen wollten. Das versprach Lüdeger mit Handschlag, und nun wurde beiden Brüdern gute Herberge gegeben.

Während man die Verwundeten auf das Beste pflegte, riet Gernot, das Heer zu entlassen, die Mannen aber über sechs Wochen zu einem großen Fest zu laden. Auch Sigfrid wollte Abschied nehmen. Gunther bat ihn, noch zu verweilen, und um Kriemhilds willen fügte sich der Held seinem Wunsch. Er hoffte, dass er sie nun doch endlich einmal werde sehen können.

Als dann die Zeit für das Siegesfest herangekommen war, trafen die Gäste
in Worms ein. Zweiunddreißig Fürsten zogen herbei und wurden wohl
empfangen. Am Morgen des Pfingsttages fanden sich die Gäste in statt-
lichem Zug zum Fest ein. Gunther hatte längst bemerkt, wie sehr Sigfrid
seine Schwester liebte, obwohl er sie noch nie gesehen hatte. Ortwin aber
riet, auch die Frauen und vor allem Kriemhild vor den Gästen erscheinen zu
lassen. Gunther erfüllte gerne diesen Wunsch, und geleitet von ihrer Mutter
Ute und gefolgt von ihren Jungfrauen sowie von hundert Mannen, trat
Kriemhild aus ihrem Gemach. Wer sie erblickte, dem war es, als ob das
Morgenrot aus trüben Wolken breche, und wie der lichte Mond die Sterne
an Glanz übertrifft, so überstrahlte Kriemhild mit ihrer Schönheit die Frau-
en ihres Gefolges. Als Sigfrid sie erblickte, verzagte er fast. Er wagte nicht,
auf ihre Liebe zu hoffen, und doch wollte er lieber sterben als von ihr lassen. Wie ein Bild, von eines guten Meisters Hand auf Pergament entworfen,
stand er in seiner Kraft und Schönheit da; Gernot aber sagte zu Gunther,
nun solle er dem Helden seine Dienste lohnen und Sigfrid seiner Schwester
zuführen, damit sie ihn begrüße. Sie, die noch keinen Helden ihres Grußes
gewürdigt habe, möge diese Gunst Sigfrid erweisen, dann hätten sie ihn für
immer gewonnen.
Alsbald führten Gunthers Brüder den Helden Kriemhild zu, und als sie ihn
vor sich stehen sah, hieß sie ihn als edlen Ritter willkommen. Er aber ver-
neigte sich vor ihr, fasste ihre Hand und ging an ihrer Seite dahin. Heimlich
sahen sie einander mit freundlichen Blicken an, und Kriemhild ließ Sigfrid
wohl erkennen, dass sie ihm in Liebe zugetan war. Als sie ihn mit einem
Kuss ehren durfte, da war ihm dies die schönste Anerkennung, die ihm je
zuteil geworden war. Der König von Dänemark aber sprach: »Um dieses
Grußes willen liegt gar mancher tot, den Sigfrids Hand gefällt hat; Gott lasse ihn niemals in mein Land kommen!«
Von großem Gefolge geleitet, schritt Kriemhild zur Kirche. Als sie aus dem
Münster trat, führte man ihr aufs Neue Sigfrid zu. Nun erst sagte sie ihm
Dank für seine Taten. Er aber verhieß ihr, dass er den Ihren immer dienen
wolle und dass das um ihrer Huld willen geschehe.

Mit reicher Bewirtung der Gäste ward nun das Fest zwölf Tage lang gefeiert, und stets weilte dabei Sigfrid in Kriemhilds Nähe. Zum Abschied ließ
Gunther seinen Gästen reiche Geschenke bieten, und der Dänenkönig verlangte danach, Frieden zu schließen und in seine Heimat zurückzukehren,
denn Lüdegast war inzwischen von seinen Wunden geheilt. Da zog Gunther
Sigfrid zu Rate, wie er mit seinen Gefangenen verfahren solle; er sagte, diese hätten ihm so viel Gold angeboten, als fünf Rosse tragen könnten, wenn
er ihnen die Freiheit schenke. Sigfrid aber riet ihm, sie ohne Lösegeld ziehen zu lassen, wenn sie nur geloben wollten, nie mehr gegen die Burgunden
Krieg zu beginnen. Gunther stimmte ihm zu und eröffnete Lüdeger und
Lüdegast seinen Beschluss. Froh kehrten beide nun in ihre Lande zurück
und auch die Festgäste zogen reich beschenkt von dannen.
Sigfrid aber blieb auf die Bitte des jungen Giselher im Land. Er durfte nun
täglich Kriemhild sehen und die Liebe zu ihr hielt ihn fest.

Brünhild

Neue, unerhörte Kunde kam an den Rhein: Eine stolze Königin,
Brünhild geheißen, deren Schönheit und Kraft nirgends ihresgleichen fanden, wohnte jenseits des Meeres. Sie maß sich mit den Freiern, die
um sie warben, im Speerkampf, warf mit ihnen einen mächtigen Stein um
die Wette und folgte in kraftvollem Sprung dem Wurf. Wer sie in diesen drei
Proben überwand, dessen Gattin wollte sie werden; wer aber auch nur in einer davon unterlag, verlor sein Leben. Als Gunther davon hörte, beschloss
er, die Fahrt zu wagen und Brünhild aufzusuchen. Er wollte sie zum Weib
gewinnen oder sterben. Als Sigfrid von diesem Entschluss erfuhr, riet er
entschieden davon ab; er sprach, so furchtbar sei das Wesen der Königin,
dass es den teuer zu stehen komme, der um ihre Liebe werbe. Hagen aber
warf ein, wenn es so stehe und Sigfrid so genau über Brünhild Bescheid
wisse, dann möge Gunther ihn bitten, die Gefahr mit ihm zu teilen und ihm
zu helfen. Sogleich folgte Gunther diesem Rat und versprach Sigfrid, wenn

er ihm beistehe, so wolle auch er Ehre und Leben für ihn wagen. Da antwortete Sigfrid: »Gibst du mir deine Schwester Kriemhild zum Weib, so will ich mit dir die Fahrt zu Brünhild wagen; einen anderen Lohn begehre ich nicht.« Da gelobte ihm Gunther mit Handschlag: »Kommt die schöne Brünhild ins Land, so wird Kriemhild dein.« Sie bekräftigten ihren Vertrag mit Eidschwüren. Sigfrid sollte den Mantel mitnehmen, den er einst Alberich abgenommen hatte, denn er machte nicht nur unsichtbar, sondern verlieh seinem Träger auch die Kraft von zwölf Männern. Gunther schlug vor, er wolle ein mächtiges Heer aufbieten und die Werbungsfahrt an der Spitze von dreißigtausend Mann antreten, aber Sigfrid wies das als nutzlos zurück. »Wie viel Mannschaft wir auch mit uns nähmen«, sprach er, »so müssten sie doch ihr Leben lassen. Ich weiß besseren Rat. Nur selbviert wollen wir ausziehen, und zwar bin einer davon ich, der Zweite bist du selbst; der Dritte sei Hagen, der Vierte Dankwart. Dann sollen uns selbst tausend Gegner nichts anhaben.«

Auf Gunthers Wunsch rüstete Kriemhild die vier mit herrlich gezierten Kleidern aus. Sorgenvoll riet sie dem Bruder, er möge von der gefährlichen Werbung abstehen – er finde wohl weit näher eine ebenso hochgeborene Gattin. Als sie jedoch erkannte, dass sie Gunthers Sinn nicht wenden konnte, befahl sie ihn der Obhut Sigfrids; sie bat den Helden, er möge ihren Bruder behüten, dass ihm in Brünhilds Land nichts zustoße. Sigfrid antwortete: »Behalte ich mein Leben, so sollt Ihr um ihn keine Sorge haben, denn dann bringe ich ihn gesund an den Rhein zurück.«

Dann rüstete man sich zur Reise und bestieg das Schiff, dessen Segel sich im Wind blähten. Sigfrid sollte der Führer sein, denn ihm war der Weg zu Brünhild genau bekannt. Die Fahrt ging gut vonstatten und am zwölften Morgen kamen sie zum Isenstein in Brünhilds Land. Sigfrid, der als einziger der Weggefährten dort Bescheid wusste, legte den Helden ans Herz, wenn sie vor Brünhild träten, dann sollten sie sagen, Gunther sei sein Herr, er aber sein Dienstmann; so würden sie ihr Ziel erreichen. Sie versprachen, ihm zu willfahren, und taten später wirklich alles, was er verlangt hatte. Als das Schiff in die Nähe der Burg gekommen war, sahen sie schöne Jungfrauen an den Fenstern stehen, und Sigfrid fragte Gunther, welche davon er sich wohl zum Weib wünsche. Da sprach dieser, dort im Fenster sehe er eine wunderschöne Jungfrau in schneeweißem Kleid, die wähle er um ihrer Schönheit willen. Könne er es erreichen, so müsse sie die Seine werden. Darauf antwortete Sigfrid: »Du hast recht gewählt; diese Jungfrau ist Brünhild, um die du ausgezogen bist.«

Unter den Augen der Frauen, die von den Fenstern aus auf die Ankömmlinge herabblickten, gingen die vier Weggefährten an Land. Sie bestiegen ihre Rosse und ritten in prächtiger Wehr, tiefschwarz gekleidet, vor Brünhilds Burg. Sie sahen die sechsundachtzig Türme, die sich dort erhoben, und die drei Saalbauten aus grünem Marmor, die Brünhild mit ihrem Gesinde bewohnte. Die Tore wurden weit vor ihnen aufgetan, und Brünhilds Mannen eilten ihnen entgegen, sie zu empfangen. Sie nahmen ihnen Rosse und Schilde ab, ein Kämmerer aber begehrte, sie müssten ihnen auch Brünne und Schwert übergeben. »Das tun wir nicht!«, antwortete Hagen. »Von unseren Waffen trennen wir uns nie!« Aber Sigfrid belehrte ihn eines Besseren. »Es ist Brauch in dieser Burg«, erklärte er, »dass kein Gast Waffen tragen darf. Gebt ihr sie ab, so tut ihr recht!« Ungern folgte Hagen diesem Rat, aber er hatte keine andere Wahl.

Nun wurden die Gäste auf das Beste untergebracht und vorzüglich bewirtet. Man sah da bei Hofe so manchen kühnen Helden in fürstlicher Kleidung, aber die Blicke aller galten den Fremden.

Brünhild fragte ihr Gesinde, wer wohl die Gäste seien, und erhielt darauf zur Antwort, einer davon gleiche Sigfrid, die anderen drei aber kenne niemand. Da befahl Brünhild, sie zu kleiden, damit sie die Helden empfangen könne, und fügte hinzu: »Ist wirklich der starke Sigfrid ins Land gekommen und will er um mich freien, so geht es ihm ans Leben.«

Gefolgt von schönen Jungfrauen und fünfhundert Helden trat Brünhild in den Saal, wo Gunther und seine Freunde auf sie warteten. Da erhoben sie sich von ihren Sitzen, Brünhild aber sprach Sigfrid an: »Seid hier im Land willkommen, Herr Sigfrid! Aber sagt mir, was soll Eure Reise? Denn das wüsste ich gerne!«

»Ihr seid sehr gnädig gegen mich, Frau Brünhild, dass Ihr mich vor dem edlen Helden grüßet, der hier vor mir steht«, entgegnete Sigfrid, »denn er ist mein Herr, und so muss ich auf die Ehre, die Ihr mir gönnt, verzichten. Er stammt vom Rhein und ist gekommen, um Euch zu freien. Sein Name ist Gunther, er ist ein König und begehrt nichts anderes, als Eure Liebe zu erwerben. Er hat mir geboten, ihn zu begleiten, sonst hätte ich es gerne unterlassen.« Da sprach Brünhild: »Ist er Euer Herr und seid Ihr sein Dienstmann wohlan, so wisst: Getraut er sich, die Kampfspiele zu bestehen, die ich ihm auferlege, und behält er den Sieg, so werde ich sein Weib. Gewinne aber ich, geht es euch allen ans Leben!« Da verlangte Hagen von Tronje zu wissen, wie die drei Spiele beschaffen seien; er meinte, es müsse wohl hart zugehen, wenn Gunther sich besiegt erklären solle. »Den Stein soll er werfen und ihn dann im Sprung erreichen«, erwiderte Brünhild, »vorher aber sich mit mir im Speerkampf messen. Seid nicht allzu rasch! Ihr könntet hier Ehre und Leben verlieren, bedenkt das wohl!« Da entschied Gunther: »Hohe Königin, sagt an, was Ihr gebietet – und wäre es noch mehr, um Eurer Schönheit willen getraue ich mich, das alles zu vollbringen. Werdet Ihr nicht mein Weib, so will ich mein Haupt verlieren.«

Da befahl Brünhild, alles für den Wettkampf zu bereiten. Sie ließ sich ihre goldrote Brünne und einen starken Schild bringen; darunter legte sie ein seidenes Waffenhemd an, das noch in keinem Streit eine Waffe versehrt hatte. Inzwischen drohten Brünhilds Mannen den Werbern in übermütiger Herausforderung, und Dankwart und Hagen ward es dabei schlimm zumute. Sie sorgten sich um den Ausgang ihrer Fahrt und fürchteten, dass sie ein schlimmes Ende nehmen werde. Inzwischen aber war Sigfrid, ohne dass es jemand gewahr wurde, zum Schiff gegangen und hatte seinen Tarnmantel herbeigeholt. Ihn legte er an und war seither für niemanden sichtbar. Unsichtbar begab er sich zum Kampfplatz, wo der Ring abgesteckt war. Siebenhundert Gewaffnete waren zur Stelle, um Zeugen zu sein, wer im Wettspiel siege.

Brünhild schritt gewappnet herbei, ihren Schild aber konnte ihr Kämmerer selbst mit Hilfe von drei Männern nur mühsam tragen. Als das Hagen sah,

dachte er bei sich: Nun ist es um Gunther geschehen; die er freien will, die
ist des Teufels Weib. Als dann der Speer gebracht wurde, den kaum drei
Mannen schleppen konnten, stiegen auch in Gunther schwere Sorgen auf;
er meinte, nicht einmal der Teufel aus der Hölle könne in diesem Kampf
bestehen, und wünschte sich heim in sein Land – wäre er nur lebendig dort,
dann wäre Brünhild vor seiner Liebe sicher! Auch Hagen und Dankwart
tauschten im Zwiegespräch ihre Sorgen aus, und Dankwart bedauerte, dass
Hagen seine Waffen nicht zur Hand habe – ehe er seinen Herrn hier sterben
sähe, müsste dann Brünhild ihr Leben lassen, und hätte er mit tausend
Eiden Frieden geschworen. Auch Hagen wünschte sehnlich sein Schwert
herbei, denn damit, meinte er, würde er Brünhilds Übermut wohl stillen.
Brünhild hatte ihr Gespräch vernommen, und mit spöttischem Lächeln
befahl sie, den beiden, wenn sie sich so kühn deuchten, ihre Waffen zu bringen. Als das geschehen war, wurden Hagen und Dankwart froh – sie meinten, nun solle es gehen, wie es wolle, jetzt, da sie ihre Waffen hätten, sei
Gunther sicher.
Brünhilds Kraft war gewaltig. Man brachte einen großen, ungefügen Stein
zum Ring, den kaum zwölf Männer schleppen konnten. Den pflegte sie bei
den Wettspielen zu werfen. »Wehe!«, sprach da Hagen. »Wen wünscht sich
da der König zur Braut? Der Teufel sollte sie zum Weib haben!« Brünhild
aber schlug an ihren weißen Armen die Ärmel zurück, fasste den Schild und
zückte den Speer. Der Kampf begann.
Wäre da nicht Sigfrid König Gunther zu Hilfe gekommen, wäre es um dessen Leben geschehen gewesen. Der Held trat ungesehen zu Gunther und
berührte seine Hand. Als Gunther sich erstaunt umsah und niemanden fand,
raunte er ihm zu: »Ich bin's, dein Freund Sigfrid; du sollst vor der Königin
keine Furcht haben. Gib mir deinen Schild und lass mich ihn halten! Achte
auf das, was ich sage; du mache die Gebärden, den Kampf aber will ich
bestehen. Doch schweig von dieser meiner Kunst – dann wird die Königin,
sosehr es sie danach verlangt, an dir wenig Ruhm gewinnen.«
Nun schoss Brünhild mit gewaltiger Kraft den Ger nach dem Schild, den
Sigfrid hielt, sodass das Feuer aus dem Stahl sprang. Die Waffe durchbrach

den Schild und traf die Rüstung, aus deren Ringen das Feuer lohte. Sigfrid und Gunther wankten unter der Wucht des Schusses, und wäre nicht der schützende Tarnmantel gewesen, so wäre es um sie geschehen. Dem kühnen Sigfrid brach das Blut aus dem Mund; aber trotzdem ermannte er sich sogleich, fasste den Speer und sandte ihn mit starker Hand zurück. Er wollte aber seine tapfere Gegnerin nicht töten. Darum kehrte er die Waffe um und schoss mit der Gerstange nach ihr, aber mit solcher Wucht, dass es laut erklang, als die Waffe auf die Brünne der Jungfrau traf. Mit aller ihrer Kraft konnte sie dem Schuss nicht standhalten und stürzte zu Boden. Sogleich aber sprang sie wieder auf. »Sei bedankt für diesen Schuss, Gunther!«, rief sie – sie meinte ja, dieser habe ihn getan. Zornig hob sie nun den Stein, schwang ihn mit aller Kraft und schleuderte ihn weit hinweg; dann sprang sie dem Wurf nach, dass ihre Waffen laut erklirrten.

Wohl zwölf Klafter weit hatte sie den Stein geschleudert, aber ihr Sprung ging selbst darüber noch hinaus. Nun trat Sigfrid zum Stein; Gunther schwang ihn, den Wurf aber tat Sigfrid. Er warf ihn noch weiter als Brünhild und überholte ihn dann in gewaltigem Sprung. Durch seine Künste hatte er Kraft genug, dass er dabei auch Gunther mittragen konnte. Der Sprung war getan, der Stein lag da: Man sah aber niemanden als Gunther. Brünhild errötete vor Zorn – Sigfrid hatte Gunther vor dem Tod errettet. Als sie den König unversehrt am Ende des Kampfplatzes stehen sah, sprach sie laut zu ihren Mannen: »Tretet näher, Magen und Mannen; ihr sollt von nun an König Gunthers Untertanen sein.« Da legten diese die Waffen aus der Hand und huldigten Gunther – sie alle meinten, er habe die Wettkämpfe aus eigener Kraft bestanden. Er aber grüßte sie geziemend. Dann fasste Brünhild seine Hand und übergab ihm die Herrschaft. Sie lud ihn nun in ihre Burg, Sigfrid aber eilte, um seinen Tarnmantel zu verbergen. Dann kehrte er zurück und fragte: »Worauf wartet Ihr, Herr? Wann beginnt Ihr endlich mit den Wettkämpfen, die Brünhild Euch auferlegte?« Er tat listig, als ob er von dem, was eben geschehen war, noch nichts wisse. Erstaunt fragte die Königin, wie es zugehe, dass Sigfrid von dem Wettkampf und Gunthers Sieg nichts gesehen habe, aber Hagen antwortete, Sigfrid sei inzwischen beim

Schiff gewesen. Da sprach Sigfrid zu Brünhild: »Wohl mir uber diese Kunde! Nun ist Euer Stolz zuschanden geworden, und es lebt also doch einer, der Euer Meister geworden ist! Nun, edle Jungfrau, sollt Ihr uns an den Rhein folgen!«

Die Doppelhochzeit zu Worms

Froh traten die Helden nunmehr die Rückreise an und gelangten nach neun Tagen in die Nähe von Worms. Da wurde auf Hagens Rat Sigfrid vorausgesandt, um zu verkünden, wie die Werbung gelungen sei. Zuerst wollte Sigfrid diesen Auftrag ablehnen, aber da mahnte ihn Gunther an Kriemhild, die ihm ebenso wie er selbst seine Hilfe vergelten solle.
Nun fand sich Sigfrid bereit, mit der Botschaft vom glücklichen Ausgang der Werbung vorauszureiten. Er verkündete zu Worms in Kriemhilds Gegenwart, dass alle heil zurückkehrten und Brünhild mit ins Land brächten. Darüber herrschte eitel Freude, und man rüstete sich, die Kommenden zu empfangen. Auch Ute und Kriemhild eilten zum Gestade, als das Schiff anlegte, und Kriemhild und Brünhild küssten einander, als Gunther seine Braut an der Hand aus dem Schiff ans Land führte. So ward Gunthers Braut geziemend empfangen. Ein festliches Mahl wurde gerüstet, aber ehe dieses seinen Anfang nahm, mahnte Sigfrid Gunther an sein Versprechen: »Denkt an Euren Eid«, sprach er, »mit dem Ihr mir gelobtet, Ihr wolltet mir Eure Schwester zur Frau geben, wenn Brünhild ins Land komme. Wie wollt Ihr es damit halten? Gar manche Mühe und Not hat es für mich bei dieser Fahrt gegeben!« Da antwortete Gunther: »Mit Recht habt Ihr mich ermahnt; ich werde meinen Eid halten und alles einrichten, so gut ich kann.« Auf seinen Befehl ward Kriemhild in den Saal gerufen und Gunther sprach zu ihr: »Nun, liebe Schwester, sollst du mithelfen, einen Eid einzulösen. Ich habe dich einem Helden zum Weib verheißen; wird er dein Gatte, so erfüllst du in Treue meinen Willen.« Da antwortete Kriemhild: »Lieber Bruder, Ihr sollt mich nicht bitten; was Ihr gebietet, das will ich erfüllen, und wen Ihr mir

zum Gatten gebt, dem verlobe ich mich gerne.« Mit liebevollem Blick sah sie auf Sigfrid, der vor Freude errötend zu ihr trat und ihr seine Dienste anbot. Man hieß beide, gemeinsam in den Kreis ihrer Verwandten und Freunde zu treten, und fragte dann Kriemhild, ob sie Sigfrid zum Mann wolle. Sie schwieg zuerst in jungfräulicher Scheu; aber dann siegte ihre Neigung, und sie gab ihm ihr Jawort. Beide bekräftigten ihr Verlöbnis mit Umarmung und Kuss und nahmen ihre Plätze ein, Gunther und Brünhild gegenüber.

Als aber Brünhild Kriemhild bei Sigfrid sitzen sah, begann sie zu weinen, und heiße Tränen rollten über ihre Wangen. Da sprach der König zu ihr: »Was ist Euch, meine Herrin, dass Eure Augen so trübe sind? Fürwahr, Ihr habt Anlass zur Freude, sind Euch doch Land und Burgen sowie mancher tapfere Held untertan!«

»Ich muss wohl weinen«, antwortete Brünhild, »denn deine Schwester tut mir von Herzen Leid. Ich sehe sie neben deinem Dienstmann sitzen; soll sie so zu Schaden kommen, so muss ich stets darüber trauern.« Da antwortete Gunther, sie möge davon schweigen; er werde ihr später erklären, warum er Kriemhild Sigfrid zum Weib gegeben habe, mit dem sie in Freuden leben werde. Sie aber entgegnete: »Mich jammert deiner Schwester Schönheit und edle Zucht, und du sollst mir niemals nahe kommen, es sei denn, du sagst mir, warum Kriemhild Sigfrids Gattin sein muss.«

Gunther antwortete, das wolle er gerne tun. Sigfrid habe ebenso Burgen und weite Lande wie er selbst und sei ein mächtiger König; darum habe er ihm Kriemhild vermählt. Seine Worte waren aber vergeblich und vermochten nicht, Brünhilds trüben Sinn zu erheitern.

Nach dem Mahl maßen sich die Ritter froh im Waffenspiel, sodass die ganze Burg erdröhnte. Aber Gunther ward darüber nicht froh, und es schien ihm bald an der Zeit, zu Bett zu gehen. Man bat die Gäste, vom Turnier abzulassen, und der Aufbruch begann. Beim Saaleingang trafen sich Brünhild und Kriemhild – noch waren sie einander freundlich gesinnt. In feierlichem Zug wurde jedes der beiden Paare zu seinem Brautgemach geleitet, und die Kämmerer trugen ihnen die Lichter. So ward endlich Sigfrids Wunsch erfüllt – Kriemhild war sein.

Auch Gunther und Brünhild waren nun allein. Als aber der König seine
Frau umarmen wollte, stieß sie ihn zornig zurück. Sie rief ihm zu, sie wolle
ihm nicht angehören, ehe sie nicht wisse, was die Hochzeit Sigfrids mit
Kriemhild zu bedeuten habe. Als aber Gunther nicht auf ihre Worte hörte
und sie an sich ziehen wollte, ergriff sie ihren Gürtel und fesselte ihn mit
Riesenkraft an Händen und Füßen. Dann schleppte sie den Gebundenen zur
Wand und hängte ihn dort an einem Nagel auf.

Mit ihrer gewaltigen Kraft hätte sie den König fast getötet. Vergeblich bat
Gunther, sie möge seine Bande lösen; er musste die ganze Nacht gebunden
zubringen, und als das Morgenlicht durch die Fenster schien, war er erschöpft und kraftlos. »Nun sagt mir, Gunther«, sprach Brünhild, »täte es
Euch nicht Leid, wenn Eure Kämmerer Euch von Frauenhand gebunden
fänden?« Er aber antwortete: »Das müsste für Euch üble Folgen haben;
aber auch ich hätte wenig Ehre davon. Lasst mich los – ich gelobe, dass ich
nicht einmal Euer Kleid berühren werde.« Da ließ sie ihn frei, sodass er nun
endlich zu Bett gehen konnte.

Als dann am folgenden Tage alles fröhlich war, zeigte Gunther Missmut
und Trübsinn. In feierlichem Zuge schritten beide Paare zur Kirche und der
Priester segnete die neuen Ehen. Zur Feier des Tages, den beiden Königen
zu Ehren, empfingen sechshundert junge Ritter das Schwert; frohes Ritterspiel begann, und die Frauen sahen von den Fenstern aus dem Treiben zu.
Der König sonderte sich aber von der Gesellschaft ab – ihm war in der allgemeinen Freude traurig zumute. Als Sigfrid das sah, trat er zu ihm und
fragte ihn, wie es ihm in der Nacht ergangen sei – er ahnte, was geschehen
war. Gunther aber antwortete: »Ich habe nichts als Spott und Schande. Den
üblen Teufel habe ich mir ins Haus geholt – Brünhild hat mich gebunden
und an einen Nagel an der Wand gehängt. So musste ich die ganze Nacht
verbringen.« Da sprach Sigfrid, das tue ihm Leid; »aber«, setzte er hinzu,
»ich will es wohl schaffen, dass solches nie mehr geschieht!« Er verabrede-
te nun mit dem König, dass er zur Nacht in seinem Tarnmantel mit in
Gunthers und Brünhilds Gemach kommen und ihm helfen wolle, dass
Brünhilds Kraft gebrochen werde. »Und nähmst du ihr das Leben«, sprach

Gunther, »so machte mir das nichts aus – sie ist ein schreckliches Weib!« Jetzt kehrte auch sein Frohsinn wieder. Als sich dann Brünhild ins Schlafgemach begab, trat Sigfrid ungesehen mit ein. Das Licht wurde gelöscht, und in der Dunkelheit trat Sigfrid an Gunthers Stelle und umarmte sie. Sie meinte, das sei Gunther, und rief ihm zu, er solle von ihr ablassen, sonst ergehe es ihm ebenso wie in der vorigen Nacht.

Als sich Sigfrid darum nicht kümmerte, stieß sie ihn mit solcher Wucht zurück, dass er stürzte und mit dem Haupt auf einen Schemel aufschlug. Sogleich sprang er jedoch wieder auf, sie aber umklammerte ihn mit ihren Armen und wollte ihn binden. Seine mächtige Kraft nützte ihm nichts, denn sie zerrte ihn mit sich und drückte ihn unsanft zwischen die Wand und einen Schrank. Da dachte er, dass es ein schlimmes Stück wäre, sollte er von Frauenhand sein Leben verlieren – würde das bekannt, so würden alle Frauen sich ihren Gatten widersetzen.

Er geriet in gewaltigen Zorn und begann mit seiner Gegnerin zu ringen. Nach langem Kampf gelang es ihm endlich, sich ihrer zu erwehren. Zwar presste sie seine Hände, dass ihm das Blut aus den Nägeln sprang, aber er gewann doch die Oberhand und drückte sie mit solcher Kraft nieder, dass sie laut aufschrie. Dennoch griff sie nach ihrem Gürtel, um ihn zu binden, aber dagegen wehrte er sich so, dass alle ihre Glieder zu schmerzen begannen. Jetzt nahm der Streit ein Ende. Sie sprach: »Lass mich leben, edler König; ich will sühnen, was ich getan habe; ich habe wohl erkannt, dass du mein Meister bist.«

Da zog ihr Sigfrid, ohne dass sie es merkte, ihren goldenen Ring vom Finger und nahm ihren Gürtel an sich. Damit entfernte er sich ungesehen und trat zu Kriemhild ins Gemach, der er beides als Geschenk übergab. Gunther und Brünhild aber blieben allein. Ihre mächtige Kraft war von ihr gewichen, und sie war von nun an nicht stärker als jede andere Frau.

Kriemhild fragte ihren Gatten verwundert, was die Gaben sollten, die er ihr überreicht hatte. Er verhehlte ihr lange, was Ring und Gürtel zu bedeuten hätten. Erst nach langer Zeit, als er schon mit ihr heim nach Niederland gezogen war, tat er ihr das Geheimnis kund.

Fröhlich erwachte Gunther am nächsten Morgen, und das Fest währte nun
mehr in Freuden vierzehn Tage. Zum Abschluss empfingen alle Gäste reiche Gaben, und auch Sigfrid rüstete sich, heim zu Sigmund zu ziehen. Darüber freute sich Kriemhild, doch wünschte sie, dass ihr ein Teil der burgun-
dischen Helden in die neue Heimat folgen solle, denn darauf glaubte sie als
einen Teil ihres Erbes Anspruch zu haben. Man gestand ihr zu, hundert Helden, die sich freiwillig dazu erböten, als Geleit mit sich zu nehmen. Als sie
aber Hagen und Ortwin darauf ansprach, ob sie und ihre Verwandten mit ihr
nach Niederland ziehen wollten, wehrte Hagen zornig ab. Er rief, sie möge
anderes Geleit suchen, denn das Geschlecht der Tronjer trenne sich, alter
Sitte getreu, nie vom Hof des Burgundenkönigs. So musste Kriemhild andere Recken wählen, darunter den Grafen Eckewart.
Dann ward Abschied genommen, und von ihren Verwandten ein großes
Stück Weges geleitet, zog Kriemhild an Sigfrids Seite der neuen Heimat zu.
Als sie zu Santen einzogen, wurde Kriemhild von Sigmund und Siglind
freudig empfangen. Sigmund beschloss, seine Krone dem Sohn zu übergeben, und seither beherrschte Sigfrid das Land. Zehn Jahre verlebte er mit
Kriemhild in Frieden und Freude. Dem Paar ward ein Sohn geboren, den
die Eltern nach seinem Oheim Gunther nannten und mit aller Sorgfalt auf-
zogen. Frau Siglind starb zu dieser Zeit, und seither nahm Kriemhild voll
und ganz ihre Stelle ein. Auch Gunther und Brünhild wurde bald ein Sohn
geboren, den sie Sigfrid nannten.

Der Streit der Königinnen

Brünhild aber sann all die Zeit, wie es zugehe, dass Kriemhild so hoch
in Ehren stehe – ihr Gatte Sigfrid, meinte sie, sei doch Gunthers
Dienstmann. Zwar verhehlte sie ihre Gedanken, aber es ging ihr zu Herzen,
dass die beiden in der Ferne weilten und Gunther keine Dienste leisteten.
Endlich fragte sie Gunther, ob sie nicht Kriemhild wieder sehen könne.
Dem König kam ihre Bitte ungelegen; er antwortete, das könne nicht sein –

denn allzu weit sei es von Santen nach Worms. Er wage es nicht, die beiden
zur Reise aufzufordern. Sie aber antwortete: »Ist der Dienstmann eines Königs auch noch so mächtig – was ihm sein Herr gebietet, das muss er erfüllen.« Darüber musste Gunther lächeln; er wusste wohl, sooft er Sigfrid gesehen hatte, war das nicht in Erfüllung einer Dienstpflicht geschehen.
Brünhild aber ließ nicht ab zu bitten, ihr zuliebe möge er dafür sorgen, dass
Sigfrid und Kriemhild ins Land kämen – etwas Lieberes könne ihr nicht
widerfahren. Immer wieder müsse sie daran denken, wie schön es gewesen
sei, als sie einst mit Kriemhild beisammen gesessen habe. Sie bat so lange,
bis Gunther sich bereit erklärte, Boten abzusenden, die Sigfrid und Kriemhild an den Rhein einladen sollten. Dreißig seiner Mannen wählte der
König für diese Aufgabe aus und trug ihnen auf, sie sollten Sigfrid einladen, zum Sonnwendfest mit Kriemhild nach Worms zu kommen.
Sigfrid, der durch seinen Sieg über Schilbung und Nibelung auch Herr von
deren Landen war, hielt eben mit Kriemhild in seiner Burg zu Norwegen
Hof. Drei Wochen lang ritten Gunthers Boten, bis sie ihr Ziel erreichten,
und als sie auf müden Rossen in die Burg einritten, wurde Sigfrid und
Kriemhild gemeldet, es seien Ritter gekommen, die ganz nach burgundischer Sitte gekleidet seien. Sogleich sprang Kriemhild von dem Lager auf,
wo sie eben ruhte, und hieß eine Magd nach den Fremden Ausschau halten.
Diese sah unter den Boten den kühnen Ger, und daran erkannte Kriemhild,
dass Gunther die Ritter gesandt hatte. Man ließ sie sogleich vor und lud sie
zum Sitzen ein, aber wie wegemüd sie auch waren, wollten sie doch ohne
Verzug sogleich ihren Auftrag verkünden. Sie entboten Grüße von den Verwandten und Freunden aus Worms und luden sodann zum Fest in Worms
ein. Zur Sonnenwende, sprachen sie, erwarte man Sigfrid und Kriemhild
am Rhein. Zwar meinte Sigfrid, die Reise sei gar mühevoll, aber Ger antwortete, Ute, Gernot und Giselher, aber auch Brünhild, mahnten sie zu
kommen, und das war für Kriemhild frohe Kunde. Auch Sigmund kam, die
Fremden zu begrüßen, denen reichlich Speise und Trank vorgesetzt wurde.
Neun Tage mussten sie verweilen, ehe man zuließ, dass sie wieder Abschied nahmen. Vorher rief Sigfrid seine Vertrauten zum Rat zusammen

und trug ihnen die Einladung vor. Er meinte aber, selbst wenn er durch dreißig Lande ziehen müsste, wolle er die Reise wagen. Da rieten sie, Sigfrid möge mit einem Gefolge von tausend Mannen nach Worms reiten, und Sigmund tat seine Absicht kund, ihn mit hundert Helden zu begleiten. Da entließ Sigfrid die Boten mit dem Bescheid, er werde gerne zum Fest kommen. Reich beschenkt zogen die Ritter wieder der Heimat zu, Sigfrid und Sigmund aber begannen sogleich, sich für den Besuch zu rüsten.

Die Boten richteten zu Hause Sigfrids Auftrag aus und berichteten, wie gut man sie empfangen und wie reich man sie beschenkt habe. Da sprach Hagen: »Sigfrid kann leicht reiche Gaben spenden, denn der Hort der Nibelunge ist in seiner Gewalt; er kann ihn nicht erschöpfen, selbst wenn er ewig lebte. Käme doch der Schatz in unser Land!« Emsig wurde nun am Hof alles für das Fest bereitet.

Mit großem Tross traten Sigfrid und Kriemhild die Reise nach Worms an. Ihren Sohn ließen sie zu Hause – er sollte Vater und Mutter nie mehr sehen. Sigmund begleitete Sigfrid auf seiner Fahrt, und als vorausgesandte Boten die Ankunft der Gäste verkündeten, ward alles für den Empfang bereitet. Als sie dann herankamen, wurden sie freudig begrüßt, denn Gunther gedachte ihnen zu zeigen, dass sie bei den Burgunden gern gesehene Gäste waren; und Brünhild hieß Kriemhild herzlich willkommen. Reiche Bewirtung ward Sigfrid und den Seinen zuteil, und als Brünhild die mächtige Schar sah, die mit Sigfrid gekommen war, da meinte sie, dass nicht leicht ein untergebener Dienstmann mächtiger sein könne. Doch war sie ihm noch gewogen und dachte nicht daran, ihm zu schaden. In Freuden begann das große Fest, das ohne Störung verlief bis zum elften Tag.

Einmal zur Vesperzeit, während alles sich bei ritterlichem Spiel vergnügte, saßen die beiden Königinnen beisammen und gedachten ihrer Gatten.

Stolz sprach Kriemhild: »Mein Gatte wäre wohl wert, über alle diese Lande zu herrschen.«

Da antwortete Brünhild: »Wie sollte das denn möglich sein? Wäre niemand da als du und er, so könnte es wohl sein; solange aber Gunther lebt, ist solches undenkbar.«

Wieder sprach Kriemhild: »Siehst du nicht, wie herrlich Sigfrid alle andern überragt, so wie der Mond die Sterne überleuchtet?«

Aber Brünhild entgegnete: »Wie kühn dein Mann auch sein mag – Gunther musst du doch den Vorrang lassen, der alle Könige übertrifft.«

Kriemhild sprach: »Mit Fug und Recht habe ich Sigfrid gelobt – er kommt gewiss Gunther gleich.«

»Nimm es mir nicht übel, Kriemhild, ich spreche nicht ohne Grund«, entgegnete Brünhild. »Ich hörte sie beide sagen, da ich sie zuerst sah – auch Sigfrid selbst hat es bestätigt –, er sei Gunthers Dienstmann.«

»Übel hätte man mir mitgespielt«, rief da Kriemhild, »wäre ich eines untertänigen Mannes Weib geworden. Ich will dich bitten, Brünhild, solche Reden zu lassen.«

»Das kann ich nicht«, antwortete diese; »wie sollte ich auf so viele Ritter verzichten, die uns mit deinem Gatten untertan sind?«

»Du musst darauf verzichten«, begann nun Kriemhild zu zürnen, »dass Sigfrid dir dient. Er steht höher als mein Bruder Gunther – erlasse mir zu sagen, was ich über dich vernommen habe. Aber wenn Sigfrid dein Untertan ist und du über uns beide Gewalt haben willst, dann wundert mich doch sehr, dass er dir so lange den Zins vorenthalten hat. Von deinem Übermut will ich nichts mehr hören.«

»Du erhebst dich zu hoch«, sagte Brünhild. »Ich will doch sehen, ob man dich ebenso ehrt wie mich.«

»Das soll geschehen«, sprach Kriemhild. »Da du meinen Gatten einen dienstbaren Mann genannt hast, sollen heute die Mannen beider Könige sehen, dass ich vor dir, der Königin, zur Kirche gehe.«

Brünhild sprach: »Willst du mir nicht untertan sein, so trenne dich mit deinen Frauen von meinem Gefolge, wenn wir zur Kirche gehen.«

»Fürwahr, das will ich tun!«, rief Kriemhild aus und eilte, ihren Mägden aufzutragen, für den Kirchgang ihre kostbarsten Kleider anzulegen.

Gefolgt von dreiundvierzig Jungfrauen in prächtigen Gewändern aus den schönsten Stoffen Arabiens, schritt Kriemhild nun zum Münster, wo Sigfrids Mannen ihrer harrten. Die Leute wunderten sich, dass die Königinnen voneinander getrennt waren, während sie sonst einträchtig nebeneinander gingen. Brünhild stand schon vor dem Münster, als Kriemhild herannahte. Als sie so zusammentrafen, befahl Brünhild voll bösen Hasses Kriemhild, sie möge einhalten, und rief: »Die Magd soll nicht vor der Gattin des Königs zur Kirche gehen!«

Da sprach Kriemhild: »Gut wäre es für dich, hättest du geschwiegen. Nun hast du dich selbst mit Schmach bedeckt. Denn nicht mein Bruder Gunther, sondern Sigfrid war es, der dich einst bezwungen hat.«

»Fürwahr, das will ich Gunther klagen!«, rief da Brünhild. Sie brach in Tränen aus, Kriemhild aber schritt stolz an ihr vorbei zur Kirche.

Allzu lange währte diesmal Brünhild der Gottesdienst, dessen Ende sie trüben Sinnes herbeisehnte. Dann erwartete sie vor dem Tor Kriemhild, denn sie wollte von ihr mehr über das hören, was sie ihr vorgeworfen hatte. Hat Sigfrid sich solcher Dinge gerühmt, dachte sie, so geht es ihm ans Leben. Als dann Kriemhild nahte, gebot sie ihr Halt und verlangte, sie möge das beweisen, was sie gesagt habe.

Kriemhild sprach: »Du sollst mich gehen lassen; ich beweise es mit dem Ring, den ich trage; den brachte mir Sigfrid, als er damals von dir kam.«

Einen schlimmeren Tag hatte Brünhild nie erlebt. Doch sprach sie: »Der Ring ward mir gestohlen, und lange schon habe ich ihn vermisst; nun weiß ich, wer ihn genommen hat.«

Aber Kriemhild sprach: »Ich will nicht Diebin heißen. Wäre dir deine Ehre lieb, so hättest du geschwiegen. Dass ich nicht lüge, beweise ich auch durch den Gürtel, den ich trage – auch ihn hat Sigfrid dir genommen.«

Als Brünhild den edelsteinbesetzten Seidengürtel sah, begann sie zu weinen, und bald erfuhr Gunther mit allen seinen Mannen, was vorgegangen war. Brünhild verlangte, dass Sigfrid herbeigeholt werde – sie wolle ihm erzählen, wie Kriemhild sie verhöhnt habe. Auch Gunther verlangte, man möge Sigfrid rufen. Als dieser kam und Brünhilds Zorn und Kummer erkannte, fragte er, weshalb sie weine. Da hielt ihm Gunther vor, wie Kriemhild Brünhild geschmäht habe, Sigfrid aber antwortete, habe sie das getan, so werde er dafür sorgen, dass es ihr Leid täte. Er aber wolle vor allen mit

einem hohen Eid beschwören, dass er solches nie gesagt habe. »Tust du
das«, sagte Gunther, »so spreche ich dich von aller Falschheit frei.«
Da traten die Burgunden zum Ring zusammen, Sigfrid aber hob die Hand
zum Schwur. Daraufhin sprach der König: »Ich weiß, dass du unschuldig
bist, und will dir den Eid erlassen.«
»So soll man Frauen erziehen, dass sie unbedachte Reden unterlassen«,
sagte darauf Sigfrid. »Verbiete es deinem Weib, ich will es ebenso halten.
Ich muss mich wahrhaftig der Zuchtlosigkeit Kriemhilds schämen.«

Sigfrids Tod

So groß war Brünhilds Trauer, dass es Gunthers Mannen erbarmte. Da
kam Hagen von Tronje hinzu, und als er seine Herrin weinen sah,
fragte er, was ihr widerfahren sei. Bald wusste er alles und gelobte ihr, das
müsse Kriemhilds Gatte büßen, oder er wolle nie mehr froh werden.
Während sie noch sprachen, kamen Ortwin und Gernot. Zusammen berieten sie, wie sie Sigfrid töten könnten. Da gesellte sich auch Giselher zu
ihnen, und als er hörte, wovon sie sprachen, sagte er getreulich: »Ihr Helden, weshalb tut ihr das? Nie hat Sigfrid solchen Hass verdient, dass er
deshalb sein Leben verlieren soll. Oft zürnen ja Frauen geringer Dinge
wegen.« Seine Mahnung blieb aber vergeblich. Hagen sprach: »Sigfrid hat
über Brünhild geprahlt – dafür muss es ihm ans Leben gehen, oder ich
selbst muss sterben.« Da wandte Gunther selbst ein: »Er hat uns nichts als
Ehre erwiesen und Gutes für uns getan. Warum soll ich ihn jetzt hassen? Er
war uns stets getreu.« Aber Ortwin von Metz entgegnete: »Seine große
Stärke kann ihm nicht helfen – erlaubte es mein Herr, ich täte ihm das
Schlimmste an.« Zwar stimmte ihm niemand bei, Hagen ausgenommen;
der aber setzte Gunther unablässig mit der Lockung zu, wenn Sigfrid nicht
mehr lebe, so würden dadurch ihm selbst viele Länder untertan.
Noch konnten indes Sigfrids Feinde ihren Beschluss nicht ausführen. Das
Fest dauerte fort, und auf dem Platz vor dem Münster wurde vor Kriemhilds

Augen manch ritterliches Spiel getrieben. Doch wich der Unmut nicht von Gunthers Mannen. Nochmals mahnte der König selbst zum Frieden: »Lasst ab von eurer zornigen Mordlust – Sigfrid lebt uns zum Heil und zur Ehre. Er ist auch so tapfer und seine Stärke so gewaltig, dass niemand gegen ihn im Kampf bestehen könnte, würde er erfahren, was ihr gegen ihn plant.«

Hagen aber kümmerte sich nicht um Gunthers Meinung. Er riet allen zu schweigen und sprach: »In aller Heimlichkeit will ich es dahin bringen, dass Sigfrid Brünhilds Tränen bitter büßen muss. Ich bleibe immer sein Feind.«

Allzu willig gab Gunther endlich seinem Drängen nach. Hagen schlug vor, er wolle unbekannte Männer als Boten kommen lassen, die Fehde ansagen sollten. Wenn dann Gunther angesichts der Gäste seinen Willen erkläre, mit den Seinen zum Krieg auszuziehen, so werde Sigfrid sicherlich seine Hilfe versprechen, und das solle ihn das Leben kosten. Von Sigfrids Weib aber werde er über den Helden erfahren, was er wissen müsse.

Hinterlistig folgte Gunther Hagens Rat, und so wurden schlimme Ränke angezettelt. Am vierten Morgen ritten zweiunddreißig Mannen zu Worms am Hof ein und sagten Gunther Fehde an. Sie nannten sich Boten Lüdegers, den einst Sigfrid bezwungen und als Geisel in Gunthers Hand gebracht hatte. In ihres Herrn und in Lüdegasts Namen verkündeten sie, die Brüder wollten rächen, was ihnen im letzten Krieg widerfahren sei, und mit ihrem Heer ins Land fallen. Als Gunther diese Nachricht hörte, geriet er zum Schein in Zorn und ließ die Boten zur Herberge weisen, Sigfrid aber ahnte nichts von diesem Trug. Der König hielt heimliche Zwiesprache mit seinen Vertrauten, und Hagen ließ ihn nicht zur Besinnung kommen. Noch wären viele von Gunthers Mannen bereit gewesen, alles friedlich beizulegen, Hagen aber wollte von seinem Entschluss nicht lassen.

Einmal überraschte Sigfrid Gunther bei einem geheimen Gespräch und fragte ihn, warum er in so gedrückter Stimmung sei; habe ihm jemand etwas angetan, so wolle er das rächen. Da antwortete Gunther: »Ich habe Grund zur Trauer. Denn Lüdeger und Lüdegast drohen mit Krieg und wollen in mein Land einfallen.«

»Das will ich abwehren«, sprach Sigfrid, »und ebenso mit ihnen verfahren
wie einst. Ich breche ihre Burgen und verwüste ihr Land – früher lasse ich
nicht ab vom Kampf. Dafür steht mein Haupt zum Pfand! Ihr und Eure
Recken sollt zu Hause bleiben und mich allein mit meinen Mannen ausziehen lassen. Ihr sollt sehen, dass ich Euch gerne diene.« Der König tat, als
freute er sich ernstlich über diesen Entschluss und als sei er über Sigfrids
Hilfe froh. Zum Schein, nur um Sigfrid zu täuschen, ließen sie durch ihre
Knechte alles für den Aufbruch vorbereiten, und da befahl Sigfrid seinen
Mannen, sich für die Heerfahrt bereitzuhalten. Seinen Vater Sigmund bat
er, fröhlich bei Gunther zu bleiben, denn er werde in kurzer Frist wieder
zurückkehren. Man ließ die Heerzeichen an die Fahnenstangen binden, und
viele von Gunthers Mannen ahnten nichts von der Täuschung.

Hagen von Tronje aber verabschiedete sich von Kriemhild. Arglos sagte
sie, ihre Freude sei groß, dass ihr Gatte ihren Verwandten solche Hilfe leis-
te. Sie bat Hagen: »Gedenket dessen, lieber Freund, dass ich Euch niemals
Feind war, und lasst das meinem Gatten zugute kommen! Er soll nicht dafür
büßen, dass ich mich gegen Brünhild vergessen habe, denn das hat mich
längst gereut, und Sigfrid hat mich hart für das bestraft, was ich ihr zuleide
getan habe.« Da tröstete sie Hagen und sprach, es werde nicht lange
währen, bis Brünhild sich mit ihr versöhne. »Du sollst mir aber sagen«,
setzte er hinzu, »wie ich Sigfrid am besten helfen kann, denn das tue ich
gerne.«

»Wollte er beim Kampf nicht allzu unvorsichtig sein, so hätte ich keine Sorge um sein Leben«, antwortete Kriemhild. Da meinte Hagen, wenn sie
fürchte, Sigfrid könne verwundet werden, so möge sie ihm sagen, wie er
das hindern könne, denn er wolle ihn gerne vor der Gefahr behüten. Da
dachte Kriemhild daran, dass Hagen ihr Verwandter war, und hoffte ver-
trauensvoll, er werde Sigfrid beschützen. So vertraute sie ihm an, was sie
besser verschwiegen hätte. »Als Sigfrid den Lindwurm erschlug«, erzählte
sie, »badete er in dessen Blut, sodass ihn seither keine Waffe verletzt. Im
Vertrauen auf deine Treue will ich dir sagen, wo man ihn dennoch verwunden kann. Als das heiße Blut aus den Wunden des Drachen floss und Sigfrid

darin badete, fiel ihm ein Lindenblatt zwischen die Schulterblätter. Dort ist er verwundbar und das macht mir viele Sorgen.« Da antwortete Hagen: »Näht ein kleines Zeichen auf sein Gewand, damit ich weiß, wo ich ihn schützen muss, wenn wir im Kampf stehen.« Kriemhild meinte, sie könne dadurch Sigfrids Leben behüten, und versprach Hagen, sie werde ein kleines Kreuz aus Seide an die Stelle nähen, auf die er achten müsse. Damit war Sigfrids Geheimnis verraten und fröhlich schied Hagen von ihr. Nun war er wohlgemut – nie wieder wird ein Held solchen Verrat begehen, wie er ihn an Kriemhild übte, die seiner Treue vertraute.

Als dann am andern Morgen Sigfrid an der Spitze seiner tausend Mannen dahinzog, ritt Hagen so nahe an ihn heran, dass er sein Kleid genau besehen konnte. Sobald er das Zeichen erkannt hatte, sandte er heimlich zwei seiner Mannen aus, die neue Kunde bringen sollten. Sie mussten sagen, Lüdeger habe ihnen befohlen, Gunther zu melden, er wolle Frieden halten. Ungern hörte Sigfrid diese Botschaft, denn gerne hätte er seine Freunde an Lüdeger gerächt; nur mit Mühe konnten ihn Gunthers Mannen zur Umkehr bewegen. Er suchte den König auf, der ihm für seinen guten Willen dankte, dessen er stets gedenken wolle. Dann aber sprach er: »Statt des Kriegszuges wollen wir in den Wasgenwald reiten, um Bären und Eber zu jagen. Allen meinen Freunden soll man verkünden, dass wir morgen früh ausreiten.« Sigfrid war sogleich bereit, und Gunther versprach, er werde ihm Jäger und Hunde leihen, die ihn auf die Spur des Wildes führen sollten. Das alles geschah auf den Rat des ungetreuen Hagen, der dem König seinen Plan gesagt hatte, wie er Sigfrid verderben wolle.

Voll Untreue hatten Gunther und Hagen Sigfrid zur Pirsch im Wald geladen. Sie wussten, dass er kommen werde, denn was gab es Kühneres, als mit scharfem Ger auf Eber, Bären und Wisente Jagd zu machen?

Als der Held am Morgen vor dem Ausritt von Kriemhild Abschied nahm, fiel es ihr schwer aufs Herz, dass sie Hagen das Geheimnis ihres Gatten verraten hatte. Sigfrid wagte sie nichts davon zu sagen, aber sie begann zu klagen und laut zu weinen. Sie flehte den Gatten an, er möge der Jagd fernbleiben, denn schlimme Träume hätten sie geängstigt: »Ich sah heute

Nacht, wie dich zwei Wildschweine jagten und die Blumen rot wurden von Blut. Ich fürchte Anschläge derer, die sich gekränkt und beleidigt fühlen und die uns hassen. Bleib hier, lieber Herr, das rate ich in aller Treue!« Sigfrid aber antwortete sorglos: »In kurzer Frist, Liebste, kehre ich wieder. Ich weiß hier keinen, der mir Feind wäre, alle deine Verwandten sind mir gut gesinnt, und ich habe es auch nicht anders um sie verdient.« Kriemhild aber ließ nicht ab zu bitten: »Nein, Sigfrid, ich fürchte deinen Tod. Auch das träumte mir heute Nacht, dass zwei Berge über dir zusammenstürzten und ich dich nicht mehr sah. Bis ins Innerste schmerzt es mich, wenn du von mir scheidest!« Da umarmte und küsste er sie, dann aber eilte er davon. Sie sah ihn lebend nicht mehr wieder.

Nun ritten die Jagdgefährten, von vielen Rittern gefolgt, in den tiefen Wald; Gernot und Giselher aber waren zu Hause geblieben. Noch vor dem Ausritt der Jäger hatte man auf vielen Rossen Speise in Fülle über den Rhein gebracht. Vor dem grünen Wald, dort, von wo die Jagd ihren Ausgang nehmen sollte, auf einer weiten Au, bereitete man den Rastplatz. Auch Sigfrid kam dorthin und verlangte nach einem tüchtigen Führer, der ihn auf die Spuren des Wildes weisen solle. Da schlug Hagen vor, dass die Gesellschaft sich trennen und jeder allein jagen solle, damit man entscheiden könne, wer der beste Jäger sei. Leute und Hunde sollten geteilt werden und jeder nach freiem Belieben seinen Weg wählen. Ein alter Jäger mit einem guten Spürhund führte Sigfrid an eine Stelle, wo es Wild in Fülle gab.

Alles, was der Hund aufspürte, machte Sigfrid zu seiner Beute. Ein starkes Wildschwein erlegte er zuerst, dann einen Wisent und einen Elch sowie vier Auerochsen. Seine nächste Beute waren ein grimmiger Schelch und ein gewaltiger Eber. Dann wurde die Meute der Spürhunde eingefangen und die Strecke aufgelegt, die Jäger aber sagten zu Sigfrid, er möge doch wenigstens einen Teil der Tiere verschonen, sonst gebe es bald kein Wild mehr. Wer aber hoffte, den Preis als bester Jäger davonzutragen, ward enttäuscht, denn niemand konnte Sigfried an Jagdbeute übertreffen. Eine Fülle des Wildes ward da zur Feuerstätte in des Königs Küche getragen. Der König ließ den Jägern verkünden, dass es Zeit für den Imbiss sei. Ein Horn ward laut geblasen, zum Zeichen, dass die Rast begonnen hatte. Auch Sigfrid wandte sich dem Sammelplatz zu, da traf er auf einen wilden Bären. Sogleich rief er seinem Jäger zu, er wolle den Jagdgefährten etwas Kurzweil schaffen, und ritt dem Bären nach, der in unwegsames Gebiet entfloh, wo er sich geborgen glaubte. Da sprang Sigfrid vom Ross und verfolgte den Bären zu Fuß. Das Tier konnte ihm nicht entrinnen, er fing es lebend und fesselte es, ohne dass es irgendeine Wunde empfangen hätte. Sigfrid band den Bären an den Sattel, sodass er ihn weder kratzen noch beißen konnte. Dann saß er auf und brachte seinen Gefangenen zur Feuerstätte. Der Held war prächtig gewandet; er führte einen Bogen, den nur er mit der Hand zu spannen vermochte, zur Seite aber trug er das Schwert Balmung, das jeden Helm durchschlug und nie versagte, wenn er es schwang.

Als Gunthers Mannen ihn kommen sahen, eilten sie ihm entgegen und nahmen ihm das Ross ab. Sowie er aber abstieg, löste er den Bären vom Sattel, der sogleich dem Wald zustrebte, während die Hunde ein lautes Gebell erhoben. Durch den Lärm verängstigt, geriet der Bär jedoch in die Küche, sodass die Köche eilig vom Feuer hinwegflohen. Der Bär stieß an die Kessel, die Brände der Herdfeuer wurden verstreut, und die Speisen fielen in die Asche. Da sprangen die Ritter und Knechte von ihren Sitzen auf, der Bär aber geriet in Zorn. Der König befahl, die Hunde loszulassen, und alles lief mit Bogen und Spießen auf den Bären zu. Dieser nahm vor den Hunden die Flucht, aber niemand konnte ihm folgen, außer Sigfrid. Er holte ihn alsbald ein und tötete ihn mit dem Schwert. Dann wurde der erlegte Bär zum Feuer getragen.

Nun lud man die Jagdgefährten zu Tisch. Sie saßen auf einem schönen Anger und eine Fülle von Speisen ward vor ihnen aufgetragen. Bei aller reichen Bewirtung fehlte es aber am Getränk, und Sigfrid wunderte sich darüber, dass kein Schenke Wein brachte. Spöttisch sagte er, wenn man die Jäger nicht besser empfange, wolle er nicht Jagdgeselle sein. Da sprach der König mit falschem Sinn: »Wir werden dir den Schaden gerne büßen. Schuld ist aber Hagen – er will uns verdursten lassen.« Da entschuldigte sich dieser damit, dass er geglaubt habe, die Pirsch solle im Spessart sein;

dorthin habe er den Wein gesandt. Sigfrid aber sprach: »Sieben der Saumtiere mit Met und Würzwein hätte man hierher senden müssen, und wenn das schon nicht sein konnte, dann hätte wenigstens das Lager näher am Rhein sein sollen.« Da sprach Hagen: »Ich weiß hier in der Nähe bei einer Linde eine kalte Quelle. Dorthin wollen wir gehen, damit dein Zorn sich legt.« Sigfrid war so durstig, dass er sich bald vom Mahl erhob. Er gedachte die Quelle bei den Bergen aufzusuchen. Auf Wagen ward das Wild, das er erlegt hatte, hinweggebracht, und jeder, der seine reiche Jagdbeute sah, lobte den Helden.

Als die Jagdgesellschaft dann zur Linde aufbrechen wollte, wo die Quelle entsprang, sagte Hagen von Tronje: »Ich habe oft gehört, dass beim Laufen niemand Sigfrid einholen kann. Das möchte ich gerne erproben!«

»Ihr könnt es sogleich versuchen«, anwortete Sigfrid; »wir wollen um die Wette zur Quelle laufen, dann wird sich ja zeigen, wer den Preis gewinnt.«

Als Hagen zustimmte, lagerte sich Sigfrid ihm zu Füßen ins Gras, denn vom Liegen aus wollte er den Wettlauf beginnen und so seinem Gegner einen Vorsprung lassen. Er wollte aber obendrein seine ganze Ausrüstung mit sich führen, Kleidung, Ger, Schild und Schwert, Köcher und Bogen. Gunther und Hagen dagegen legten alles ab bis auf das Hemd, und nun stürmten sie wie zwei wilde Panther dahin. Dennoch war Sigfrid früher bei der Quelle und errang den Sieg. Dort legte er Schwert, Schild und Köcher ab und lehnte den Ger an einen Ast. Wie sehr er auch dürstete, wollte er doch nicht vor dem König trinken. Erst als dieser seinen Durst gelöscht hatte, neigte auch er sich nieder, um zu trinken.

Da schaffte Hagen blitzschnell Bogen und Schwert zur Seite. Dann sprang er hinzu, fasste den Ger und spähte nach der verwundbaren Stelle zwischen Sigfrids Schultern. Dorthin lenkte er den Ger, dass das Herzblut aus der Wunde sprang und ihn selbst über und über befleckte. Er ließ den Ger in der Wunde stecken und flüchtete, so schnell er konnte.

Als Sigfrid die schwere Wunde fühlte, sprang er wütend von der Quelle auf. Die Gerstange ragte zwischen seinen Schultern, er aber wollte nach Bogen und Schwert greifen – hätte er beides erreicht, so hätte er Hagen nach Verdienst vergolten. Da er aber das Schwert nicht fand, packte er den Schild und lief damit den Mörder an, der ihm nicht entweichen konnte. Wenn auch zu Tode wund, schlug er dennoch mit dem Schild so furchtbar zu, dass die Edelsteine herausbrachen und der ganze Schild zerbarst. Von dem gewaltigen Schlag, der laut dröhnte, stürzte Hagen zu Boden, und hätte Sigfrid sein Schwert gehabt, so hätte er ihn getötet.

Aber wie groß auch sein Zorn war, die Farbe wich aus seinem Antlitz, er wurde totenblass und vermochte nicht mehr zu stehen. Seine Kraft verließ ihn und der Schatten des Todes breitete sich über ihn. Er fiel mitten unter die Blumen und ein Blutstrom ergoss sich aus seiner Wunde. Mit letzter Kraft schalt er die Verräter: »Weh euch, ihr Feiglinge! Was habt ihr nun von allem, was ich für euch getan habe, da ihr mich erschlagen habt? Ich war euch stets getreu – dafür habe ich jetzt unverdienten Lohn. Diese Schandtat an mir, eurem Verwandten, bringt über euch und noch über eure Kinder Schimpf und ärgste Schmach, und für immer seid ihr aus der Gesellschaft edler Ritter ausgestoßen und verbannt.«

Alles eilte nun zu der Stelle, wo der todwunde Sigfrid lag. Das war für viele von ihnen ein freudloser Tag, und wer Treue kannte, betrauerte den Tod des Helden. Auch der Burgundenkönig klagte über das Geschehene, der Sterbende aber sprach: »Sinnlos ist es, dass der über den Schaden jammert, der ihn angestiftet hat. Er verdient nichts als Schimpf, und besser wäre es, er ließe es sein.« Der zornige Hagen aber rief: »Ich weiß nicht, worüber ihr klagt. Nun haben Sorge und Leid für uns ein Ende, denn jetzt gibt es niemanden mehr, der es wagen dürfte, gegen uns zu kämpfen. Wohl mir, dass ich seiner Herrschaft ein Ende gemacht habe!«

»Ihr könnt euch leicht rühmen«, sprach Sigfrid; »hätte ich an euch die Mordlust erkannt, ich hätte mein Leben gewiss behalten. Mich schmerzt aber nichts so sehr wie Kriemhild, mein Weib. Nun mag sich Gott darüber erbarmen, dass mir je der Sohn geboren ward, dem man einmal wird sagen müssen, dass seine Verwandten Meuchelmörder sind! Das ist es, was ich am meisten beklagen muss.« Zu Gunther aber sprach er: »Wollt Ihr noch an jemandem in der Welt Treue üben, so lasst euch meine liebe Frau befohlen

sein und denkt daran, dass sie Eure Schwester ist! Vergeblich erwarten
mich nun mein Vater und meine Mannen. Noch nie hat man einer Frau
Ärgeres angetan, als ihr Kriemhild antut durch den Mord an mir.« Nur kurze Zeit noch rang er mit dem Tod; er konnte nicht mehr sprechen, und sein
Leben entfloh.

Als die Herren sahen, dass er tot war, legten sie ihn auf einen rotgoldenen
Schild und berieten, wie sie Hagens Untat verhehlen könnten. Da sprachen
viele, das sei eine schlimme Tat gewesen. Man solle sie verheimlichen und
sagen, Räuber hätten Sigfrid im Wald erschlagen. Hagen aber sprach: »Ich
bringe ihn heim. Mich kümmert es nicht, wenn die von seinem Tod erfährt,
die Brünhild so sehr betrübt hat. Wie sie auch weinen mag, das achte ich gering.« Sie warteten die Nacht ab und fuhren dann über den Rhein. Noch nie
haben Helden eine schlimmere Fahrt getan; das Wild, das sie erlegten,
beklagten edle Frauen.

Hagen übte jedoch in seinem Frevelmut auch an Kriemhild entsetzliche
Rache. Er ließ den toten Sigfrid vor ihre Kammer tragen und an der Tür nie-
derlegen. Er wollte, dass sie ihn da finden solle, wenn sie vor Tagesanbruch
zur Mette gehe, was sie nie versäumte. Als die Glocken des Münsters läuteten, weckte Kriemhild ihre Jungfrauen und ließ sie Lichter und ihre Kleider
bringen. Als dann ein Kämmerer mit Licht kam, fand er den Toten vor der
Tür. Er sah ihn nass von Blut, doch wusste er nicht, dass es sein Herr war.
Als Kriemhild hinaustreten wollte, um zur Mette zu gehen, bat er sie zu
bleiben: »Vor der Tür liegt ein toter Ritter.« Sogleich begann Kriemhild laut
zu klagen. Noch bevor sie erkannt hatte, dass der Tote ihr Gatte war, musste
sie an Hagens Frage und daran denken, dass er Sigfrid hatte beschützen sollen. Sie sank zu Boden und vermochte nicht zu sprechen. Sobald sie aber
wieder zu sich kam, erfüllte ihr Wehgeschrei das ganze Gemach. Ihr Gesinde suchte sie zu trösten und meinte, es sei wohl ein Fremder. Sie aber
sprach: »Sigfrid ist es, mein lieber Gatte; Brünhild hat dazu geraten und
Hagen hat es getan.«

Sie ließ sich den Toten zeigen und hob sein schönes Haupt mit ihrer weißen
Hand empor. Wie rot er von Blut war, sie erkannte ihn sogleich. Voll Trauer

rief sie: »Dein Schild ist nicht von Schwertern zerhauen, du bist ermordet! Wüsste ich, wer das getan hat, der müsste sterben!« Ihr Gesinde bejammerte den toten Helden, Kriemhild aber befahl, das Geschehene Sigfrids Mannen und auch König Sigmund zu verkünden.

Sogleich eilte ein Bote, die Trauerbotschaft zu melden. Sigmund lag wach auf seinem Lager – es war, als hätte ihm sein Herz gesagt, was geschehen war, und dass er seinen lieben Sohn nicht mehr lebend sehen sollte. »Erwacht, Herr Sigmund!«, rief der Bote. »Mir hat Kriemhild geboten, Euch aufzusuchen. Ihr ist ein Leid widerfahren, das Ihr mit ihr beklagen sollt – auch Euch geht es nahe an.« Da richtete sich Sigmund auf und fragte, was für ein Unheil über Kriemhild hereingebrochen sei. Der Bote sprach unter Tränen: »Ich kann es Euch nicht verschweigen – der kühne Sigfrid von Niederland ist erschlagen.« Doch Sigmund antwortete: »Lass das Scherzen mit so böser Kunde sein! Bis zu meinem Tod könnte ich Sigfrid nicht genug beklagen.« Da sprach der Bote, wolle ihm Sigmund nicht glauben, so möge er selbst gehen, Kriemhilds Klage zu hören.

Sigmund sprang auf, und gefolgt von seinen hundert Mannen eilte er der Stätte zu, von der aus die Wehrufe Kriemhilds und ihres Gesindes erschollen. Auch die tausend Mannen Sigfrids gesellten sich zu seiner Schar. Sigmund aber sprach zu Kriemhild: »Wehe über diese Reise! Wer hat hier, mitten unter guten Freunden, meinen Sohn ermordet?«

»Wüsste ich nur, wer es war!«, rief Kriemhild. »Nie mehr gäbe es Frieden zwischen mir und ihm, und alles Leid täte ich ihm an, sodass seine Freunde um ihn zu weinen hätten!«

Sigmund umarmte den toten Sohn, seine Mannen aber erhoben ein lautes Tosen und Rufen, dass es Saal und Burg, ja ganz Worms erfüllte.

Niemand vermochte Kriemhild zu trösten. Sigfrids Wunden wurden gewaschen und der Leichnam auf die Totenbahre gelegt. Sigfrids Mannen aber verlangten nach Rache – sie riefen, er müsse hier in der Burg sein, der die Tat vollbracht habe. Sie bewaffneten sich eilig und elfhundert Mannen zählte Sigmunds Schar. Sie wussten aber nicht, gegen wen sich ihre Rache wenden sollte, es sei denn gegen Gunther und dessen Mannen, mit denen

Sigfrid auf die Jagd geritten war. Als Kriemhild ihr Beginnen sah, wuchs noch ihr Herzeleid. Denn wie groß auch ihr Jammer war, sie fürchtete, dass die Nibelunge im Kampf erliegen und den Tod finden müssten. Sie sagte: »Mein Herr Sigmund, was wollt Ihr tun? König Gunther befiehlt über mächtige Scharen kühner Mannen. Wollt Ihr gegen die kämpfen, so findet ihr alle den Tod.« Als der König dennoch nicht von seiner Absicht abstehen wollte, mahnte sie nochmals: »Mein Herr Sigmund, Ihr sollt von Eurem Vorhaben lassen, bis es sich besser fügt. Dann will ich meinen Gatten zusammen mit Euch rächen. Hab ich einmal die Gewissheit, wer der Täter ist, dann soll es sein Verderben sein. Nun aber kann ich Euch nicht zum Kampfe raten. Hier stehen dreißig Mannen gegen einen von euch – Gott möge ihnen das zuteil werden lassen, was sie um uns verdient haben. Bleibt hier und tragt mein Leid mit mir! Wenn es zu tagen beginnt, so helft mir, meinen Gatten in den Sarg zu legen.«

Auch in der Stadt hatte man das Wehklagen gehört und die Bürger strömten zusammen. Mit den Gästen beweinten sie Sigfrids Tod; sie wussten nichts von einer Schuld, die er mit dem Tod hätte büßen müssen, und die Bürgersfrauen jammerten mit Kriemhild und ihren Jungfrauen.

Ein mächtiger Sarg aus Gold und Silber ward gefügt, und als der Morgen gekommen war, ließ Kriemhild Sigfrids Leiche zum Münster tragen. Die Glocken läuteten und weinend folgten Sigfrids Mannen ihrem toten Herrn. Da kamen auch Gunther mit seinen Mannen und der grimme Hagen herbei. Gunther wollte Kriemhild trösten und klagte über den großen Verlust, den auch er durch Sigfrids Tod erlitten habe. Kriemhild aber antwortete: »Erspart Euch Eure Klage, denn täte Euch die Tat Leid, so wäre sie nicht geschehen. Ich aber wollte, mir selbst wäre das geschehen, was meinem Gatten angetan wurde.« Als alle ihre Schuld bestritten, sprach sie: »Wer sich unschuldig nennt, der trete angesichts aller zur Bahre, dann werden wir die Wahrheit bald erkennen.« Denn das ist ein großes Wunder: Wenn der Mörder beim Toten steht, so beginnt dessen Blut wieder zu fließen. So geschah es auch, als Hagen herantrat. Die Wunde Sigfrids begann heftig zu bluten, und als man das erkannte, ertönten die Klagerufe noch lauter.

Gunther beteuerte zwar selbst jetzt noch. »Ich sage Euch die Wahrheit:
Räuber haben Sigfrid erschlagen – Hagen hat es nicht getan«, aber vergeblich; zu deutlich hatte die Bahrprobe entschieden, und Kriemhild sprach:
»Die Räuber kenne ich genau. Gott möge die Untat durch Sigfrids Freunde
rächen – Gunther und Hagen, ihr habt es getan.«
Da griffen Sigfrids Mannen drohend nach den Waffen, aber Kriemhild
mahnte zur Ruhe, und so standen sie vom Kampf ab. Nun kamen auch Gernot und Giselher, die mit den anderen über Sigfrid trauerten. Sie sprachen
Kriemhild tröstend zu, sie möge sich in das fügen, was nicht mehr zu
ändern sei; solange sie lebten, wollten sie ihr helfen, ihren Verlust zu vergessen. Aber so gut sie es meinten, Kriemhild blieb untröstlich. Auf ihr Geheiß durfte Sigfrid noch nicht begraben werden. Sie befahl, den Sarg drei
Tage und drei Nächte stehen zu lassen, sie aber wollte bei ihm wachen. Sie
meinte, vielleicht nehme auch sie der Tod hinweg, dann hätte ihr Leid ein
Ende. Sie ließ an die Armen um Sigfrids Seele willen reiche Gaben verteilen und allgemein war die Trauer um den Helden. Endlich ward der Tote zu
Grabe getragen, und Kriemhild klagte, dass es ein Wunder schien, dass sie
am Leben blieb. Noch einmal musste man den Sarg öffnen und sie küsste
den Toten unter blutigen Tränen zum letzten Mal.
Als schließlich alles vollbracht war, sprach Sigmund zu Kriemhild: »Wir
wollen zurück in die Heimat, denn hier am Rhein sind wir ungern gesehene
Gäste. Ihr aber, Kriemhild, kommt mit uns in unser Land! Ihr sollt das Leid
nicht entgelten, das man uns hier angetan hat, und um meines Sohnes willen werde ich Euch immer gewogen sein. Ihr sollt dieselbe Macht haben
wie früher, das Land soll Euch untertan sein, und Sigfrids Mannen sollen
Euch gehorchen.«
Man rüstete zum Aufbruch, und die Abschiedsstunde kam. Da bat Ute
Kriemhild, sie solle bei ihren Verwandten bleiben. Diese aber antwortete,
das könne nicht sein – wie solle sie immer den Menschen vor Augen haben,
der ihr solches Leid angetan habe? Auch Giselher flehte sie an zu bleiben,
sie aber entgegnete, sie müsste vor Leid sterben, wenn sie Hagen sehen
müsste. Da versprach ihr Giselher, er wolle sie in seine Obhut nehmen und

für sie sorgen, und auch Gernot und Ute vereinten ihre Bitten mit den seinen. Gernot sprach, sie habe nicht einen einzigen Blutsfreund unter Sigfrids Mannen. »Bedenkt«, fügte er hinzu, »dass sie Euch alle fremd sind. Niemand, und wäre er noch so stark, entgeht dem Tod. Darum tröstet Euch, liebe Schwester, und bleibt bei Euren Verwandten – das ist das Beste für Euch.« Da endlich versprach sie Giselher, sie wolle bleiben.

Indes hatte Sigmund zur Abreise gerüstet und trat nun vor Kriemhild: »Schon warten Sigfrids Mannen bei den Rossen, wir wollen reiten! Unlieb ist mir der Aufenthalt bei den Burgunden.« Da antwortete Kriemhild: »Alle meine Gesippen, die es gut mit mir meinen, raten mir, ich möge bei ihnen bleiben – im Land der Nibelungen habe ich auch nicht einen Verwandten.« Ungern hörte Sigmund diese Worte; er beteuerte nochmals, dass sie wieder Königin sein solle wie zuvor und es nicht entgelten solle, dass Sigfrid nicht mehr lebe. Dann aber fügte er hinzu: »Gedenkt auch Eures Kindes, kommt seinetwegen mit uns und lasst es nicht verwaist sein – wenn es einst herangewachsen ist, so habt Ihr an ihm Trost.« Doch selbst diese Mahnung konnte Kriemhilds Sinn nicht mehr ändern. Sie hatte beschlossen zu bleiben, und dabei musste es nun bleiben.

Traurig nahm Sigmund von ihr Abschied, das Fest verwünschend, das ihm solches Leid gebracht hatte. Nie mehr gedachte er die Burgunden zu besuchen. Seine Mannen aber ließen manches drohende Wort hören: Es könne wohl sein, dass sie nochmals ins Land kämen, wenn sie nur sicher wüssten, wer Sigfrid erschlagen habe. Ein letztes Mal noch küsste Sigmund die Witwe des Sohnes, dann trat er freudlos und ohne Geleit die Rückreise an – von keinem der Burgunden nahmen er und seine Mannen Abschied. Selbst damit rechneten sie, dass sie unterwegs überfallen werden könnten, aber sie gedachten sich jedes Angriffs zu erwehren.

Sie waren indes noch nicht lange geritten, da holten sie Gernot und Giselher ein. Gernot sprach: »Das weiß Gott im Himmel, dass ich an Sigfrids Tod keine Schuld trage, und nie habe ich davon gehört, dass ihm jemand nach dem Leben trachtete. Ich muss ihn beklagen wie Ihr.« Giselher aber begleitete sie sicher heim nach Niederland.

Zu Worms frohlockte Brünhild über die gelungene Rache und kümmerte sich nicht um Kriemhilds Trauer. Nie mehr versöhnten sich die beiden Frauen; doch die Zeit sollte kommen, da Kriemhild ihr bitteres Leid schuf. Als Witwe hauste Kriemhild in der Heimat und Graf Eckewart blieb mit seinen Mannen in ihrem Dienst. Sie ließ zu Worms nahe beim Münster einen großen, prächtigen Bau errichten, den sie mit ihrem Gesinde bewohnte. Oft ging sie zur Kirche, in der ihr Gatte begraben war, um für seine Seele zu beten. Ute besuchte sie immer wieder, um sie zu trösten, aber aller Zuspruch konnte nichts bewirken.

Viereinhalb Jahre lebte Kriemhild so, ohne mit Gunther auch nur ein Wort zu sprechen, und nie sah sie ihren Feind Hagen. Der aber sagte eines Tages, wenn es Gunther gelinge, sich mit Kriemhild zu versöhnen, dann käme der Nibelungenschatz ins Land – man könne viel gewinnen, wenn sie ihre Feindschaft aufgebe. Da beschloss Gunther, seine Brüder um ihre Vermittlung bei Kriemhild zu bitten, und wenn auch Hagen nicht recht an den Erfolg glauben wollte, suchte doch auf sein Geheiß Ortwin die Trauernde auf. Auch Gernot und Giselher unterstützen ihn und sagten, Gunther erbiete sich, seine Unschuld vor Gericht zu beweisen. Sie antwortete, ihn beschuldige niemand, denn Hagen sei es gewesen, der ihren Gatten erschlagen habe – habe doch er von ihr erfahren, wo Sigfrid verwundbar sei; hätte sie geahnt, dass er Sigfrids Todfeind sei, so hätte sie sich gehütet, das Geheimnis zu verraten. Schließlich bewirkten Giselhers Bitten, dass sie sich mit Gunther versöhnte. Hagen aber musste fern von ihr bleiben. Sie verzieh allen, nur ihm, dem einen, nicht – niemand hätte ja Sigfrid erschlagen können, hätte Hagen es nicht getan.

Es währte dann nicht lange, da setzte es Gunther durch, dass Kriemhild den Nibelungenschatz, ihre Morgengabe, nach Worms bringen ließ. Mit starker Mannschaft zogen Gernot und Giselher aus und Alberich musste ihnen den Schatz überantworten. Zwölf Lastwagen fuhren vier Tage und Nächte lang immer wieder zu dem Berg, in dem der Hort geborgen war, Edelsteine und Gold in solcher Fülle, dass man die ganze Welt damit hätte beschenken können, ohne dass er sich merklich vermindert hätte: Hagen wusste gar wohl, warum er so nach dem Hort begehrt hatte. Das größte Kleinod war eine goldene Rute, denn wer deren Geheimnis kannte, der konnte sich mit ihr jedermann in der Welt gefügig machen.

Kriemhild ließ Kammern und Türme mit dem Gold füllen und bald strömten viele fremde Ritter ins Land. Denn Kriemhild spendete von ihrem Gold mit freigebiger Hand. Da sprach Hagen, gehe das so weiter, so hätte Kriemhild bald so große Scharen in ihrem Dienst, dass es den Burgunden schlimm ergehen könne. Gunther entgegnete darauf, der Schatz sei Kriemhilds Eigentum, und er könne nicht verhindern, dass sie damit tue, was sie wolle. Mit Mühe nur habe er erreicht, dass sie sich mit ihm wieder versöhnt habe, nun kümmere er sich nicht darum, an wen sie ihr Silber und Gold verschenke. Hagen aber warnte weiter: »Ein kluger Mann sollte einem Weib diesen gewaltigen Schatz nicht überlassen. Sie bringt es mit ihren Gaben noch dahin, dass der Tag kommt, an dem unsere Sorglosigkeit uns reut!« Aber Gunther blieb auch jetzt noch fest. »Ich habe ihr einen Eid geschworen«, erklärte er, »dass ich ihr nie mehr ein Leid zufügen werde – sie ist meine Schwester.« Hagen gab nicht nach. »Lasst mich der Schuldige sein!«, erklärte er, und wieder vergaß Gunther seinen Eid. Hagen bemächtigte sich aller Schlüssel zum Schatz, der so Kriemhild entzogen wurde. Gernot zürnte, als er das erfuhr, und Giselher sprach: »Hagen hat meiner Schwester viel Übles angetan, und wäre er nicht mein Verwandter, so ginge es ihm ans Leben.« Kriemhild weinte über die neue Gewalttat, Gernot aber riet, bevor sie mit dem Hort immer neue Not hätten, solle man ihn im Rhein versenken – dann gehöre er niemandem. Kriemhild bat Giselher um seinen Schutz, er aber erwiderte, sie hätten vor, außer Landes zu reiten; sobald sie wiederkämen, wolle er ihre Bitte erfüllen.

Der König und seine Verwandten traten ihre Reise an. Hagen allein blieb zurück um des Hasses willen, den er gegen Kriemhild hegte. Ehe sie wiederkehrten, hatte er sich des Schatzes bemächtigt und ihn bei Lochheim in den Rhein versenkt. Er gedachte, ihn dereinst zu nutzen, und ahnte nicht, dass es anders bestimmt war. Als die Fürsten wiederkehrten, klagte Kriemhild über den Verlust, den ihr Hagen zugefügt hatte, und Giselher war in

Treue bereit, ihr beizustehen. Alle sprachen, dass Hagen ubel gehandelt habe. Der aber wich ihrem Zorn aus, bis er doch wieder die Huld der anderen Helden gewann. Kriemhilds Hass gegen ihn aber wuchs ins Grenzenlose. Bevor jedoch Hagen den Schatz verborgen hatte, hatte er mit den höchsten Eiden geschworen, das Geheimnis zu hüten, solange einer von Dankrats Söhnen lebe. Kriemhild war jetzt mit neuem Leid beschwert. Nach ihres Gatten Ermordung war ihr nun auch der Schatz genommen. Dreizehn Jahre lebte sie als Witwe in Leid und Kummer. Sie war Sigfrid treu und konnte seinen Tod nicht vergessen.

Etzels Werbung

Da geschah es, dass des Hunnenkönigs Weib Helche starb und Etzel um eine andere Gattin zu werben gedachte. Seine Freunde rieten ihm, er möge Kriemhild freien, das edelste Weib, das er gewinnen könne, die Witwe des kühnen Sigfrid. Der König wandte ein, das könne wohl nicht geschehen, denn er sei Heide, sie aber Christin, und daher werde sie sich nie zur Heirat mit ihm bereit finden. Da sprachen seine Vertrauten, vielleicht tue sie es doch. Etzels Name sei berühmt und seine Macht gewaltig – man könne es also wohl versuchen. Da fragte der König, wer Land und Leute am Rhein kenne, und nun trat Rüdeger von Bechelaren vor. Er sprach, von Kindheit an kenne er Gunther, Gernot und Giselher. Jeder der drei handle ehrenvoll und tüchtig und ihre Vorväter hätten es ebenso gehalten. Kriemhilds Schönheit könne sich durchaus mit der Helches messen, und wen sie zum Gatten wähle, der könne darüber froh sein. Da trug ihm Etzel auf, für ihn zu werben, und versprach ihm reichen Lohn, wenn er dabei Erfolg habe.

Sieben Tage später verließ Rüdeger Ungarn. In der Stadt Wien ließ er sich prächtig mit Kleidern ausstatten, um als Etzels Abgesandter die Macht und den Reichtum seines Herrn sehen zu lassen, und in Bechelaren warteten seine Gattin Gotelind und seine Tochter auf ihn, die ihren

Blick auf das Donautal bei Pöchlarn. Pöchlarn hieß im Mittelalter Bechelaren. Nach dem Nibelungenlied hatte dort Markgraf Rüdeger seinen Sitz. Als die Burgunden der Einladung Etzels
folgten, kamen sie von Westen her das Donautal entlang nach Bechelaren, wo sie auf Rüdegers
Wunsch drei Tage lang blieben. Während dieses Aufenthaltes verlobte sich Giselher mit Dietlind, Rüdegers Tochter.

Vater willkommen hieß. Sieben Tage weilte Rüdeger in Bechelaren; Frau Gotelind fügte der Ausstattung der Boten noch manche reiche Zier bei, als sie gehört hatte, in welcher Absicht ihr Gatte die Reise nach Worms unternahm. Dann brach er auf und zog unangefochten durch das Land der Baiern, bis er am zwölften Tag an den Rhein gelangte.

Zu Worms erfuhr König Gunther bald, dass Gäste aus fremdem Land eingeritten waren. Sie wurden in der weiten Stadt gut beherbergt, Gunther aber sandte nach Hagen, um von ihm zu erfahren, wer die Fremden seien. Bald erschienen diese bei Hof, und sobald Hagen sie sah, sagte er, das sei Rüdeger von Bechelaren, den er schon lange nicht mehr gesehen habe und der aus dem Land der Hunnen komme. Gunther wollte nicht glauben, dass Boten aus so weiter Ferne gekommen seien, aber Hagen und seine Freunde eilten dem Gast entgegen und empfingen ihn, wie es sich ziemte. Rüdeger dankte für den herzlichen Empfang und trat in den Saal vor König Gunther, der ihn stehend willkommen hieß. Er nahm Rüdeger an der Hand und führte ihn zu seinem eigenen Platz, und reiche Bewirtung ward den Gästen zuteil. Dann fragte Gunther, wie es Etzel und Helche ergehe. Der Markgraf antwortete, das wolle er gerne sagen. Damit erhob er sich von seinem Platz und bat um die Erlaubnis, die Botschaft zu verkünden, die er zu bringen habe. Gunther antwortete, er solle ihn und seine Mannen hören lassen, was er auszurichten habe, denn er wolle ihm alle Ehre erweisen. Da sprach Rüdeger: »Mein mächtiger Herr entbietet Euch seine guten Dienste hierher an den Rhein, und ebenso allen Euren Freunden. Er hat mir aufgetragen, Euch seine Not zu klagen. Meine Herrin ist tot, Helche, Etzels Gattin. Verwaist sind ihre Jungfrauen, die Fürstentöchter, die sie erzogen hat, und Trauer herrscht im Land.«

Mit teilnahmsvollen Worten bedauerten Gunther und Gernot Helches Tod, Rüdegers Botschaft aber war noch nicht zu Ende. »Wenn Ihr es gestattet, Herr König«, sprach er, »so habe ich noch mehr zu sagen. Als mein Herr Frau Helches wegen großen Kummer litt, sagte man ihm, Kriemhild sei ohne Gatten, denn Herr Sigfrid sei gestorben. Wenn das so ist und Ihr einwilligt, so soll sie Etzels Gattin und Königin über seine Helden werden.«

Da antwortete Gunther: »Wenn Kriemhild von mir hören will, was ich für
gut befinde, so will ich ihr meinen Willen verkünden. In drei Tagen will ich
Euch sagen, wie sie sich entscheidet. Ehe ich das weiß, will ich Etzels Begehren nicht abweisen.«

Die Gäste wurden inzwischen geziemend versorgt, und Rüdeger fühlte,
dass er unter Gunthers Mannen Freunde hatte. Auch Hagen war so wie einst
gerne zu seinem Dienst bereit. Gunther aber rief seine Verwandten zum Rat
zusammen, ob sie es für gut hielten, Kriemhild Etzel zum Weib zu geben.
Sie alle stimmten zu außer Hagen, der mit Bestimmtheit abriet. »Seid Ihr
recht beraten, so weist Ihr die Werbung ab, auch wenn Kriemhild bereit ist,
ihr zu folgen.« Erstaunt fragte Gunther, warum er einen solchen Rat erteile.
Hagen aber antwortete: »Hättet Ihr von Etzel so genaue Kunde wie ich, so
wüsstet Ihr, dass es Euch schwere Sorgen bringt, wenn Kriemhild sein
Weib wird.«

Da antwortete Gunther, er wisse nicht, wie ihm die Heirat schaden könne.
Er wolle sich wohl davor hüten, Etzel so nahe zu kommen, dass er dessen
Hass fürchten müsse. Hagen aber blieb bei seiner Mahnung und sagte, er
könne nimmer zu dieser Heirat raten. Giselher sprach, nun könne Hagen
etwas von dem Leid gutmachen, das er Kriemhild zugefügt habe. Dieser
aber wollte davon nichts hören und warnte: »Nimmt Kriemhild Etzel zur
Ehe, so tut sie uns noch viel zuleide, wie immer sie das auch anfangen mag.
Ihr steht dann so mancher wackere Mann zu Dienste.« Da sprach Gernot:
»Bevor wir einmal in Etzels Land reiten, werden sie wohl beide gestorben
sein. Wir sollen Kriemhild die Treue halten, das verlangt unsere Ehre.« Hagen wich aber von seiner Ansicht nicht ab. »Niemand«, so sprach er, »kann
mir widersprechen. Soll Kriemhild Helches Krone tragen, so bringt sie es
dahin, dass schweres Leid über uns kommt. Lasst von Eurer Absicht, das ist
für uns das Beste.« Da entgegnete Giselher voll Zorn: »Wir sollen nicht
handeln wie Verräter. Wir sollten froh sein, wenn Kriemhild Ehre widerfährt. Was immer Ihr redet, Hagen, ich will an Kriemhild Treue üben.«

Zornig hörte Hagen diese Worte, Gunther, Gernot und Giselher aber beschlossen, wenn Kriemhild die Werbung annehme, so wollten sie nicht da-

gegen sein. Fürst Ger erbot sich, Kriemhild die Nachricht von der Werbung
zu überbringen und ihr zu raten, dass sie Etzel ihr Jawort geben solle. Als er
ihr aber die Botschaft verkündete, wollte sie von der Heirat nichts wissen,
und auch als Gernot und Giselher sie zu überreden trachteten, sie möge in
der neuen Ehe Trost suchen, wies sie deren Rat zurück. Da baten sie,
Kriemhild möge wenigstens selbst Etzels Boten anhören. »Das will ich
nicht verweigern«, antwortete Kriemhild, »denn gerne sehe ich Rüdeger
um seiner Tapferkeit willen. Wäre ein anderer als Bote gekommen, so sollte
er mich nie zu Gesicht bekommen.« Sie gab ihnen den Bescheid, Rüdeger
solle sie am nächsten Tag aufsuchen, da wolle sie ihm ihren Willen verkünden. Rüdeger aber begehrte nichts anderes als Kriemhild zu sehen, denn er
vertraute darauf, wenn anders es überhaupt geschehen könne, so werde er
sie dahin bringen, Etzels Werbung zu folgen.

Früh am nächsten Morgen erwartete Kriemhild Rüdeger. Zwar empfing sie
ihn, der in Begleitung von elf seiner Gefährten vor sie trat, freundlich, doch
trug sie inmitten ihres prächtig geschmückten Gefolges nur ihre Alltags-
tracht. Alles war ihrer Trauer wegen trübe gestimmt, die Markgrafen
Eckewart und Ger ebenso wie ihre Jungfrauen, und Rüdeger sah wohl, dass
Kriemhilds Kleider nass von Tränen waren. Er erbat die Erlaubnis, ihr sein
Anliegen vorzutragen, und sie erwiderte, sie wolle ihn gerne anhören, denn
er sei ein willkommener Bote. Es war aber trotzdem leicht erkennbar, dass
sie nicht geneigt war, seinem Wunsch nachzugeben. Dennoch brachte
Rüdeger nun die Werbung vor, sie aber erwiderte: »Wüsste Etzel um meinen Kummer, so könnte er nicht daran denken, um mich zu freien. Ich habe
den besten Gatten verloren, den es je gegeben hat.« Da sprach Rüdeger:
»Nichts kann Leid besser heilen als Liebe, und keine andere Hilfe gibt es
gegen den Schmerz, als einen rechten Gatten zu wählen.« Verlockend malte
er aus, welche Machtfülle Kriemhild erwarte, wenn sie Etzels Gattin würde: Zwölf Königreiche und dazu das Land von dreißig Fürsten, die
Etzel sich unterworfen habe, würden ihr Eigen sein, und Ritter und Frauen
von fürstlicher Abkunft in großer Zahl stünden ihr zu Diensten. Über alle
Macht, die Helche gehabt hätte, könne auch sie verfügen.

Kriemhild aber änderte trotzdem ihren Sinn nicht. Sie sprach, Sigfrids Tod
habe sie so mit Trauer erfüllt, dass sie niemandes Gattin mehr werden wolle. Als Rüdeger aber weiter in sie drang, verschob sie ihre Antwort auf den
nächsten Morgen. Da wolle sie ihren Entschluss eröffnen. Als dann die Boten Abschied genommen hatten, sandte Kriemhild nach Ute und Giselher
und beriet mit ihnen, wie sie sich entscheiden solle. Sie sprach, das Einzige,
was sich für sie noch schicke, sei Weinen. Giselher aber meinte, Etzel werde sie alles Leid vergessen machen, denn nirgends gebe es einen König, der
so mächtig sei wie er. Auch Ute redete ihr zu, sie möge das tun, wozu ihre
Brüder ihr rieten. Kriemhild aber dachte bei sich, dass es eine Schande für
sie wäre, einen Heiden zur Ehe zu nehmen. Sie lag die ganze Nacht in
schwere Gedanken versunken, und ihre Augen waren nass von Tränen. Am
nächsten Morgen sprachen ihr auch ihre Brüder zu, sie möge Etzels Werbung annehmen. Aber was sie auch sagen mochten, ihre trübe Stimmung
konnten sie nicht ändern.

Die Zeit war gekommen, dass Etzels Boten wieder vor Kriemhild erscheinen sollten. Man führte Rüdeger zu ihr, der sie bat, sie möge ihm nun ihre
Antwort auf Etzels Werbung kundtun. Sie aber antwortete dasselbe wie
schon am Vortag: Sie wolle keinen Mann mehr zu Ehe nehmen. Was immer
die Boten bitten mochten, sie konnten nichts erreichen, bis endlich Rüdeger
ihr das Versprechen gab, er wolle sie für jede Unbill, die ihr je widerfahre,
schadlos halten. Er bat sie, ihre Tränen zu stillen, und beteuerte, hätte sie
bei den Hunnen niemanden als ihn, seine getreuen Gesippen und seine
Mannen, so müsse doch der es schwer bezahlen, der ihr ein Leid zufüge. Da
sprach Kriemhild: »So schwört mir Eide, dass Ihr alles rächen wollt, was
immer mir jemand auch antun möge.« Da schworen Rüdeger und alle seine
Mannen, sie würden ihr nichts abschlagen und wollten ihr stets getreulich
dienen. Da dachte Kriemhild im Stillen, wenn sie über so viele Freunde verfüge, könne es wohl so kommen, dass der Tod ihres Gatten einmal gerächt
werde. Sie meinte, da Etzel über zahlreiche Mannschaft gebiete, könne sie
so handeln, wie es ihr beliebe, und auch reiche Gaben könne sie dann wieder spenden – ihr eigenes Gut hatte ihr ja Hagen genommen. So sprach sie

zu Rüdeger: »Wäre Etzel nur kein Heide, so wollte ich in sein Land ziehen.« Auch darüber beruhigte sie Rüdeger und sagte, so viele christliche Helden dienten Etzel, dass sie von dem fremden Glauben nichts merken werde; sie könne es wohl dahin bringen, dass der König sich taufen lasse. Da endlich gab sie ihr Jawort und bekräftigte es mit Handschlag.

Mit Eifer ward jetzt Kriemhilds Abreise gerüstet, und als die Abschiedsstunde nahte, erbot sich Markgraf Eckewart, er wolle bis an sein Ende bei Kriemhild bleiben und auch fünfhundert seiner Mannen mit sich in die Fremde führen. Froh dankte ihm Kriemhild für seine Treue, dann aber trat sie, geleitet von hundert ihrer Jungfrauen, die weite Fahrt an. Giselher und Gernot begleiteten ihre Schwester, ebenso Ger, Ortwin und der Küchenmeister Rumold, die auf dem Weg bis zu den Ufern der Donau für die Nachtlager Sorge trugen.

Noch ehe Kriemhild Worms verlassen hatte, waren Boten vorausgesandt worden, die Etzel verkünden sollten, dass ihm Rüdeger Kriemhild zur Gattin geworben habe. Zu Pföring an der Donau verabschiedeten sich Giselher und Gernot von Kriemhild, und Giselher versprach, wenn sie seiner bedürfe und nach ihm sende, werde er ihrem Ruf folgen.

Nun führte Kriemhilds Reiseweg die Donau entlang bis an die Stelle, wo der Inn in die Donau mündet und die Stadt Passau steht. Die Kunde von ihrer Ankunft war längst vorausgeeilt und alles zog ihr entgegen. In Passau saß als Bischof ihr Onkel Pilgrim, der nun seine Nichte feierlich einholte und gemeinsam mit ihr in die Stadt einritt, wo Kriemhild von den Bürgern herzlich empfangen wurde. Der Bischof hoffte, dass die Gäste bei ihm verweilen würden, aber Eckewart erklärte ihm, dass es nicht angehe, sie müssten ihre Reise fortsetzen, da sie in Rüdegers Gebiet schon sehnlich erwartet würden. Denn der Markgraf hatte seiner Gattin Gotelind Boten mit der Nachricht zugesandt, sie möge mit seinen Mannen Kriemhild bis zur Enns entgegenkommen, um sie aufzuheitern. Die Königin aber setzte ihre Reise fort, und als die Reisenden dann über die Traun nach Enns gekommen waren, wo Rüdeger sie reich bewirten ließ, wurde dort ein großes Zeltlager aufgeschlagen, worin die Gäste Nachtruhe fanden.

Inzwischen war Gotelind mit Rüdegers Mannen angelangt, und als diese
mit Kriemhilds Begleitern zusammentrafen, begann ein frohes Ritterspiel.
Gotelind begrüßte Kriemhild voll herzlicher Freundschaft, dann ging die
Fahrt weiter nach Rüdegers Stadt Bechelaren, wo der Markgraf die Gäste in
seinem Palast willkommen hieß. Bald aber musste Kriemhild wieder aufbrechen, zum Abschied von Gotelinds Tochter mit reichen Gaben an Gold
und Kleidern bedacht. Als sie durch Melk zog, brachte man ihr freundlich
den Willkommenstrunk, und dann führte der Weg ins Osterland nach Mau-
tern und Traismauer, wo Etzel eine mächtige Burg besaß, Zeiselmauer genannt – sie war einst Helches Residenz gewesen.
Dort weilte Kriemhild drei Tage lang, am vierten Morgen aber brach sie auf
und zog weiter durch Österreich bis nach Tulln, wo sie manche fremde
Sitte sehen konnte. Von vierundzwanzig Fürsten gefolgt, war ihr Etzel bis
dorthin entgegengeritten, und eine Schar von tapferen Helden begrüßte nun
die neue Herrin: Da kam Herzog Ramung aus dem Land der Walachen, der
mit seinen siebenhundert Mannen fliegenden Vögeln gleich dahinzog, der
tapfere Hornboge, Haward von Dänemark, der kühne Iring sowie Irnfried
von Thüringen, und auch Etzels Bruder Blödelin hatte sich eingefunden.
Endlich nahte auch Etzel selbst mit Dietrich von Bern, der nun schon lange
Jahre Gast des Hunnenkönigs war. Da ward die Königin vom Ross geho-
ben, und Etzel ging ihr entgegen. Sie empfing ihn freundlich und küsste
ihn, und dieselbe Ehre erwies sie auf Rüdegers Rat zwölf von dessen erle-
sensten Helden, darunter König Gibeche und Herrn Dietrich. Ein großes
Lager ward aufgeschlagen und ein frohes Turnieren begann. Etzel aber saß
mit Kriemhild Hand in Hand, während Markgraf Rüdeger den beiden Gesellschaft leistete.
Von Tulln ritt nun das Paar gemeinsam nach der Stadt Wien. Am Pfingsttag
ward dort die Vermählung gefeiert, und siebzehn Tage währte die Hochzeit,
bei der reiche Gaben ausgeteilt wurden. Auch des Königs Spielleute Wärbel und Swemmelin wurden dabei nicht vergessen.
Am achtzehnten Morgen zogen die neu vermählten Gatten weiter gegen das
Land der Hunnen. Sie kamen nach Hainburg, wo Nachtlager gehalten ward,

und sodann nach Wieselburg an der Grenze des Hunnenlandes, wo die Reise zu Schiff weiterging. Eine mächtige Flotte fuhr da die Donau hinab, deren Schiffe aneinander gebunden und mit Zelten überdeckt waren, sodass man nichts vom Wellenschlag spürte; es war, als befinde man sich auf dem festen Land.

Als in Etzelburg die Nachricht von der Ankunft des Königspaares ankam, herrschte dort Freude, und alles eilte zum Strand, um Etzel und seine neu angetraute Gattin zu begrüßen. Sieben Königstöchter standen zum Empfang bereit, darunter die Jungfrau Herrad, die über das gesamte Gesinde waltete. Sie war Helches Schwestertochter und die Verlobte Dietrichs von Bern, selbst aber von königlicher Abkunft, denn ihr Vater war König Nantwin. In prächtigem Zug ritt Etzel mit Kriemhild vom Ufer des Stromes hinauf zur Burg, wo nun mit der neuen Herrin wieder frohes Leben einkehrte. Ihr Gefolge diente ihr getreulich und sie belohnte es mit reichen Geschenken an Gold und Silber, Edelsteinen und kostbaren Kleidern. Alle Verwandten des Königs fügten sich ihrem Gebot, und selbst Frau Helches Macht war nie so groß gewesen wie die Kriemhilds. Lust und Freude herrschten am Hof, und das Streben nach der Gunst des Königs wie auch Kriemhilds Freigebigkeit bewirkten, dass jeder dort alles an Kurzweil und Unterhaltung fand, wonach sein Herz begehrte.

Dieses Leben währte schon bis ins siebente Jahr, da gebar Kriemhild Etzel zu dessen Freude einen Sohn, der auf ihr eifriges Betreiben getauft und Ortlieb genannt wurde. Von Herrad in den Sitten des Landes unterwiesen, strebte Kriemhild danach, es in allem Frau Helche gleichzutun, und bald ging von ihr der Ruf, nie habe es im Land eine bessere und schönere Königin gegeben. So gingen dreizehn Jahre ins Land, und Kriemhild war so mächtig, dass niemand wagte, sich gegen ihre Wünsche aufzulehnen. Zwölf Könige standen allezeit zu ihrem Dienst bereit, und sie wusste wohl, wie sich alle darum bemühten, sich bei ihr, der Gattin Etzels, in Gunst zu setzen.

Die Einladung

Trotz allem Glanz, der sie umgab, gedachte Kriemhild stets des Leides, das ihr in der Heimat widerfahren war, und sie erinnerte sich auch der Ehren, die sie im Land der Nibelungen genossen hatte, bis Hagen Sigfrid ermordet und ihr dadurch dies alles genommen hatte. Unaufhörlich sann sie darüber nach, wie sie ihm seine Übeltat vergelten könne, und sie sprach bei sich: »Könnte ich ihn hierher ins Land bringen, dann sollte er mir büßen!« Im Traum sah sie sich mit Giselher Hand in Hand gehen und küsste ihn, und sie weinte in der Erinnerung heiße Tränen.

Früh und spät aber lag es ihr im Sinn, wie man sie schuldlos dazu gebracht hatte, dass sie eines Heiden Weib werden musste, und immer wieder sprach es in ihr: »Diese Not haben Gunther und Hagen über mich gebracht.« Nie schwiegen in ihrem Herzen der Wunsch und der Gedanke: Ich bin so mächtig und so reich an Gut, dass ich meinen Feinden Leid mit Leid vergelten kann. Besonders aber sehnte sie sich nach Rache an Hagen. Sie beschloss den König zu bitten, er möge ihr die Freude machen und ihre Verwandten ins Land der Hunnen einladen. Ihre Gedanken hatte sie ja vor allen verborgen gehalten und niemand ahnte ihre bösen Absichten.

Eines Nachts, als sie mit Etzel in vertrautem Gespräch war, gedachte sie ihrer Feinde und klagte darüber, dass sie ihre Verwandten nie bei sich sehen könne; schon habe sie gehört, dass die Leute sie deshalb für eine Landflüchtige und Vertriebene hielten. Da antwortete Etzel, dass er gerne alle, die Kriemhild wieder sehen wolle, zu sich einlade, wenn ihnen die Reise nicht zu beschwerlich erscheine. Sogleich entgegnete Kriemhild, wenn er Boten an den Rhein senden wolle, durch die sie ihrer Verwandschaft kundtun könne, was sie wünsche, so käme gewiss mancher kühne Ritter ins Land. Etzel sprach: »Was du gebietest, soll geschehen. Du kannst Utes Söhne nicht lieber hier zu Gast sehen als ich.« Er ließ nach seinen Spielleuten Wärbel und Swemmlin senden und trug ihnen auf, in Begleitung von vierundzwanzig Recken als Boten nach Worms zu reiten, um dort die Einladung zu verkünden: Im nächsten Sommer, zur Sonnenwende, sollten

Kriemhilds Verwandte Etzels Gäste sein und das Fest mit ihm feiern. Wärbel gelobte, seinen Auftrag getreulich auszuführen.

Kriemhild aber ließ die Boten heimlich in ihr Gemach führen. Sie verhieß ihnen große Geschenke, wenn sie genau ausrichteten, was sie ihnen jetzt auftrage. Wen immer sie zu Worms am Rhein an Verwandten und Freunden träfen, dem sollten sie sagen, sie hätten sie nie betrübt gesehen. Sie sollten dringend dazu auffordern, der Einladung Etzels zu folgen, denn dann wäre auch sie von jedem Kummer frei, der sie noch beschwere. Sie sollten Gernot sagen, niemand auf der Welt habe ihn lieber als sie, und ihn bitten, seine und ihre besten Freunde ins Land zu bringen, denn das gereiche ihr zur Ehre. Giselher möge daran denken, dass er ihr nie ein Leid zugefügt habe und dass sie von Herzen froh sei, wenn ihre Augen ihn sehen könnten. Ihrer Mutter Ute sollten sie sagen, wie ehrenvoll sie bei Etzel lebe. Sie sollten aber auch fragen, wer den Gästen den Weg weisen solle, wenn Hagen zu Hause bleiben wollte – er kenne doch seit seiner frühesten Jugend die Wege zu den Hunnen.

Die Boten ahnten nicht, was Kriemhild damit beabsichtigte, dass sie so dringend raten sollten, Hagen möge nicht zu Hause am Rhein bleiben. Die Briefe mit der Botschaft wurden ihnen übergeben und reich gekleidet traten sie wohlgemut die Reise an. Von Land zu Land verbreitete sich die Kunde, dass Etzel Boten an den Rhein gesandt habe. Diese kehrten unterwegs zu Bechelaren bei Rüdeger und Gotelind ein, von wo sie reich beschenkt weiterzogen. Der Markgraf und seine Gattin hatten den Freunden am Rhein ihre Grüße entboten, und als die Boten vor den Bischof Pilgrim traten, freute er sich darauf, seine Schwestersöhne zu sehen, da er selbst doch nicht an den Rhein kommen konnte.

Nach zwölf Tagen ritten Wärbel und Swemmelin zu Worms ein, und man meldete den Königen, dass fremde Boten eingetroffen seien. Niemand wusste, wer sie seien, bis Hagen von Tronje die Fremden sah. Da sprach er zu Gunther: »Große Neuigkeiten kann ich Euch sagen. Ich habe Etzels Spielleute hier gesehen – die hat Eure Schwester hergesandt. Um ihres Herrn willen sollen sie uns willkommen sein.« Da kamen schon die Boten

vor Gunthers Saal geritten und wurden vor den König geführt; Hagen eilte
ihnen entgegen und empfing sie, wie es die Sitte gebot. Um ihre Absicht zu
erkunden, fragte er sie, wie es Etzel und den Seinen ergehe, und erhielt zur
Antwort, dass alles bei bestem Wohlbefinden sei. Als dann auch Gunther
die Spielleute willkommen geheißen hatte, entbot ihm Wärbel Etzels und
Kriemhilds Gruß und berichtete auf des Königs Frage, dass es beiden wohl
ergehe. Da traten auch Gernot und Giselher hinzu, der um seiner Schwester
willen die Boten besonders gerne sah, und sagte, seine Freude wäre noch
weit größer, wenn sie öfters an den Rhein geritten kämen. Da sprach Swemmelin, er könne gar nicht sagen, wie herzlich Etzel und besonders Kriemhild ihn grüßen ließen und wie sehr sie ihm zugetan sei. Vor allem aber sei-
en sie an Gunther gesandt, den sie bitten sollten, er möge zusammen mit
seinen Verwandten Etzels Land besuchen. Der König lasse ihnen sagen,
wenn sie schon nicht wünschten, ihre Schwester zu sehen, so wolle er doch
wissen, was er verschuldet habe, dass sie seinem Land stets fernblieben.
Schweigend hatte Gunther die Einladung vernommen, dann aber sprach er:
»Nach sieben Nächten will ich euch Bescheid geben, wozu ich mich mit
meinen Freunden entschlossen habe. Inzwischen aber sucht eure Herberge
auf und ruhet dort von der weiten Reise aus!«
Die Boten taten nach seinem Gebot. Gunther aber befragte seine Mannen,
wie ihnen die Einladung gefalle, und sie rieten alle, ihr zu folgen – ausgenommen Hagen, dem sie im höchsten Maß leid und unwillkommen war.
»Ihr seid Euer eigener Feind«, sprach er heimlich zu Gunther. »Ihr wisst
doch, was wir getan haben! Vor Kriemhild müssen wir stets auf der Hut
sein, habe ich ihr doch den Gatten erschlagen! Wie dürften wir es da wagen,
in Etzels Land zu reiten?« Der König aber antwortete: »Meine Schwester
hat von ihrem Zorn gelassen und mit ihrem Versöhnungskuss alles vergeben, was wir ihr angetan haben, ehe sie das Land verließ – es sei denn, dass
sie gegen Euch allein, Hagen, Feindschaft hegt.«
»Lasst Euch nicht durch die schönen Worte der Boten täuschen!«, antwortete Hagen. »Wollt Ihr Kriemhild besuchen, so könnt Ihr dabei wohl Leben
und Ehre verlieren – denn ich weiß, dass König Etzels Weib niemals die Ra-

che vergisst!« Da mischte sich Gernot in das Gespräch: »Habt Ihr Grund, im Land der Hunnen den Tod zu fürchten, so täten doch wir übel daran, deshalb von der Reise zu lassen und darauf zu verzichten, unsere Schwester zu sehen.« Giselher aber setzte hinzu: »Wisst Ihr Euch schuldig, Freund Hagen, so bleibt hier. Die aber, die es wagen wollen, lasst mit uns auf die Reise gehen.« Da geriet der Held von Tronje in Zorn: »Es gibt keinen, der mehr als ich den Mut hat, die Fahrt zu wagen – das werde ich euch beweisen! Da sprach Rumold, der Küchenmeister: »Ihr habt wahrlich keinen Grund, als Gäste in die Fremde zu ziehen, habt ihr doch selbst in Überfülle alles, dessen ihr bedürft, um Fremde zu bewirten. Ich meine nicht, dass Hagen euch je verraten hat. Wollt ihr aber ihm nicht folgen, so hört auf mich, der euch in Treue ergeben ist: Bleibt um meinetwillen hier und lasset den Besuch bei Etzel und Kriemhild sein! Wo in der Welt könnte es euch besser ergehen als hier? Ihr seid vor Feinden sicher und habt alles, wonach ihr begehrt. Bevor ihr so töricht euer Leben wagt, solltet ihr hier bleiben, schon eurer Frauen wegen. Eure Lande sind reich und noch habt ihr nichts versprochen. Wer weiß, wie es euch bei den Hunnen ergeht? Ihr sollt hier bleiben – das ist Rumolds Rat.«

»Wir wollen nicht bleiben«, antwortete Gernot. »Da unsere Schwester und Etzel uns so freundlich eingeladen haben, warum sollten wir ihnen absagen? Wer aber gerne will, der mag zu Hause bleiben.« Hagen aber sprach: »Wie immer es ablaufen mag, ich rate euch in Treue, dass ihr euch gut vorseht, wollt ihr bei den Hunnen sicher sein. Bietet eure besten Mannen auf, und aus ihnen will ich tausend Ritter auswählen – so kann uns das nichts anhaben, was Kriemhild gegen uns ersinnt.«

Diesem Vorschlag stimmte Gunther gerne zu und sandte Boten aus, die seine Mannschaft herbeirufen sollten. Bald strömten seine Scharen zusammen, Hagen ließ durch seinen Bruder Dankwart achtzig Helden an den Rhein führen, und der kühne Spielmann Volker kam mit dreißig Mannen. Auch er wollte gern mit auf die Reise zu Etzel. Er war ein Edelherr, dem viele Recken im Land der Burgunden untertänig waren. Weil er aber Fiedel und Bogen gut zu führen wusste, ward er der Spielmann genannt.

Nun wählte Hagen tausend Helden aus, die er im Kampf schon oft erprobt
hatte. Kriemhilds Boten war übel zumute; sie fürchteten ihren Herren und
baten täglich, man möge sie ziehen lassen, aber Hagen ließ es aus List nicht
zu. »Nicht früher als sieben Tage vor unserem eigenen Aufbruch wollen wir
sie entlassen«, sprach er zu Gunther; »hat jemand gegen uns böse Absichten, so erfahren wir es dann umso besser. Auch kann Kriemhild nichts gegen uns ins Werk setzen, und will sie uns schaden, so soll es ihr übel geraten, führen wir doch eine starke Schar mit uns.«
Als alles bereit war, wurden die Boten zu Gunther gerufen, und Gernot
eröffnete ihnen, dass der König die Einladung annehmen wolle. Auf
Gunthers Frage verkündete Swemmelin, dass das Fest am Sonnwendtag
beginnen solle, und nun wurde auf Schilden als Abschiedsgeschenk Gold in
großer Menge herbeigeschafft. Aber die Boten wiesen die Gabe zurück, sie
könnten sie auf die weite Reise ja doch nicht mitnehmen, und ihr Herr habe
ihnen verboten, etwas anzunehmen. Darüber ward jedoch Gunther zornig,
dass sie seine Geschenke verschmähten, und so mussten sie von ihrem Widerstand lassen. Sie nahmen Abschied und eilten von dannen, von Gernots
Mannen geleitet, um sie vor jeder Unbill zu schützen. Als das Geleit später
von ihnen schied, verschaffte ihnen Etzels Herrschaft auf allen Wegen Frieden; niemand wagte es, ihnen die Rosse oder die Kleider zu rauben, und sie
eilten nun in Etzels Land. Überall, wo sie Freunde wussten, verkündeten
sie, dass in kurzer Frist die Burgunden kommen würden, um Etzel aufzusuchen, und so erfuhr auch Bischof Pilgrim davon.
Froh wurden auch Rüdeger und Gotelind, als sie hörten, die Burgunden kämen, die Spielleute aber eilten weiter zu Etzel, den sie in der Stadt Gran erreichten. Hocherfreut vernahm er, dass seine Schwäger kommen wollten,
und als Kriemhild die Nachricht hörte, belohnte sie die Spielleute reichlich.
Sie fragte Wärbel und Swemmelin, welche ihrer Verwandten zum Fest
kommen wollten und was Hagen gesagt habe, als er von der Einladung erfuhr. Da erhielt sie zur Antwort: »Als Hagen zur Beratung kam und von unserem Auftrag hörte, ward er unfroh und wusste wenig Gutes davon zu sagen. Als dann die Reise zugesagt wurde, da war ihm, als gelte es den Tod.

Eure Brüder kommen alle drei, und auch der kühne Spielmann Volker wird sie begleiten.«

»Leicht könnte ich darauf verzichten, Volker zu sehen«, antwortete Kriemhild, »Hagen aber bin ich gewogen, denn er ist ein tapferer Held, und ich freue mich auf sein Kommen.«

Alsbald wurden alle Vorbereitungen begonnen, um die Gäste gut empfangen und beherbergen zu können.

Der Zug der Burgunden in Etzels Reich

In Worms war inzwischen alles zur Abreise bereit. Tausendundsechzig Ritter, dazu tausend Knechte hatten sich zusammengefunden, und schon ward das Reitzeug herbeigeschafft. Als man es über den Hof trug, sagte der Bischof von Speyer, ein alter Mann, zu Ute: »Unsere Freunde wollen zum Fest bei Etzel aufbrechen – Gott möge ihre Ehre bewahren!« Da rief Ute ihren Söhnen zu: »Bleibt hier, ihr guten Helden! Mir träumte heute Nacht von schwerer Gefahr – alle Vögel im Land lagen tot!« Aber Hagen entgegnete: »Wer sich an Träume hält, ist übel beraten und weiß nicht so zu handeln, wie es seine Ehre verlangt. Wir wollen gerne in Etzels Land reiten und dort das Fest Kriemhilds mitfeiern.« So wie er nun zur Reise riet, hätte er von ihr abgemahnt, hätte ihn nicht früher Gernot mit spitzen Worten verletzt: Er hatte Hagen an Sigfrids Tod erinnert und ihm vorgeworfen, deshalb wolle er von der Reise nichts wissen. Da hatte der Held gesagt, er handle nicht aus Furcht, und gerne wolle er mitreiten.

Nun waren die Schiffe bereitgestellt, man belud sie mit Kleidern der Ausziehenden, und zu beiden Seiten des Rheins waren Zelte und Hütten errichtet. Mit Posaunen und Flöten ward der Reisetag schon am frühen Morgen eingeleitet und die Abschiedsstunde schlug. Da trat noch im letzten Augenblick der treue Rumold an Gunther heran und sprach, darüber müsse er trauern, dass es nun doch in die Ferne gehe. Er sagte: »Wem wollt Ihr Land und Leute übergeben? Dass doch niemand Euren Sinn wenden kann! Niemals schien mir Kriemhilds Botschaft gut.« Da antwortete Gunther: »Das Land und auch mein Kind sollen dir befohlen sein. Es ist mein Wille, dass du den Frauen treulich dienst. Siehst du aber jemand weinen, so tröste ihn – Kriemhild wird uns nie etwas zuleide tun.«

Die Rosse standen bereit, letzte Abschiedsgrüße wurden ausgetauscht und dann begann die Fahrt. Trauernd sahen die Daheimbleibenden den Helden nach, die fröhlich in die Ferne ritten. Von Hagen geführt, zogen Gunther und seine Mannen dahin, während Dankwart als Marschall für Ordnung und Herberge sorgte.

Am zwölften Tag der Reise war die Donau erreicht, und Hagen ritt als Erster dem Zug voran – er war der Nibelunge Hilfe und Trost. Er sprang vom Ross und band es an einen Baum. Der Fluss war aus den Ufern getreten und nirgends ein Schiff zu sehen, da man sie alle in Sicherheit gebracht hatte. Die Nibelunge wussten keinen Rat, wie sie über den breiten Strom kommen sollten, und Hagen sagte besorgt, dass hier mancher ihrer Mannen das Leben verlieren könne. Gunther aber antwortete, Hagen möge ihnen den Mut nicht nehmen, sondern lieber eine Furt suchen, mit deren Hilfe man Rosse und Habe ans andere Ufer bringen könne. »Mir ist mein Leben«, sprach Hagen, »nicht so leid, dass ich mich hier an diesem Fluss ertränken möchte. Bevor das geschieht, soll noch so mancher Mann in Etzels Land von meiner Hand sterben. Harret hier am Ufer, ich aber will Fergen suchen, die uns hinüberbringen in Gelfrats Land.«

Mit Schild, Helm und Brünne bewehrt und mit dem breiten, zweischneidigen Schwert umgürtet, machte er sich auf die Suche. Da horchte er auf, denn er hörte Wasser plätschern. Er ging dem Geräusch nach und sah, dass es von weisen Frauen kam, die in einem schönen Quellbecken ein kühlendes Bad nahmen. Als Hagen sie wahrnahm, schlich er verstohlen hinzu. Sobald sie das merkten, wollten sie eilends flüchten, aber dann bewog sie ihr Stolz zu bleiben. Er aber nahm ihnen ihre Kleider – sonst tat er ihnen nichts zuleide. Da sprach die eine Meerfrau, die sich Hadburg nannte: »Edler Ritter Hagen, gebt uns unsere Kleider wieder; dann wollen wir verkünden, wie es euch bei der Reise an Etzels Hof ergehen wird.«

Wie die Vögel schwebten sie vor ihm auf dem Wasser, und Hagen meinte
bei diesem Anblick, dass die Frauen tiefen Einblick in die Zukunft hätten.
Darum glaubte er umso mehr, was sie ihm sagen wollten. Sie gaben ihm
denn auch Bescheid über das, was er zu wissen verlangte; Hadburg sprach:
»Meine Treue setze ich dafür zum Pfand, dass ihr mit Zuversicht in Etzels
Land reiten könnt. Glaubt mir, noch nie empfingen Helden in fremdem
Land so hohe Ehre, wie sie euch erwartet.« Hagen hörte diese Worte gern,
und ohne Zögern gab er den Frauen ihre Kleider zurück. Aber sobald sie ihre wunderbare Gewandung angelegt hatten, sagten sie die Wahrheit über
die Fahrt zu Etzel. Siglind, das zweite Meerweib, sprach: »Ich will dich
warnen, Hagen, Sohn Aldrians. Um der Kleider willen hat meine Tante dich
belogen. Kommst du zu den Hunnen, so bist du verraten. Kehre um, dafür
ist jetzt die Stunde da! Denn darum ist die Einladung an euch ergangen,
weil ihr in Etzels Land sterben sollt. Allen, die dorthin reiten, ist der Tod gewiss.« Da sprach Hagen: »Zwecklos betrügt ihr mich. Denn wie könnte es
geschehen, dass wir alle um irgendjemandens Hass das Leben verlieren?«
Da sprach die weise Meerfrau: »So muss es geschehen, dass kein einziger
von euch gerettet wird als der Kaplan des Königs. Er allein wird gesund in
Gunthers Reich zurückkehren.« Da sprach Hagen in höchstem Unmut:
»Schwere Sorge brächte es meinen Herren, wollte ich ihnen sagen, dass wir
alle bei den Hunnen sterben sollen. Da du schon so weise bist, so sage mir,
wie ich über das Wasser komme.« Sie antwortete: »Willst du auf die Fahrt
nicht verzichten, nun wohl – flussaufwärts steht eine Herberge; dort findest
du einen Fergen, sonst nirgends.« Da wandte sich Hagen zum Gehen, die
eine der Frauen aber rief ihm nach: »Wartet noch, Herr Hagen, Ihr eilet gar
zu sehr! Vernehmet noch genauer, wie Ihr über das Wasser kommt. Der
Herr dieser Mark heißt Else, sein Bruder ist Gelfrat, ein Herr im Bayernland. Wollt Ihr durch sein Gebiet ziehen, so seid auf der Hut und verfahrt
glimpflich mit dem Fergen. Der ist so bösen Sinnes, dass Ihr gegen ihn
nichts ausrichtet, wenn Ihr Euch nicht freundlich zu ihm stellt. Wollt Ihr,
dass er Euch übersetzt, so müsst Ihr ihm den Sold dafür bezahlen. Er behütet dieses Land und ist Gelfrat gut gesinnt. Kommt er nicht sofort, so ruft

über das Wasser und sagt, Ihr hießet Amelrich. Das ist ein tüchtiger Held, der seiner Feinde wegen dieses Land verließ. Wird sein Name genannt, so kommt der Ferge gewiss.«

Wortlos neigte sich da Hagen vor den Frauen und wanderte den Fluss hinauf, bis er am anderen Ufer die Herberge sah. Sogleich rief er laut über das Wasser: »Hol mich über, Ferge, dann erhältst du einen goldenen Ring zum Lohn; denn wisse, ich muss sogleich über den Fluss!«

Nun war aber der Ferge ein mächtiger Mann, der nicht daran dachte, jemandem um Lohn zu dienen, und auch seine Knechte waren dazu zu stolz. So kümmerte sich niemand um Hagens Ruf und er stand nach wie vor einsam am Ufer. Da rief er zum zweiten Mal mit solcher Kraft, dass es weithin über das Wasser schallte: »Hol mich über! Ich bin Amelrich, Elses Dienstmann, der wegen schwerer Fehde aus diesen Landen floh.« Hoch an der Spitze des Schwertes bot er einen schönen goldenen Ring als Lohn dafür, dass man ihn in Gelfrats Land hinüberführe. Da bequemte sich der stolze Ferge selbst dazu, das Ruder zur Hand zu nehmen. Er hatte erst vor kurzem ein Weib genommen und für sie gedachte er den Ring zu erwerben. Hastig fuhr er hinüber an das andere Ufer.

Als er dort den nicht fand, dessen Namen er gehört hatte, und an seiner Stelle Hagen sah, geriet er in heftigen Zorn und sprach zu ihm: »Es mag sein, dass Ihr Amelrich heißt – aber Ihr seid nicht der, den ich meine; denn er ist mein Bruder vom Vater und von der Mutter her. Da Ihr mich betrogen habt, müsst Ihr bleiben, wo Ihr seid.«

»Nein, beim mächtigen Gott!«, antwortete Hagen und sprang zugleich ins Schiff. »Ich bin ein fremder Recke und habe für viele Mannen zu sorgen. Nehmt willig den Lohn, den ich biete, und führt mich hinüber, ich will Euch dafür dankbar sein.« Der Ferge aber antwortete : »Nein, das kann nicht sein. Meine lieben Herren haben Feinde und daher führe ich keinen Fremden in ihr Land. Ist dir dein Leben lieb, so geh zurück ans Ufer!«

»Lasst ab von Eurer Weigerung«, rief da Hagen, »denn mir ist schlimm zumute! Nehmt in Gutem das Gold und führt uns über – es geht um tausend Mannen und deren Rosse.«

Der Ferge hörte nicht auf Hagens Worte und antwortete kurz: »Das geschieht niemals.« Zugleich hob er das Ruder und schlug damit so heftig auf Hagen ein, dass dieser strauchelte und in die Knie sank – nie hatte der Tronjer es mit einem so zornigen Fergen zu tun gehabt. Der aber war noch nicht zufrieden. Er versetzte Hagen mit der Ruderstange einen so gewaltigen Hieb aufs Haupt, dass die Stange zerbrach; aber wie stark er auch war, sein Tun war sein Verderben. Zornig riss Hagen sein Schwert aus der Scheide und schlug ihm damit das Haupt ab.

Während des Kampfes hatte sich das Schiff vom Ufer gelöst und schwamm den Strom hinab. Mit Mühe lenkte Hagen es zurück, und so gewaltig zog er am Ruder, dass es ihm in der Hand zerbrach. Da band er es mit der Schildfessel zusammen und lenkte nun das Schiff, bis er Gunther am Gestade stehen sah. Als er herankam, eilten auch viele andere ans Ufer und begrüßten ihn freudig. Da sahen sie das Blut im Schiff, das von dem Kampf mit dem Fergen herrührte, und Gunther fragte: »Wo hast du den Fergen gelassen? Mir ahnt, du hast ihn erschlagen!« Hagen aber verleugnete seine Tat: »Das Schiff fand ich bei einem Weidenbaum und löste es vom Ufer. Einen Fergen habe ich nicht gesehen und auch niemandem etwas zuleide getan.« Da sprach Gernot sorgenvoll, er fürchte den Verlust so manchen Mannes, da es hier nirgends Schiffsleute gebe. Hagen aber tröstete ihn und sprach, er sei am Rhein als der beste Ferge bekannt und getraue sich wohl, sie alle wohlbehalten in Gelfrats Land zu bringen.

Um rascher über den Fluss zu kommen, trieben die Helden ihre Rosse ins Wasser, und wenn auch manches von ihnen müde ward und weit abtrieb, schwammen sie doch so gut, dass kein einziges verloren ging. Dann wurde die gesamte Habe an Kleidern und Schätzen ins Schiff gebracht und Hagen setzte in rastloser Arbeit die ganze Schar über den Fluss. Wohlbehalten langte so alles drüben an; aber als Hagen das letzte Mal überfuhr, da gedachte er der Kunde, die er von den Meerfrauen erfahren hatte, und das hätte des Königs Kaplan fast das Leben gekostet. Denn Hagen ergriff ihn und warf ihn aus dem Schiff ins Wasser. Giselher geriet darüber in heftigen Zorn, und Gernot fragte Hagen, was ihm der Tod des Priesters helfen könne

und was dieser verschuldet habe. Der Kaplan versuchte sich mühsam über
Wasser zu halten und hoffte, dass man ihm Hilfe bringe, aber Hagen ließ es
nicht zu und stieß ihn zum Leidwesen aller auf den Grund hinab. Als der
Priester erkannte, dass ihm keine Hilfe zuteil werde, kehrte er um, und obgleich er des Schwimmens unkundig war, half ihm Gott, sodass er heil ans
Ufer kam. Dort stand er und schüttelte das Wasser aus den Kleidern. Hagen
aber wusste nun gewiss, dass die Weissagung der Meerfrauen unabänderlich war, und dachte bei sich, dass ihnen allen der Tod bestimmt sei. Als das
Schiff entladen war, schlug er es in Stücke und warf diese ins Wasser. Alles
wunderte sich über sein Tun, und Dankwart fragte ihn, was das zu bedeuten
habe und wie sie wohl über das Wasser kommen sollten, wenn sie aus Etzels Land in die Heimat zurückkehrten. Da antwortete Hagen, er habe das
Schiff zertrümmert, damit ein Feigling, der etwa unter ihnen sei und fliehen
wolle, hier am Wasser den Tod finden solle. Nun wurden die Rosse aufge-
zäumt und die Saumtiere beladen. Keinen Schaden hatten die Burgunden
bisher auf ihrer Reise genommen, ausgenommen der Kaplan, der zu Fuß an
den Rhein zurückkehren musste.

Auf des Königs Frage erbot sich Volker, den Fahrtgenossen nunmehr den
Weg zu weisen und sie sicher ans Ziel zu bringen. Schon war der Befehl
zum Aufbruch gegeben, da gebot Hagen Halt und sprach: »Hört an, Ritter
und Knechte, was ich euch zu sagen habe. Ich muss euch eine schlimme
Nachricht verkünden: Nie werden wir in das Land der Burgunden zurückkehren. Das sagten mir heute früh zwei Meerfrauen, doch meinte ich, sie
hätten mich belogen. Sie sprachen aber, keiner von uns kehre gesund heim
außer dem Kaplan – nun wisst ihr, warum ich ihn gerne ertränkt hätte. Nun
aber achtet auf meinen Rat, bewaffnet euch und seht euch vor, denn uns
drohen starke Feinde.« Von Schar zu Schar pflanzte sich fort, was Hagen
gesagt hatte, und wer es hörte, erbleichte – alle bedachten schweren Herzens, dass auf dieser Fahrt an Etzels Hof der Tod auf sie warte.

Es war bei Möringen gewesen, wo Hagen den Fergen getötet und dann die
Burgunden über den Fluss gesetzt hatte. Da sagte Hagen, es stehe ihnen
gewiss ein Angriff bevor, denn er habe sich hier Feinde gemacht. »Ich habe

heute früh den Fergen erschlagen und das weiß man hier. Seht zu, dass es
Gelfrat und Else übel ergeht, wenn sie uns angreifen. Sie sind so kühn, dass
sie den Tod des Fergen nicht ungerächt hinnehmen werden. Doch lasst die
Rosse langsam traben, dass sie nicht etwa meinen, wir wollten vor ihnen
fliehen.« Da setzte Volker, der den Weg weisen sollte, den Helm auf und
band das Heerzeichen an seinen Lanzenschaft. Gelfrat und Else aber hatten
schon sichere Kunde erhalten, was ihrem Fergen widerfahren war. Sogleich
ritten sie mit ihren Mannen den Feinden nach. Bald hörten Hagen und
Dankwart, die die Nachhut der Burgunden führten, Hufe klappern, und
Dankwart erkannte, dass ihre Gegner nahe waren. Da rüstete sich die ganze
Schar zum Kampf und hielt inne. Hagen aber fragte Gelfrat, wer ihnen da
auf der Straße nachjage. Der Markgraf antwortete, er suche den Feind, der
ihm heute früh den Fergen erschlagen habe. Da entgegnete Hagen: »War
das Euer Ferge? Er wollte uns nicht über das Wasser setzen. Von seiner
Hand hätte ich fast den Tod gefunden und da erschlug ich ihn. Ich bot ihm
Gold und Kleider dafür, dass er mich über das Wasser in Euer Land führe, er
aber geriet in solchen Zorn, dass er mich mit der Ruderstange schlug. Da
musste ich mich wehren und schlug ihm eine Wunde, an der er starb. Aber
nun soll das ausgetragen werden, wie es Euch gut dünkt.«
»Als Gunther und seine Mannen hier vorrüberritten«, sprach Gelfrat, »da
wusste ich wohl, dass Hagen uns Leid zufügen werde. Nun aber soll er
nicht davonkommen und für den Tod des Fergen einstehen.« Sogleich ritt
Gelfrat auf Hagen und Else auf Dankwart ein, und nach hartem Kampf
geriet Hagen in solche Not, dass er Dankwart zu Hilfe rufen musste. Sogleich eilte dieser herzu und schlug Gelfrat zu Tode. Wohl hätte ihn sein
Bruder Else gerne gerächt, aber er blutete bald aus schweren Wunden, und
achtzig seiner Mannen fanden den Tod. So musste er den Kampf abbrechen
und fliehen. Auf Dankwarts Rat ritt nun die Nachhut der Schar Gunthers
nach; sie hatten nur vier ihrer Mannen verloren, während es den Angreifern
weit schlimmer ergangen war. Es war inzwischen Nacht geworden und nur
manchmal brach das Licht des Mondes durch die Wolken. Hagen riet, von
dem Kampf Gunther nichts zu sagen und ihm bis zum Morgen keine Sorge

zu bereiten. Wohl waren alle auf das Äußerste ermüdet und verlangten nach Nachtruhe, aber auf Dankwarts Befehl mussten sie während der ganzen Nacht weiterreiten.

Als am nächsten Morgen die Sonne aufging, da erkannte Gunther, dass es Kampf gegeben hatte, und zürnend fragte er Hagen, ob er ihn so gering achte, dass er ihm davon keine Kunde gegeben habe; nun habe er ihm keinen Beistand leisten können. Da berichtete Hagen, dass Gelfrat und Else wegen des Fergen den Kampf begonnen hätten, dass Gelfrat gefallen und Else geflohen sei. Nun ging die Reise ungefährdet bis Passau weiter, wo Bischof Pilgrim seine Neffen freundlich empfing.

Einen Tag und eine Nacht waren sie dort zu Gast, dann aber mussten sie ihre Reise fortsetzen. Rüdegers Land war ihr nächstes Ziel. Als sie die Grenze erreicht hatten, fanden sie dort einen Mann in tiefem Schlaf: Das war ein guter Ritter, Eckewart genannt. Da sie die Grenze so schlecht behütet fanden, nahm Hagen von Tronje dem Schläfer sein Schwert, und als dieser erwachte, vermisste er bestürzt die Waffe. »Wehe, welch eine Schande!«, rief er. »Der Zug der Burgunden bringt mir schweres Leid. Alle meine Freude war schon dahin, als Sigfrid den Tod gefunden hatte – wie übel aber habe ich jetzt an meinem Herrn Rüdeger gehandelt!« Als Hagen seinen Kummer sah, gab er ihm das Schwert zurück und fügte als Gabe sechs Goldringe hinzu. »Nimm das als Andenken von mir und sei mein Freund – ich sehe, dass du ein tapferer Mann bist.«

»Gott lohne Euch die Ringe!«, antwortete Eckehart. »Doch hört, was ich Euch sage: Ich habe schwere Sorge um Euch, dass Ihr zu den Hunnen reitet. Ihr erschlugt Sigfrid und man hasst Euch deshalb. In Treue rate ich Euch, seid auf Eurer Hut!« Da antwortete Hagen, es gebe für sie alle keine andere Sorge als die, wo sie eine Herberge finden könnten. Denn ihre Rosse seien für die weitere Reise nicht mehr tauglich und ihr Reisevorrat sei zu Ende. Es gebe nichts zu kaufen, und so bedürften sie eines Wirtes, der ihnen Speise und Trank biete. Da versprach Eckewart, sie zu Rüdeger zu geleiten, dem freigebigsten Gastgeber, von dem er wisse. Als Gunther Rüdeger nennen hörte, bat er Eckewart, als Bote seine Ankunft zu melden, und dieser eilte

sofort nach Bechelaren und berichtete Rüdeger, dass Gunther herannahe,
begleitet von seinen Brüdern Gernot und Giselher, von Hagen und Volker.
Mit frohem Lachen hörte Rüdeger diese Botschaft und befahl seinen Rittern und Knechten, den Burgunden entgegenzureiten.
Die Markgräfin Gotelind und ihre Tochter bereiteten alles vor, um die Gäste
würdig zu empfangen und zu bewirten. Bald waren Gunther und die Seinen
zur Stelle und Rüdeger hieß sie willkommen. Schnell war für die Knechte
ein großes Lager aufgeschlagen, die Herren aber ritten zu Rüdegers Burg,
vor der ihnen Gotelind mit ihrer Tochter entgegentrat. Mutter und Tochter
küssten Gunther und dessen Brüder und auf Rüdegers Geheiß sollte auch
Hagen von der Jungfrau einen Kuss erhalten. Zwar scheute sie sich davor,
denn sein Anblick flößte ihr Furcht ein – aber sie musste doch ihres Vaters
Willen erfüllen. Dann führten Gotelind Gunther und ihre Tochter Giselher
an der Hand in die Burg, während Rüdeger selbst Gernot geleitete. Man bot
den Gästen Plätze und reichte ihnen die Becher, alle aber sahen mit bewun-
dernden Blicken auf Rüdegers Tochter Dietlind. Dann begaben sich Männer und Frauen getrennt zum Mahl. Nur die Markgräfin leistete den Gästen
Gesellschaft, ihre Tochter aber musste, wie es sich ziemte, bei ihren Jungfrauen bleiben. Als aber alles gegessen und getrunken hatte, vereinigten
sich alle wieder im Saal, und Volker pries die Schönheit Dietlinds; er meinte, wenn er ein Fürst wäre, dann nähme er sie gerne zum Weib. Da antwortete Rüdeger, das könne wohl niemals sein, dass ein König seine Tochter zur
Frau begehre. Er und sein Weib seien in der Verbannung, daran könne auch
Dietlinds Schönheit nichts ändern. Da sprach Gernot, sollte er ein Weib
nach seinem Willen wählen, dann wüsste er keine Bessere, und Hagen setzte hinzu, es sei nun Zeit, dass Giselher freien solle. Rüdegers Tochter sei
von so hoher Abkunft, dass sie alle ihr gern dienen wollten, wenn sie am
Rhein einzöge. Diese Worte empanden Rüdeger und Gotelind als ehrlich,
und so wurde beschlossen, dass Giselher die junge Markgräfin zum Weib
nehmen solle. Die Jungfrau wurde herbeigeholt, und Rüdeger beschwor,
dass er sie Giselher zur Ehe geben wolle, während Giselher mit seinem Eid
gelobte, dass er sie zur Gattin nehme. Rüdeger versprach, seiner Tochter

reiche Mitgift zu gewähren, und dann ließ man beide nach alter Gewohnheit in den Ring der Verwandten treten. Als man die Jungfrau fragte, ob sie Giselher zum Gatten wolle, getraute sie sich zuerst nicht zu sprechen, und doch war sie des Willens, ihm anzugehören. Da riet ihr der Vater, Giselher ihr Jawort zu geben. Da umarmte sie Giselher, und die Verlobung war geschlossen. Rüdeger aber riet, wenn die Könige wieder heimritten, dann sollten sie Dietlind mit sich nehmen.

Nach der Abendmahlzeit begaben sich die Gäste zur Ruhe, am nächsten Morgen aber wollten sie Abschied nehmen. Rüdeger ließ jedoch nicht zu, dass sie so bald aufbrächen, und erst am vierten Morgen konnten sie die Fahrt fortsetzen. Zum Abschied erhielten die Burgunden Rosse und Kleider als Geschenke. Gunther aber empfing von Rüdeger ein Waffenkleid.

Auch dem kühnen Hagen wollte Gotelind eine Gabe bieten, damit er doch nicht ohne ein Geschenk zum Fest reise. Er aber sprach, dass er von allem, was er hier gesehen habe, nichts wünsche als den Schild, der dort an der Wand hänge; den wolle er gerne in Etzels Land mitnehmen. Als Gotelind diese Worte hörte, ward sie an ein altes Leid erinnert, und Tränen kamen ihr in die Augen. Sie musste an den Tod ihres Sohnes Nudung denken, der den Schild getragen und den Witege erschlagen hatte. Dennoch sprach sie: »Den Schild will ich Euch geben – wollte Gott, er lebte noch, der ihn trug. Aber ihn hat der Tod in der Schlacht getroffen, sodass ich um ihn trauern und ihn beweinen muss.« Mit diesen Worten erhob sie sich von ihrem Platz und nahm den Schild von der Wand, um ihn Hagen zu geben. Freudig empfing er die ehrenvolle Gabe, und nun nahmen auch Dankwart und Volker Abschied. Der kühne Spielmann nahm seine Fiedel zur Hand und trat vor Gotelind. Er entlockte den Saiten süße Weisen und sang dazu seine Lieder. Zum Dank erhielt er von der Markgräfin zwölf Goldringe – die solle er in König Etzels Land mitnehmen. Rüdeger aber sprach: »Ich selbst will euch geleiten und dafür sorgen, dass euch auf der Straße nichts Böses widerfährt.« An der Spitze von fünfhundert seiner Mannen trat er die Reise zu Etzels Fest an – keiner von ihnen sollte Bechelaren wieder sehen. Zum Abschied umarmte Giselher seine Verlobte und endlich brach alles auf.

Mit Freuden zogen sie die Donau abwärts, Rüdeger aber sandte einen Boten voraus, der durch das Land Österreich ritt und überall verkündete, dass die Helden vom Rhein gekommen seien. Als er bei Etzel angekommen war, sprach dieser zu Kriemhild: »Nun kommen dir zu Ehren deine lieben Brüder ins Land, du sollst sie gut empfangen.«

Da trat Kriemhild ans Fenster und hielt Ausschau nach ihren Verwandten, wie der Freund auf den Freund zu warten pflegt. »Welche Freude!«, rief sie aus. »Manchen neuen Schild und neue Brünnen bringen meine Verwandten ins Land. Wer von mir Gold zum Geschenk will, der gedenke meines Leides, dann wird er meine Gunst genießen.«

An Etzels Hof

Als die Burgunden nahten, erfuhr davon der alte Hildebrand aus Bern und sagte es seinem Herren Dietrich. Er bat ihn, die Helden gut zu empfangen. Da ließ der tapfere Wolfhart die Rosse bringen, und gefolgt von manchem starken Ritter zog Dietrich den Gästen hinaus aufs freie Feld entgegen. Hagen von Tronje erkannte ihn schon von ferne und forderte seine Weggefährten auf, die Helden von Amelungenland, die Dietrich von Bern heranführe, geziemend zu begrüßen. Dietrich war wegen der Burgunden in schweren Sorgen. Er meinte, Rüdeger wisse von den Gefahren, die den Gästen drohten, und habe sie davor gewarnt. So hieß er sie willkommen, dann aber fügte er sogleich hinzu: »Wisst ihr denn nicht, dass Kriemhild noch immer Sigfrid beweint?« Da antwortete Hagen: »Sie mag weinen, so lange sie will. Sigfried ist seit vielen Jahren tot und begraben, er kehrt ja doch nicht zurück. Den Hunnenkönig, ihren Gatten, sollte sie jetzt im Herzen tragen.« Aber Dietrich warnte: »Lassen wir jetzt Sigfrid und seinen Tod! Kriemhild lebt, und das wird noch schweren Schaden stiften – hüte dich, denn auf dir ruht die Hoffnung der Nibelunge.«

»Warum sollen wir uns hüten?«, fiel da Gunther ein. »Etzel sandte uns Boten, wir sollten ihn besuchen, und meine Schwester Kriemhild hat uns dringend eingeladen.« Hagen aber riet, Dietrich näher zu befragen, und dieser trat mit Gunther und Gernot zu vertraulichem Gespräch beiseite. Auf die Frage der Brüder sprach er: »Jeden Morgen höre ich Etzels Weib weinen und vor dem mächtigen Gott im Himmel jammervolle Klage führen um Sigfrids Tod – was soll ich euch noch mehr sagen?« Da sprach Volker: »Was wir jetzt auch hören, wir können nichts mehr ändern. Wir müssen an Etzels Hof, was immer uns dort auch widerfahren mag.«

Ohne Zögern suchten sie nunmehr Etzels Burg auf. Sie waren nach der Sitte ihres Landes prächtig gekleidet, und groß war die Neugier der Hunnen, welcher Art wohl Hagen sein möge. Von ihm ging die Kunde, dass er den stärksten aller Helden erschlagen habe, Kriemhilds Gatten Sigfrid, und alle fragten nach ihm. Er war wohlgewachsen, seine Brust war breit, seine Beine lang und kräftig. Seine Augen blickten scharf und streng, sein volles Haar war mit Grau gemischt und stolzen Ganges schritt er einher.

Man ließ den Gästen die Herbergen anweisen, und dabei wurden Gunthers Knechte von ihren Herren getrennt – das geschah auf Kriemhilds Betreiben. Sie wurden Dankwarts Obhut anvertraut. Die Königin selbst ging mit verstellter Freundlichkeit den Gästen entgegen. Aber nur Giselher küsste sie und fasste seine Hand. Als Hagen das sah, band er seinen Helm fester. »Nach diesem Empfang«, sprach er, »müssen wir uns vorsehen, denn verschieden ist der Gruß, den man den Königen und ihren Mannen bietet.« Kriemhild sprach zu ihm: »Willkommen heiße Euch, wer Euch gerne sieht. Sagt mir, was Ihr aus Worms mitbringt, dass Ihr mir willkommen sein sollt!« Da sagte Hagen, hätte er das gewusst, so wäre er reich genug gewesen, um ihr Geschenke mitzubringen. Kriemhild aber sprach: »Sagt mir, wohin Ihr den Schatz der Nibelunge geschafft habt. Ihr wisst, dass er mein Eigentum ist – den hättet Ihr mir mitbringen sollen.«

»Fürwahr, Frau Kriemhild«, entgegnete Hagen, »das ist nun lange her, dass ich mit dem Hort nichts mehr zu schaffen habe – den haben meine Herren in den Rhein versenken lassen, und dort muss er für immer bleiben.«

Da sagte Kriemhild, das habe sie wohl gedacht, dass er ihr nichts von dem ins Land gebracht habe, was doch ihr Eigentum sei und um dessen Verlust

sie gar viele traurige Tage gehabt habe. Hagen aber rief: »Den Teufel bringe
ich Euch! Ich habe genug zu tragen an Schild und Brünne, an Helm und
Schwert; mehr bringe ich Euch nicht.«

Nun bat Kriemhild die Gäste, ihre Waffen abzugeben, denn es zieme sich
nicht, sie hier im Saal zu tragen – sie wolle für ihre Aufbewahrung sorgen.
Aber Hagen, der sie durchschaute, wehrte dem. »Ich begehre nicht nach der
Ehre«, sprach er, »dass Ihr meine Waffen zur Herberge tragt, seid Ihr doch
eine Königin. Ich will selbst mein Kämmerer sein.«

»Weh, was soll das?«, sprach da Kriemhild, »warum geben mein Bruder
und Hagen ihren Schild nicht aus der Hand? – Sie sind gewarnt! Wüsste ich,
wer das getan hat, der müsste sterben!« Dietrich hatte ihre Worte vernommen und rief ihr zornig zu: »Ich bin es, der die Fürsten gewarnt hat, und
ebenso den kühnen Hagen – nur zu, wenn du es wagst; aber mich wirst du es
nicht entgelten lassen!« Da schämte sich Kriemhild, denn sie fürchtete
Dietrich sehr. Ohne ein Wort zu sprechen, wich sie aus seiner Nähe und
maß ihre Feinde mit hasserfülltem Blick. Dietrich und Hagen aber reichten
einander die Hand, und Dietrich sprach, es tue ihm Leid, dass die Königin
solches gesprochen habe. Hagen dagegen meinte, dafür werde sich schon
noch Abhilfe finden. Etzel sah sie im Gespräch beisammen stehen und fragte, wer wohl der Held sei, den Dietrich so freundlich empfangen habe. Einer von Kriemhilds Mannen antwortete, das sei Aldrians Sohn, Hagen von
Tronje. Wenn er sich jetzt auch heiter und unbefangen gebe, so sei er doch
ein grimmiger Mann.

»Aldrian kannte ich wohl«, sprach da Etzel, »er war mein Dienstmann; viel
Ehre und Lob hat er bei mir geerntet. Ich schlug ihn zum Ritter und be-
schenkte ihn mit Gold. Auch Helche war ihm gut gesinnt. Nun erkenne ich
Hagen wieder. Einst wurden mir zwei Jünglinge als Geisel gestellt, er und
Walther von Spanien. Sie wuchsen bei mir heran. Hagen entließ ich in seine
Heimat, Walther aber entfloh mit Hildegund.«

So gedachte er der Dinge, die vor langer Zeit geschehen waren, als er nach
vielen Jahren seinen Freund Hagen wieder sah, der ihm in seiner Jugend
gute Dienste geleistet hatte und der ihm nun, in seinem Alter, manchen lie-

Die abgebildete Scheibenfibel ist aus Goldblech gearbeitet, das auf einem Bronzeblech vernietet war.
Sie stammt vom selben Fundort und aus derselben
Zeit wie die bereits gezeigte formvollendete Spangenfibel und ist ein gleichermaßen kostbares Zeugnis hoch entwickelten Kunstgewerbes. Über dem
ornamental verzierten Grund verschlingen sich vier
aus Almandinen gebildete Schlangenleiber, die an
beiden Enden in Köpfe auslaufen (daher beidend-
köpfig genannt), zu einem eindrucksvollen Ornament. Die beiden Köpfe mit ihren weit aufgerisse-
nen Rachen sind einander entgegengestellt. Nach
alter und weit verbreiteter Sage vermehrt sich das
einer Schlange untergelegte Gold; die Schlange auf
einem Schmuckstück gilt also als Hüterin und Meh-
rerin des Schatzes.

Die aus dem Krönungsschmuck der Kaiserin Gisela
stammende Adlerfibel (11. Jahrhundert n. Chr.). –
Gisela († 1043), die Gemahlin Konrads II., Mutter
des besonders aus der Dichtung »Herzog Ernst«
bekannten Stiefsohnes Konrads, wurde 1024 in
Köln zur Königin und 1027 in Rom zur Kaiserin gekrönt. – Die Adlerfibel ist ein herrliches Werk der
mittelalterlichen Goldschmiedekunst. Als Wappen-
tier steht der Adler in unmittelbarer Beziehung zur
Verwendung der Fibel als Krönungsschmuck. Be-
deutungsvoll ist die zwischen Rumpf und Schwanz
des Adlers eingegliederte Scheibe, die in der Mitte
einen Dreispross zeigt. Nach alter Überlieferung ist
der Vogel Bringer des Lebenskrautes, das durch den
Dreispross angedeutet ist. Als Symbol der Herrschaft und des Lebens ist die Adlerfibel demnach
ein höchst sinnvoller Krönungsschmuck.

Eine Scheibenfibel des 7. oder 8. Jahrhunderts n.
Chr. aus Kettig bei Neuwied. Fünf Edelsteine bil-
den ein Achsenkreuz, das die goldene Fibel in vier
Felder gliedert. Ihr Untergrund ist ornamental ver-
ziert. Am äußersten Rand des Schmuckstückes sind
vier stilisierte, sich schon dem Ornament nähernde
Tierköpfe so angeordnet, dass jedem Kreuzfeld ein
Kopf zugehört.

ben Freund erschlagen sollte. Als sich dann Dietrich und Hagen voneinander getrennt hatten, hielt dieser nach seinem guten Gesellen Volker Ausschau. Er sah ihn bei Giselher stehen und bat ihn, er möge ihn begleiten. Willig folgte der Spielmann dem Freund. Sie ließen ihre Herren im Treiben der Gesellschaft bei Etzel zurück, selbst aber begaben sie sich über den Hof vor die Burg. Vor dem Haus, dem Saal gegenüber, ließen sie sich auf eine Bank nieder. Die Brünnen, die sie trugen, leuchteten, und wer sie sah, hätte gerne gewusst, wer das sei.

Wie die wilden Tiere wurden sie von den Hunnen angestaunt und auch Kriemhild sah sie vom Fenster aus. Hagens Anblick mahnte sie an ihren Kummer und sie begann zu weinen. Darüber wunderten sich Etzels Mannen und fragten, was sie so betrübe. Da antwortete sie, Hagen habe sie schwer gekränkt. Darauf erboten sie sich, sie an ihm zu rächen, sie aber versprach ihnen ihre Huld und reiche Gaben, wenn sie Hagen töteten. Da waffneten sich sechzig kühne Männer, um Hagen und Volker zu erschlagen. Aber Kriemhild schien ihre Schar viel zu klein, und sie warnte sie, in so geringer Zahl Hagen und Volker anzugreifen. Da machten sich vierhundert Hunnen zum Kampf fertig. Kriemhild aber forderte sie auf, noch zu warten. Sie wolle in ihrem königlichen Schmuck vor Hagen hintreten, und da würden sie alsbald hören, was er ihr angetan habe.

Volker sah die Königin kommen und sagte zu Hagen, da nahe Kriemhild an der Spitze einer großen, kampfbereiten Schar von Hunnen. Hagen antwortete zornig, er wisse wohl, dass es auf ihn abgesehen sei, aber alle, die da herankämen, sollten ihn nicht hindern, wieder heimzureiten nach Worms. Volker gelobte ihm zu helfen, wenn es zum Kampf kommen sollte. »Und träte uns der König selbst an der Spitze aller seiner Mannen entgegen«, rief er, »solange ich lebe, lasse ich Euch nicht im Stich!«

Hagen dankte ihm für dieses Versprechen, denn wenn er einen solchen Helfer zur Seite habe, brauche er nichts zu fürchten. Volker aber fuhr fort: »Nun wollen wir uns von unserem Platz erheben. Kriemhild ist eine Königin, darum wollen wir ihr die Ehre erweisen, die ihr gebührt – damit ehren wir auch uns selbst.« – »Nein«, sprach Hagen, »lass das sein um meinetwillen!

Stünde ich etwa auf oder ginge ich gar hinweg, so könnten die Hunnen meinen, ich tue das aus Furcht – ich will vor keinem hier von meinem Platz aufstehen. Warum auch sollte ich die ehren, die mich hasst? Das tue ich nicht, solange ich lebe, und mich kümmert es nicht, wenn Etzels Weib mir zürnt.« Voll übermütigen Stolzes legte er sein Schwert quer über seine Beine, aus dessen Knauf ein herrlicher Jaspis leuchtete, grüner als Gras.

Kriemhild erkannte sogleich Balmung, der einst Sigfrids Eigen gewesen war. Die Trauer übermannte sie, als sie das herrliche Schwert erkannte, und sie begann zu weinen – gerade deshalb hatte es Hagen getan. Kriemhild aber trat ganz nahe an die beiden Helden heran, die furchtlos dasaßen, und während Volker sein Schwert fester fasste, begann sie: »Nun sagt mir, Hagen, wer hat nach Euch gesandt, dass Ihr es wagtet, in dieses Land zu kommen, da Ihr doch wisst, was Ihr mir angetan habt? Wäret Ihr klug, so hättet Ihr das sein lassen.«

»Nach mir sandte niemand«, erwiderte Hagen. »Aber drei Helden lud man hierher ein, und das sind meine Herren. Noch bei keiner Reise zu Hof habe ich es mir nehmen lassen, sie zu begleiten.« Kriemhild aber fuhr fort: »Sagt an, warum habt Ihr die Tat verübt, um die ich Euch hasse – Ihr erschlugt Sigfrid, meinen Gatten, den ich bis an mein Ende betrauern muss.«

Da rief Hagen: »Was soll das alles? Genug ist nun geredet! Ich bin es, Hagen, der Sigfrid erschlug – er musste es entgelten, dass Frau Kriemhild die schöne Brünhild schmähte. Ich leugne es nicht, Königin, ich bin der Tat schuldig, über die Ihr klagt. Wahrhaftig, ich bekenne es, dass ich Euch schweres Leid getan habe, wer immer es rächen mag, Mann oder Weib.«

Da rief Kriemhild ihre Mannen zu Zeugen an: »Hört, ihr Helden, wie er sich dessen rühmt, dass er solches Leid über mich gebracht hat! Nun soll es mich nicht kümmern, was ihm dafür geschieht!« Aber ihre Mannen sahen nur einander an, denn sie wussten, wenn sie den Kampf begannen, blieb Hagen Sieger wie schon in so vielen Schlachten. Aus Furcht mussten sie von dem Unterfangen abstehen, dessen sie sich vorher vermessen hatten. Einer nach dem anderen sagte, er wolle nicht für Kriemhilds Gaben das Leben verlieren, und einer meinte, biete man ihm Türme voll Goldes, so wolle

er dafür nicht den Spielmann da bestehen, dessen Blicke allein ihm
Schrecken einjagten. Hagen aber kenne er noch aus dessen Jugendzeit und
habe ihn in zweiundzwanzig Schlachten kämpfen sehen. Er und Walther
von Spanien seien gar oft für Etzel in den Kampf gezogen und hätten in so
manchem Krieg für Etzel gekämpft, und dafür verdiene Hagen Preis und
Ehre. Damals sei er noch ein Kind an Jahren gewesen, jetzt aber zu Jahren
gekommen und ein zorniger Held. Dazu trage er das Schwert Balmung,
dessen er sich freilich in schlimmer Weise bemächtigt habe. So verspürte
niemand Lust, mit den beiden Helden zu kämpfen, und zu Kriemhilds Leidwesen kehrten alle unverrichteter Dinge um: Sie fürchteten den Tod.
Nun riet Volker, da sie deutlich gesehen hätten, wie feindlich man ihnen
gesinnt sei, sollten sie zu ihren Herren zurückkehren. Habe jemand Arges
im Sinne, so lasse er am ehesten davon ab, wenn er die zu gegenseitiger Hilfe bereit beisammen stehen sehe, die er bekämpfen wolle. Hagen stimmte
seinem Vorschlag sogleich zu, und sie begaben sich zu Gunther und dessen
Brüdern. Volker mahnte mit lauter Stimme, nun sei es Zeit, Etzel aufzusuchen, um zu sehen, welchen Sinnes er sei, und man folgte seinem Rat. Dietrich von Bern fasste Gunther an der Hand, Irnfrid Gernot und Rüdeger
Giselher. Aber wie sich die Paare auch gesellten, Hagen und Volker trennten sich nie voneinander. Auch die tausend Mannen Gunthers folgten ihrem
Herren, dazu die sechzig Helden, die Hagen mitgebracht hatte. Als dann
Hagen in den Saal Etzels eintrat, sprang der König von seinem Platz auf
und hieß zuerst Gunther, Gernot und Giselher willkommen, dann aber auch
Volker und Hagen, und dieser antwortete, wäre er nicht seiner Herren wegen ins Land gekommen, so hätte er das Etzel zuliebe getan. Der König
aber fasste die Hand Gunthers und führte ihn und seine Gefährten an ihre
Plätze. Eine reiche Bewirtung begann, und Etzel sprach aus, wie sehr es ihn
freue, dass seine Schwäger, die er so lange vermisst habe, nun endlich doch
seine Gäste seien.
Am Abend der Sonnenwende waren die Burgunden angelangt, und als das
prächtige Gastmahl zu Ende war, das man für Gunther und die Seinen bereitet hatte, wurden die Burgunden in ihre Herbergen gewiesen. Dabei ent-

stand ein arges Gedränge, und Volker drohte den Hunnen, sie sollten ihm nicht zu nahe kommen, sonst setze es solche Hiebe, dass ihre Freunde Grund zur Trauer hätten. Hagen aber sagte, was sie etwa im Sinne hätten, das sollten sie am nächsten Morgen beginnen, für heute aber die wegmüden Fremdlinge in Frieden schlafen lassen. Man wies die Burgunden in einen großen Saal, in dem bequeme Betten für die Nachtruhe bereitstanden.

Trotz aller Pracht quälten Giselher düstere Ahnungen, denn er fürchtete, dass sie alle durch Kriemhilds Schuld den Tod finden müssten. Da tröstete ihn Hagen durch das Versprechen, er selbst wolle Schildwache stehen, und er getraue sich wohl, sie bis zum nächsten Morgen zu behüten. Darüber waren alle froh, und sie begaben sich zur Ruhe, Hagen aber waffnete sich, und Volker erbot sich, ihm Gesellschaft zu leisten. Dafür dankte ihm Hagen – bei allen seinen Sorgen begehrte er keinen anderen als ihn zum Gefährten. Beide legten ihre Rüstung an, nahmen die Schilde zur Hand und traten vor die Tür, um den Schlaf der Gefährten zu behüten. Da lehnte Volker seinen Schild an die Wand und griff nach seiner Fiedel. Er setzte sich auf einen Stein vor der Haustür, und bald ertönten unter seiner Hand die Saiten, dass ihre Klänge durch das ganze Haus schallten. Immer sanfter und süßer aber wurden die Töne, die Sorgen wichen von den Helden im Saal, und bald waren sie alle eingeschlafen.

Da nahm Volker wieder den Schild und trat vor das Gemach hinaus. Mitten in der Nacht aber sah er aus einem Fenster von Kriemhilds Palast einen Helm blinken. Sogleich sagte er zu Hagen, er sehe Gewaffnete vor dem Haus stehen, die sie sicher überfallen wollten. Dieser riet ihm, er möge sich ruhig verhalten und die Feinde näher kommen lassen. Ehe diese sich des versähen, würden dann ihre Schwerter auf den Helmen der Gegner erklingen. Bald aber ersah einer von Kriemhilds Mannen, dass die Tür bewacht war, und sagte zu den andern, was sie vorhätten, könnten sie nicht ausführen – er sehe den Spielmann vor der Tür stehen und Hagen bei ihm. Beide seien voll gerüstet. Da kehrten sie alle um, Volker aber wollte ihnen nacheilen, um sie zur Rede zu stellen. Davon jedoch riet Hagen ab, denn er fürchtete, dass sein Gefährte dann allein der Übermacht der Feinde ausgesetzt wäre; dann müsste er ihm zu Hilfe eilen und inzwischen wären die Schläfer im Saal schutzlos einem Überfall preisgegeben. Da wollte Volker den Hunnen wenigstens zu erkennen geben, dass sie von ihm gesehen worden wären, und rief ihnen zu: »Warum schleicht ihr hier gewaffnet herum? Wollt ihr etwa auf Raub ausziehen? Dann will ich euch mit meinem Gefährten zu Hilfe kommen!« Als ihm niemand anwortete, rief er in hellem Zorn: »Pfui, ihr Feiglinge! Wolltet ihr uns im Schlaf ermorden? Noch nie ist Helden so heimtückisch mitgespielt worden!«

Als Kriemhild erfuhr, dass ihre Sendlinge nichts ausgerichtet hatten, war sie schwer enttäuscht; aber sogleich setzte sie etwas anderes ins Werk, denn ihr Gemüt war voller Grimm und viele tapfere Helden mussten deshalb sterben.

Verrat und Rachekampf

An der Morgenkühle merkten Hagen und Volker, dass der Tag nahe war, und weckten die Schläfer. Die Kirchenglocken läuteten und Gunthers Mannen legten für den Kirchgang die besten Kleider an. Das erweckte Hagens Unmut: »Ihr müsst andere Kleider tragen, wisst ihr doch, wie es steht. Anstelle der Rosen nehmt die Waffen zur Hand, statt edelsteingeschmückter Hüte setzt die Helme aufs Haupt! Wissen wir doch genau, was die arge Kriemhild im Sinn hat. Ich sage euch, wir müssen heute kämpfen, darum legt statt der seidenen Hemden die Brünnen an, und statt der Mäntel nehmt die Schilde. Meine lieben Herren, Blutsfreunde und Mannen, ihr sollt voll ernster Besinnung zur Kirche gehn, denn wisst, dass euch der Tod nahe ist. Darum vergesst nicht, was ihr Böses getan habt, und steht demütig vor Gott. Denn wenn es Gott nicht fügt, so hört ihr in Zukunft keine Messe mehr.«

Da traten die Fürsten und ihre Mannen in voller Rüstung den Kirchgang an. Auf dem Platz vor der Kirche hieß Hagen alle innehalten, damit sie sich ja nicht voneinander trennten, denn, sagte er, man wisse nicht, was ihnen von den Hunnen widerfahren werde: »Legt die Schilde zu euren Füßen nieder, und will euch jemand an den Leib, so lohnt es ihm mit tiefen Todeswunden, das ist Hagens Rat! Dann wird euch jedermann die volle Ehre zugestehen müssen.«

Da kamen auch Etzel und Kriemhild, und als der König die Gäste in Waffen sah, fragte er, ob ihnen jemand Böses zugefügt habe. Dafür wolle er ihnen Genugtuung bieten, dem aber, der daran Schuld trage, drohte er mit harter Strafe. Hagen antwortete jedoch, niemand habe ihnen etwas getan. Es sei Sitte bei seinen Herren, dass sie bei jedem Fest volle drei Tage Waffen trügen. Kriemhild hörte, was Hagen sagte, und sah ihn hasserfüllt an. Doch wollte sie nicht die Wahrheit über die Sitten ihres Landes sagen. Wie Feind sie den Burgunden auch war, hätte jemand Etzel die Wahrheit gesagt, er hätte gewiss verhindert, was später geschehen sollte. Aber in ihrem Stolz schwiegen alle.

Als dann die Königin mit ihrem Gefolge die Kirche betrat, wichen Hagen und Volker keine Handbreit von der Stelle, sodass sie in ein arges Gedränge geriet. Ihre Kämmerer waren darüber erbost und hätten die Helden deshalb gerne zur Rede gestellt, aber sie durften es vor Etzel nicht wagen. Nach dem Gottesdienst stiegen die Hunnen zu Ross. Kriemhild nahm an Etzels Seite am Fenster Platz, denn sie wollte den Ritterspielen zusehen, die nun ihren Anfang nahmen. Ein großes Turnier begann, von dem sich nur Dietrich von Bern mit seinen Mannen fern hielt, weil er genau erkannte, dass die Burgunden von schwerem Zorn erfüllt waren. Aus diesem Grund riet er auch Rüdeger und dessen Mannen, am Turnier nicht teilzunehmen, aber umso eifriger waren Irnfried und Haward sowie Etzels Bruder Blödelin. Volker meinte, wollten die Hunnen sie angreifen, so könnten sie das jetzt mit Leichtigkeit tun – aber sie wagten es wohl nicht. Er schlug vor, nunmehr eine Ruhepause einzulegen und erst gegen Abend wieder zu beginnen – vielleicht, setzte er spöttisch hinzu, werde Kriemhild den Burgunden den Siegespreis zuerkennen. Während er so sprach, kam ein prächtig gekleideter Ritter der Hunnen geritten; er hatte sich wohl einer Frau zuliebe so herrlich geschmückt. Da sagte Volker, diesen Frauenliebling wolle er erlegen und sich nicht darum kümmern, wenn Kriemhild deshalb zürne. Gunther widersprach dieser Absicht und riet, man solle die Hunnen mit dem Kampf beginnen lassen, aber Volker ließ sich nicht abhalten; er gesellte sich unter die turnierenden Ritter und stach dem Hunnen den Speer durch den Leib. Sogleich gesellten sich Gunther und Hagen mit ihrer Mannschaft zu Volker, um ihn unter den Hunnen nicht schutzlos zu lassen, die Verwandten des Erstochenen aber begannen laut zu klagen. Sie riefen nach Schilden und Schwertern, um Volker zu erschlagen, und fast wäre es zu einem allgemeinen Kampf gekommen, hätte Etzel das nicht verhindert. Er riss einem Hunnen das Schwert aus der Hand und trieb die Angreifer mit Schlägen zurück. Er sagte, Volker habe den Hunnen nicht mit Absicht erschlagen, das habe er genau gesehen; man solle daher die Gäste in Frieden lassen. Unter seinem Geleit waren die Burgunden sicher, die sich nun mit ihm zum Mahl in den Saal begaben. Aber noch ehe man sich bei Tisch niederließ, trat Kriemhild an Dietrich heran und begehrte von ihm Rat und Hilfe, denn sie sei in schwerer Not.

Da fiel ihr Hildebrand ins Wort und sagte, wer die Nibelunge erschlagen wolle, der müsse das ohne ihn tun, denn um keinen Preis wolle er an einer solchen Tat Anteil haben. Er setzte warnend hinzu, dass das kein leichtes Unternehmen sein werde, denn noch seien die Helden unbezwungen. Dietrich aber sprach: »Unterlasst Eure Bitte, Königin. Mir haben Eure Verwandten nichts zuleide getan, und ich denke nicht daran, gegen sie zu kämpfen. Wenig ehrt es Euch, dass Ihr Euren Verwandten, die arglos ins Land gekommen sind, ans Leben wollt. Von mir wird der kühne Sigfrid nicht gerächt.«

Als Kriemhild erkannte, dass sie Dietrich nicht zur Untreue verleiten konnte, wandte sie sich an Etzels Bruder Blödelin und versprach ihm die Mark, die einst Nudung gehabt hatte. Sie sprach: »Du sollst mir helfen, Herr Blödelin, denn meine Feinde wohnen in deinem Haus. Sie haben Sigfrid erschlagen, meinen lieben Mann; wer mir hilft, das zu rächen, dem werde ich stets dankbar sein.« Da antwortete Blödelin, er wage Etzels wegen nicht, Kriemhilds Verlangen zu erfüllen, denn dieser sehe die Gäste gerne und würde es ihm nie verzeihen, wenn er ihnen ein Übel zufüge. Kriemhild aber ließ nicht ab, in ihn zu dringen. Sie versprach ihm Gold und Silber, dazu Nudungs Witwe zur Ehe. Da endlich ließ sich Blödelin überreden und riet Kriemhild, sich wieder in den Saal zu den Gästen zu begeben. Ehe es jemand bemerkte, wolle er dafür sorgen, dass es zum Kampf komme. Hagen müsse büßen, was er ihr angetan habe. Er versprach, ihn ihr gebunden zu übergeben. Sogleich befahl er seinen Mannen, sich zu bewaffnen und sich zur Herberge ihrer Feinde zu begeben. Das wolle Kriemhild, für die sie alle ihr Leben wagen müssten.

Als Kriemhild Blödelin zum Kampf gereizt hatte, begab sie sich in den Saal zu Etzel und dessen Gästen. Da sie aber auf andere Weise keinen Streit stiften konnte, befahl sie, Etzels Sohn herbeizubringen. Vier Mannen trugen Ortlieb in den Saal an den Tisch des Königs, an dem auch Hagen saß. Als Etzel seinen Sohn sah, sprach er freundlich zu seinen Gästen: »Nun sehet, meine Freunde, das ist mein und eurer Schwester einziges Kind. Gerät es nach seinen Verwandten, so wird es einst ein kühner Mann, mächtig, edel und stark. Lebe ich lange genug, so übergebe ich ihm die Herrschaft über zwölf Lande, das wird auch euch von Nutzen sein. Wenn ihr aber wieder an den Rhein zurückreitet, so nehmt ihn mit euch und erzieht ihn in Ehren, bis er zum Mann herangewachsen ist. Fügt euch dann jemand ein Leid zu, so hilft er euch, es zu rächen.« Kriemhild hörte diese Worte wohl, Hagen aber sprach: »Erwüchse der junge König zum Mann, so verdiente er gewiss Vertrauen. Aber er trägt das Zeichen eines frühen Todes an sich – ich fürchte, dass ich ihm nie bei Hof dienen werde.« Erschrocken blickte Etzel Hagen an, denn diese Worte trafen ihn tief, wenn er auch nichts darüber sagte. Auch die Fürsten waren über Hagens Rede betroffen – sie alle wussten nicht, was inzwischen geschehen war.

Blödelin war mit tausend Recken in die Herberge eingetreten, wo Dankwart eben mit den Knechten zu Tisch saß. Verwundert hieß dieser ihn willkommen und fragte, was seine Ankunft zu bedeuten habe. Blödelin aber antwortete: »Du sollst mich nicht grüßen, denn mein Kommen bedeutet deinen Tod. Du und alle andern, ihr müsst es nun entgelten, dass Hagen Sig-

frid erschlagen hat.« Vergeblich rief Dankwart aus, dass er an der Tat keinen
Anteil gehabt habe und an ihr unschuldig sei, denn Blödelins Entschluss
stand fest. Er forderte Dankwart auf, sich zu wehren, es gebe für ihn keine
Rettung mehr.

Da sprang Dankwart vom Tisch auf, zog sein Schwert aus der Scheide, und
mit einem einzigen Hieb schlug er Blödelin das Haupt ab. Als Blödelins
Mannen ihren Herrn erschlagen sahen, stürmten sie zornig auf Dankwart
ein, der den Knechten laut zurief, nun sollten sie sich wehren. Wer kein
Schwert zur Hand hatte, griff nach dem Schemel zu seinen Füßen, und
manch schwerer Stuhl sauste auf die Helme der Hunnen herab. Grimmig
wehrten sich die Überfallenen, und es gelang ihnen, die Angreifer, von denen fünfhundert den Tod gefunden hatten, aus dem Haus zu vertreiben. Als
aber Etzels Ritter von Blödelins Tod hörten, bewaffneten sich ohne Wissen
des Königs zweitausend von ihnen und griffen die Knechte an, von denen
sie nicht einen am Leben ließen. Tausend Knechte und zwölf Ritter lagen
tot, nur Dankwart allein hielt noch seinen Feinden stand. Als er erkannte,
dass nur noch er am Leben war, hob er den Schild höher und erzwang sich
den Ausgang aus dem Saal. Mit solcher Kraft schlug er um sich, dass die
Hunnen ihn nicht aufhalten konnten und er sich, mochten auch die Angreifer von allen Seiten kommen, einen Weg zu dem Saal bahnen konnte, wo
Etzel mit seinen Gästen tafelte. Zwar wollte man ihm die Stiege zum Saal
sperren, aber er erschlug alle, die ihm entgegentraten, und blutüberströmt
trat er in die Tür. Dort rief er laut: »Allzu lange sitzet Ihr da, Bruder Hagen!
Euch und Gott im Himmel klage ich unsere Not – Ritter und Knechte in der
Herberge sind erschlagen!« Als Hagen ihn fragte, wer das getan habe,
nannte er Etzels Bruder Blödelin und dessen Mannen, aber er fügte sogleich hinzu, dass er dem Angreifer nach Gebühr vergolten und ihm das
Haupt abgeschlagen habe. »Das ist ein geringer Schaden«, antwortete
Hagen, »wenn man von einem Mann die Botschaft verkündet, ein Held
habe ihn erschlagen. Aber sagt, Bruder Dankwart, wovon seid Ihr so rot?
Ich fürchte, dass Ihr schwer unter Euren Wunden leidet. Ist der hier zugegen, der das getan hat, so geht es ihm ans Leben, wenn nicht der Teufel

selbst ihn reitet.« Aber Dankwart entgegnete, er sei heil und gesund, nur sein Kleid sei nass vom Blut der Wunden, die er den Feinden geschlagen habe. Da sprach Hagen: »Nun hütet die Tür, Bruder Dankwart, dass keiner der Hunnen entrinnen kann. Ich will mit ihnen reden, wie die Not es erzwingt, sind doch alle unsere Knechte schuldlos erschlagen.«

»Soll ich Kämmerer sein«, antwortete Dankwart, »so werde ich zeigen, dass ich es verstehe, mächtigen Königen zu dienen – die Stiege will ich wohl in Acht nehmen.«

»Was wohl die Hunnen heimlich untereinander reden?«, sprach Hagen. »Ich glaube, sie möchten gerne auf den verzichten, der da an der Tür steht und den Burgunden die Neuigkeiten verkündet hat, die sich am Hof hier begeben haben. Lange schon höre ich, dass Kriemhild ihr Herzeleid nicht vergessen kann – nun lasst uns zum Gedächtnis ihres ersten Mannes trinken und dem König seinen Wein vergelten. Dabei muss der junge Hunnenkönig der Erste sein.« Damit schlug Hagen mit einem Streich Ortlieb das Haupt ab, sodass der Königin das Haupt in den Schoß sprang. Der nächste Hieb galt dem Erzieher des Knaben, dessen Haupt zu Füßen des Tisches niederfiel, und als Hagen vor Etzels Tisch den Spielmann Wärbel stehen sah, schlug er ihm die rechte Hand ab. Laut klagte der Spielmann über seine Wunde, aber Hagen achtete nicht darauf und begann furchtbar unter Etzels Mannen zu wüten, die er einen nach dem andern tot schlug. Getreulich sprang ihm Volker bei und half ihm wacker. Gunther, Gernot und Giselher sprangen von den Tischen auf – sie hätten den Kampf gerne geschlichtet, ehe noch mehr Unheil geschah, aber so sehr tobten Hagen und Volker, dass daran nicht mehr zu denken war. Da begann auch Gunther auf die Hunnen einzuhauen und zeigte, dass er ein tüchtiger Held war. Gernot gebrauchte nun die Waffe, die ihm Rüdeger geschenkt hatte, und Giselher verrichtete manche tapfere Tat. Wie kühn sie aber auch waren, tat es doch keiner Volker gleich, vor dessen Schwertschlägen so mancher blutend zu Boden stürzte. Noch wehrten sich Etzels Mannen tapfer, aber die Burgunden schritten, mit dem Schwert um sich schlagend, durch den ganzen Saal, der von tosenden Rufen widerhallte. Zwar wollten die Hunnen von draußen ihren Freunden im Saal zu Hilfe kommen, die selbst nach dem Ausgang strebten, aber das wehrte ihnen Dankwart, der niemanden hinaus- oder hineinließ. Zwar geriet er, von vielen Hunnen angegriffen, in Bedrängnis, aber Hagen rief Volker zu: »Geselle, seht Ihr dort meinen Bruder Dankwart stehen, wie er sich nur mit Mühe der Hunnen erwehrt? Rettet ihn mir, Freund, ehe es ihm ans Leben geht!«

»Das tue ich gewiss!«, antwortete Volker, bahnte sich mit dem Schwert den Weg durch den Saal und drang zu Dankwart vor. Nun hüteten sie gemeinsam die Tür, Dankwart von draußen und Volker von innen her. Dieser rief Hagen zu: »Der Saal ist wohl verschlossen, Freund Hagen, wir beide versperren ihn besser als tausend Riegel!« Als aber Hagen die Tür so verwahrt sah, warf er den Schild zurück, und nun erst recht begann er die Untat, die an den Knechten verübt worden war, so zu rächen, dass keiner der Hunnen hoffen durfte, mit dem Leben davonzukommen.

Als Dietrich von Bern sah, wie Hagen auf die Hunnen eindrang, sprang er auf eine Bank und rief: »Hier schenkt Hagen den allerbittersten Trank!«

Etzel aber musste sehen, wie man vor seinen Augen seine besten Freunde erschlug. Auch sein eigenes Leben sah er in Gefahr und alle Kühnheit half ihm nichts.

Da rief Kriemhild Dietrichs Hilfe an und bat ihn, sie zu retten, denn wenn Hagen sie erreiche, so wäre das ihr Tod. »Wie kann ich Euch helfen, Königin?«, antwortete Dietrich. »Ich muss für mich selbst sorgen. So furchtbar zürnen die Mannen Gunthers, dass ich niemandem Frieden schaffen kann.« Da flehte ihn Kriemhild nochmals an, ihr hinwegzuhelfen. So angstvoll klangen ihre Bitten, dass Dietrich versprach, es zu versuchen. Mit gewaltiger Stimme, die klang wie ein Wisenthorn, rief er so laut durch den Saal, dass Gunther aufhorchte: »Dietrichs Stimme klingt an mein Ohr – ich glaube, man hat ihm einen seiner Mannen erschlagen. Ich sehe ihn auf einem Tisch stehen und mit der Hand winken. Lasst ab vom Kampf, damit wir hören, was ihm widerfahren ist.« Da ward Ruhe im Saal, und Gunther fragte Dietrich, was ihm geschehen sei – habe man ihm oder den Seinen ein Leid getan, so wolle er das gerne sühnen. »Mir ist nichts geschehen«, antwortete Dietrich. »Aber lasst mich in Frieden den Saal verlassen; das will ich Euch immer danken.«

»Was fleht Ihr lange?«, rief Wolfhart. »Ich glaube, Volker hat die Tür nicht so fest verschlossen, dass wir sie nicht weit genug öffnen könnten, um hinauszukommen.« Aber Dietrich gebot ihm Schweigen, und Gunther gestand ihm zu, mit allen, die er mit sich nehmen wolle, den Saal zu verlassen, ausgenommen seine Feinde. Da legte Dietrich schützend seinen Arm um die vor Angst zitternde Königin, und auf der anderen Seite führte er Etzel mit sich. Ihm folgten seine sechshundert Mannen aus dem Saal. Da bat auch Rüdeger, man möge ihn ziehen lassen, und Giselher gestand ihm das mit freundlichen Worten zu. Auch dem Markgrafen folgten alle seine Mannen und keinem von ihnen allen geschah ein Leid. Ein Hunne aber, der gerne zugleich mit Etzel entronnen wäre, erhielt von Volker einen solchen Schlag, dass sein Haupt dem König vor die Füße flog. Als dann Etzel das Haus verlassen hatte, wandte er sich um und sprach: »Weh über diese Gäste und dieses Fest! Da ficht einer, der heißt Volker, wie ein wilder Eber – das ist mir der rechte Spielmann! Seine Lieder klingen schlecht, und ich danke es meinem Heil, dass ich diesem Teufel entronnen bin. Ich weiß nicht, was er uns zur Last legt, nie aber hatte ich je einen so schlimmen Gast.«

Als alle den Raum verlassen hatten, denen Gunther Frieden gegeben hatte, begann der Kampf von neuem. Gunther sprach zu Hagen: »Hört Ihr die Weisen, die Volker den Hunnen aufspielt? Der Streich seines Fiedelbogens bedeutet Blut.« Hagen sprach: »Sieh hin, König, Volker ist dir treu, er dient dir mit Freuden für dein Gold und dein Silber. Sein Fiedelbogen schneidet durch den harten Stahl und die Helme zerbrechen unter ihm. Nie sah ich einen Spielmann so herrlich kämpfen, seine Lieder dringen durch Schild und Helm. Kommen wir jemals von hier weg, so soll er die besten Rosse reiten und die schönsten Kleider tragen.«

Was an Hunnen im Saal war, lag nun erschlagen. Der Kampflärm legte sich und niemand leistete mehr Widerstand, die Helden aber legten das Schwert aus der Hand. Müde ließen die Kämpfer sich nieder. Volker und Hagen aber schritten durch den Saal, und Giselher sprach, noch sei es nicht Zeit zur

Rast. Man solle die Toten aus dem Saal tragen, denn es stehe neuer Kampf bevor. Die toten Hunnen sollten ihnen dabei nicht im Weg sein. Auch Hagen stimmte diesem Rat zu, und nun trugen die Burgunden die Toten zur Tür und warfen sie über die Stiege hinab, während sich draußen großes Wehklagen erhob. Mancher von den Hunnen war nur verwundet und hätte wieder genesen können, aber der Sturz aus der Höhe brachte diesen allen den Tod. Volker aber sprach verächtlich: »Nun sehe ich, dass man mir die Wahrheit sagte, als man mir berichtete, die Hunnen seien feige, denn sie klagen wie die Weiber. Besser wäre es, wenn sie für ihre Verwundeten sorgten.« Ein Markgraf der Hunnen meinte, das sei im Ernst gesprochen, und da er einen seiner Verwandten noch lebend unter den Toten liegen sah, eilte er hinzu und umschloss ihn mit den Armen. Volker aber schoss ihn über dem Verwundeten zu Tode. Als die anderen das sahen, flohen sie davon und fluchten dem Spielmann. Der aber nahm einen Wurfspeer, den man nach ihm geschossen hatte, und schleuderte ihn weithin über den Hof.

Tausende von Hunnen standen vor dem Haus – Volker und Hagen aber wandten sich jetzt an Etzel, und Hagen sprach: »Es ziemt sich wohl, dass der König vor allen anderen kämpft, wie das meine Herren hier tun, die mit ihren Schwertern manchen Helm durchhauen haben.« Etzel war ein tapferer Mann und fasste sogleich seinen Schild, aber Kriemhild warnte ihn: »Seht Euch vor und bietet lieber Euren Mannen Gold zum Lohn. Erreicht Euch Hagen, so findet Ihr durch ihn den Tod.« Der König wollte trotzdem nicht ablassen und man musste ihn mit Gewalt zurückhalten. Hagen aber begann ihn zu höhnen: »Es ist eine weit entfernte Verwandtschaft zwischen Etzel und Sigfrid, denn er war Kriemhilds Gatte, ehe sie dich auch nur sah; warum also stellst du mir jetzt nach?« Diese Worte hörte Kriemhild, und ihr Zorn wuchs noch, als sie so vor Etzels Mannen verspottet ward. Sie sprach: »Wer mir Hagen von Tronje erschlägt und mir sein Haupt bringt, dem fülle ich Etzels Schild mit Gold und gebe ihm Land und Burgen zum Lohn.« Volker aber spottete: »Ich weiß nicht, worauf sie warten – nie sah ich Männer so zaghaft dastehen, wenn man ihnen so hohen Lohn bot. Sie verdienen es nicht, dass Etzel ihnen je wieder zugetan wird. Zwar schämen sie sich nicht, sein Brot zu essen, aber nun, in der Not, lassen sie ihn im Stich. Voll Zaghaftigkeit stehen sie da, die doch als kühn gelten wollen – das muss ihnen immer zur Schande gereichen.«

Da rief Iring von Dänemark: »Mein Leben lang habe ich nach Ehre gestrebt und in mancher Schlacht das Beste getan. Man bringe mir meine Waffen – ich will nun allein Hagen bestehen.« Bald war er bewaffnet, und ebenso Irnfrid von Thüringen und der starke Haward mit seinen tausend Mannen; sie wollten alle an Irings Seite treten. Als aber die ganze Schar anrückte, rief Volker Hagen zu, ob er dort Iring sehe, der gelobt habe, allein gegen ihn anzutreten – nun aber folgten ihm tausend Mannen zum Kampf. Da sprach Iring, was er gelobt habe, wolle er auch halten. Er beschwor seine Freunde, ihn allein kämpfen zu lassen, damit man ihn nicht Lügen strafe. Da folgten sie seiner Bitte, aber nur ungern, denn Hagens Stärke war ihnen bekannt. Mit Schild und Ger bewaffnet sprang Iring die Stufen zum Saal hinauf, und nun entbrannte ein heftiger Kampf.

Als die Gere verschossen waren, griffen die beiden Gegner zu den Schwertern und hieben wild aufeinander ein. Bald aber musste Iring erkennen, dass er Hagen nichts anzuhaben vermochte. Da ließ er von ihm ab und wandte sich gegen Volker, denn ihn hoffte er zu bewingen. Der Spielmann aber schlug so kräftig zu, dass Irings Helmbeschlag zerbarst. Da wandte sich der Däne auch von Volker ab und griff Gunther an. Doch auch dieser Kampf blieb unentschieden, sodass Iring als nächsten Gegner Gernot anlief. Fast aber wäre er dessen Schwerthieben erlegen, worauf er von ihm abließ und sich gegen andere Gegner wandte; schon hatte er vier von den Burgunden getötet, als Giselher zornig ausrief: »Fürwahr, Herr Iring, das sollt Ihr mir entgelten, dass so viele der Unseren durch Euch den Tod gefunden haben!« Er versetzte ihm einen so gewaltigen Schlag, dass der Däne auf den blutüberströmten Boden niedersank und alle meinten, es sei um ihn geschehen. Iring aber war unverwundet geblieben und von Giselhers Schlag nur betäubt. Er erholte sich alsbald, sprang wieder auf und griff nun zum zweiten Mal Hagen an. Der gedachte nun seinen Gegner zu töten, aber Iring schlug ihm mit seinem Schwert Waske eine Wunde durch den Helm.

Als der Held aber die Wunde spürte, schlug er erst recht mit voller Wucht auf seinen Gegner ein, sodass dieser ihm nicht mehr standhalten konnte. Er sprang, von Hagen verfolgt, die Stiege hinab und kehrte unversehrt zu den Seinen zurück.

Voll Freude erfuhr Kriemhild, dass es ihm gelungen war, Hagen zu verwunden; sie nahm ihm den Schild aus der Hand und dankte ihm, dass sie endlich Hagen bluten sah. Dessen Zorn war aber jetzt erst recht gereizt, und er riet Kriemhild, nicht zu sehr zu frohlocken; er rief, wollte Iring nochmals kommen, so wäre er ein kühner Mann. Dieser kühlte sich im Wind, dann aber begehrte er aufs Neue den Kampf zu versuchen. Anstelle seines zerhauenen Schildes nahm er einen neuen zur Hand und eilte, mit einem starken Ger bewaffnet, zum Kampf. Hagen aber wartete nicht, bis er herankam, sondern lief ihm entgegen, und nun setzte er ihm so furchtbar mit Schlägen zu, dass Iring bald schwer verwundet war. Als er die Wunden spürte, suchte er seinen Helm mit dem Schild zu decken, denn er erkannte, dass es schlimm um ihn stand. Hagen aber ließ nicht von ihm ab. Er ergriff einen Ger, der zu seinen Füßen lag, und schoss damit Iring durch das Haupt. Dieser musste nun fliehen; bevor man ihm den Helm abnehmen konnte, musste man ihm den Ger aus der Wunde reißen, und nun nahte ihm der Tod.

Klagend eilte Kriemhild herbei, er aber sprach, sie möge ihr Weinen lassen, das ihm doch nicht helfen könne – seine Wunden brächten ihm den Tod. Nun könne er Etzel nicht länger dienen. Zu seinen Freunden aus Thüringen und Dänemark aber sprach er: »Keiner von euch wird das rote Gold aus Kriemhilds Hand als Gabe empfangen; greift ihr Hagen an, so müsst ihr den Tod erleiden.« Die Farbe wich aus seinem Antlitz, und er erbleichte, denn die Schatten des Todes waren über ihm.

Da eilten Irnfrid und Haward, gefolgt von tausend Mannen, vor den Saal, und gewaltiger Kampfeslärm erhob sich. Der kühne Irnfrid griff Volker an, und mächtig hieben die beiden aufeinander ein, bis der Kampf entschieden war: Irnfried empfing von seines Gegners Hand den Tod. Indes stritten Haward und Hagen gegeneinander, und wie kühn der Däne auch war, er musste doch von seinem Gegner den Tod erleiden. Als die Dänen und

Thüringer ihre Herren fallen sahen, begann ein furchtbarer Kampf, da sie den Eingang in den Saal erzwingen wollten. Mancher Helm und Schild war da gespalten, ehe sie die Tür erreichen konnten. Da sprach Volker: »Weicht zurück und lasst sie ein! Was sie im Sinn haben, erreichen sie ja doch nicht, sie müssen uns drinnen in kurzer Zeit erliegen und die Geschenke der Königin mit dem Tod bezahlen.«

Nun drangen die kühnen Streiter in den Saal ein, aber das Haupt gar vieler neigte sich im Tod, denn unvergleichlich kühn kämpften Gernot und Giselher. Tausendundvier Männer drangen in den Saal ein, aber sie alle fanden dort ihr Ende.

Da legte sich das Getöse des Kampfes, und Stille trat ein. Das Blut der Toten strömte aus dem Saal, die Burgunden aber ließen sich zur Ruhe nieder und legten die Waffen aus der Hand, während Volker immer noch vor der Tür wachte und zur Abwehr bereit war. Laut klagten Etzel und Kriemhild und darein mischte sich das Jammern der Mägde und Frauen.

Drinnen im Saal forderte Hagen die Burgunden auf, ihre Helme abzunehmen. Er und sein Geselle Volker wollten Wache halten und ihre Herren warnen, wenn etwa die Hunnen eindringen wollten. Noch ehe es Abend war, stürmten die Hunnen auf Etzels und Kriemhilds Befehl nochmals in mächtigen Scharen gegen den Saal an, und eine harte Schlacht entbrannte. Dankwart sprang vor die Tür, den Feinden entgegen, und man meinte, er sei gefallen, aber er kehrte wohlbehalten zurück. Der Kampf währte bis zum Anbruch der Nacht, und die Helden wehrten sich den sommerlangen Tag gegen ihre Feinde, von denen noch viele den Tod fanden. Als dann der Tag endlich zur Neige ging, quälten schwere Sorgen die Burgunden. Sie meinten, ein schneller Tod sei für sie besser, als noch lange die Not des Kampfes zu ertragen. Da begehrten sie Waffenruhe und verlangten, man möge König Etzel herbeirufen. Die drei Könige traten aus dem Haus und dorthin kamen auch Etzel und Kriemhild. Etzel fragte, was sie begehrten, aber er sagte sogleich, es gebe für sie keinen Frieden nach dem schweren Schaden, den sie ihm zugefügt hätten. Sie hätten sein Kind und viele seiner Verwandten erschlagen, darum sollten ihnen Friede und Sühne versagt sein. Da warf ihm Gunther vor, dass er das selbst verschuldet habe, denn seine Mannen hätten ihm alle seine Knechte erschlagen – womit habe er das verdient? Auf Treu und Glauben sei er als Gast ins Land gekommen. Aber Etzel antwortete, weit größer sei der Schaden, den sie ihm zugefügt hätten, und darum solle keiner von ihnen lebend davonkommen. Da verlangte Gernot, man möge sie hinauslassen aufs freie Feld, damit das schnell geschehe, was sein müsse. Etzels Übermacht sei so gewaltig, dass ein Sieg über die kampfesmüden Burgunden gewiss sei – wie lange sollten sie noch Not erdulden?

Schon waren Etzels Mannen geneigt, diesen Wunsch zu erfüllen, da trat Kriemhild dazwischen. »Nein, ihr Hunnen«, rief sie, »ich rate euch, tut nicht, was ihr da im Sinn habt, lasst ja die Mordgesellen nicht ins Freie! Entrinnen sie aus dem Saal, so müssen es eure Freunde mit dem Tod bezahlen. Denn lebte von den Burgunden auch keiner mehr als Utes Söhne – kommen sie ins Freie und können sie sich dort von der Hitze des Kampfes erholen, so seid ihr alle verloren! Nie gab es auf der weiten Welt größere und kühnere Helden!« Da mahnte sie Giselher an ihre Schwesterliebe und daran, dass er ihr nie ein Leid getan habe. Er sei in der Hoffnung ins Land gekommen, dass sie ihm wohlgesinnt sei – das möge sie bedenken und Gnade üben. Sie aber antwortete: »Nicht Gnade, sondern Ungnade findet ihr bei mir. Mir hat Hagen von Tronje so viel Leid angetan, dass es unsühnbar ist, solange ich lebe. Wollt ihr mir aber Hagen zur Geisel geben, ihn allein von euch allen, so will ich euch das Leben schenken. Ihr seid meine Brüder und mit mir einer Mutter Kinder. Darum will ich versuchen, Frieden zu stiften zwischen euch und euren Feinden.«

»Das wolle Gott im Himmel nicht«, antwortete Gernot fest. »Und wären unser hier tausend Gesippen, so wollten wir doch sterben, ehe wir dir einen der Unseren als Geisel auslieferten. Niemals soll das geschehen!«

»Wohl müssen wir sterben«, sprach Giselher, »doch niemand soll es dahin bringen, dass wir uns nicht ritterlich zur Wehr setzen. Wer mit uns kämpfen will, der findet uns dazu bereit. Niemals aber breche ich einem Freund die Treue.« Auch Dankwart schwieg nicht: »Noch steht mein Bruder Hagen nicht allein«, sprach er. »Die uns hier den Frieden versagen, denen wird das noch zum Leid gereichen – das werden wir euch zeigen; lasst euch das gesagt sein!«

Da rief Kriemhild ihre Mannen aufs Neue zum Kampf auf. »Nicht einen von ihnen lasst aus dem Haus kommen!«, rief sie ihnen zu. »Dann will ich den Saal an allen vier Ecken in Brand stecken lassen – so werden alle meine Leiden gerächt.« Sogleich waren Etzels Mannen zum Kampf bereit. Vor ihrem Angriff mussten alle, die draußen standen, in den Saal zurückweichen, und der Kampf begann wieder zu toben. Kriemhild ließ Feuer an den Saal legen und nun mussten die Helden darin harte Not erdulden. Der Wind entfachte den Brand so, dass bald das ganze Haus in Flammen stand, und solche Pein mussten die Burgunden ertragen, dass sie sich einen schnellen Tod wünschten. Das Feuer, das auf sie herabfiel, fingen sie mit den Schilden auf, aber dennoch plagten sie Hitze und Rauch. Da riet ihnen Hagen, zur Wand des Saales zu treten und die Feuerbrände im Blut auszutreten. Wie groß ihre Not auch war, die Nacht ging doch herum. Immer noch aber hielten Hagen und Volker an der Tür Wache, denn sie erwarteten neue Angriffe. Da riet Volker: »Gehen wir in den Saal! Dann werden die Hunnen glauben, wir seien alle im Feuer umgekommen – aber sie werden bald erkennen, dass wir ihnen noch immer im Kampf entgegentreten.«

Am kühlen Morgenwind erkannten sie, dass es zu tagen begann, und einer von ihnen sprach: »Ich sehe den Tag kommen – da es uns nun einmal so beschieden ist, so bewaffnet euch, ihr Helden, denn gar bald naht Etzels Weib.« Etzel meinte, die Burgunden seien alle tot, aber noch lebten ihrer sechshundert, und die Hunnen, die den Saal bewachten, hatten genau erkannt, dass nicht alle tot waren. Als man das Kriemhild sagte, wollte sie nicht glauben, dass jemand den Brand überlebt habe, und sagte, sie sei dessen gewiss, dass alle tot seien. Aber bald wurde sie eines Besseren belehrt und die Hunnen erneuerten sogleich den Kampf. Kriemhild bot den Angreifern reichen Sold, sie ließ Schilde voll Goldes herbeischaffen, und wer danach begehrte, wurde reich beschenkt.

Aber was immer die Hunnen unternahmen, es gelang ihnen nicht, der Burgunden Herr zu werden.

Rüdegers Tod

Den ganzen Morgen schon hatte der Kampf gewährt, da begab sich Rüdeger an Etzels Hof. Traurig sah er, was auf beiden Seiten geschehen war und klagte, dass niemand das furchtbare Geschehen abwenden könne. Er wusste wohl, wie gerne er auch den Frieden vermittelt hätte, dass Etzel jede Bitte abschlagen werde. Er sandte nach Dietrich, um mit ihm zu beraten, ob sie das Unheil noch bannen könnten. Aber Dietrich ließ ihm sagen, das gehe nicht an – Etzel weise jeden Versuch ab, Frieden zu vermitteln.

Da sah ein Hunne Rüdeger mit weinenden Augen dastehen und sprach zur Königin: »Seht ihn da stehen, der die höchste Macht hier bei Etzel hat und über Land und Leute gebietet! Gar manche Burg hat er vom König zum Lehen, aber in diesem Kampf hat er noch keinen Streich getan. Ihn kümmert es wohl nicht, was hier geschieht, wenn nur er in Fülle hat, wonach ihn verlangt. Man sagt von ihm, er sei kühner als jeder andere – aber in unserer Not haben wir nichts davon gemerkt.« Als Rüdeger hörte, dass der Hunne ihn einen Feigling nannte, ballte er zornigen Blickes die Faust und gedachte den Verleumder für seine Worte büßen zu lassen. Er versetzte ihm einen solchen Hieb, dass er ihm tot zu Füßen fiel. »Fahr hin, du Bösewicht!«, sprach er. »Ich habe genug Kummer zu tragen – wozu verweisest du mir, dass ich hier nicht fechte? Ich wäre den Burgunden Feind, wie es sich geziemt, und hätte gegen sie alles getan – aber ich war es, der sie in meines Herren Land geleitet hat, und darum darf ich gegen sie nicht kämpfen.«

Etzel aber sagte zu Rüdeger: »Was ist das für Hilfe, edler Rüdeger! So viele Tote haben wir im Land, dass wir wahrlich nicht noch mehr bedürfen – Ihr habt übel getan, dass Ihr den Mann erschlugt.« Rüdeger verteidigte sich gegen den Vorwurf damit, dass der Hunne ihn schwer gekränkt und ihm Ehre und Gut vorgehalten habe, die er von Etzel erhalten habe – das habe für den Lügner ein schlechtes Ende genommen.

Da kam auch Kriemhild dazu und sah, was geschehen war. Auch sie klagte Rüdeger an, dass er ihr Leid noch vermehrt habe, während er doch versprochen habe, er wolle für Etzel und sie Leib und Leben wagen. Dann aber fuhr sie fort: »Ich mahne Euch an Eure Treue und an den Eid, den Ihr mir schwort, als Ihr mir rietet, Etzels Werbung anzunehmen. Damals verspracht Ihr mir, Ihr wolltet mir dienen, bis einer von uns tot sei. Noch nie hatte ich Euren Dienst so nötig wie jetzt.«

»Ich leugne nicht, dass ich schwor«, anwortete Rüdeger, »ich wolle Leib und Leben für Euch wagen. Doch habe ich Euch nicht geschworen, dass ich auch meine Seele preisgeben wolle. Ich war es, der die Fürsten zu diesem Fest geleitet hat.« Da mahnte ihn Kriemhild an seinen Eid, dass er jedes Leid und jeden Schaden rächen wolle, die ihr hier im Land widerführen, und auch Etzel flehte ihn um seine Hilfe an. Beide knieten vor ihm nieder, bis Rüdeger klagend ausrief: »Wehe mir Armen, dass ich das erleben muss! Alle meine Ehre muss ich lassen, ja Zucht und Treue, die mir Gott gebietet, sind dahin. Weh mir, dass mich nicht der Tod erlöst. Was ich auch tue oder lasse, ich handle schlecht. Nun möge mir der raten, der mir das Leben gab!« Etzel und Kriemhild ließen nicht ab, ihn anzuflehen, er aber stand in großer Not da. Gerne hätte er Etzel und Kriemhild ihre Bitte versagt, denn wusste, wenn er auch nur einen der Burgunden im Kampf erschlüge, so würde ihm das Schmach und Schande einbringen.

Endlich sagte er: »Herr König, nehmt alles zurück, was ich von Euch habe, Land und Burgen – ich will nichts davon behalten und zu Fuß in die Fremde wandern.« Aber Etzel antwortete: »Wer könnte mir dann helfen? Land und Burgen, das alles soll dein Eigen sein, nur räche mich an meinen Feinden! Dann sollst du neben mir als König über alles herrschen.« Da rief Rüdeger verzweiflungsvoll aus: »Was soll ich nur tun! Ich habe sie in mein Haus geladen, ich bot ihnen freundlich Speise und Trank, und friedlich verließen sie, mit meinen Gaben bedacht, mein Haus. Wie könnte ich jetzt auf ihren Tod sinnen? Ich habe den Burgunden manchen Freundesdienst geleistet, und am meisten schmerzt es mich, dass ich nun auch durch Verwandtschaft mit ihnen verbunden bin – ich habe Giselher meine Tochter zur Frau gegeben. Keinem Besseren konnte ich sie vermählen, denn ich kenne keinen, der es an Zucht, an Ehre und Treue Giselher gleichtun könnte.« Aber was er auch sagen mochte, Kriemhild ließ nicht ab, ihn zu mahnen: »Edler Rüdeger, erbarme dich über unsere Not und bedenke, dass noch niemals Gäste an ihrem Wirt schlimmer gehandelt haben.«

Da endlich erkannte Rüdeger, dass es keinen Ausweg für ihn gab, und er sprach: »Noch heute werde ich mit meinem Leben das bezahlen, was Ihr und der König mir Liebes getan habt. Dafür muss ich sterben, es gibt keine Frist mehr. Heute noch werden mein Land und meine Burgen herrenlos, Ihr könnt sie neu vergeben. Eurer Gnade aber befehle ich Weib und Kinder und Eurer Sorge vertraue ich meine Mannen zu Bechelaren an!« Da rief der König froh und erleichtert aus: »Das lohne dir Gott, Rüdeger! Die Deinen nehme ich alle in meinen Schutz. Aber ich vertraue auf mein Heil – du selbst wirst diesen Kampf siegreich überstehen!« So war nun Rüdeger bereit, Leib und Seele aufs Spiel zu setzen, und selbst Kriemhild war so erschüttert von seinem Schmerz, dass sie in Tränen ausbrach. Er aber sprach: »Ich muss Euch halten, was ich gelobt habe. Wehe über meine Freunde – gegen meinen Willen muss ich gegen sie in den Kampf.« Trauervoll verließ er den König und befahl seinen Mannen, sich zu rüsten, es gehe nun zum Streit gegen die Burgunden. An der Spitze von fünfhundert Mannen rückte nun Rüdeger gegen den Saal vor, und Volker entdeckte alsbald mit großer Sorge, dass der Markgraf zum Kampf herankam. Als aber Giselher seinen Schwiegervater gerüstet sah, meinte er nichts anderes, als dass er komme, um den Frieden zu vermitteln, und froh rief er aus, dass nun alles gut werden solle. Nun werde er sich seines Weibes freuen können – jetzt sei es ihm doppelt lieb, dass es zu der Heirat mit Dietlind gekommen sei.

Aber Volker hatte nur zu gut die wahre Lage erkannt. »Worüber freut Ihr Euch?«, fragte er. »Saht Ihr jemals, dass jemand, um Frieden zu vermitteln, gerüstet kam, mit dem Schwert in der Hand? Nun will Rüdeger durch den Kampf gegen uns das Land verdienen, das ihm Etzel verlieh!«

Noch ehe er ausgesprochen hatte, war Rüdeger herangekommen. Er setzte seinen Schild nieder und rief in den Saal: »Ihr kühnen Nibelunge, nun wehrt euch! Wir waren ehedem Freunde – das ist nun vorbei. Ich will aller Verpflichtungen gegen euch entbunden sein.« Die Burgunden erschraken; es tat ihnen allen Leid, dass er gegen sie kämpfen wollte, dem sie in Freundschaft zugetan waren – hatten sie doch durch ihre Feinde schon Not genug erduldet. Vergeblich mahnte Gunther den Markgrafen an die alte Freundschaft und bat ihn, von seinem Vorsatz abzulassen. Rüdeger sprach: »Ich muss gegen euch kämpfen, denn ich habe es gelobt. Nun wehret euch, ihr kühnen Helden, wenn euch euer Leben lieb ist – Kriemhild will mir nicht erlassen, dass ich meine Pflicht gegen sie erfülle.« Vergeblich erinnerten ihn Gunther und Gernot an die Bande der Liebe und Freundschaft, die sie untereinander verbunden hatten, und daran, dass er seine eigene Tochter zur Witwe machen wolle. Rüdegers Entschluss war nicht mehr zu ändern, und schon wollte er den Kampf beginnen, da bat ihn Hagen, noch einzuhalten. Er sprach, die Hunnen hätten ihm den Schild zerhauen, den Frau Gotelind ihm zum Abschied geschenkt habe. Hätte er einen Schild wie den, den Rüdeger trage, so bedürfe er keiner anderen Rüstung mehr. »Gerne schenkte ich dir meinen Schild, dürfte ich es um Kriemhilds willen«, antwortete Rüdeger. »Doch es sei – nimm ihn hin! Ich wünsche dir, du mögest ihn noch zu Hause gebrauchen, im Land der Burgunden!« Als Rüdeger so seinem Gegner willig den eigenen Schild darbot, wurde manches Auge nass von Tränen. Es war das letzte Geschenk, das je ein Held von Rüdeger empfing. Selbst Hagen war bewegt und er sprach: »Die Gabe will ich Euch lohnen, edler Rüdeger. Was immer nun geschehen mag – meine Hand soll Euch in diesem Kampf nicht berühren, und wenn ihr alle Burgunden erschlügt, die hier zugegen sind.« So wie Hagen gelobte Volker, auch vor ihm solle Rüdeger Frieden haben; dann aber gab es keinen Aufschub mehr und der Markgraf drang auf die Burgunder ein. Zugleich mit ihm stürmten seine Mannen in den Saal und ein furchtbarer Kampf begann.

Volker und Hagen wüteten unter den Gegnern, sie gaben niemandem Frieden als Rüdeger allein. Dieser aber bewies nun seine ganze Tapferkeit und viele Burgunden sanken vor seinen Streichen dahin. Das konnte Gernot nicht mehr länger mit ansehen und er forderte den Markgrafen zum Kampf heraus. Mit aller Kraft griffen sie einander an, bis schließlich Rüdeger Gernot durch den Helm eine tödliche Wunde schlug. Aber mit seiner letzten Kraft schwang dieser noch einmal sein Schwert, Rüdegers Gabe, und streckte seinen Gegner zu Boden, sodass beide zugleich der Tod ereilte. Nun wandten sich erst recht die Burgunden in Zorn und Trauer zugleich gegen ihre Feinde, und bald war keiner von Rüdegers Mannen mehr am Leben. Nach dem Kampfeslärm trat nun endlich wieder Stille ein, und so lange währte sie, dass Etzel darüber argwöhnisch wurde. Auch Kriemhild zweifelte an Rüdegers Treue; sie meinte, der Markgraf wolle versuchen, ihren Feinden zu helfen, dass sie wieder in die Heimat zurückkehren könnten. Sie beschuldigte Rüdeger des Verrates und sprach, statt sie zu rächen, wolle er Versöhnung stiften. So laut sprach sie, dass Volker ihre Worte vernahm. Da rief er ihr zu: »So ist es nicht, wie Ihr behauptet, Königin! Dürfte ich eine so edle Frau der Lüge zeihen – wohlan, dann habt Ihr eine teuflische Lüge über Rüdeger ausgesprochen. Er hat das Gebot des Königs so treulich erfüllt, dass er und seine Mannen dabei den Tod gefunden haben. Nun seht Euch um, Kriemhild, wem Ihr noch gebieten könnt – Rüdeger hat Euch seinen letzten Dienst erwiesen. Wollt Ihr das nicht glauben, wir wollen es Euch gerne sehen lassen!« Auf sein Gebot wurde der tote Markgraf vor Etzel zur Schau gestellt, und als dieser und seine Mannen den Toten sahen, erhob sich laute Klage, in die auch Kriemhild einstimmte.

Das Ende

Die Burg hallte von den Klagerufen wider, und einer von Dietrichs Mannen sprach zu seinem Herrn, nie in seinem Leben habe er solches vernommen; er fürchte, Etzel sei etwas widerfahren. Entweder müsse er selbst den Tod gefunden haben oder Kriemhild. Dietrich indes mahnte zur Ruhe. Was immer die Burgunden getan hätten, dazu habe sie die Not gezwungen; er aber habe ihnen Frieden gewährt, und davon gehe er nicht ab. Da erbot sich Wolfhart, er wolle Kundschaft darüber einziehen, was geschehen sei, und Dietrich die Botschaft bringen. Dietrich aber wollte ihn nicht gehen lassen, denn er kannte Wolfharts ungestümes Wesen und fürchtete, dass er mit den Burgunden in Streit geraten könnte. Doch befahl er seinem treuen Gefolgsmann Helferich, Etzels Mannen oder die Burgunden selbst darüber zu befragen, was geschehen sei, und dieser brachte alsbald die Kunde, dass Rüdeger und alle seine Mannen erschlagen seien. Entsetzt hörte Dietrich diese Trauerbotschaft, Wolfhart aber rief aus, wenn dem so sei, so müssten die Burgunden dafür sterben, denn Rüdeger habe ihnen manchen guten Dienst erwiesen. Dietrich wollte nun genau wissen, was geschehen war, und entsandte Hildebrand zum Kampfplatz. Dieser wollte die Burgunden ungerüstet, ohne Schild und Waffen, aufsuchen, aber sein Neffe Wolfhart riet ihm davon ab, seine Absicht auszuführen. Er sagte, wenn Hildebrand die Burgunden ohne Wehr und Waffen aufsuche, sei er jedem Schimpf ausgesetzt und müsse unverrichteter Dinge in Schanden abziehen; davor sei er sicher, wenn er seinen Weg wohlbewaffnet antrete.

Da tat der alte, weise Mann nach dem Rat des Unerfahrenen und legte seine Rüstung an. Ohne Befehl ihres Herrn und ohne sein Wissen bewaffneten sich aber auch alle Mannen Dietrichs. Das tat Hildebrand Leid, und er fragte, was sie tun wollten; sie aber antworteten, sie würden ihn begleiten; denn Hagen von Tronje sei wohl zuzutrauen, dass er ihn sonst mit höhnischen Reden verspotte. Da stimmte Hildebrand ihrem Vorhaben zu und machte sich mit ihnen zusammen auf den Weg.

Volker sah Dietrichs Mannen gerüstet und mit dem Schwert in der Hand herannahen. Das meldete er seinen Herren und fügte hinzu, nun sei ein neues Unheil im Anzug, denn er meinte nichts anderes, als dass Hildebrand komme, um gegen sie zu kämpfen. Dieser war inzwischen herangetreten und fragte Gunthers Mannen, was ihnen Rüdeger getan habe. Ihn habe sein Herr Dietrich gesandt, um zu erkunden, ob das wahr sei, was man sage, dass auch Rüdeger erschlagen sei. Da antwortete Hagen: »Die Botschaft ist wahr. Gerne wollte ich, dass der Bote gelogen hätte und Rüdeger lebte – nun müssen Männer und Frauen ihn beweinen.« Als die Helden aus Amelungenland das hörten, da klagten sie über den Tod ihres Freundes, und Wolfwin sagte, selbst wenn sein Vater gestorben wäre, könnte es ihn nicht mehr schmerzen. Nun fragte Hildebrand nicht mehr weiter, aber er verlangte, man möge ihm den Toten übergeben, damit sie ihm den letzten Dienst

erweisen könnten; seien sie doch ebenso landfremd wie er selbst. Gunther
lobte seine Absicht und sagte, das nenne er stete Treue, wenn ein Freund
den anderen bestatte – Rüdeger habe das gewiss verdient. Wolfhart aber
rief: »Wozu wollen wir lange flehen? Da Rüdeger nun einmal tot ist, lasst
uns ihn wegtragen, um ihn zu begraben.« Volker jedoch erwiderte: »Niemand gibt ihn euch. Holt ihn aus dem Haus, wo er mit seinen Todeswunden
liegt - dann erst ist der Dienst vollkommen, den ihr ihm erweist.« Wolfhart
rief ihm entgegen, er möge sie nicht reizen, habe er ihnen doch Leid genug
angetan. Dürfte er es seines Herrn wegen, so brächte er ihn in Not; aber
Dietrich habe ihnen verboten zu kämpfen, und darum wolle er es sein lassen. Da antwortete Volker spöttisch, der habe keinen rechten Mut, der sich
den Kampf verbieten lasse.

So ward der Wortwechsel immer schärfer, und schließlich hätte Wolfhart
Volker angegriffen, wäre nicht Hildebrand dazwischengesprungen. Er verbot dem Neffen sein Tun und drohte ihm mit Dietrichs Zorn. Da rief Volker,
er möge den Löwen nur loslassen, denn komme er ihm unter die Hände,
dann ergehe es ihm schlimm. Über diese Worte gerieten die Berner alle in
Zorn, Wolfhart riss sich los und stürmte gegen die Burgunden an; ihm folgten alle Mannen Dietrichs. Wie sehr auch Wolfhart eilte, Hildebrand überholte ihn noch auf der Stiege, denn er wollte ihn nicht als Ersten den Kampf
beginnen lassen. Er sprang auf Hagen los und tauschte schwere Schwert-
hiebe mit ihm. Im Kampfgetümmel wurden sie wieder voneinander getrennt, Wolfhart aber wandte sich gegen Volker, und bald setzten beide
einander heftig zu, bis Wolfwin die Streiter trennte.

Die Schlacht tobte, und dabei fiel Sigestab durch Volkers Hand. Das sah
Hildebrand, und mit einem gewaltigen Hieb machte er dem Leben des
kühnen Spielmannes ein Ende. Als aber Hagen den Tod seines Freundes
sah, war das der größte Schmerz, den er jemals empfunden hatte, und ra-
chedurstig bahnte er sich mit Schwerthieben den Weg zu Hildebrand. Zur
selben Zeit stritten Wolfhart und Giselher gegeneinander. Nach hartem
Kampf schlug Giselher seinem Gegner die Todeswunde, Wolfhart aber ließ
den Schild fallen, schwang sein Schwert mit aller Kraft und spaltete Gisel-

her Helm und Haupt. So brachten sie einander gegenseitig den Tod. Nun waren schon alle Mannen auf beiden Seiten gefallen, Hildebrand aber eilte auf den sterbenden Wolfhart zu und umschloss ihn mit seinen Armen, um ihn aus dem Haus zu tragen. Doch die Last war ihm zu schwer, er musste ihn fallen lassen. Der Sterbende erkannte wohl, dass ihm sein Onkel gerne geholfen hätte. Er bat ihn jedoch, sich nicht um ihn zu kümmern, denn er könne ihm nicht mehr nützen. Er möge sich vielmehr vor Hagen in Acht nehmen, der sich voll wütenden Zornes an ihm rächen wolle. Wenn aber seine Verwandten seinen Tod beklagten, dann solle er ihnen sagen, sie sollten nicht um ihn weinen, denn er sei im Kampf ehrenvoll von der Hand eines Königs gefallen. Auch habe er sein Leben teuer verkauft, denn er allein habe wohl hundert Gegner getötet.

Hagen aber gedachte Volkers und wollte es Hildebrand vergelten, dass er ihm den Freund geraubt hatte. Er drang auf den greisen Helden ein, der sich tapfer wehrte. Aber wie scharf Hildebrands Schwert auch war, er konnte Hagen nicht verwunden, der mit einem schweren Hieb die Rüstung seines Gegners durchschlug. Als dieser die Wunde fühlte, schwang er seinen Schild auf den Rücken und floh vor Hagen. Nun lebte von den Burgunden niemand mehr als Gunther und Hagen, Hildebrand aber suchte blutberonnen Dietrich auf. Als dieser ihn kommen sah, fragte er ihn, wer ihn verwundet habe. Er habe wohl gegen die Burgunden gekämpft, obwohl ihm das verboten gewesen sei. Hildebrand antwortete, seine Wunde stamme von Hagens Hand, worauf Dietrich sagte, ihm sei recht geschehen. »Obwohl Ihr wusstet, dass ich den Helden in Freundschaft zugetan bin, habt Ihr doch den Frieden gebrochen, den ich ihnen gewährt habe. Gereichte es mir nicht zur Schande, so solltet Ihr dafür mit dem Leben büßen.« Da bat ihn Hildebrand, nicht so sehr zu zürnen, denn der Schaden sei allzu groß, den er und seine Freunde genommen hätten. Sie hätten Rüdegers Leichnam aus dem Saal tragen wollen, und das hätten Gunthers Mannen nicht zulassen wollen. Da sagte Dietrich: »Ist Rüdeger tot, so schmerzt mich das mehr als meine eigene Not. In ihm habe ich einen Freund verloren, den ich nimmermehr verschmerzen kann.« Als Hildebrand dann berichtet hatte, dass Rüdeger

und Gernot einander wechselseitig den Tod gegeben hätten, befahl er dem
Alten, er möge seine Mannen sich bewaffnen lassen. Denn nun wollte er
selbst mit ihnen gehen und die Burgunden befragen. Da antwortete Hildebrand: »Wer soll mit Euch gehen? Was Ihr an Mannen habt, das bin ich
allein. Alle anderen sind tot.« Da rief Dietrich schmerzerfüllt: »Sind alle
meine Mannen gefallen, so hat Gott mich vergessen. Ich armer Dietrich!
Allein stehe ich nun in der Welt und war doch einst ein gewaltiger König!«
Er konnte nicht fassen, dass die kampfmüden Helden aus Burgund alle
seine Mannen hatten überwinden können, und fragte, wer von ihnen den
Kampf überlebt habe. Da antwortete Hildebrand, auch sie seien alle tot bis
auf Gunther und Hagen. Voll Schmerzes nannte Dietrich jeden seiner
Getreuen beim Namen, Wolfhart, Sigestab und Wolfwin, den getreuen
Wolfbrand – wer werde ihm nun zurückhelfen in sein Vatererbe? Wie sollte
er jemals den Tod des kühnen Helferich verschmerzen, wie das Ende
Gerhards und Wighards? »Nun ist meiner Freuden letzter Tag gekommen –
wehe, dass vor Leid niemand sterben kann!«
Mit eigener Hand bewaffnete sich nun Dietrich mit Hildebrands Hilfe. Laut
tönte seine Klage, aber bald hatte er sich wieder ermannt. Zornig nahm er
seinen Schild zur Hand und suchte die unheilvolle Stätte auf, wo Gunther
und Hagen einsam mitten unter den Toten ihr Schicksal erwarteten. Als Hagen ihn kommen sah, sprach er: »Ich sehe Dietrich von Bern herannahen –
er will gegen uns kämpfen nach dem schweren Verlust, den wir ihm zugefügt haben. Aber dünkt er sich auch noch so stark und will er sich auch an
uns rächen, ich getraue mich wohl, es mit ihm aufzunehmen!«
Dietrich und Hildebrand hörten seine Worte, und Dietrich fragte Gunther,
warum er ihm solches Leid zugefügt und Rüdeger erschlagen und ihn dann
auch noch aller seiner Mannen beraubt habe. Seine letzte Freude sei ihm
jetzt genommen und nie könne er den Tod seiner Mannen verwinden. Da
antwortete Hagen, sie seien nicht schuld an dem, was geschehen sei. Dietrichs Mannen seien gerüstet herangekommen, ihnen zum Leid – man habe
wohl Dietrich nicht die volle Wahrheit gesagt. Da antwortete Dietrich:
»Wem soll ich nun glauben? Mir sagte Hildebrand, ihr hättet der Bitten

meiner Mannen nur gespottet, als sie verlangten, ihr möget ihnen Rüdegers Leichnam übergeben.« Gunther erwiderte: »Sie sagten, sie wollten Rüdegers Leiche mit sich nehmen. Das ließ ich verweigern, aber nicht ihnen, sondern Etzel zuleide – und da begann Wolfhart uns zu schmähen.« Dietrich erkannte wohl, dass dies vom Schicksal so gefügt worden war, und sprach: »Es musste wohl so kommen. Nun, König Gunther, sühne das Leid, das du mir zugefügt hast, und ergib dich mir als Geisel und ebenso du, Hagen. Dann will ich euch schützen, sodass euch hier bei den Hunnen niemand ein Leid zufügen kann – ihr sollt von mir nichts als Güte und Treue erfahren.«

»Das wolle Gott im Himmel nicht«, sprach da Hagen, »dass zwei bewaffnete freie Männer sich dir ergeben.« Nochmals mahnte Dietrich, sie sollten den Frieden annehmen, den er ihnen biete; er gelobe ihnen, er werde mit ihnen heimreiten in ihr Land und sie ehrenvoll geleiten – dafür verpfände er sein Leben. Aber Hagen wollte nichts davon wissen, dass Gunther und er sich ihm ergeben sollten, habe doch auch Dietrich niemanden mehr zu Hilfe außer Hildebrand. Nun mischte sich Hildebrand in die Unterredung und meinte, die Stunde werde wohl kommen, da Hagen froh wäre, wenn er den Sühnevorschlag Dietrichs angenommen hätte, aber Hagen erinnerte ihn höhnisch daran, dass er vorhin geflohen sei, und meinte, er habe ihn für tapferer gehalten. Aber Hildebrand gab ihm den Spott zurück: »Wer war es denn, der einst auf seinem Schild vor dem Wasgenstein saß, als ihm Walther von Spanien so viele seiner Freunde erschlug? Ihr habt wohl an Euch selbst so viel zu bessern, dass Ihr mir nichts vorzuwerfen braucht!« Da machte Dietrich dem Wortstreit ein Ende. »Es ziemt Helden nicht, dass sie einander schelten wie alte Weiber. Ich verbiete Euch, Hildebrand, noch mehr zu sagen – für mich, den Landfremden, gibt es nun viel schwerere Sorgen.« Dann wandte er sich an Hagen: »Lasst hören, was Ihr spracht, als Ihr mich kommen saht. Ihr sagtet, dass Ihr allein mich bestehen wolltet.«

»Das leugne ich nicht«, antwortete Hagen, »und ich werde mein Wort halten, wenn mir nicht das Schwert in der Hand zerbricht. Mich packt der Zorn darüber, dass Ihr uns beide als Geisel begehrt habt.«

Als Dietrich das hörte, fasste er seinen Schild und griff Hagen an. Er wusste
wohl, was für ein Held Hagen war, und er fürchtete das Schwert Balmung.
Daher wehrte er nur dessen Schläge ab, bis es ihm schließlich gelang, seinen Gegner zu verwunden. Doch verbot ihm seine Ehre, den vom langen
und schweren Kampf Ermüdeten zu erschlagen. Er ließ seinen Schild fallen, umschloss Hagen mit den Armen und bezwang ihn so. Er legte ihm
Fesseln an und führte ihn dann zu Kriemhild, die ihn freudig empfing und
ihm versprach, dass sie ihm diesen Dienst nie vergessen werde. Dietrich
aber verlangte von ihr, sie solle Hagen leben lassen. Er werde sühnen müssen, was er ihr angetan habe, aber er solle es nicht entgelten, dass er gebunden vor ihr stehe. Da ließ die Königin Hagen so verwahren, dass ihn
niemand sehen konnte.
Dietrich aber kehrte zum Kampfplatz zurück, wo ihn Gunther voll Unge-
duld erwartete. Ein schwerer Kampf begann, denn Gunther war nunmehr
auf das Äußerste erzürnt, und nur mit Mühe konnte sich Dietrich seiner
erwehren. Aber am Ende gewann er über ihn ebenso den Sieg wie zuerst
über Hagen, nachdem er ihn schwer verwundet hatte.
Dietrich fesselte seinen Gegner – nie sollten Könige solche Bande tragen!
Aber er fürchtete, dass die beiden alle töten würden, die ihnen in den Weg
kämen, wenn er sie ledig ließe. Er nahm den Besiegten an der Hand und
führte ihn vor Kriemhild. Da sprach sie: »Willkommen, Gunther von Bur-
gundenland!« Er aber antwortete: »Wäre Euer Gruß freundlicher, so wollte
ich mich gerne vor Euch neigen. Aber ich weiß wohl, dass Ihr so zornerfüllt
gegen uns seid, dass Ihr mich und Hagen gar schlimm begrüßt.« Dietrich
von Bern gab auch Gunther in ihre Obhut, aber er verlangte, dass sie um sei-
netwillen den beiden Gefangenen nichts Böses tue, was sie auch versprach.
Kriemhild ließ Gunther von Hagen getrennt verwahren, sodass keiner von
ihnen den anderen sah. Dann begab sie sich zu Hagen und versprach ihm,
wenn auch mit feindseligen Worten, wenn er ihr den Schatz wiedergeben
wolle, den er ihr einst genommen habe, so könne er wohl lebend in die
Heimat kommen. Da antwortete Hagen: »Eure Rede ist vergeblich, Königin. Denn ich habe einst geschworen, dass ich den Hort niemandem verrate,

solange einer meiner Herren lebt.« Da rief Kriemhild: »Nun mache ich ein Ende!« Sie ließ ihrem Bruder das Haupt abschlagen und trug es selbst an den Haaren vor Hagen. Aber sobald dieser seines Herrn Haupt erkannte, rief er Kriemhild zu: »Du hast nun nach deinem Willen ein Ende gemacht, und es ist alles so geschehen, wie ich es erwartet habe. Nun ist der edle König der Burgunden tot und ebenso Giselher und Gernot. Den Schatz weiß niemand als Gott und ich; er soll dir, du Teufelin, für immer verborgen bleiben!« Da antwortete Kriemhild: »Wollt Ihr Eure Schuld nicht tilgen – wohlan, eines will ich doch behalten, Sigfrids Schwert. Das trug mein lieber Gatte, als ich ihn zum letzten Mal sah – er, an dem Ihr mir das schwerste Leid getan habt!« Mit diesen Worten zog sie das Schwert aus der Scheide, hob es hoch empor und schlug Hagen das Haupt ab.

König Etzel sah voll Entsetzen diese Tat, die ihm von Herzen Leid tat. »Wehe«, sprach er, »nun hat der beste Held, der je geboren wurde, von eines Weibes Hand den Tod gefunden! Wie Feind ich ihm auch war, ein solches Ende hat er nicht verdient.« Der alte Hildebrand aber rief aus: »Daran soll sie sich nicht freuen, dass sie Hagen erschlagen konnte. Was immer mir geschieht und wie groß auch die Not war, die er über mich brachte – den Tod des kühnen Tronjers will ich rächen!« In wildem Zorn sprang er auf Kriemhild zu, die angstvoll aufschrie, und streckte sie mit dem Schwert tot zu Boden.

So nahm Etzels Fest ein furchtbares Ende. Kriemhilds Rache für Sigfrids Tod hatte alle ihre Brüder hinweggerafft und Hagens Tod musste sie mit dem eigenen Leben büßen. In einsamer Trauer blieben Etzel und Dietrich unter allen den Toten zurück. Schaudernd mussten sie erkennen, dass die Untat, die einst an dem schuldlosen Sigfrid verübt worden war, zu einem wilden Brand geworden war, der schonungslos Schuldige und Unschuldige zugleich hinweggerafft hatte. In Blut und Tränen endete das einst so stolze und mächtige Geschlecht der Burgundenkönige und bezahlte den begangenen Frevel mit seinem eigenen Untergang.

DIE SAGEN VON DIETRICH VON BERN

Dietrich, seine Gesippen und Gefolgsmänner

Jahrhundertelang hatte das Römische Weltreich den Erdkreis beherrscht. Aber auch für diese unzerstörbar scheinende Macht kam einst die Zeit des Abstiegs. Die gewaltige Größe des Reiches schützte es nicht vor schweren Erschütterungen, es kam zur Teilung in einen östlichen und westlichen Bereich, und während der Osten noch lange Zeit den Feinden standhielt, fiel Westrom, von dessen Kernland Italien einst der Aufstieg des Römischen Reiches ausgegangen war, dem Ansturm kriegerischer Völker anheim, die aus dem Norden gekommen waren. Germanische Fürsten führten nun die Herrschaft. Die Sage weiß von ihnen und ihren Taten vieles zu berichten.

Drei Brüder, genannt Ermenrich, Diether und Dietmar, denen das alte Reich als Vatererbe zugefallen war, teilten das Land unter sich. Ermenrich machte Rom, das einst die Hauptstadt der Welt gewesen war, zu seinem Sitz. Diether ließ sich in Breisach nieder und herrschte über Bayern, Dietmar aber erbaute die Stadt Verona, die in alten Zeiten auch Bern genannt wurde, und empfing als seinen Anteil die Lombardei.

Diethers Leben endete schon früh; seine beiden Söhne Fritile und Imbrecke, die Harlunge genannt, waren damals noch jung, doch sorgte ein getreuer Gefolgsmann seines Vaters, Eckehart, redlich für sie und schützte sie, so gut er konnte.

Auch Dietmar hatte zwei Söhne, Dietrich und Diether genannt. Ihre Erziehung vertraute er einem tapferen Helden an, Hildebrand, der sie in allen kriegerischen Tugenden unterwies. So lieb aber dem Vater auch beide Söhne waren, hatte es doch mit Dietrich eine besondere Bewandtnis. Schon bei der Geburt des Knaben war geweissagt worden, dass er ein berühmter Held werden solle; als Zeichen dafür sollte – so lautete die Weissagung – Feuer aus seinem Mund sprühen, sobald er zornig werde. Als diese Vorhersage wirklich eintraf, glaubten alle an seine künftige Macht und Größe.

In einem Garten außerhalb Ravennas (»Raben«) steht das leider in manchen Einzelheiten verän-
derte Grabmal des im Jahr 526 n. Chr. verstorbenen Ostgotenkönigs Theoderich, das schon zu
dessen Lebzeiten erbaut und später als Kirche verwendet wurde; die Gebeine des Toten waren
schon früh aus dem Grabmal entfernt worden. – Das zehneckige, zwei Geschosse aufweisende
Bauwerk ist aus mächtigen Kalksteinquadern gefügt. Die Decke, unterhalb deren ein ornamental
gestalteter Fries verläuft, besteht aus einer mächtigen Platte von etwa 33 Meter Umfang, einem
Durchmesser von 10,5 Meter, einer Dicke von einem Meter und einem Gewicht von rund 300
Tonnen. Das Obergeschoss ist verjüngt aufgesetzt und gibt so den Raum für einen Umgang frei,
von dem aus es zugänglich ist.

Früh schon zog er, begleitet von Hildebrand, zum Kampf aus und zeigte dabei Ausdauer und Kühnheit. Einem Riesenpaar, Grim und Hilde genannt, das die ganze Gegend durch Raubzüge unsicher gemacht hatte, entriss er das berühmte Schwert Nagelring, das einst ein Zwerg geschmiedet hatte. Der Kampf war hart und ging ums Leben, denn der Riese und sein Weib waren gewaltig stark. Hätten die beiden Gefährten nicht in der höchsten Not einander treulich Beistand geleistet, so wäre es um sie geschehen gewesen. So aber behielten sie doch die Oberhand, die beiden Riesen wurden erschlagen, und damit war nicht nur das Gebiet, in dem sie gehaust hatten, einer schweren Landplage ledig, sondern als Unterpfand des Sieges erwarb Dietrich auch das Schwert, das weit und breit seinesgleichen suchte.

Bald drang der Ruhm von Dietrichs Taten in die Welt hinaus, und tapfere Helden zogen nach Bern, um zu erkunden, ob das Gerücht von Dietrichs Tapferkeit auch die Wahrheit sprach. So erwarb Dietrich eine Schar von kühnen Gefolgsmannen, die bereit waren, Kampf und Gefahren mit ihm zu teilen, dafür aber auch hoffen durften, an seinem Ruhm Anteil zu erwerben. Aus weiter Ferne kam der starke Heime gezogen und gedachte sich mit Dietrich im Kampf zu messen. Dieser gab wohl dem Verlangen des Fremden nach, aber nach schwerem Kampf musste Heime doch erkennen, dass er trotz seiner Stärke dem Helden nicht gewachsen war. Er musste ihm den Sieg zugestehen und sich ihm ergeben. Nun hätte Dietrich ihn erschlagen können, aber er hatte im Kampf wohl erkannt, wie stark und tapfer sein Gegner war, der ihm hart zu schaffen gemacht hatte. So ließ er ihm nicht nur das Leben, sondern er nahm ihn auch in seine Gefolgschaft auf.

Im Haus seines Vaters, des berühmten Schmiedes Wieland, lebte der kühne Witege. Auch er hörte von Dietrichs Ruhm und verlangte von seinem Vater, er möge ihn gehörig ausrüsten, damit er nach Bern ziehen könne, um dort durch einen Sieg über den Königssohn der berühmteste Held seiner Zeit zu werden. Wieland riet ab, doch als sich Witege voll Selbstbewusstsein nicht von seinem Vorhaben abbringen ließ, willfahrte er ihm. Er gab ihm eine meisterhaft geschmiedete Rüstung und das Schwert Mimung, das er einst selbst geschaffen hatte und das so scharf und hart war, dass es jede Brünne und jeden Helm durchschnitt. Dann beschenkte er ihn mit dem Hengst Schemming, den kein Ross an Schnelligkeit übertraf, und so trat Witege seine Reise nach Bern an. Unterwegs traf er mit Hildebrand und Heime zusammen, die ihren wahren Namen verhehlten und von dem Fremden Ziel und Absicht seiner Fahrt erkundeten.

Bevor sie aber nach Bern kamen, trafen sie auf eine Schar von Räubern, die übermütig von Witege die Auslieferung von Ross und Rüstung, dazu aber noch die rechte Hand und den rechten Fuß verlangten, wenn er mit dem Leben davonkommen wolle. Witege aber ließ sich trotz der Übermacht seiner Gegner nicht einschüchtern, und obgleich ihm seine Weggefährten nicht beistanden, erschlug er die Räuber bis auf fünf, die sich durch die Flucht vor dem Tod retteten. Hildebrand hatte voll Staunen den Kampf beobachtet und fürchtete, dass es Dietrich ans Leben gehen werde, wenn Witege mit dem Schwert Mimung gegen ihn kämpfe. Als sie Nachtruhe hielten, vertauschte er daher heimlich sein eigenes Schwert mit Mimung, und damit Witege nichts merkte, ersetzte er Griff und Knauf des untergeschobenen Schwertes durch Griff und Knauf des Mimung.

In Bern angekommen, forderte Witege Dietrich zum Kampf heraus. Dietrich aber, der noch der Herausforderung durch Heime gedachte, geriet darüber in schweren Zorn und verweigerte den Kampf. Weil aber Hildebrand Fürsprache leistete, willigte er schließlich ein, doch drohte er, den Fremden an den Galgen hängen zu lassen, wenn er ihn überwinde und so in seine Gewalt bekomme.

Als dann der Kampf begann, kam es lange zu keiner Entscheidung, denn die Gegner waren einander voll gewachsen. Schließlich dachte Witege dem Streit ein Ende zu machen und hieb mit voller Wucht auf Dietrichs Helm ein – er vertraute auf Mimung, dem kein Stahl widerstand. Da zerbrach ihm das Schwert in der Hand, und nun war er wehrlos. Dietrich aber war in schweren Zorn geraten, und als sein Gegner wehrlos vor ihm stand, wollte er ihm das Haupt abhauen. Da trat Hildebrand dazwischen und bat Dietrich, er möge seinen tapferen Gegner schonen. Dieser aber wies ihn schroff zurück und bedrohte ihn selbst mit dem Tod, wenn er nicht ablasse, für

Witege zu bitten. Da war Hildebrands Geduld zu Ende. Er berichtete mit kurzen Worten, dass er das Schwert Witeges vertauscht und diesen dadurch in schweren Nachteil gebracht habe. Nun aber gebe er den Mimung seinem rechten Herren zurück, und Dietrich möge zusehen, wie er sich seiner erwehre. Kaum aber war der Mimung in Witeges Hand, da wendete sich das Blatt, denn Dietrichs Rüstung hielt dem von Wieland geschmiedeten Schwert nicht stand. Der Mimung schlug Dietrich eine schwere Wunde nach der anderen, und schließlich bat dieser Hildebrand um seine Vermittlung, damit Witege den Kampf einstelle.

Der schwer gekränkte Held wollte jedoch davon nichts wissen, und als König Dietmar selbst, der dem Kampf zusah, sich ins Mittel legte, antwortete ihm Witege, nun solle es Dietrich so ergehen, wie dieser es vorher ihm zugedacht habe. Immer schwerer wurde es diesem, sich Witeges und seines Schwertes zu erwehren, sein Helm flog ihm in Stücken vom Haupt, und so war er schutzlos seinem Gegner preisgegeben. Als Hildebrand ihn in dieser äußersten Gefahr sah, sprang er dazwischen und bat Witege, vom Kampf abzulassen. Erst seiner Bitte fügte sich Witege. Die beiden Gegner schlossen Frieden und wurden bald gute Freunde, und Witege wurde Dietrichs Gefolgsmann. – Noch andere Helden kamen nach Bern, so der kühne Dietlieb und der starke Wildeber, und Dietrichs Ruhm gründete sich bald nicht nur auf seine Taten, sondern auch darauf, dass die besten Helden sich in seinem Gefolge zusammenfanden.

Dietrichs Kampf gegen Ecke und Fasold

Auf der Burg Jochgrim in Tirol wohnte die Königin Seeburg mit ihren beiden Schwestern. Einst waren die drei Brüder Ecke, Fasold und Ebenrot dort zu Gast und rühmten Dietrichs Tapferkeit bei seinem Kampf gegen Grim und Hilde. Die drei Brüder waren ihrer Herkunft nach Riesen, doch hatten sie sich der Lebensweise der Menschen zugewandt, und besonders Eckes Streben ging danach, Ruhm und Ehre zu erwerben. Er meinte, wenn es ihm gelinge, Dietrich von Bern im Kampf zu besiegen, dann werde sein Name noch heller strahlen als der seines Gegners.

Seeburg hatte ebenso wie ihre Schwestern aufmerksam dem Gespräch gelauscht und nun ergriff sie das Wort. Sie klagte darüber, dass sie Dietrich nie gesehen habe, und rief aus, ihr sehnlichster Wunsch sei, ihn von Angesicht zu Angesicht kennen zu lernen; gehe dieser Wunsch nicht in Erfüllung, so könne sie an nichts mehr Freude haben.

Diese Worte bestärkten Ecke in seinem Entschluss. Er versprach, Dietrich aufzusuchen und aufzufordern, mit ihm nach Jochgrim zu reiten. Wolle dieser sich nicht gutwillig fügen, so werde er ihn dazu zwingen.

Vergeblich warnte ein alter, fahrender Mann Ecke vor seinem Vorhaben. Der Riese wurde von Seeburg mit Rüstung, Helm, Schild und Schwert prächtig ausgerüstet und brach sogleich auf. Zu Fuß trat er die weite Reise an, denn kein Ross war imstande, ihn zu tragen. In ungestümer Eile stürmte er durch den Wald, sodass Vögel und Tiere erschreckt aufhorchten und vor ihm flohen, nur aus der Ferne sahen sie ihm verwundert nach.

Als es Abend wurde, fand Ecke bei einem Einsiedler Unterkunft, am nächsten Morgen aber ging es weiter nach Bern. Dort fragte er vergeblich nach Dietrich, der ohne Begleiter die Wälder Tirols aufgesucht hatte. Zuerst warnte Hildebrand den Riesen, gegen Dietrich zu kämpfen. Da Ecke aber seinen Rat ausschlug, wies er ihm den Weg, auf dem er Dietrich treffen könne. Ohne Rast ging es nun weiter und wirklich traf Ecke auf Dietrichs Spur. Unter einer Linde sah er einen todwunden Mann liegen, der ihm berichtete, er sei mit drei Gefährten vom Rhein ausgeritten. Sie seien einem Reiter begegnet, der auf goldenem Schild einen Löwen als Wappen geführt habe. Der Fremde habe seine Weggesellen erschlagen und ihn selbst zu Tode verwundet. Ecke ließ sich den Weg weisen und versprach dem Sterbenden, ihn zu rächen. Bis zur Nacht währte es, bis er Dietrich erreichte. Er forderte ihn sogleich auf, mit ihm zusammen Jochgrim aufzusuchen oder sich ihm zum Kampf zu stellen. Dietrich wollte davon nichts wissen und mahnte Ecke, von seinem Vorhaben zu lassen. Eckes Entschluss war unabänderlich und so begann mitten in der Nacht der Kampf.

Weithin hallte der Waffenlärm durch den Wald, denn beide Gegner waren sich bewusst, dass es um Ehre und Leben ging. Schon glaubte Ecke, der Sieg sei ihm sicher, und forderte Dietrich auf, sich zu ergeben und ihm nach Jochgrim zu folgen. Dieser dachte aber nicht daran, und auch eine schwere Wunde, die ihm Ecke schlug, ließ ihn nicht verzagen. Er nahm jetzt erst recht alle Kraft zusammen, und schließlich gelang es ihm, Ecke zu Boden zu zwingen. Vergeblich forderte er ihn auf, sich ihm gefangen zu geben, doch Ecke wollte lieber sterben. Auch Dietrich, der aus vielen Wunden blutete, war am Ende seiner Kraft; er wusste, wenn er seinen Gegner losließe, so wäre es um ihn selbst geschehen. So blieb ihm keine Wahl: Er tötete den Besiegten und schlug ihm das Haupt ab; dann tauschte er dessen Rüstung gegen seine eigene, die der lange Kampf zu weiterem Dienst untauglich gemacht hatte, und band das Haupt des toten Gegners an den Sattelbogen; er gedachte damit nach Jochgrim zu reiten und den drei Frauen dort vorzuhalten, welches Unheil sie damit angerichtet hätten, dass sie Ecke zu diesem verderblichen Abenteuer angestiftet hatten.

Als er so durch den Wald ritt, kam er zu einer Linde, die sich über einer Quelle erhob; dort lag schlafend eine schöne Frau im Gras. Dietrich sprang vom Ross und beugte sich über die Schlafende, die im selben Augenblick erwachte. Dietrich bat sie um Vergebung, weil er sie geweckt habe, sie aber antwortete, dass sie ihm nicht zürne. Sie sprach ihn mit seinem Namen an: »Woher kommst du, Herr Dietrich? Und wer hat dir so schwere Wunden geschlagen? Doch sei getrost, ich will dich in kurzer Frist heilen!«

Nun erzählte Dietrich von seinem Kampf gegen Ecke, sie aber verband ihm seine Wunden und gab ihm eine Büchse mit Salbe; wer sich damit bestreiche, setzte sie hinzu, werde in kurzer Frist wieder heil. Dietrich erkannte wohl, dass die Frau, die ihn beim ersten Anblick mit Namen genannt und ihm ein so wunderbares Heilmittel geschenkt hatte, nicht menschlicher Abkunft war; er vertraute ihr seine Absicht an, nach Jochgrim zu reiten, und fragte sie, wie es ihm dabei ergehen werde. Da antwortete sie, er werde hart zu kämpfen und manche Not zu ertragen haben; doch werde er alle Gefahren bestehen.

Als Dietrich weiterritt, hörte er eine Frauenstimme klagen. Gleich darauf kam in eiligem Lauf eine Jungfrau, die auf seinen Anruf antwortete, Fasold jage sie wie ein Wild. Gleich darauf stürzten zwei Jagdhunde herbei, doch schützte Dietrich die Verfolgte und hob sie auf sein Ross, die Hunde aber fesselte er. Fasold stieß ins Horn, dass es weithin schallte; als er sah, dass Dietrich seine Hunde gebunden und die Jungfrau zu sich aufs Ross genommen hatte, fragte er zornig, wie er sich unterstehen könne, ihm sein Wild zu nehmen. Er setzte aber geringschätzig hinzu, er wolle nicht gegen den kampfmüden Dietrich streiten, da damit wenig Ehre zu gewinnen sei; und als dieser verlangte, er möge ihn samt der Jungfrau seines Weges ziehen lassen, gestand ihm Fasold dies zu, drohte ihm aber zugleich, wenn er sich wieder vor ihm blicken lasse, sei es um ihn geschehen.

Dietrich war aber, von Kampf und Wunden erschöpft, zu matt, um noch weiterreiten zu können. Es war längst Abend geworden, und so stieg er vom Ross und legte sich zur Ruhe, während die Jungfrau seinen Schlaf behütete. Sie wusste eine Wurz im Wald, die suchte sie und gab sie Dietrich zu essen, worauf er sich sogleich wunderbar erfrischt fühlte.

Kaum war es Morgen geworden, da rief die Jungfrau ängstlich, sie höre Fasold und seine Hunde. Sie eilte, sich im Wald zu verbergen, aber Fasold hatte sie alsbald erreicht. Sie schrie laut auf. Sofort eilte Dietrich herbei, um sie zu befreien. Nach hartem Kampf musste sich Fasold ergeben und Dietrich schwören, ihm nicht mehr zu schaden. Als Dietrich aber vom Kampf des Vortages gegen einen Helden sprach, dem er seine Rüstung abgenommen habe, sah Fasold genauer hin und erkannte, dass Dietrich die Rüstung seines Bruders Ecke trug. Er sah aber zugleich, dass sie unversehrt war, und rief, Dietrich habe Ecke gewiss nicht in ehrlichem Kampf besiegt – das sehe er an der Rüstung. Beide gerieten in Zorn, und der Kampf zwischen ihnen begann aufs Neue, doch unterlag Fasold abermals. Dietrich schonte ihn aber nochmals, zumal die Jungfrau für ihn bat; beide nahmen von ihr Abschied und ritten gemeinsam weiter, um Jochgrim aufzusuchen.

Unterwegs hatte aber Dietrich noch manchen harten Kampf zu bestehen. Zuerst griff ihn Eckenot, einer von Eckes Rittern, an, doch endete der

Kampf mit Eckenots Tod. Absichtlich führte Fasold Dietrich zur Behausung von Eckes Mutter und Schwester, die dem Riesengeschlecht angehörten wie auch Ecke und Fasold; als sie hörten, dass Dietrich Ecke getötet habe, griffen sie ihn wütend an, und nur mit Mühe konnte sich Dietrich der beiden erwehren, die in ihrem rasenden Zorn Baumstämme aus dem Boden rissen und damit auf ihn losschlugen.

Dietrich ahnte wohl, weshalb ihn Fasold gerade diesen Weg geführt habe, doch ließ er ihn großmütig die Hinterlist nicht entgelten. Der bezwungene Gegner missbrauchte aber immer wieder die Nachsicht, die der Held ihm erwies, und als sie zu einer Burg am Weg kamen, suchte er ihn wieder zu verraten. Dort waren zum Verderben der Wanderer zwei Bildsäulen aufgestellt, deren Berührung den Tod brachte. Fasold wusste Dietrich zu überreden, er müsse die Bildwerke berühren, und als dieser ahnungslos dem Rat folgte, entging er gerade noch dem Tod. Nun war seine Geduld zu Ende; er erschlug Fasold und zog seines Weges, bis er nach Jochgrim kam. Er gedachte aber nicht, dort zu verweilen, denn er zürnte den drei Frauen schwer, dass sie aus nichtigem Grund Ecke zum Kampf gegen ihn ausgesandt hatten, bei dem er selbst fast das Leben eingebüßt hätte, während sein Gegner den Tod fand. Er warf den erschrockenen Frauen Eckes Haupt vor die Füße und trat ohne Verzug den Rückweg an. Bei einem Bauern kehrte er zur Rast ein, und dort traf ihn der treue Hildebrand, der voll Besorgnis ausgezogen war, um ihn zu suchen. Freudig begrüßte er seinen Herrn und gemeinsam ritten die beiden nach Bern zurück.

Der Rosengarten zu Worms

Dietrichs siegreicher Kampf gegen Ecke, der bis dahin noch jeden Gegner überwunden hatte, und nicht weniger der gefahrvolle Ritt nach Jochgrim mehrte seinen Ruhm, der sich durch so manche kühne Tat immer weiter steigerte. Als Dietrich hörte, dass Königin Virginal, deren Reich im Gebirge lag, von einem Riesen hart bedrängt werde, eilte er ihr zu

Der Rosengarten. Die Dietrichsage versetzt den wunderbaren, mit herrlichen Rosen erfüllten und von einem Seidenfaden umhegten Garten, dessen Herr der Zwergenkönig Laurin ist und den niemand ungestraft verletzen darf, nach Tirol. Das sich bis zur Höhe von 3000 Metern erhebende Gebirge der Südtiroler Dolomiten östlich von Bozen, das die Westseite des Fleimsertales begleitet, heißt Rosengarten. Dorthin wurde das von der Sage berichtete Geschehen verlegt. In der mittelalterlichen Sage und Dichtung gibt es zahlreiche Belege für die Vorstellung von einem paradiesischen Gefilde und dessen Herrn oder Herrin. (Vergleiche auch Kriemhild als Herrin des Wormser Rosengartens.)

Hilfe. Mühe- und gefahrvoll war der Weg, aber dank seiner treuen Gefährten wurde er aller Nöte Herr und befreite Virginal von ihrem Feind. Selbst-
los hatte er ihr Beistand geleistet, denn niemand, der schuldlos in Bedrängnis gekommen war, rief ihn vergebens um Hilfe an.

Sein Ruf drang auch nach Worms am Rhein, wo damals König Gibeche
herrschte. Er hatte drei Söhne und eine schöne Tochter, Kriemhild genannt,
um die Sigfrid von Niederland warb. Unübertrefflich war die gewaltige
Kraft des Helden, der selbst Löwen lebendig fing. Kriemhild verlangte danach, zu erproben, ob ihr Verlobter oder Dietrich von Bern der Stärkere sei,
und so suchte sie es dahin zu bringen, dass die beiden sich vor ihren Augen
im Kampf messen sollten. Sie besaß einen wunderbaren Garten voll der
herrlichsten Rosen, den niemand betreten durfte. Ein seidenes Band nur
umhegte ihn, aber zwölf starke Helden behüteten ihn, darunter außer König
Gibeche und dessen Söhnen Gernot und Gunther der starke Hagen und dessen bester Freund Volker, Walther von Wasgenstein, der Held, der einst bei
König Etzel als Geisel gewesen war, und Sigfrid, der Beste von allen.

Kriemhild sandte eine zahlreiche Schar edler Männer als Boten nach Bern,
um Dietrich von Bern samt zwölf seiner Gefolgsmänner zum Kampf nach
Worms zu laden. Als Lohn winkte dem Sieger ein Kranz von Rosen und
dazu Kriemhilds Umarmung und Kuss.

Als die Boten zu Bern ihren Auftrag ausgerichtet hatten, wollte Dietrich die
Einladung unwirsch abweisen. Hildebrand jedoch, der den Ritt gerne unternommen hätte, stimmte ihn um, und so wurden die Boten mit der Zusage
entlassen, Dietrich werde sich zur gestellten Frist zu Worms einfinden.
Dann beriet Dietrich mit Hildebrand, wer die Reise nach Worms mitma-
chen solle, damit er und die Seinen dort ehrenvoll bestünden; denn er wusste wohl, dass König Gibeches Mannen im Kampf nicht leicht zu besiegen
waren. Die Auswahl war bald getroffen, doch riet Hildebrand, auch seinen
Bruder Ilsan, der ins Kloster gegangen und Mönch geworden war, für die
Fahrt zu gewinnen – denn Ilsan war ein starker und kühner Mann, dem
kaum jemand im Kampf gewachsen war. Wirklich gelang es, für Ilsan
Urlaub zu erwirken, und unter Führung des erfahrenen Hildebrand ritt

Dietrich mit seinen Gefährten nach Worms, wo die Schar am elften Morgen anlangte. Im Angesicht der Stadt schlug Dietrich sein Lager auf, und sowohl König Gibeche als auch Kriemhild selbst hießen Dietrich dort willkommen. Zwar zürnte Dietrich noch immer über die Herausforderung und ließ dies Kriemhild auch wissen, aber sie sorgte für reiche Bewirtung der Gäste, mit denen eine Waffenruhe von neun Tagen vereinbart wurde; erst am zehnten Tag sollten die Kämpfe beginnen.

Als die Frist verstrichen war, trat als erster Kämpfer Dietrichs Vetter Wolfhart gegen den Riesen Pusold an; aber wie stark dieser auch war, sodass es ihm sogar gelang, seinen Gegner einmal zu Boden zu schlagen, behielt Wolfhart zum Schluss doch den Sieg und schlug dem Riesen das Haupt ab. Im nächsten Kampf büßte Ortwin, der Bruder Pusolds, durch Sigestab sein Leben ein, und voll Rachedurst trat Schrutan, der Onkel der beiden, gegen Heime auf den Plan. Obwohl dieser, klein von Wuchs, sich zuerst gesträubt hatte, gegen den Riesen zu kämpfen, zeigte er dann doch seine ganze Kraft. Schrutan, der ihn wegen seiner kleinen Gestalt verspottet hatte, musste eine schwere Wunde nach der andern hinnehmen und verlor schließlich ebenso sein Leben wie seine beiden Neffen. Mit Entsetzen sah Gibeche, welch schlimme Wendung der Kampf nahm, und noch einmal sandte er einen Riesen zum Kampf, Asprian, der gleichzeitig mit zwei Schwertern zu kämpfen wusste. Ihn sollte Witege bestehen, der sich dessen zuerst ebenso weigerte wie Heime und dem alten Hildebrand bittere Vorwürfe darüber machte, dass gerade er ein solches Ungeheuer bestehen solle. Auch er erfüllte aber schließlich seine Pflicht, und obwohl ihm der Riese mit seinen beiden Schwertern hart zusetzte, gewann ihm sein Schwert Mimung doch den Sieg. Er verwundete Asprian so schwer, dass dieser sein Heil in der Flucht suchte, und so war der Sieg auf Witeges Seite, obgleich ihm sein Schild in Stücke gehauen worden war.

Studenvuhs vom Rhein war der Held, den Gibeche zum nächsten Kampf gegen Ilsan entsandte. Verächtlich sah der Wormser auf das Mönchsgewand seines Gegners, und Kriemhild mit ihren Frauen, die dem Kampf zusahen, lachten über den sonderbaren Kämpfer. Aber sobald der Streit begonnen hatte, wurden sie mit Schrecken gewahr, was für ein furchtbarer Gegner der Mönch war. Studenvuhs entging mit knapper Not dem Tod, der Siegespreis aber musste Ilsan zuerkannt werden.

Mit bitterer Enttäuschung hatte König Gibeche Niederlage um Niederlage seiner Helden mit ansehen müssen. In seiner Not wandte er sich an Walther von Wasgenstein, einen der besten Helden seiner Zeit, denn von ihm erhoffte er eine Wendung zum Guten. Walther antwortete ihm ernst: »Als ich dich davor warnte, Dietrich und seine Helden zum Kampf herauszufordern, da schaltest du mich und nanntest mich einen Feigling. Ich aber habe vorhergesehen, wie es enden würde, denn ich weiß gar wohl, wie stark Dietrich und die Seinen sind. Nun aber will ich dich in deiner Not nicht im Stich lassen und deinem Ruf folgen.« Als sein Gegner wurde Dietleib, der Sohn des berühmten Helden Biterolf, bestimmt. Dietleib war noch jung an Jahren, und Walther warnte ihn davor, gegen ihn zu kämpfen. »Noch bist du nicht zum Mann erwachsen«, rief er ihm zu, »und kannst mich nicht bestehen! Lass dir raten und steh von einem Kampf ab, der einen bösen Ausgang nehmen muss!« Aber gerade dadurch reizte er Dietleib nur noch mehr, und alsbald begann der härteste Kampf, den dieser Tag bisher gesehen hatte. Die beiden Gegner waren einander ebenbürtig, Schilde und Helme wurden zerspalten, doch keinem von beiden neigte sich der Sieg zu. »Keiner wird hier siegen«, sagte Hildebrand zu Kriemhild, »und nicht eher wird der Kampf zu Ende sein, als bis sie beide den Tod finden. Darum mache dem Streit ein Ende und gestehe ihnen beiden den Sieg zu!« Diesem Rat folgte Kriemhild und so empfing Walther ebenso wie Dietleib den Siegespreis. Beide wurden nun für immer gute Freunde.

Die nächsten Gegner waren Volker von Alzey und Ortwin, einer der tapfersten Helden Dietrichs. Noch keinem Gegner war Volker in seinem Leben unterlegen, vor Ortwin aber musste er schließlich die Flucht ergreifen, und Kriemhild musste diesem den Sieg zugestehen. Im nächsten Kampf musste selbst der kühne Hagen von seinem Gegner Eckehart eine schwere Wunde hinnehmen und seine Niederlage zugeben, und auch den Königssöhnen Gernot und Gunther war im Kampf gegen Helmschrot und Amelolt kein

Sieg beschieden. Voll Gram sah Gibeche Niederlage um Niederlage der
Seinen, und als er selbst gegen Hildebrand antrat, wurde er von diesem zu
Boden gestreckt, sodass man ihn vom Kampfplatz tragen musste.

Nun waren nur noch zwei Helden übrig, die besten auf beiden Seiten: Sigfrid von Niederland und Dietrich von Bern. Dietrich wusste wohl, dass es
um seine Ehre ging, aber Sigfrid zu besiegen schien ihm unmöglich. Denn
dieser besaß nicht nur eine herrliche Rüstung, sondern auch das Schwert
Balmung, das nirgends seinesgleichen fand, und vor allem schien er unverwundbar; denn die Hornhaut, die einst nach dem siegreichen Drachen-
kampf seinen ganzen Leib überzogen hatte, schützte ihn besser als seine
herrliche Rüstung. Er verweigerte daher den Kampf, und so kam es zwischen ihm und Hildebrand, der ihn an seine Pflicht mahnte, zu einem
schweren Streit, der damit endete, dass Hildebrand durch einen Schlag mit
der flachen Klinge zu Boden gestreckt wurde. Der Zorn, in den Dietrich geraten war, siegte nun aber über alle Bedenken; er ritt gegen Sigfrid an, und
nun erhob sich ein harter Kampf, bei dem keiner der Gegner die Oberhand
gewinnen konnte. Hildebrand beobachtete voll Sorge Dietrich und meinte,
dieser sei noch nicht zornig genug. Er griff daher zu einer List und trug
Wolfhart auf, er möge Dietrich zurufen, der Schwertstreich, mit dem er
Hildebrand niedergestreckt habe, sei tödlich gewesen.

Als Dietrich diese Botschaft empfing, wandelte sich sein ganzes Wesen. In
furchtbarem Zorn drang er auf Sigfrid ein, und Feuer schoss aus seinem
Mund. Die Hitze brachte den Niederländer in schwerste Bedrängnis, Dietrich hieb mit unwiderstehlicher Kraft auf ihn ein, und schließlich blieb
Sigfrid keine Rettung mehr als die Flucht. Von Dietrich verfolgt, suchte er
Schutz bei Kriemhild, zu deren Füßen er erschöpft niedersank; sie warf
ihren Schleier über ihn und rettet ihm so das Leben. Noch wollte Dietrich
nicht von ihm ablassen, und es hätte ein böses Ende genommen, wäre nicht
Hildebrand herbeigeeilt: »Nun, da du den schönsten Sieg erfochten hast«,
rief er seinem Herren zu, »bin auch ich wieder zum Leben geboren!«

Als Dietrich den Totgeglaubten lebendig vor sich stehen sah, legte sich sein
Zorn; Kriemhild aber, die vor Scham über Sigfrids Niederlage fast verge-

hen wollte, musste dem Berner Helden den Siegespreis gewähren. Damit war der Kampf zu Ende, aber auch mit Kriemhilds Rosengarten war es für immer vorbei. Nun, da seine Hüter im Kampf unterlegen waren und seine Unantastbarkeit nicht mehr beschirmen konnten, hatte er seinen Sinn verloren. Stolz über ihren Sieg ritten Dietrich und die Seinen nach Bern zurück. Ilsan aber begab sich wieder in sein Kloster – ungern gesehen von den Brüdern, die von dem kampfgewohnten Mönch so manche Unbill ertragen mussten.

König Laurin

Stolz über Sieg und Ruhm saß Dietrich von Bern, umgeben von seinen Gefolgsmännern, in seiner Halle zu Bern beim Mahl, und Witege pries ihn als untadeligen Helden, der nirgends seinesgleichen finde. Freudig hörte Dietrich dieses Lob, und alle stimmten jubelnd ein – nur einer schwieg, Hildebrand. Dann aber nahm er das Wort: »Hast du schon von den Zwergen gehört, Dietrich, die tief im Inneren der Berge wohnen, und weißt du, was es bedeutet, gegen sie zu kämpfen? Versuche es – und wenn du den Sieg erringst, dann werde auch ich sagen, dass Witege die Wahrheit gesprochen hat!« Verwundert verlangte Dietrich nach genauerer Kunde, und nun begann Hildebrand zu erzählen: »Ich weiß einen Zwerg, Laurin genannt, der ist nicht größer als drei Spannen; und doch hat er so manchem, der dreimal größer war als er, Hand und Fuß abgeschlagen. Er ist König über alle Zwerge und ein kühner Mann. In Tirol hat er seinen Rosengarten, den umhegt statt der Mauer nur ein seidener Faden. Doch wehe dem, der dieses Band zerreißt! Laurin übt dafür furchtbare Rache – er nimmt dem Frevler den rechten Fuß und die linke Hand.«

Als Dietrich diese Worte gehört hatte, beschloss er sogleich, mit seinen Mannen aufzubrechen. Glücklich kamen die Helden nach Tirol und fanden auch den Rosengarten, der voll wunderbarer Schönheit vor ihnen lag. Staunend sahen sie auf das herrliche Werk Laurins, das Menschenhände nie hätten schaffen können. Witege war der Erste, der den Zauber brach. Unbekümmert brach er in den Garten ein und zerschlug und zerstampfte die Rosen. Kaum aber hatte er sein Zerstörungswerk begonnen, da war auch schon Laurin zur Stelle. Der Zwergenkönig trug eine prachtvolle Rüstung und auf dem Helm eine goldene Krone, ein wahres Wunderwerk: Denn auf der Krone saßen künstliche Vögel, die sich bewegten, als lebten sie, und einen herrlichen Gesang ertönen ließen. Witege wusste diese Erscheinung nicht zu fassen. Dietrich aber ahnte sogleich, wer da gekommen war, und rief Witege zu, er möge sich zum Kampf bereithalten.

Laurin aber fragte zornig: »Wer hat euch hierher gerufen und warum zertretet ihr meine Rosen? Nun müsst ihr schwere Buße zahlen – denn jeder von euch muss diese Untat mit dem rechten Fuß und der linken Hand bezahlen!« Vergeblich gab sich Dietrich als der Fürst von Bern zu erkennen und suchte ihn zu beschwichtigen, und als er Gold und Silber als Buße bot, lachte der Zwerg nur. »Gold habe ich mehr als ihr – damit werdet ihr euren Frevel nicht sühnen können. Wenn du ein Fürst bist – warum hast du mir solchen Schaden getan und nicht vorher Fehde angesagt?« Voll Verachtung sah Witege auf den Zwerg herab und rief ihm höhnische Worte zu. Da forderte ihn dieser als Ersten zum Kampf heraus. Witege nahm die Herausforderung an, aber schon beim ersten Zusammenprall stach ihn Laurin vom Ross und warf sich über ihn, um ihm Hand und Fuß zu nehmen. Rasch trat Dietrich dazwischen, um seinen Gefolgsmann zu schützen. Auf Hildebrands Rat kämpfte er zu Fuß und hieb mit dem Schwertknauf auf Laurin ein – denn nur so, hatte der erfahrene Alte gesagt, könne er Laurin besiegen. Wirklich brachte er seinen Gegner in arge Bedrängnis, da zog Laurin eine Tarnkappe hervor und streifte sie über, sodass er plötzlich vor Dietrichs Augen verschwand. Unsichtbar hieb er jetzt mit aller Kraft auf diesen ein und bedrängte ihn hart, denn Dietrich vermochte sich so seiner Hiebe nicht zu erwehren und auch ihn selbst nicht zu treffen. Da gelang es ihm, so wie Hildebrand es ihm geraten hatte, seinen Gegner mit den Armen zu packen und mit ihm zu ringen. Dabei zerriss Laurins Gürtel, der diesem die Stärke von zwölf Männern verliehen hatte. Jetzt war es mit der Kraft des Zwergen vorbei, und Dietrich, der in schweren Zorn geraten war, wollte ihn töten. Da rief dieser Dietleibs Hilfe an: »In meiner Gewalt ist deine Schwester – nun hilf mir und rette mich vor dem Tod!« Dietleib wusste wohl, dass seine Schwester Künhild plötzlich verschwunden war. Laurin hatte sie, durch seine Tarnkappe unsichtbar gemacht, überrascht und zu sich in den Berg entführt, wo die Zwerge ihr dienten; denn obgleich sie sich Laurins Wunsch widersetzt hatte, sein Weib zu werden, bot dieser doch alles auf, um ihr das Leben im Berg zu verschönen.

Dietleib bat Dietrich wirklich, er möge Laurin schonen, und als dieser nichts davon hören wollte, kam es zu einer harten Auseinandersetzung zwischen beiden, die nur durch Hildebrands Eingreifen ein glimpfliches Ende fand. Laurin wurde das Leben geschenkt, Dietrich und die Seinen schlossen mit ihm Frieden und wurden nun von dem Zwerg in sein Reich im Berg eingeladen. Der Weg dorthin führte über einen herrlichen Anger, und als die Gäste in den Berg eingetreten waren, wurden sie auf das Beste bewirtet. Auch sonst tat Laurin alles, um sie zu unterhalten, es gab manche Kurzweil, und am besten gefiel es den Fremden, als die Zwerge vor ihnen Kampfspiele aufführten. Auch Künhild, Dietleibs Schwester, kam herbei und begrüßte Dietrich und seine Helden. Dietleib fragte sie, ob sie mit ihrem Los im Berg zufrieden sei. Da antwortete sie, dass sie ein herrliches Leben führe und dass ihr jeder Wunsch sogleich erfüllt werde. Trotzdem aber war ihr das Wohnen im Berg zuwider, und sie wünsche sehnlich, wieder hinaus ans Licht, in die Welt der Menschen zu kommen.

Laurin allerdings ahnte nichts von ihrer Sehnsucht, und so eröffnete er ihr, dass für ihn nunmehr die Stunde der Rache für den Frevel im Rosengarten und für seine Niederlage gekommen sei. Künhild fürchtete um das Leben der Gäste und nahm Laurin das Versprechen ab, keinen von ihnen zu töten. Er hielt dieses Versprechen, doch ließ er Dietrich und dessen Mannen ein betäubendes Mittel in den Trunk mischen, und als sie darauf in tiefen Schlaf versanken, wurden sie gefesselt und in einen tiefen Kerker geworfen.

Als Dietrich sich beim Erwachen gefesselt sah, geriet er in furchtbaren Zorn über den Verrat, den Laurin an ihm verübt hatte; Flammen schlugen

aus seinem Mund und verbrannten die Fesseln. So war er frei und löste auch
die Bande seiner Gefährten. Den Kerker aber vermochte er nicht zu öffnen,
und so mussten alle bis zum vierten Morgen dort verbleiben.

Dietleib war von seinen Gefährten getrennt worden und lag in einer beson-
deren Kammer gefangen. Aus ihr befreite ihn Künhild; sie gab ihm einen
Ring, mit dessen Hilfe er die Zwerge sehen konnte, und dann trug sie ihm
auch seine Waffen zu. Sie wies ihm den Kerker, in dem Dietrich mit seinen
Gefährten eingeschlossen war, und Dietleib befreite sie und gab ihnen ihre
Waffen. Sobald Laurin merkte, was geschehen war, rief er sogleich seine
Zwerge zum Kampf herbei, aber diese vermochten gegen die Helden nichts
auszurichten, und so kam es dahin, dass Laurin gefangen genommen wurde. Dietrich gedachte ihn wegen seiner Treulosigkeit zu töten, doch baten
Künhild, Dietleib und Hildebrand für ihn, sodass Dietrich beschloss, ihn
gefangen nach Bern zu führen. Auch Künhild konnte den Berg verlassen
und kehrte froh zu den Ihren zurück. Mit Laurin aber versöhnte sich Dietrich; er schloss mit ihm einen festen Bund und ließ ihn sodann in den Berg
zurückkehren.

Noch so manche andere Taten verrichtete Dietrich in dieser frohen Zeit seiner Jugend, und manchmal entging er nur mit knapper Not dem Tod, der
ohne die Hilfe des treuen Hildebrand sein Los gewesen wäre. So geriet er
einmal in die Gewalt des Riesen Sigenot, der an Dietrich für den Tod seines
Bruders Grim Rache nehmen wollte. Er warf Dietrich in einen tiefen Abgrund, der ihm als Verlies diente, und der Held hätte dort elend zugrunde
gehen müssen, hätte nicht Hildebrand den Riesen in hartem Kampf getötet
und seinen Herrn aus seiner furchtbaren Lage befreit.

Die frohe Zeit, in der Dietrich unbekümmert seinem Tatendrang folgen
konnte, nahm aber ein Ende, als sein Vater Dietmar starb. Dietrich war sich
seiner Pflichten gegen Land und Leute wohl bewusst und führte die Herrschaft so, dass er überall geachtet und geliebt wurde. Bald aber brachen
schwere Tage für ihn an; sein Onkel Ermenrich, der nun allein noch von den
drei Brüdern am Leben war, die einst das Reich untereinander geteilt hatten, brach den Frieden, um Dietrich seines Vatererbes zu berauben.

König Ermenrich

Lange Jahre hatte König Ermenrich von Rom aus sein Reich in Frieden und mit Gerechtigkeit beherrscht. Das war vor allem das Werk eines treuen Ratgebers, genannt Sibeche. Als jedoch Sibeche einmal im Dienst des Königs für einige Zeit verritten war, fügte Ermenrich dessen Weib schwere Unbill zu. Sie klagte ihrem Gatten nach dessen Heimkehr ihr Leid. Sibeche aber sprach: »Bis auf diesen Tag habe ich König Ermenrich treu gedient und man nannte mich daher den treuen Sibeche. Nun aber will ich der ungetreue Sibeche werden.« Er befahl seiner Frau, sich so zu stellen, als ob sie wegen der erlittenen Schmach nicht weiter zürne, und er selbst ließ mit keinem Wort erkennen, dass er von dem Geschehenen erfahren habe. So war Ermenrich sorglos und meinte, Sibeche habe von dem Vorfall gar nichts gehört. In Wirklichkeit aber gedachte Sibeche, furchtbare Rache zu nehmen und das gesamte Haus des Königs auszurotten. Auf seinen Rat wurde Friedrich, der Sohn des Königs, weit hinweg ins Land der Wilzen gesandt, um von diesem Volk Schatzung zu erheben. Über die Grenzfestung des Wilzenlandes gebot aber ein Blutsverwandter Sibeches; an ihn sandte dieser heimlich einen Boten, der die Ankunft des Königssohnes ankündigte und den Rat überbrachte, man möge ihn überfallen und töten. Und so verlor Friedrich sein Leben.

Als dieser Anschlag gelungen war, sann Sibeche auf das Verderben der Neffen Ermenrichs, der Harlunge. Ihnen hatte ihr Vater Diether nicht nur den Breisgau und die feste Burg Breisach hinterlassen, sondern auch unermessliche Schätze. Durch ein geschicktes Lügengewebe verdächtigte Sibeche die Harlunge, dass sie ein wildes, zügelloses Leben führten und dass nicht einmal die Königin vor ihnen sicher sei. Gleichzeitig aber sprach er immer wieder davon, wie gut es wäre, wenn Ermenrich das Land der beiden Brüder selbst besitze, und dass jede Sorge von ihm genommen sei, wenn er sich des Schatzes der Harlunge bemächtigen könne. Es währte nicht lange, da hatte Sibeche sein Ziel erreicht. Plötzlich, ohne dass die Harlunge auch nur ahnten, was ihnen bevorstehe, zog Ermenrich mit Heeresmacht vor Breisach, als der treue Hüter der Brüder, Eckehart, gerade abwesend war, nahm im Handstreich die Burg und ließ die eigenen Neffen eines schmachvollen Todes am Galgen sterben. Burg und Land nahm er selbst in Besitz, vor allem aber bemächtigte er sich des reichen Schatzes, der so groß war, dass man nichts davon merkte, wenn selbst ein ganzes Heer aus ihm mit reichen Gaben beschenkt wurde.

Dietrichs Flucht

Bisher waren Sibeche alle Anschläge geglückt und nun gedachte er auch Dietrich von Bern zu verderben. Er stellte Ermenrich vor, nun sei es Zeit, auch Dietrich ums Leben zu bringen, denn dann werde es keinen mehr geben, der ihm zu schaden vermöge. Er riet Ermenrich, er möge vorgeben, dass er einen weiten Heereszug unternehmen müsse; er solle Dietrich bitten, in der Zwischenzeit nach Rom zu kommen und das Land zu verwalten. So könne er Dietrich leicht in seine Gewalt bekommen und töten.

Sibeches Plan war klug ersonnen, denn er wusste, dass Dietrich ohne Arg war und keine Feindseligkeit von Ermenrich erwartete. Als Witege und Heime, die miteinander Freundschaft geschlossen hatten, eines Tages vor ihren Herrn traten und ihn baten, er möge sie ziehen lassen, denn sie gedächten nun, da sie ihm schon lange und treu gedient hätten, zu König Ermenrich zu ziehen, um auch dort einmal ihr Glück zu versuchen, erfüllte er ihren Wunsch. Er hatte zwar durch Eckehart gehört, wie es den Harlungen ergangen war, aber er dachte nicht daran, dass auch ihm durch Ermenrich Gefahr drohe.

Dieser billigte Sibeches Plan, und Randolt wurde dazu ausersehen, die Einladung an Dietrich zu überbringen. Bevor Randolt sich aber auf den Weg machte, nahm ihn Sibeche beiseite und eröffnete ihm, was der wahre Zweck der Einladung war – er meinte wohl, Randolt werde sich nun doppelt bemühen, Dietrich nach Rom zu locken. Darin aber täuschte er sich schwer. Denn Randolt ließ zwar nicht merken, dass er den geplanten Verrat verabscheue, aber schon unterwegs warnte er Sabene, der an Dietrichs Stelle in Raben herrschte, und als er nach Bern gekommen war, richtete er wohl seinen Auftrag genau so aus, wie man es ihn geheißen hatte. Als er dies jedoch getan hatte, setzte er hinzu: »Willst du nun meinen Rat hören, Dietrich, so wisse, dass du Land und Leben verlierst, wenn du nach Rom reitest. Ermenrich sinnt auf deinen Tod! Darum sieh dich vor und bleib hier! Denn das, was ich dir gesagt habe, ist die lautere Wahrheit.«

Diese Worte bewogen Dietrich, die Einladung auszuschlagen, und Randolt eilte zurück zu Ermenrich nach Rom, wo er den Misserfolg seiner Sendung verkündete. Dann aber verließ er Ermenrich, weil er dem verräterischen König nicht länger dienen wollte. Dieser rüstete sogleich ein Heer und fiel in Dietrichs Land ein, aber es kam anders, als er gedacht hatte. Denn Dietrich hatte noch rechtzeitig seine kampferprobten Mannen aufbieten können, und als die beiden Heere zusammenstießen und die Schlacht entbrannte, erlitt Ermenrich eine schwere Niederlage.

Trotz seines Sieges war Dietrich in schweren Sorgen, denn nun fehlte es ihm an den Mitteln, sein tapferes Heer zu belohnen. Da bot ihm einer seiner Vasallen, Berhtram genannt, einen reichen Schatz an, den er nur holen lassen müsse, und darauf sandte Dietrich sieben seiner Helden unter der Führung Hildebrands aus, um das Gold herbeizuschaffen. Von dieser Fahrt aber erfuhr Ermenrich, und auf seinen Befehl überfiel eine von Witege und Heime geführte Schar von fünfhundert Mannen die Boten, als sie schon den Rückweg angetreten hatten. So konnte sich Ermenrich des Schatzes bemächtigen, Dietrichs Boten aber wurden von der Übermacht trotz ihrer tapferen Gegenwehr gefangen genommen; nur Dietlieb entrann und brachte die böse Nachricht von dem Geschehenen nach Bern.

Dietrich setzte alles daran, um seine Getreuen aus der Gefangenschaft zu befreien, aber Ermenrich stellte die Bedingung, Dietrich müsse sein Land für immer räumen, wenn er die Gefangenen je wieder sehen wolle. Wenn er darauf nicht eingehe, so werde er sie alle töten lassen. Nun stand Dietrich vor einer furchtbaren Wahl: Er musste entweder sein Land aufgeben und es der Willkür Ermenrichs überlassen oder seine treuesten Mannen, die das

Unglück in seinem Dienst ereilt hatte, dem Tod überantworten. Alle redeten ihm zu, er möge Ermenrichs Forderung abweisen und die Gefangenen ihrem Schicksal überlassen; zu hoch sei der Preis, der für ihr Leben bezahlt werden müsse. Nach hartem Gewissenskampf siegte in Dietrich die Treue zu seinen Gefolgsmannen, die so oft für ihn ihr Leben eingesetzt hatten. Als man ihn drängte, er möge doch nicht um einiger weniger willen seine Herrschaft opfern, rief er: »Wäre auch nur ein einziger gefangen – ehe ich ihn töten ließe, gäbe ich alles auf, was ich habe!«

Dietrich ließ Ermenrich ausrichten, dass er seine Forderungen erfüllen und ihm sein Land übergeben wolle. Als daraufhin Ermenrich nach Bern zog, ging ihm Dietrich vor die Stadt hinaus entgegen, neigte sein Haupt vor ihm und bat ihn, er möge seiner Blutsverwandtschaft gedenken und ihm wenigstens Bern lassen. Aber Ermenrich wies seine Bitte sogleich zurück und rief ihm zu, wenn er sich nicht sogleich auf den Weg mache, lasse er ihn am nächsten Baum aufhängen. Nicht einmal sein Ross durfte Dietrich behalten, er musste seine Wanderung zu Fuß antreten.

Ihm schlossen sich die Gefolgsmänner an, die Ermenrich nun wirklich in Freiheit setzte, und nachdem Hildebrand von seinem Weib Ute Abschied genommen hatte, der er die Sorge für sein Söhnchen Hadubrand überlassen musste, bewegte sich der düstere Zug aus der Stadt Bern hinaus.

Dietrich schlug die Straße nach Gran ein, das zum Reich des Hunnenkönigs Etzel führte. Als er in Gran Herberge genommen hatte, kamen dorthin zufällig gerade Helche, Etzels Gattin, und Markgraf Rüdeger von Bechelaren. Als dieser hörte, dass Dietrich von Bern gekommen sei, suchte er ihn sogleich auf und beugte das Knie vor ihm. Dietrich aber sprach: »Steh auf, ich bin ein armer Mann!« Er berichtete Rüdeger, welches Unheil ihn getroffen hatte, dieser aber führte ihn der Königin Helche zu, die den Flüchtling freundlich willkommen hieß. Rüdeger sorgte dafür, dass Dietrich und die Seinen reichlich mit Rossen, Kleidern und Geld ausgestattet wurden, und als bald darauf König Etzel in Gran einritt, nahm ihn dieser gastfreundlich auf und versprach ihm Hilfe, damit er sein Land zurückerobern könne. So lebte Dietrich nunmehr als geachteter Gast in König Etzels Reich, inmitten seiner Gefolgsmänner, denen dieselbe Gastfreundschaft zuteil wurde wie ihm selbst. Sie lohnten sie durch ihre Tapferkeit, denn sie zogen bei den Heerfahrten des Hunnenkönigs stets mit ins Feld.

An Etzels Hof lebte auch Herrad, eine Verwandte der Hunnenkönigin Helche, und als die beiden eine tiefe Neigung zueinander fassten, wurde Herrad mit Dietrich vermählt.

Die Rabenschlacht

Trotzdem konnte Dietrich sein Land nicht vergessen und immer wieder befiel ihn Trauer um die verlorene Herrschaft. Helche merkte seine düstere Stimmung genau und ließ durch Rüdeger deren Grund erforschen. Als sie erfuhr, dass Dietrich um sein verlorenes Land traure, mahnte sie Etzel an sein Versprechen, Dietrich zu helfen, damit er sein ihm entrissenes Vatererbe wieder zurückgewinnen könne. Dieser zögerte nicht, sein Versprechen zu erfüllen, und war bereit, Dietrich mit zahlreicher Mannschaft und reichen Schätzen zu unterstützen.

Während mit aller Entschiedenheit die Vorbereitungen für den Kriegszug getroffen wurden, hatte Helche einen schweren Traum: Ein wilder Drache entführe ihr ihre beiden Söhne.

Schon war das Heer versammelt und stand zum Abmarsch bereit, da baten Etzels Söhne Scharf und Ort ihre Mutter, sie möge sie mit gegen Bern ziehen lassen. Helche scheute sich aber vor der Gefahr und schlug ihnen ihre Bitte ab. Während sie noch die beiden, die sich nicht so leicht zufrieden gaben, zu beschwichtigen versuchte, trat Etzel selbst, begleitet von Dietrich, ins Gemach. Als er hörte, wovon gesprochen wurde, erklärte er, davon könne nie die Rede sein, dass seine noch unerfahrenen Söhne in die Gefahren eines solchen Unternehmens gebracht werden dürften. Die beiden ließen jedoch nicht ab, zu bitten, und schließlich mischte sich auch Dietrich in das Gespräch. Er bat, die Knaben seinem Schutz anzuvertrauen, er werde sie beschützen und überdies einen Helden bestellen, der nie von ihrer Seite weichen dürfe. Noch immer zögerte Etzel, denn er fürchtete Ermenrichs Ränke. Da bat auch Helche, die Dietrichs Wort voll vertraute, Etzel möge die Teilnahme ihrer Söhne erlauben, und schließlich gab auch er nach. Froh rüsteten sich die beiden Königssöhne für die Fahrt und ritten wohlgemut nach kurzem Abschied im Heereszug dahin.

Als Dietrich nach Lamparten kam, da zeigte es sich, dass man ihn in der Heimat nicht vergessen hatte und dass die Landeskinder mit treuer Liebe an ihm hingen. Eine stattliche Zahl von Helden versammelte sich in kurzer Zeit um ihn und gab ihm davon Kunde, dass Ermenrich mit einem großen Heer bei der Stadt Raben lagere. Dietrich entschloss sich sogleich, ihn dort anzugreifen, und zog auf Raben zu. Auf den Rat Rüdegers, der die Heerfahrt mitmachte, bestellte er zum Hüter von Etzels Söhnen den kühnen Elsan und beschwor ihn, sie vor jeder Gefahr zu behüten. »Es ist meine Ehre, die ich dir anvertraue«, sprach er, »und du musst mir mit deinem Leben dafür bürgen, dass ihnen kein Unheil widerfährt! Lass sie niemals allein reiten, wohin immer es sei, und weiche nicht von ihnen!« Auch seinen Bruder Diether überließ er Elsans Schutz; dieser blieb mit den drei Jünglingen in der Stadt Bern zurück, deren Tore sich für den rechtmäßigen Herren bereitwillig geöffnet hatten.

Als das Heer abgezogen war, baten Etzels Söhne Elsan, er möge sie vor die Stadt reiten lassen; sie würden bald wieder zurückkehren. Elsan aber gedachte seines Auftrags und schlug ihre Bitte ab. Sie ließen jedoch nicht ab, in ihn zu dringen, und da erklärte er schließlich, er selbst werde sie begleiten. Als sie das hörten, warteten sie nicht ab, bis Elsan sich für den Ritt gerüstet hatte; gemeinsam mit Diether schwangen sie sich auf ihre Rosse und ritten zur Stadt hinaus. Unwissentlich gerieten sie auf die Straße nach Raben, die sie verfolgten, ohne sich um Elsan zu kümmern. Dieser war den Jünglingen alsbald nachgeritten. Sie waren aber schon außer Sicht, denn ein starker Nebel war eingefallen, und auch sein Rufen nützte nichts. So blieb alles Suchen vergeblich. Schließlich schlug aber auch Elsan den Weg nach Raben ein, denn er fürchtete, seine Schützlinge seien absichtlich dem Heer nachgeritten.

Diese waren den ganzen Tag ihres Weges gezogen, bis die Nacht hereinbrach und sie zwang, im Freien zu lagern. Als sie am frühen Morgen wieder
aufbrachen und im steigenden Morgendunst, der sich langsam verzog, die
Landschaft erkennen konnten, freuten sie sich über deren Schönheit. Da be-
gegneten sie einem einzelnen Reiter, in dem Diether Witege erkannte. Er
wusste, dass dieser einst seines Bruders Gefolgsmann gewesen, dann aber
in Ermenrichs Dienst getreten war und Dietrich schweren Schaden getan
hatte – war er es doch gewesen, der die Mannen Dietrichs überfallen und
gefangen genommen hatte. Sogleich beschloss er, alles Leid seines Bruders
an ihm zu rächen, und die Etzelsöhne waren gerne bereit, ihm beizustehen.
Als Witege die drei Gefährten erblickte, fragte er sie, ob sie etwa zu Dietrichs Heer gehörten. Diether bejahte die Frage und überhäufte Witege sogleich mit schweren Vorwürfen wegen seiner Treulosigkeit. Er forderte ihn
zum Kampf heraus und zugleich ritten alle drei Gesellen mit gezückten
Schwertern gegen ihn an. Witege aber gelüstete es nicht nach diesem
Kampf, denn er war sich dessen wohl bewusst, welch schweren Schaden er
Dietrich schon zugefügt hatte; er wollte seine Schuld nicht noch vergrößern
und mahnte vom Kampf ab. Seine Worte verhallten aber fruchtlos, ja, sie
reizten nur den Zorn seiner Gegner, und Etzels Sohn Scharf begann als
Erster den Kampf. Er war dem erprobten Helden nicht gewachsen, und so
währte es nicht lange, bis er tot vom Ross stürzte. Um den Bruder zu
rächen, wandte sich nun Ort, der zweite Sohn Etzels, gegen Witege. Doch
war er ebenso wie Scharf gar nicht zum Kampf gerüstet und trug nur leichte
Sommerkleider. So traf auch ihn nach kurzem Streit das Todeslos. Nun war
noch Diether allein übrig, der vergeblich versucht hatte, Ort zu helfen. Nun,
da er den Tod seiner Gefährten hatte mit ansehen müssen, war sein Zorn auf
das Äußerste gestiegen, und Witege hatte gegen ihn trotz Diethers Jugend
harten Stand. Auch scheute er sich davor, Dietrichs Bruder zu töten, denn er
wusste gar wohl, dass er dessen unversöhnlichen Zorn zu erwarten hatte. So
mahnte er auch noch während des Kampfes zum Frieden, aber Diether
wollte davon nichts hören und setzte seinen Gegner mit schweren Streichen
zu, die diesen zwangen, sich zu wehren. So erfüllte sich schließlich auch

Diethers Geschick: Sterbend sank er zu Boden. Voll Entsetzen sah Witege, was er angerichtet hatte. Er warf sich über den Toten und küsste seine Wunden, und gerne, hätte er es vermocht, hätte er Diether wieder ins Leben zurückgerufen. Er ahnte, dass er nun nirgends in der Welt vor Dietrichs Rache sicher sei, und versuchte den unseligen Ort zu verlassen. Aber seine Kraft war erschöpft und er sank neben seinen toten Gegnern zu Boden; alsbald befiel ihn einer Ohnmacht gleich tiefer Schlaf.

Während sich das Schicksal Diethers und der Etzelsöhne vollzog, wurde vor der Stadt Raben eine schwere Schlacht geschlagen. Als Dietrichs Heer vor der Stadt des Gegners ansichtig geworden war, wurde Halt gemacht, und Hildebrand wies Dietrich die Fahnen und Schildzeichen der Feinde und nannte ihm die Namen der Helden, die sie trugen. Als dann der Kampf begann, tobte er zuerst lange Zeit unentschieden, bis es Dietrich schließlich doch gelang, den Widerstand von Ermenrichs Scharen zu brechen. Mit dem Heer flohen auch Ermenrich und sein Ratgeber Sibeche; diesen aber holte Eckewart ein, der Hüter der Harlunge, der auf Dietrichs Seite mit in den Kampf gezogen war. Er wusste wohl, dass Sibeches Rat den Tod der Harlunge verschuldet hatte, und dafür wollte er jetzt Rache nehmen. Er packte ihn und band ihn quer auf sein Ross. So führte er ihn durch das Heer und kündigte ihm an, dass ihm der Tod am Galgen bevorstehe.

In seiner Siegesfreude vergaß Dietrich nicht, für die Pflege der Verwundeten und die Bestattung der Toten zu sorgen, denn der lange und harte Kampf hatte viele Opfer gefordert. Da sah er, wie eben Elsan auf die Walstatt geritten kam. Er fragte ihn sogleich, wo er die Jünglinge gelassen habe, die seinem Schutz anvertraut waren, und erhielt von Elsan die Antwort, er habe sie verloren. Über diese Kunde brach er in laute Klage aus, denn er fürchtete Schlimmes, und wirklich – im selben Augenblick erreichte ihn die Nachricht, dass die beiden Königssöhne und Diether erschlagen auf der Heide lägen. Sogleich ritt Dietrich an die Stelle, die man ihm wies, und als er dort die Toten sah, verfluchte er in jähem Schmerzensausbruch den Tag seiner Geburt und rief aus, nun habe er für immer seine Ehre verloren. Nichts wünsche er mehr für sich als den Tod.

Als er sich dann gefasst hatte und die Wunden der Toten untersuchte, erkannte er an ihnen den Täter: Denn solche Wunden vermochte nur das
Schwert Mimung zu schlagen, und Witege war es, der dieses Schwert führte. Nun wurde das Verlangen nach Rache übermächtig in ihm, sodass er gar
keinen anderen Gedanken mehr zu fassen vermochte. Kurz bevor er aber an
die Todesstätte gelangt war, war Witege aus seinem Schlaf erwacht, hatte
sein Ross bestiegen und wollte entweichen. Fast wäre ihm das gelungen, da
sah ihn Rüdeger, der den Berner begleitet hatte, über die Heide reiten und
zeigte ihn Dietrich. Dieser sprang sogleich auf sein Ross Falke und eilte
dem Fliehenden nach. Er rief ihm zu, er möge sich zum Kampf stellen, aber
Witege wagte es nicht, ihm entgegenzutreten, und spornte sein Ross
Schemming zu immer schnellerem Lauf. Zwar gesellte sich sein Neffe Rienold zu ihm und mahnte ihn, um seiner Ehre willen gemeinsam mit ihm den
Kampf gegen Dietrich aufzunehmen, aber Witege wollte davon nichts
hören. Da rief Rienold: »Mich soll man nicht um das Römische Reich und
nicht um alles Gold der Griechen flüchtig finden.« Er stellte sich Dietrich
entgegen und griff ihn mutig an.
Der Berner führte weder Speer noch Schild und Helm, in solcher Eile war
er zum Kampf aufgebrochen. Seinem rasenden Zorn aber konnte Rienold
nicht widerstehen, nur kurz dauerte der Kampf, und es war um ihn geschehen. Dietrich nahm sogleich die Verfolgung wieder auf und mahnte Witege
an seine Pflicht, den Erschlagenen zu rächen. Witege jedoch war von so
furchtbarem Schrecken erfüllt, dass er nicht an das Gebot der Ehre, sondern
nur noch an seine Rettung dachte und alles Heil auf die Schnelligkeit seines
Rosses setzte. Wie sehr er dieses aber auch anfeuerte, der Abstand zwischen
Witege und seinem Verfolger ward immer kleiner, und Dietrich hoffte, bald
werde er seinen Feind eingeholt haben. Denn Witeges Flucht ging geradezu
in der Richtung auf das Meer, das schon ganz nahe war, sodass es ihm Ein-
halt gebot. Witege verzweifelte an seiner Rettung – da kam sie im letzten
Augenblick. Aus den Fluten erhob sich eine Meerfrau; das war Waghild,
seine Urahne. Sie nahm den letzten Sprossen ihres Geschlechtes in ihre Arme und zog ihn samt seinem Ross mit sich hinunter auf den Meeresgrund.

So war er der Rache Dietrichs entrückt, der vergeblich seinem Feind so weit nachritt, dass die Wogen bis an den Sattelbogen reichten. Er musste umkehren und wartete am Strand, ob sein Feind wieder auftauche. Nichts zeigte sich über der weiten Flut, und Dietrich musste erkennen, dass Witege seiner Rache für immer entzogen war.

So war der Sieg über Ermenrich bitter vergällt, und obgleich es Dietrich gelang, auch die Stadt Raben selbst noch einzunehmen, war ihm doch bewusst, dass alle diese Erfolge durch den Tod der Königssöhne ihren Sinn verloren hatten. Er wusste, dass ihm nach den harten Verlusten, die auch die hunnischen Scharen getroffen hatten, nichts anderes übrig blieb als die Rückkehr zu Etzel. Gerade diese aber durfte er nicht wagen, denn die Königssöhne, für die er sich verbürgt hatte, lagen bei Raben im Grab. In dieser Not bat er Rüdeger um seinen Beistand; er sollte Helche berichten, wie es zugegangen war, und ihre Verzeihung erwirken.

Rüdeger, der Dietrichs Unglück tief empfand, nahm das schwere Amt wirklich auf sich, Helche den Tod ihrer Söhne zu verkünden und vor ihr für Dietrichs Unschuld einzutreten. Zusammen mit Helferich, der diesem als Erster den Tod der Königssöhne verkündet hatte, trat er den Ritt nach Gran an. Aber kurz bevor sie an Helches Hof kamen, hatte der Königin ein anderes Zeichen das Unheil angekündigt, das ihre Kinder getroffen hatte. Denn die Rosse Scharfs und Orts hatten, ihrer Herren ledig, allein den Weg in die Heimat gesucht und gefunden. So wie sie vom Kampfplatz kamen, die Sättel gerötet vom Blut ihrer Herren, liefen sie vor Helches Palast. Bei ihrem Anblick sagte Helche, von unheilvoller Ahnung erfüllt, zu ihren Frauen, die beiden Rosse glichen denen ihrer Söhne und sie fürchte schlimme Nachricht. Während sie noch so im Gespräch verweilte, trat Rüdeger ein. Sogleich fragte sie ihn nach ihren Söhnen, ihn aber übermannte der Schmerz, und er brach statt einer Antwort in Tränen aus. Als er dann endlich Worte gefunden hatte, berichtete er die volle Wahrheit, Helche aber begann laut zu klagen und verwünschte Dietrich, ja, sie verdächtigte ihn, der an all dem Unglück die Schuld trage, des Verrates. Selbst auf ihre eigene Verwandte Herrad, Dietrichs Gattin, übertrug sie ihren Zorn; sie wies sie, die herbeige-

eilt war, um sie zu trösten, mit harten Worten hinweg. Rüdeger ließ sich jedoch nicht davon abschrecken, Dietrich den Freundschaftsdienst zu leisten,
den er ihm versprochen hatte. Er antwortete: »Du tust Dietrich unrecht, Königin, denn er trägt an allem, was geschehen ist, keine Schuld. Auch er
selbst ist schwer getroffen, denn zugleich mit deinen Söhnen hat auch sein
Bruder Diether durch Witeges Hand den Tod gefunden. Und doch – weit
mehr als um den Tod des eigenen Bruders hat er um Scharf und Ort geklagt!« Er bat Helche auch zu bedenken, dass es ein schwerer Verlust für
das Hunnenreich sei, wenn es Dietrich entbehren müsse. Seine Worte ver-
fehlten ihre Wirkung nicht, und als er zu erzählen begann, wie furchtbar
Dietrich beim Anblick der Toten gelitten habe und dass er in seinem
Schmerz geklagt habe, wie er das noch niemals erlebt habe, da reuten Helche die harten Worte. Sie bedachte auch das Leid, das ihm selbst durch den
Tod seines einzigen Bruders widerfahren war, und trug Rüdeger auf, er möge Dietrich ausrichten, dass sie ihm nicht mehr zürne.
Bald darauf trat Etzel ein und fragte Rüdeger, wie der Kriegszug ausgegangen sei, vor allem aber, wie es seinen Söhnen ergehe. Wortlos wendete sich
Rüdeger ab – da wusste Etzel, was geschehen war. Laut und ungestüm war
seine Klage über den Tod seiner Erben, und Helche musste ihn mahnen,
nicht Maß und Ziel zu verlieren. Da aber wandte sich Etzel auch gegen sie:
»Du warst es, die dazu geraten hat«, rief er, »ich möge beide mit nach Bern
ziehen lassen! Wehe aber über Dietrich, der mir sein Wort verpfändet hat,
dass er beide Söhne heil wieder in die Heimat bringen werde!«
Da beteuerte Rüdeger Dietrichs Unschuld. »Wohl behütet«, sagte er, »hat
Dietrich deine Söhne zugleich mit seinem Bruder unter Elsans Schutz in
Bern zurückgelassen, als er zum Kampf gegen Raben zog. Mit seinem Kopf
bürgte ihm Elsan dafür, dass keinem der Jünglinge ein Leid geschehe, und
mit dem Leben büßte er seine Schuld: Mit eigener Hand hat ihm Dietrich
das Haupt abgeschlagen! Der Frevler aber, der das alles verschuldet hat,
weilt nicht mehr auf Erden, denn nirgends vermochte er sich vor Dietrichs
Zorn zu bergen als auf dem Meeresgrund.« Er bat, Etzel möge dem vom
Schicksal geschlagenen Dietrich seine Huld wieder schenken.

So eindringlich sprach Rüdeger, dass Etzels Zorn sich besänftigte. Der Hunnenkönig war während der Erzählung des Markgrafen ruhiger geworden, er erwog die Größe von Dietrichs Unglück, aber er erkannte auch, dass dieser alles getan hatte, um Scharf und Ort vor Unheil zu bewahren, und dass nur eine unglückselige Fügung, gegen die er machtlos gewesen war, das Zusammentreffen seiner Söhne mit Witege bewirkt hatte. So sprach er den so schwer Getroffenen von jeder Schuld frei.

Rüdeger eilte nach Bern, wo Dietrich ungeduldig auf ihn wartete, und überbrachte ihm die Nachricht, dass Etzel und Helche ihm den Tod ihrer Kinder nicht anrechnen wollten. Sogleich brach Dietrich auf und ritt nach Etzelburg, der Residenz des Hunnenkönigs. Dort angekommen, neigte er sich vor Etzel bis zum Boden und sagte, nun möge der König sein Leid an ihm rächen und ihn töten. Als Helche diese Erniedrigung des Helden sah, erbarmte sie sich Dietrichs, sodass sie in Tränen ausbrach. Etzel aber hob ihn auf, nannte ihn schuldlos und versicherte ihn seiner Huld.

So war der Heereszug, auf den Dietrich alle seine Hoffnung gesetzt hatte, durch die Tücke des Geschickes vergeblich gewesen, und der unglückliche König durfte nicht hoffen, so bald wieder in sein Land zurückzukehren.

Dietrichs Heimkehr

Jahr um Jahr lebte nun Dietrich an Etzels Hof, geachtet und geehrt seiner Hilfe im Krieg und seiner Tapferkeit wegen, aber auch wegen seiner Weisheit im Rat. Seine Gefolgsmänner hielten ihm dauernd die Treue, allen voran Hildebrand, der nun freilich schon bejahrt war, dessen Mut und Kraft aber immer noch die vieler, weit Jüngerer übertrafen. Gewaltiges geschah in der Zeit, während der Dietrich beim Hunnenkönig verweilte: Frau Helche starb, und Etzel freite um Kriemhild, die Schwester Gunthers, die erfüllt war von Rachedurst gegen die Mörder ihres Gatten Sigfrid, vor allem gegen Hagen von Tronje. Als der Burgundenkönig von ihr ins Land gelockt worden war und samt allen seinen Mannen in einem Heldenkampf, der ohne Beispiel war, den Tod fand, war es Dietrich, der König Gunther und Hagen im letzten Kampf überwand. Er hatte aber vorher noch schwerstes Leid zu ertragen: Wider seinen Auftrag und gegen ihren eigenen Willen waren seine Getreuen in die Kämpfe hineingezogen worden, und sie alle verloren das Leben – nur einer blieb ihm, der alte Hildebrand.

Trüb und trostlos war für Dietrich fortan das Leben im Hunnenland und auch der Lebensmut König Etzels war gebrochen. Seine besten Mannen, vor allem Markgraf Rüdeger, waren in den Kämpfen gegen die Burgunden gefallen. Noch mehr schmerzte es ihn, dass sein einziger Sohn, der ihm von Kriemhild geschenkt worden war und dem nach dem Tod Scharfs und Orts seine Hoffnung galt, durch Hagens Schwert den Tod gefunden hatte.

So hielt Dietrich nichts mehr bei Etzel zurück. Nur ein einziger Wunsch war ihm geblieben, die Rückkehr in die Heimat, denn er wusste wohl, dass dort noch immer treue Freunde auf ihn warteten. Etzel traf es schwer, als ihm Dietrich seine Absicht verkündete, in seine Heimat zurückzukehren. Er bat ihn zu bleiben – denn wie wolle er so allein sein Reich wiedergewinnen? Dietrich aber antwortete, er wolle nun wieder in der Heimat herrschen oder sein Leben verlieren, und als ihm Etzel vorschlug, er möge noch verweilen, denn er wolle ihm ein Heer zur Hilfe stellen, lehnte er es ab. Er nahm Abschied von Etzel, und nur begleitet von seiner Gattin Herrad und dem treuen Hildebrand trat er den Weg nach Bern an.

Manche Gefahren waren schon auf der Reise zu bestehen. Feinde versperrten den Weg, denn sie gedachten eines alten Sippenzwistes, überdies aber wussten sie, dass Frau Herrad einen großen Schatz mitführte, das Erbe, das ihr die Königin Helche hinterlassen hatte, und gerade darauf hatten sie es abgesehen. An Dietrichs und Hildebrands Tapferkeit scheiterte jedoch der Angriff der übermächtigen Gegner, von denen die meisten tot auf dem Kampfplatz blieben, während die Überlebenden flohen.

Die drei Reisegefährten konnten nun ihren Weg ungehindert fortsetzen, bis sie zu einer Burg kamen, in der Herzog Ludwig, ein treuer Freund Dietrichs, mit seinem Sohn Konrad wohnte. Beide begrüßten ihren König voll Freude, aber Dietrich lehnte ihre Einladung ab; denn er hatte geschworen, dass er kein Dach über seinem Haupt haben wolle, ehe er in seiner Stadt Bern angelangt sei. So schlug er draußen im Wald sein Zelt auf, Hildebrand aber sollte allein erkunden, wie es im Land stehe. Er begab sich auf den Weg nach Bern. Von Herzog Ludwig hatte Dietrich wichtige Neuigkeiten erfahren. König Ermenrich war gestorben, und da er keinen Erben hinterlassen hatte, war einer seiner Räte an seine Stelle getreten. Über Bern herrschte Hildebrands Sohn Hadubrand, der schon lange keine Kunde mehr von seinem Vater erhalten hatte; nur das Gerücht war zu ihm gedrungen, Hildebrand sei längst im Kampf gefallen. Hadubrand wollte aber die Stadt Bern nicht an den Emporkömmling ausliefern, der sich der Herrschaft über Ermenrichs Reich bemächtigt hatte, denn er hoffte auf die Heimkehr Dietrichs, des rechtmäßigen Herrn.

Als Hildebrand so seines Weges ritt, kam ihm ein stattlicher Reiter in prächtiger Rüstung entgegen, der den Fremden misstrauisch betrachtete. Da Hildebrand zum Kampf gerüstet war, argwöhnte der andere, er wolle ihn etwa überraschend anfallen, und ohne dass es zu einem Wortwechsel gekommen war, ritten sie beide zum Kampf gegeneinander an. Beider Speere zersplitterten am Schild des anderen, worauf sie von den Rossen sprangen und zu Fuß den Schwertkampf begannen. Keiner konnte aber dem anderen einen Vorteil abgewinnen, und schließlich wurden sie so müde, dass sie rasten mussten. Hildebrands Gegner verlangte, der andere möge ihm seinen Namen nennen und ihm seine Waffen ausliefern – dann wolle er ihm das Leben schenken. Darüber lachte Hildebrand nur und verlangte seinerseits von seinem Gegner dasselbe, worauf dieser voll Zorn sogleich den Kampf erneuerte. Aber wie hitzig sie auch einander angriffen, keiner von ihnen konnte einen Vorteil erringen, und wieder mussten sie rasten.

Nochmals verlangte Hildebrands Gegner, dieser möge ihm seinen Namen sagen und seine Waffen ausliefern, aber Hildebrand wies dieses Ansinnen so ab wie das erste Mal, und schließlich fragte er den anderen, ob er etwa aus der Sippe der Wülfinge sei – denn so hieß Hildebrands Geschlecht. Der andere leugnete jedoch und schlug mit höchster Erbitterung auf Hildebrand ein, dem er aber nichts anhaben konnte. Schließlich erhielt er selbst eine schwere Wunde am Bein und rief Hildebrand zu: »Hier hast du mein Schwert, denn ich sehe ein, dass ich mich deiner nicht mehr länger erwehren kann.« Darauf streckte Hildebrand die Hand aus, um das Schwert seines Gegners zu empfangen – doch im selben Augenblick hieb dieser nach ihm und versuchte ihm die Hand abzuhauen. »Ein Weib hat dich diesen Schlag gelehrt!«, rief da Hildebrand zornig, drang auf den andern ein und warf sich über ihn, setzte ihm das Schwert an die Brust und sprach: »Nun nenne mir Namen und Geschlecht, oder es geht dir ans Leben!«

»Nie werde ich dir meinen Namen sagen«, antwortete der andere, »und an meinem Leben liegt mir nichts mehr, da ein so alter Mann mich überwunden hat.« Hildebrand aber hatte längst geahnt, dass sein Gegner kein anderer war als sein eigener Sohn Hadubrand, und so sprach er: »Noch einmal – willst du dein Leben behalten, so sage, ob du Hadubrand bist – denn ich selbst heiße Hildebrand!« So hatte Hildebrand zuerst seinen Namen genannt, und nun gab sich auch sein Gegner als Hadubrand zu erkennen.

Da war es mit der Feindschaft zu Ende. Vater und Sohn begrüßten einander froh und ritten gemeinsam nach Bern, wo Frau Ute voll Freude das Wiedersehen mit ihrem Gatten feierte, von dem sie vor so vielen Jahren hatte Abschied nehmen müssen. An der Spitze seiner Mannen ritt nun Hadubrand aus dem Tor und suchte den Wald bei der Burg des Herzogs Ludwig auf, wo er freudig Dietrich willkommen hieß. Von Hadubrand und seinen Mannen geleitet, trat nun Dietrich den Weg nach Bern an, wo sich die Kunde von der Heimkehr des Helden rasch verbreitet hatte. Voll Freude zog ihm das Volk hinaus vor die Tore entgegen, und Jubel scholl dem nach so langen Jahren in sein Reich heimgekommenen König entgegen.

Nun sammelte sich rasch ein mächtiges Heer um Dietrich, überall im Land gingen die Burgen zu ihm über, und als es zur Schlacht gegen den Höfling kam, der sich gegen alles Recht die Herrschaft angemaßt hatte, verlor dieser sein Leben. Nach diesem Sieg war niemand mehr da, der Dietrich die Herrschaft über das ganze Reich streitig gemacht hätte, denn er war der einzige Überlebende seines Geschlechtes, und so wurde er auch in Rom zum König ausgerufen.

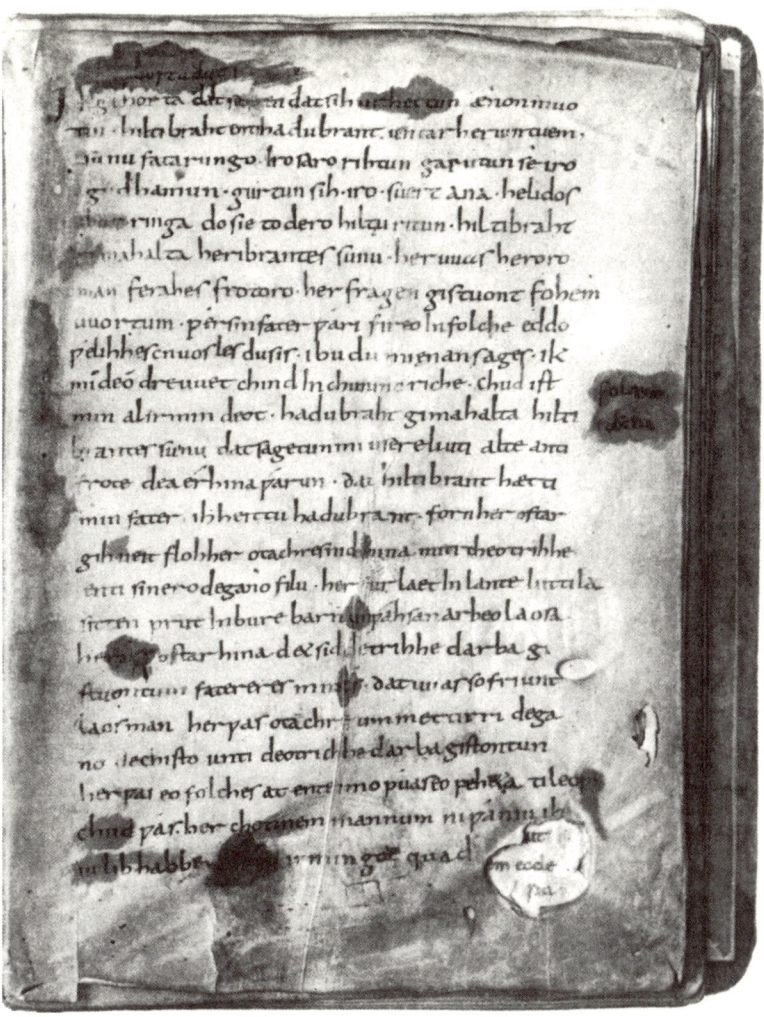

Das einzige erhaltene Denkmal der Heldendichtung in althochdeutscher Sprache sind zwei beschädigte Pergamentblätter mit dem unvollständigen Text des Hildebrandliedes. Die Dichtung wurde um die Wende vom 8. zum 9. Jahrhundert n. Chr. geschrieben und berichtet – offenbar im Zusammenhang mit der Heimkehr Dietrichs und Hildebrands – von dem Zusammentreffen zwischen Vater und Sohn und – nach einem Rückblick auf Dietrichs Flucht – von dem durch Hildebrands Misstrauen erzwungenen Zweikampf der beiden. Der Beginn des Zweikampfes ist noch erhalten, der Schluss mit dem tragischen Ausgang ist verloren. Die Schrift, in welcher das in stabreimenden Langversen verfasste Werk geschrieben wurde, nennt man karolingische Minuskel (Minuskel = Kleinbuchstabe).

Dietrichs Ausgang

Die harten Jahre der Verbannung hatten Dietrich geläutert und weise gemacht, sodass er sein großes Reich gerecht und klug beherrschte. Wie in früheren Jahren war er stets zur Stelle, wenn es nötig war, Land und Leute zu schützen, und so manche Heldentat wird noch von ihm berichtet, die er im Kampf gegen Untiere und Riesen verrichtete. In hohem Alter, das weit über das den Menschen sonst vergönnte Maß hinausging, starb Hildebrand, der getreueste von allen Mannen Dietrichs, der ihm schon in seiner Jugend treu gedient hatte und dem es vergönnt war, noch im hohen Alter die Heimkehr und den endlichen Triumph seines Herrn zu erleben. Auch für Dietrich selbst kam die Zeit, da er von der Welt Abschied nehmen musste. Schwere Sorgen, so sagt die Geschichte, umdüsterten das Ende seines Lebens, doch starb er so, wie er gelebt hatte, ungebrochenen Mutes, mitten unter Plänen, die der Abwehr der Feinde, der Macht und der Größe seines Reiches galten.

Die Sage aber weiß nichts von seinem Tod, für sie ist der große Gotenkönig nicht gestorben, sondern er wurde lebend in eine jenseitige Welt entrückt. Er wohnt nach alter Überlieferung in einem Berg, umgeben von seinen Getreuen, und zu manchen Zeiten zieht er mit ihnen hinaus in die Welt. Sein Andenken lebte im Volk lange fort, so manches Lied wurde zu seinen Ehren gesungen, und mannigfaltig sind die Überlieferungen, die seine Gestalt umranken. Ein Zwerg, so heißt es, habe Dietrich am Ende seiner Erdentage mit sich hinweggeführt, andere aber sagten, eine Jungfrau, Sälde genannt, die er aus schwerer Bedrängnis durch einen Riesen errettet habe, die Herrin eines wunderbaren Reiches, habe ihn zu sich eingeladen, und dort verbringe er in Freude und Seligkeit seine Tage.

Auch davon berichtet die Sage, dass Dietrichs alte Feindschaft gegen Witege auch dann noch nicht erloschen sei, als zuerst der eine der beiden Gegner, dann der andere diese Welt verlassen musste. Immer wieder, in regelmäßigen Fristen steige Witege aus den Fluten, in denen ihn einst Waghild geborgen hatte, heraus an das Ufer; dort harre schon Dietrich seines alten

Eine Darstellung Dietrichs von Bern aus dem 12. Jahrhundert n. Chr. am Kirchenportal von St. Zeno in Verona. Die von einem breiten Mittelstreifen in zwei Felder geteilte Darstellung zeigt links einen ins Horn stoßenden, von Hunden begleiteten Reiter, der den Hirsch auf dem rechten Feld verfolgt. Der Hirsch eilt auf die Höllenpforte zu, in deren Rahmen ein teuflisches Wesen mit einem Dreizack in der Hand steht. Über der Pforte sieht man die lodernden Flammen des höllischen Feuers. Der Hirsch wird von den Hunden verfolgt, von denen einer sich bereits in seinen Rücken verbissen hat, während der zweite ihn hart bedrängt. Die Inschrift lautet:

O regem stultum,	Törichter König!
petit infernale tributum	Er strebt nach den Gaben der Hölle;
moxque paratur equus,	sogleich wird ihm ein Ross gesattelt,
quem misit d(a)emon iniquus.	das ein böser Geist gesandt hat.
Exit aqua nudus	Nackt steigt er aus dem Wasser
petit infera	(und) sucht die Hölle auf,
non rediturus.	aus der er nie zurückkehren wird.
Nisus equus cervus canis	Falke, Ross, Hirsch und Hund
huic datur	werden ihm gegeben –
hos dat Avernus.	sie sind ein Geschenk der Hölle.

Darüber, dass Dietrich von Bern statt in einen Berg in die Hölle eingegangen sei, berichtet neben anderen Quellen die Thidrekssaga. Als Vorbild für diese Umgestaltung diente eine in der Sammlung »Gesta Romanorum« zum Ausdruck kommende Überlieferung, auf die unsere Darstellung und die ihr beigegebene Inschrift genau zutreffen. Dass sie auf Dietrich von Bern zu beziehen ist, wird durch ihren Standort, nämlich die alte Dietrichstadt Verona-Bern, wo man unter anderem auch »Dietrichs Bad« zeigt, wahrscheinlich gemacht.

Feindes, und sogleich beginne ein furchtbarer Kampf, der so lange währe,
bis ihm die Nacht ein Ende bereite. Keiner der beiden Gegner vermöge aber
den anderen zu besiegen, und so wiederhole sich der Kampf stets aufs
Neue. Noch so manches andere wurde von Dietrich erzählt, und so, wie er
im Leben gegen tückische Feinde zu kämpfen hatte, gab es so manchen, der
auch sein Andenken zu verunglimpfen suchte. Aber so, wie er im Leben
schließlich doch über seine Feinde gesiegt hatte, blieb im Bewusstsein des
Volkes seine Ehre rein und unbefleckt, und der Ruhm des Helden, der stets
nur für sein Recht eingetreten war, der seinen Gefolgsmannen bis zum
äußersten Opfer die Treue gewahrt hatte und immer Schutzherr der Bedrängten gewesen war, lebte in zahlreichen Dichtungen weiter. Bis weit
hinauf in den Norden drang die Kunde von dem großen Gotenkönig, und
noch heute legen davon Runen Zeugnis ab, die, in Stein geritzt, der Bewun-
derung für das tapfere Herz Dietrichs von Bern, aber auch der Erwartung
Ausdruck verleihen, der Held harre, stets gerüstet und bereit, der Zeit, da es
ihm bestimmt sei, zu neuen Taten in diese Welt zurückzukehren.

> Ritt Dietrich, der dreistherz'ge,
> Seevolks Führer, des Südmeers Strand;
> Sitzt nun gerüstet auf seinem Ross,
> Den Schild im Gehäng, der Heerschirmer.

DIE SAGEN VON HILD UND GUDRUN

DIE ALTE SAGE VON HEDIN UND HILD

Vorzeiten herrschte an der Ostsee der mächtige König Högni. Seine Tochter Hild war wegen ihrer Schönheit weithin berühmt; und davon hörte auch König Hedin, Hiarrandis Sohn. Ihm stand eine mächtige, wohlbemannte Flotte zur Verfügung, deren kühne Fahrten überall bewundert wurden; der Ruhm seiner Taten drang auch zu Hilds Ohr. Ihr Vater Högni war stolz auf die Schönheit seiner Tochter, die er so innig liebte, dass er sie keinem Mann als Gattin gönnte. Das Schicksal aber war mächtiger als sein Wille. Obwohl Hild und Hedin einander nie gesehen hatten, erwuchs in ihnen wechselseitig unbezwingliche Liebe, und als einmal Högni sich zu einer Königsversammlung begeben hatte, erschien Hedin mit seinen Schiffen und nahm Hild mit sich fort. Högni erfuhr alsbald, dass Hedin seine Tochter geraubt hatte, sammelte sogleich seine Mannschaft und machte sich an die Verfolgung, um Hild dem Entführer zu entreißen.

Hedin war auf der Insel Hedinsey bei Rügen an Land gegangen, um zu rasten, aber es währte nicht lange, da sah er Högnis Schiffe herankommen. Um den Kampf mit dem Vater seines Weibes zu vermeiden, sandte er Hild zu ihm; sie sollte Högni zu versöhnen suchen und ihm als Sühne ein kostbares Halsband anbieten.

Hild tat wohl nach seinen Worte, aber sie setzte hinzu, wenn Högni auf dieses Angebot nicht eingehen wolle, so habe er keine Schonung zu erwarten, denn Hedin sei zum Kampf gerüstet. Über diese Worte geriet Högni in heftigen Zorn und antwortete mit schroffer Ablehnung. Mit diesem Bescheid

kehrte Hild zu Hedin zurück und erklärte ihm, er müsse sich zum Kampf
bereithalten, da ihr Vater nichts von Versöhnung wissen wolle. Nun stellten
beide Gegner ihre Mannschaft in Schlachtordnung auf, aber bevor es zur
Schlacht kam, rief Hedin seinen Schwiegervater an und bot ihm nochmals
Versöhnung und viel Gold zur Buße an.

Högni aber antwortete: »Zu spät bietest du mir den Frieden an, denn schon
habe ich mein Schwert Dainsleif gezogen, das eines Mannes Mörder werden muss, sooft es aus der Scheide fährt. Sein Hieb verfehlt niemals das
Ziel, und keine Wunde heilt, die es schlägt!«

Da sprach Hedin: »Des Schwertes rühmst du dich, doch nicht des Sieges!
Ich nenne das ein gutes Schwert, das seinem Herrn treu ist!«

Damit begannen sie die Schlacht, die so hart und blutig war, dass sie unter
dem Namen Hiadningavig, das heißt »Kampf Hedins und seiner Mannen«,
in allen Landen berühmt geworden ist. Sie währte den ganzen Tag, und als
es Abend war, gingen die Könige zu ihren Schiffen; Hild jedoch begab sich
auf die Walstatt und erweckte alle Gefallenen zu neuem Leben. Am nächsten Morgen kamen Hedin und Högni wieder auf das Schlachtfeld und begannen ihren Kampf aufs Neue, der wieder bis zum Abend währte.

So ging es nun Tag für Tag. Wenn die Nacht hereinbrach, wurden alle Gefallenen samt ihren Waffen zu Stein, sobald aber der Morgen kam, standen
alle Toten auf, ihre Waffen erhielten wieder ihre alte Beschaffenheit, und
die Schlacht nahm ihren Fortgang. So wird es weitergehen, bis das Ende der
Welt kommt und die Götter vergehen.

GUDRUN

Hagen

In Irland herrschte einst ein mächtiges Geschlecht, das die Macht fest in Händen hielt und weithin berühmt war. Von König Ger und dessen Gattin Ute stammte Sigeband ab, der nach dem Tod seines Vaters die Herrschaft übernahm. Er freite eine Jungfrau aus edlem norwegischem Geschlecht, das sich vor langer Zeit in Schottland niedergelassen hatte, und dieser Ehe entstammte ein Sohn, dem der Name Hagen gegeben wurde.

Als das Kind sieben Jahre alt war, zeigten sich schon seine Neigung zu Waffen und sein Gefallen an ritterlichem Tun. Einst hatte König Sigeband viele Fürsten zu einem großen Turnier geladen, und festliches Treiben herrschte an seinem Hof. Neun Tage schon hatte das Fest gedauert, als ein fahrender Sänger bei Sigeband einkehrte, dessen Kunst alle mit Freuden lauschten. Auch Hagens Erzieher drängten sich unter die Schar der Hörer, und die Wärterin Hagens trat ebenfalls mit ihrem Schützling aus dem Haus, um sich an dem Fest zu erfreuen und wenigstens von fern dem Gesang des Fremden zu lauschen. Die Freude nahm ein jähes Ende. Ein mächtiges Untier, ein Greif, kam geflogen; es war ungeheuer groß, sein Schatten glich einer Wolke; als die Wärterin das Ungeheuer herannahen sah, floh sie entsetzt und überließ den Königssohn seinem Schicksal. Laut schrie Hagen auf, als der Greif ihn mit seinen Klauen packte, aber es gab keine Hilfe für ihn. Der Greif schwang sich hoch in die Luft und schleppte ihn fort.

Trauernd und verstört blieb Sigeband inmitten seiner Gäste zurück, die sogleich aufbrachen, und nur die Königin, die allein trotz ihrem Leid die Fassung bewahrte, mahnte König Sigeband an seine Pflicht, sodass die Gäste geziemend und mit reichen Gastgeschenken entlassen wurden.

Der Greif trug Hagen auf eine ferne Insel, wo er mit seinen Jungen horstete. Ihnen warf er die Beute ins Nest und eines davon ergriff Hagen sogleich. Der junge Greif flog mit ihm von Baum zu Baum, aber seine Kraft reichte nicht aus; er musste hinab auf den Erdboden, und dabei gelang es Hagen zu entkommen. So war er vor dem drohenden Tod gerettet, doch war er durch Hunger arg ermattet und wusste sich nicht zu helfen.

Schon früher hatte der Greif drei Königstöchter geraubt, denen es so wie jetzt Hagen geglückt war, aus seiner Gewalt zu entfliehen. Sie hatten sich in einer Höhle verborgen, wo sie sich von Wurzeln und Kräutern ernährten. Zu ihnen gesellte sich der dem Tod glücklich entronnene Knabe, und die Jungfrauen nahmen sich seiner freundlich an, sodass er mit ihrer Hilfe wieder zu Kräften kam.

Nicht lange danach scheiterte in der Brandung an der Steilküste der Insel ein Schiff. Hagen fand am Strand einen bewaffneten Toten, dessen Rüstung und Waffen er an sich nahm. In diesem Augenblick erspähte ihn der Greif und fiel ihn wütend an. Vergeblich schoss Hagen die Pfeile des eben gewonnenen Bogens nach ihm ab, die harte Haut des Untieres widerstand den Geschossen. Klagend sahen die drei Jungfrauen dem ungleichen Kampf zu, aber Hagen gab nicht auf. Als der Greif sich ihm näherte, hieb er mit dem Schwert nach ihm und schlug ihm zuerst eine seiner Schwingen und sodann ein Bein ab. So konnte der Greif nicht mehr von der Stelle, und schließlich versetzte ihm Hagen den Todesstreich. Kaum war dieser Kampf zu Ende, so kam das Weibchen des Greifen geflogen, und obgleich es jetzt zu einem harten Streit kam, behielt Hagen doch den Sieg. Nun, da seine gefährlichsten Feinde unschädlich gemacht waren, konnte Hagen auch die jungen Greifen ohne große Mühe erlegen, und damit war die von den Riesenvögeln drohende Gefahr gebannt.

Seit diesem Kampf konnten sich die vier Leidensgefährten unbesorgt im Freien bewegen und Hagen übte sich dauernd im Gebrauch der Waffen. Über die Maßen schnell lernte er sie beherrschen, sodass seine Pfeile den Vogel in der Luft trafen, aber er war auch schnell und geschickt im Lauf; er glich einem Panther, wenn er mit geschmeidiger Kraft dahineilte. Eines Tages fiel ihn ein wildes Tier an, das einem Drachen glich. Unerschrocken setzte sich Hagen zur Wehr und erlegte das Ungeheuer, dem er die Haut abzog. Er hüllte sich in sie und trank das Blut des Tieres; sogleich spürte er, wie ihn gewaltige Kraft durchdrang. Er war nun imstande, das mächtige

Tier zu seiner Behausung zu schleppen, aber um es zuzubereiten, mangelte es an Feuer. Da schlug Hagen mit dem Schwert Feuer aus dem Felsen und setzte damit Reisig in Brand. Die Jungfrauen brieten nun das Fleisch des Tieres und alle freuten sich der lange entbehrten Speise.

Gefahr und Not waren nunmehr beseitigt, aber dennoch ertrugen es die vier Leidensgefährten nur schwer, dass sie ihr Leben in solcher Einsamkeit hinbringen mussten. Auf die Bitte der Jungfrauen führte Hagen sie zum Meer, und dann gingen sie tagelang am Strand entlang, um zu erkunden, ob etwa ein Schiff zu sehen sei. Das Schicksal war ihnen günstig: Eines Tages erspähten sie ein schwer beladenes Schiff, das so nahe am Strand dahinfuhr, dass Hagens Rufe es erreichten. Eine Barke holte Hagen und die drei Jungfrauen an Bord, wo alle gut versorgt wurden. Die Geretteten berichteten nun ihre Schicksale und ihre Herkunft: Die eine der drei Königstöchter stammte aus Indien, die zweite aus Portugal, die dritte aber aus Island. Auch Hagen berichtete, wie er auf die Insel gekommen sei und dort die Greife erschlagen habe, vor allem aber, dass er der Sohn des Königs Sigeband von Irland sei. Der Schiffsherr war ein Graf, dessen Gebiet an das des Königs Sigeband angrenzte. Er hatte mit diesem Streit gehabt, und darum eröffnete er Hagen, er müsse nun seine Geisel sein, die drei Königstöchter aber wollte er bei sich behalten. Hagen dachte indes nicht daran, sich zu fügen. Zornig wandte er sich gegen die Schiffsleute, die ihn festnehmen wollten, und seiner Kraft konnten sie nicht widerstehen. Er hätte den Grafen erschlagen, wären nicht die drei Jungfrauen dazwischengetreten. Sie stellten den Frieden wieder her, doch musste der Graf geloben, sogleich nach Irland, der Heimat Hagens, zu steuern. Nach der Landung sandte Hagen Boten voraus, um den Eltern seine Ankunft anzukündigen. Auch ein Erkennungszeichen gab er an, wenn diese etwa den Boten misstrauten: Von Geburt an trug er als Mal ein goldenes Kreuz an der Brust.

Als die Boten die Ankunft Hagens verkündeten und der ungläubigen Mutter das Wahrzeichen nannten, woran sie Hagen erkennen könne, ritten Sigeband und Ute dem Sohn entgegen. Bald hatte sich Ute überzeugt, dass sie wirklich Hagen vor sich hatte, und nun war die Freude über die Rückkehr

des längst totgeglaubten Sohnes groß. Der Graf und seine Leute wurden als
Gäste aufgenommen und gut bewirtet. Für die Jungfrauen wurde die beste
Kleidung herbeigeschafft, und als die Gäste Abschied nahmen, reichte man
ihnen herrliche Geschenke.

An Hagens Erziehung wurde nunmehr alle Mühe gewendet. Er wuchs statt-
lich heran und erwies sich bald als waffengewandter, kühner Held. Als für
ihn die Zeit gekommen war, ein Weib zu nehmen, wählte er Hilde, die eine
der drei Jungfrauen, die er auf der Insel angetroffen hatte; sie hatte sich am
meisten um ihn gesorgt und beide waren einander herzlich zugetan.

Als die Hochzeit mit großer Pracht gefeiert worden war, übergab Sigeband
seinem Sohne die Krone. Hagen schirmte das Recht im Land mit starker
Hand, gegen seine Feinde aber unternahm er manchen Feldzug; doch be-
währte er auch im Krieg seinen gerechten Sinn und verschmähte es, das
Land mit Brand zu verheeren und so dessen schuldlose Bewohner in arge
Not zu bringen.

Eine Tochter ward ihm geschenkt, die nach ihrer Mutter den Namen Hilde
erhielt. Sie wurde mit aller Sorgfalt erzogen und vor jedem Ungemach
behütet. Als sie zwölf Jahre alt geworden war, zeigte sich schon ihre wunderbare Schönheit, und da sich die Kunde davon bald verbreitete, dachte so
mancher Fürst daran, sie zu freien. Aber der erste, der die Werbung wagte,
verlor dabei sein Leben; denn Hagen gönnte seine Tochter keinem zum
Weib, der ihm unterlegen war, und so mancher Bote, der als Freiwerber ins
Land kam, büßte seine Kühnheit mit dem Tod.

Hetel und Hilde

In Hegelingen herrschte ein mächtiger Fürst, Hetel genannt. Ihn hatte
sein Verwandter Wate erzogen und in allen Fertigkeiten unterwiesen,
deren ein kühner Mann bedurfte. Ein mächtiger Landesherr war auch Wates
Schwestersohn, Horand genannt, denn ihm diente Dänemark. Man rühmte
seine Kraft und seine Tapferkeit, weit mehr aber noch seine unübertreffli-

che Sangeskunst. Hetel selbst war längst verwaist, denn Vater und Mutter waren ihm früh gestorben. Seine Getreuen rieten ihm, ein Weib zu nehmen, doch antwortete er, er wisse keine, die es wert sei, in seinem Land als Königin die Krone zu tragen. Da meinte Morung, der trotz seiner Jugend schon im Rat des Königs saß, er wisse wohl eine Jungfrau, die ihrer Schönheit wegen würdig sei, Hetels Weib zu werden. »Sie heißt Hilde«, setzte er hinzu, »und ist aus Irland. Ihr Vater heißt Hagen und ist aus altem, königlichem Geschlecht. Wohl dir, wenn du sie gewinnst!« Hetel aber wusste längst, wie gefahrvoll diese Werbung war. »Leid ist es ihrem Vater«, antwortete er, »wenn jemand um Hilde wirbt. So mancher Edle hat schon dabei den Tod gefunden. Ich aber gönne keinem meiner Freunde ein solches Ende!« Da riet Morung, Hetel möge nach Horand senden, dem Hagen und seine Art genau bekannt seien. »Ohne ihn«, so schloss er, »ist jeder Versuch vergeblich, Hildes Hand zu gewinnen!«

Auf diesen Rat hin sandte Hetel nach Horand, der alsbald in Begleitung von sechzig Mann, unter denen der kühne Frute war, Hetel aufsuchte. Als er aber hörte, was dieser von ihm erwartete, entgegnete er, es gebe niemanden, der als Bote zu Hagen reite; auch er selbst wolle das nicht tun. Aber gerade die Schwierigkeit reizte Hetel, und er rief: »Wagt es Hagen, meinen Boten zu hängen, so geht es ihm ans Leben!« Da riet Frute, wenn Wate die Werbung übernehme, so könne sie gelingen. Darauf ließ Hetel auch Wate an seinen Hof berufen und trug ihm sein Anliegen vor. Da sprach Wate: »Wer dir das gesagt hat, dem täte es nicht Leid, wenn ich stürbe. Doch weiß ich – kein anderer als Frute hat das geraten. Nun denn, ich will die Fahrt wagen, doch Frute und Horand sollen mit mir ziehen.«

Als darauf die beiden an den Hof beschieden wurden, sprach Wate sie an: »Ihr habt euch gar emsig darum bemüht, dass ich als Bote um Hagens Tochter werben soll. Nun sollt ihr beide meine Gefährten sein. Ihr müsst mit mir nach Irland! Die Gefahr, die ihr mir zugedacht habt, soll auch die eure sein!« Da antwortete Horand, um keinen Preis wolle er zurückbleiben, wenn Wate seine Reise antrete, Frute aber gab klugen Rat: Wie ein Kaufmann solle Horand auf gutem Schiff nach Irland fahren, um dort den Frauen Spangen und Ringe, Gold und Edelsteine zu verkaufen. So werde man ihnen vertrauen und keinen Argwohn hegen. Wate wandte ein, er habe nicht die Art eines Kaufmannes. Horand wisse genau, wie es mit Hagen stehe; erfahre der den Grund ihrer Fahrt, dann kämen sie in schwerste Not. »Lasst, Herr König«, so sprach er, »unter dem Verdeck verborgen, tapfere Helden mit uns ziehen! Sie sollen uns beistehen, wenn uns der wilde Hagen nicht frei unseres Weges ziehen lassen will!« Bei Hagen sollten sie vorgeben, sie seien bei Hetel in Ungemach gefallen und nur mit Mühe entronnen. Sie sollten Hagen und Hilde reiche Geschenke spenden.

Nun ward alles für die Reise vorbereitet, und als der Winter dem Frühling wich, stachen die Helden in See. Ein günstiger Wind füllte die Segel, und obgleich die lange Fahrt so manches Ungemach bereitete, so kamen sie dennoch wohlbehalten in König Hagens Reich. Geschäftig brachten sie dort ihre Waren an den Strand, und Frute erklärte dem Stadtrichter, der nach Herkunft und Absicht der Fremden fragte, sie seien Kaufleute, Wate aber setzte hinzu, dass sie gerne mit dem Landesherrn über den Handel übereinkommen wollten, den sie im Land zu treiben gedächten. Da brachte man die Gäste vor Hagen, der ihnen seinen Frieden zusicherte und jeden mit der Todesstrafe bedrohte, der sich etwa gegen sie vergehe. Mit reichen Geschenken statteten die Fremden Hagen ihren Dank für seinen Schutz ab, er aber hatte nichts von ihnen verlangt und wünschte lediglich, dass er die Waren besehen dürfe, die sie feilboten. Er behielt auch von den reichen Gaben, die ihm zuteil wurden, nichts für sich, sondern verschenkte sie nach rechter Fürstenart an die Seinen. Sein Weib und seine Tochter aber erkannten alsbald, dass die Gaben der fremden Kaufleute von seltener Kostbarkeit waren. Horand und den starken Irold, die an der Spitze von vierundzwanzig Mann die Gaben überbracht hatten, lud Hagen zu sich und fragte sie, woher sie kämen. Da antwortete Horand, sie seien aus Hegelingen vertrieben; dort sei der mächtige Hetel König, der sie geächtet habe, sodass sie nun in der Fremde weilen müssten. Hagen versprach darauf, er wolle ihnen allen Schaden ersetzen, den sie durch Hetel erlitten hätten, wenn sie bei ihm bleiben wollten. Er versprach ihnen seinen Schutz.

Auf sein Geheiß gaben die Stadtbürger den Fremden gute Unterkunft in der
Stadt und nun begann ein lebhafter Handel mit den Städtern. Die Fremden
teilten daneben aber auch reiche Geschenke aus und die Kunde davon kam
alsbald an den Königshof. Die Königstochter verlangte danach, die Fremden zu sehen, und bewog ihren Vater dazu, diese an seinen Hof zu laden.
Festlich gewandet, in reichem Schmuck erschienen darauf die Gäste bei
Hagen, und nach geziemender Bewirtung erhielten sie auf die Bitte der Königin auch die Erlaubnis, das Frauengemach aufzusuchen. Hilde und ihre
Tochter hatten besonders von Wate schon viel gehört und waren gespannt,
ihn von Angesicht zu sehen. Nun stand er vor ihnen, und sie fragten ihn im
Scherz, ob er lieber ihnen Gesellschaft leisten oder im Kampf fechten wolle. Wate aber antwortete ohne Scheu: »Nie behagte es mir so gut in der Gesellschaft schöner Frauen, dass ich nicht doch lieber hinaus in die Schlacht
gezogen wäre.« Da lachten die Frauen und noch manche scherzhafte Rede
und Gegenrede wurden getauscht. Hagen fand besonders an Wate bald
Gefallen, und oft auch gesellten sich die Fremden mit Hagens Mannen zu
ritterlichem Waffenspiel zusammen. Einmal fochten auch Hagen und Wate
gegeneinander, und der König erkannte gar schnell die Meisterschaft seines
Gegners, der in verstellter Bescheidenheit gesagt hatte, ihn verlange danach, von Hagens Waffenkunst zu lernen.
An einem Abend, als Horand bei Hagen zu Gast war, begann er mit herrlicher Stimme zu singen. So wunderbare Weisen ließ er erklingen, dass selbst
die Vögel vor seinem Gesang schwiegen. Durch das Fenster hörte auch die
Königin Horands Lied, und das gefiel ihr so gut, dass sie ihn zu sich rufen
ließ, um auch vor ihr zu singen. Nun sang er öfter, und auch Hagens Tochter, die schöne Hilde, vernahm seine Weisen, von deren Schönheit die Tiere
des Waldes ihre Weide vergaßen. Selbst der Klang der Glocken schien nicht
mehr so voll und rein wie einst, so sehr übertraf Horands Gesang auch das
Schönste, was man je an Hagens Hof gehört hatte.
In Hilde aber wurde der Wunsch übermächtig, dass Horand ganz allein vor
ihr und ohne das Wissen von Vater und Mutter singen solle. Durch einen
vertrauten Kämmerer ließ sie ihn heimlich zu sich laden, und Horand

folgte, nur von Morung begleitet, ihrem Ruf, obgleich er wusste, dass es ihm ans Leben gehe, wenn Hagen etwas davon erfahre. Als er zu Hilde ins Gemach getreten war, begann er eine Weise, die noch niemand von ihm gehört hatte; er selbst hatte sie auf dem Meer von einem Nix gelernt, dessen Sangeskunst jedes menschliche Maß weit übertraf. Entzückt bot ihm Hilde den Ring von ihrer Hand als Lohn, aber alles andere, was sie ihm an Geschenken reichen wollte, schlug er aus. »Nichts anderes begehre ich«, sagte er, »als deinen Gürtel. Den will ich meinem Herren bringen, denn das bedeutet für ihn die größte Freude, die ihm je vergönnt sein kann.« Da fragte ihn Hilde nach seinem Herren, und nun eröffnete ihr Horand, dass er und seine Gefährten nur ihretwegen ins Land gekommen seien. »König Hetel«, so sprach er, »lässt dir entbieten, dass er dich aus vollem Herzen liebt und nur dich zum Weib begehrt.« Von Horands Worten ergriffen, antwortete Hilde, wenn sie es nur dürfe, so wolle sie gerne die Werbung annehmen. Da enthüllte ihr Morung einen Plan, wie sie vom Hof Hagens fliehen könne. »Du sollst deinen Vater bitten, dass er dir erlauben möge, unser Schiff zu besehen. Dann wollen wir die Anker lichten und mit dir die Fahrt zu König Hetel antreten.« Hilde war bereit, die Flucht zu wagen, und bald darauf verkündeten die Gäste König Hagen, sie wollten nunmehr ihre Heimat aufsuchen. Denn König Hetel sei das Zerwürfnis mit ihnen leid, und er habe ihnen Botschaft gesandt, dass er sich mit ihnen versöhnen wolle. Zum Abschied aber möge der König mit seiner Frau und seiner Tochter ihr Schiff aufsuchen, um noch einmal alle ihre Schätze zu besehen. Hagen versprach ihren Wunsch zu erfüllen und fand sich wirklich beim Schiff ein. Während er die Schätze besah, die am Strand ausgestellt waren, hatten die Königin und ihre Tochter das Schiff betreten. Als sie es verlassen wollten, hob man die Königin und ihre Frauen zuerst auf den Strand, und alsbald wurden die Segel gehisst; ehe es sich das Königspaar versah, hatte das Schiff mit Hilde an Bord die hohe See gewonnen, Hagen aber konnte keine Verfolgung wagen, denn seine Schiffe waren nicht zur Fahrt gerüstet und leck. Wohl ließ er neue Schiffe für die Verfolgung ausrüsten, aber trotz aller Hast verging Tag um Tag, bis die Schiffe fahrbereit waren.

Zu den ältesten Werkstoffen germanischer Kunstübung gehört das Holz. Dieser schön geformte Vogelkopf aus dem 6. Jahrhundert n. Chr. ist mit in Kerbschnitttechnik ausgeführten Ornamenten verziert. Trotz der Ähnlichkeit der Verzierungen ist bei dem mit feinstem Geschmack angelegten Muster jede schematische Gleichförmigkeit vermieden. Dies zeigt sich besonders bei dem in ein Ornament umgewandelten Auge. Der etwa 17 cm lange Vogelkopf war an einem Gewebestreifen befestigt und wurde mit einem gleichartigen Gegenstück beim Kopf des Toten aufgefunden.

Schlussstück einer Gürtelkette aus dem 7. Jahrhundert n. Chr. Das als Anhänger aufgefasste, in einem Frauengrab gefundene Stück zeigt einen in ein Kreisrund hineinkomponierten, mit einem mächtigen Speer bewehrten Reiter. Die Darstellung entstammt derselben Vorstellungswelt wie das Reiterbild von Hornhausen, ist aber von seiner unmittelbaren Beziehung zur Totenehrung bereits gelöst.

Die Schlacht zwischen Hagen und Hetel

Am siebenten Morgen nach Hildes Entführung nahm Hagen mit dreitausend Mann die Verfolgung auf. Wenn das auch Horand und seinen Gefährten, die nur über tausend Mannen geboten, noch verborgen blieb, so war doch Hilde von bangen Ahnungen erfüllt, und als Boten gesandt wurden, um Hetel die frohe Kunde vom glücklichen Ausgang des Unternehmens zu bringen, da trug sie ihnen auf, sie sollten Hetel warnen – sie fürchte, dass Hagen mit Schiffen unterwegs sei, um sich zu rächen. Hetel bot auf, was er an Kriegern schnell genug sammeln konnte, und eilte an die See, um mit den Seinen zusammenzutreffen; nur wenig mehr als tausend Mannen traten mit ihm die Reise an. Inzwischen waren Horand, Wate und Frute glücklich gelandet und schlugen ihr Lager auf. Bald kam die Nachricht, dass Hetel herannahe, um seiner Braut zu begegnen und sie nach seiner Burg zu geleiten. Wirklich währte es nicht lange, da kam Hetel geritten und begrüßte voll Freude Wate und Frute. Im Geleit Irolds und Morungs wurde ihm Hilde zugeführt, und herzlich begrüßte Hetel die Braut, nach der er sich so lange gesehnt hatte. Nun waren alle froh, denn sie meinten, alle Gefahr sei überwunden.

Hagen aber war bereits nahe herangekommen, und als es Abend wurde, sah Horand die Schiffe der Iren. Sogleich erhielt Hetel die Kunde, dass es Kampf gebe, und auf sein Geheiß rüsteten sich seine Mannen zum Kampf. Ohne Zögern ging Hagen mit seiner Mannschaft an Land, und ein hartes Ringen begann, zuerst mit den Speeren, doch ward man alsbald handgemein. In schwerem Kampf trafen Hagen und Hetel zusammen, und es währte nicht lange, bis Hagen seinem Gegner eine Wunde schlug. Da traten aber die Freunde Hetels dazwischen, und während dessen Wunde verbunden ward, trafen einander Hagen und Wate zu erbittertem Kampf. Hagens Schwert durchschlug Wates Helm, aber wie sehr der alte Held auch blutete, ließ er doch nicht vom Streit ab. Er versetzte seinem Gegner einen furchtbaren Schlag, sodass es diesem schwarz vor den Augen ward, und obgleich sich Irold mit aller Kraft darum bemühte, konnte er doch Wate nicht von

Da rief Hilde, die alles mit angesehen hatte, Hetel
'och ihren Vater vor dem Tod retten! Sogleich eilte
Hagen bei seiner Ehre, er möge vom Kampf ab-
sein lassen. Hagen, der die Tapferkeit seiner
G 'ich zur Versöhnung bereit, und bald nahm
der rd der Friede ausgerufen und die feindli-
chen . Hilde war sich der Schuld gegen ihren
Vater w ch heimlich verlassen. Sie getraute sich
nicht, ih. ens Zorn war verraucht, und als ihm
Horand un rten, hieß er sie willkommen.
Wate war ein. ch auf die Kunst, Wunden zu heilen.
Er übte sie an anderen, die Hilfe brauchten, und
gemeinsam trate r den Weg zu Hetels Burg an. Dort
ward Hilde ihrem aut und zur Königin gekrönt. Mit Genugtuung wohnte Hagen der Hochzeit bei, denn er erkannte wohl, wie mächtig
und reich sein Tochtermann war. Er schloss mit ihm Freundschaft, und als
er aufbrach, um nach Irland zurückzukehren, wurde er mit reichen Gastgeschenken bedacht. Zu Hause tröstete er sein Weib Hilde. Er sagte, dass er
keinen besseren Gatten für ihre Tochter hätte finden können als Hetel, und
die Königin freute sich herzlich darüber. Es war ihr ein großer Trost, dass
Frau Hildeburg, die einst auf dem Eiland, auf das der Greif sie entführt hatte, ihre Gefährtin gewesen war, Hilde auf ihrer Flucht begleitet hatte und
bei ihr geblieben war.

Gudruns Entführung

Hetel führte die Herrschaft über seine Lande mit starker und gerech-
ter Hand, und niemand durfte es ungestraft wagen, ihn anzugreifen.
Mit seinen Freunden, die einst die Werbungsfahrt um Hilde unternommen
hatten, verband ihn feste und ungetrübte Freundschaft, und seinem Weib
war er in steter Liebe zugetan. Hilde schenkte ihm zwei Kinder, einen Sohn,

der den Namen Ortwin erhielt und dem getreuen Wate zur Erziehung anvertraut ward, und eine Tochter, die er Gudrun nannte und die zu solcher
Schönheit heranwuchs, dass sie selbst ihre Mutter übertraf. Bald stellten
sich auch Freier um sie ein, aber Hetel dachte nicht daran, sie einem Gatten
zu vermählen. Der erste Werber war Sigfrid von Morland, ein mächtiger
König. Zornig musste er die Abweisung hinnehmen, und als er hinwegritt,
drohte er, Hetels Land mit Brand zu verheeren. Doch wagte er es zunächst
noch nicht, seine Drohung wahr zu machen.

Auch in die Normandie war die Kunde von Gudrun und ihrer Schönheit gedrungen. Dort herrschte, von seiner Burg Kassiane aus, König Ludwig; sein
Sohn aber hieß Hartmut. Diesem riet seine Mutter Gerlind, er möge um
Gudrun werben. Ludwig wollte davon nichts wissen; er meinte, sein Land
liege viel zu weit von dem Hetels entfernt, und da kämen die Boten leicht in
große Gefahr. Hartmut aber entgegnete, keine Entfernung sei zu groß, wenn
es darum gehe, dass ein Landesherr sich zu einer Werbung entschließe.
Gerlind pflichtete ihm bei und schlug vor, Boten an König Hetel zu senden.
Noch einmal warnte Ludwig und erinnerte daran, was sich bei der Werbung
von Gudruns Mutter Hilde zugetragen habe.

»Stolz und übermütig ist dies Volk«, schloss er, »und ich fürchte, wir schei-
nen Gudruns Verwandten zu gering!« Da aber Hartmut auf seinem Willen
bestand und ausrief, er wolle nicht eher ruhen, als bis er Hildes Tochter zum
Weib gewinne, gab der König nach und versprach seine Hilfe.

Eine stattliche Gesandtschaft wurde auf das Beste ausgerüstet und eilte,
selbst die Nacht zu Hilfe nehmend, nach Hegelingen. Nur schwer konnten
die Boten dort Gehör bei König Hetel finden, denn dieser hörte sie erst an,
nachdem es ihnen gelungen war, Horands Geleit zu erhalten. Das war ihr
Glück, denn als der König den Zweck ihrer Sendung erfuhr, geriet er in
Zorn und wäre übel mit ihnen verfahren, hätte nicht Horand für ihre
Sicherheit gebürgt. Unverhohlen sprach Hetel aus, dass er die Werbung als
eine Kränkung für seine Ehre ansehe, und Hilde setzte hinzu: »Wie soll
Gudrun Hartmuts Gattin werden? Mein Vater Hagen gab Ludwig Burgen
zu Lehen – wie sollen nun meine Verwandten von Ludwig ein Lehen emp-

fangen? Sagt Hartmut: Nie wird Gudrun sein Weib! Will er um eine Frau werben, dann soll er sie aus einem anderen Haus wählen!«

Unverrichteter Dinge kehrten die Boten in die Normandie zurück. Hartmut aber gab trotzdem seinen Wunsch nicht auf, und Gerlinds Sinn war nur auf das eine Ziel gerichtet, Gudrun noch in ihrem Land zu sehen.

Noch ein dritter Freier um Gudrun stellte sich ein, König Herwig von Seeland. Als er aber Boten mit der Werbung zu Hetel sandte, wurden sie auf dessen Befehl gefangen genommen und gehängt. Herwig war darüber auf das Schwerste gekränkt, und seine Absicht, Gudrun zur Gattin zu gewinnen, wurzelte nur noch fester in seinem Herzen.

Inzwischen machte Hartmut einen zweiten Versuch, seinen Wunsch durchzusetzen. Unerkannt suchte er Hegelingen auf, denn er hoffte, Gudruns Liebe zu gewinnen, wenn er selbst ihr entgegentrete. Wirklich gelang es ihm, sie von Angesicht zu sehen, und heimlich entbot er ihr, er sei kein anderer als Hartmut, König Ludwigs Sohn. Gudruns Herz neigte sich dem Helden zu, der wohlgewachsen, schön und kühn war und sein Leben daran gewagt hatte, sie zu sehen. Sie gedachte aber nicht, dieser Neigung zu folgen, denn nie hätte sie gegen den Willen ihres Vaters gehandelt, und niemals hätte sie sich dazu verstanden, Gattin eines Mannes zu werden, der ihr nicht ebenbürtig war. Seinen Tod aber wollte sie nicht. Sie ließ Hartmut wissen, er möge heimkehren, denn erfahre ihr Vater davon, dass er in sein Land gekommen sei, so gehe es ihm ans Leben. So musste Hartmut weichen, und in zwiespältiger Stimmung zog er in die Normandie zurück. Dort begann er sogleich, sich für einen Feldzug zu rüsten, und seine Mutter Gerlind bestärkte ihn in seiner Absicht.

Rascher als Hartmut handelte Herwig. Er wusste wohl – hätte er tausendmal um Gudrun geworben, so hätte er nur Hochmut und Ablehnung erfahren. Er war Hetels Nachbar, und so konnte er überraschend mit einem Heer von dreitausend Mannen in dessen Land einfallen. Eines Morgens rückte Herwig vor Hetels Burg Matelane, bevor sich dieser dessen versah, und auf den Ruf des Wächters hin eilten die Burgmannen, um sich zu rüsten und die Burg zu verteidigen. Aber nur hundert Verteidiger zählte

Hetels Schar, und als er trotzdem aus der Burg ausfiel, musste er vor der
Übermacht der Angreifer zurückweichen. Vom Fenster aus sah Gudrun,
dass Herwig tapfer kämpfte, und das war ihr lieb und leid zugleich. Vergeblich suchten die Burgleute das Burgtor zu schließen, die Feinde drangen mit
ihnen ein, und König Hetel selbst stellte sich dem kühnen Herwig entgegen.
Er erkannte, dass er es mit einem tapferen Gegner zu tun hatte, und sprach
zu sich selbst: Die mir davon abrieten, Herwig zu meinem Schwiegersohn
zu machen, die wussten nicht, wer er ist!
Gudrun aber sah mit Sorgen den Kampf zwischen ihrem Vater und Herwig
und rief Hetel zu: »Schon sind unsere Mauern mit Blut besprengt – lasst es
damit genug sein! Um meinetwillen sollt ihr Frieden schließen; ich selbst
will Herwig um seine Abkunft und seine Verwandtschaft befragen.« Ihr
Wunsch wurde erfüllt. Waffenlos wurde Herwig vor Gudrun geleitet und er
begann mit den Worten: »Ich habe gehört, dass meine Werbung verschmäht
wurde, weil meine Macht zu gering sei. Doch bedenke, schon oft ist es geschehen, dass eine Frau mit einem Mann glücklich war, dessen Geschlecht
weniger mächtig war als das ihre.« Gudrun aber antwortete: »Welche Frau
verschmähte wohl einen Helden, der so eifrig um sie wirbt wie du? Wollten
meine Eltern es gestatten, so würde ich gerne dein Weib.« Hetel aber hatte
ebenso wie Hilde seinen Sinn geändert, denn beide hatten Herwigs Tapferkeit gesehen und erkannt, dass er ihrer Tochter würdig war. So ward ihm
Gudrun verlobt; doch sein Wunsch, sie sogleich mit in sein Land zu nehmen, wurde ihm abgeschlagen. Frau Hilde wollte ihre Tochter erst für die
Aufgabe als Königin vorbereiten, und so wurde vereinbart, dass Gudrun in
einem Jahr mit Herwig vermählt werden solle.
Davon hörte Sigfrid von Morland, und da er Herwig die Braut nicht gönnte,
die ihm selbst versagt worden war, sammelte er ein Heer, mit dem er in Herwigs Land einfiel. Dieser aber war nicht zum Kampf gerüstet und sah mit
Trauer, dass die Feinde übel in seinem Land hausten und es mit Feuer
verheerten. In seiner Not wandte er sich um Hilfe an Hetel, und dieser zog
ihm sogleich mit seinem Heer zu Hilfe. Auch Gudruns Bruder Ortwin,
Wate, Frute, Horand und Morung zogen mit ins Feld. Bald kam es zum

Kampf. Sigfrid verlor viele seiner besten Mannen, und nichts anderes blieb ihm übrig, als sich in eine Burg zurückzuziehen, die von der einen Seite her ein mächtiger Fluss vor jedem Angriff schützte. Er hoffte, dass er in ihr den Angriffen seiner Gegner widerstehen könne. Hetel aber schwor, er wolle nicht eher abziehen, als bis er Sigfrid gefangen vor sich sehe.

Hartmut hatte Späher ausgesandt, die ihm sogleich von Hetels Kriegszug Kunde gaben. Nun schien ihm die Zeit gekommen, sich Gudruns zu bemächtigen. Gemeinsam mit Ludwig führte er sein Heer herbei und ließ es unweit von Matelane lagern. Dann sandte er Boten an Gudrun ab, die zum letzten Mal seine Werbung vorbringen und drohen sollten, dass Hartmut sie mit Gewalt in die Normandie bringen werde, wenn sie ihn auch jetzt noch abweise. Als jedoch die Boten ihren Auftrag ausgerichtet hatten, antwortete Gudrun: »Niemals wird Hartmut mein Gatte. Ich bin König Herwigs Braut.« Mit diesem Bescheid ritten die Boten zu Hartmut zurück und sogleich rückte dieser mit seinem Heer vor die Burg. Als Frau Hilde die Feinde kommen sah, befahl sie, die Tore fest zu schließen. Die Burgmannen aber verlangten danach, mit den Feinden draußen vor der Burg zu fechten, und drangen kühn hinaus ins Freie. Wie tapfer sie jedoch kämpften, dem Mut und der Übermacht ihrer Feinde konnten sie nicht widerstehen und erkannten, wie übel sie daran getan hatten, Frau Hildes Rat nicht zu befolgen. Ihre Reue aber kam zu spät; Ludwig und Hartmut drangen in die Burg ein, und während das Heer plündernd die nunmehr schutzlose Burg durchtobte, trat Hartmut vor Gudrun. Mit bitteren Worten sprach er sie an: »Edle Jungfrau, ich habe Euch immer missfallen; da sollte es mir und meinen Freunden auch missfallen, dass wir hier Gefangene machen – man sollte alle erschlagen und hängen, die nun in unserer Gewalt sind!« Gudrun hatte darauf keine Antwort. Ihr Stolz war ungebrochen und in dieser bittersten Not gedachte sie nur ihres Vaters. »Wehe, Vater«, sprach sie; »wenn du wüsstest, dass man deine Tochter mit Gewalt außer Landes führt, täte mir niemand diese Schande an!«

Die Burg wurde ausgeplündert, und schon waren die Sieger daran, sie in Brand zu stecken, als Hartmut dazwischentrat. Er hatte Eile, außer Landes

zu kommen, denn er fürchtete Hetels Rache. Selbst die Beute musste auf
sein Geheiß zurückbleiben, denn er wollte bei der Rückkehr nicht behindert
sein. Mehr als sechzig Frauen waren in Gefangenschaft geraten; sie mussten ebenso wie Gudrun und Hildeburg zum Schmerz Hildes, die einsam
zurückblieb, als Gefangene dem Heer folgen. Auf dem Weg zur See ward
alles Land durch Brand verheert, und dann wurden sogleich die Schiffe
bestiegen, die mit größter Eile heimwärts segelten. Doch mussten sie unterwegs bei einer einsamen Insel, der Wülpensand genannt, vor Anker gehen,
weil das Heer dringend einer Rast bedurfte.

Die Schlacht auf dem Wülpensand

Sobald die Feinde abgezogen waren, sandte Hilde Boten an König Hetel ab, die ihm die Trauerkunde überbrachten, welches Unglück geschehen war. Entsetzt hörte dieser vom Raub seiner Tochter, und Herwig
war tief erschüttert. Wate war der Erste, der Rat wusste. Er empfahl, mit
Sigfrid Frieden zu schließen und sogleich aufzubrechen, um den Räubern
nachzusetzen. Der hart bedrängte Sigfrid war zum Friedensschluss bald bereit, und als er von der Gewalttat Hartmuts und Ludwigs erfuhr, entschloss
er sich, an der Verfolgung der Räuber teilzunehmen. Nun ward sogleich die
Verfolgung begonnen, denn Wate kannte den Weg genau.
Inzwischen rasteten Ludwig und Hartmut auf dem Wülpensand. Sie hatten
dort ein Lager aufgeschlagen. Feuer brannten überall am Strand, und die
Normannen gedachten dort für sich und ihre Rosse Erholung zu finden, bevor sie die lange Reise in die Heimat fortsetzten. Plötzlich aber entdeckte
einer der Schiffsleute herannahende Segel, und bald konnte man erkennen,
dass die Schiffe dicht von Bewaffneten besetzt waren. Hartmut wusste
sogleich, was das zu bedeuten habe. Zusammen mit Ludwig rief er seine
Mannen zum Kampf auf, und kaum war das geschehen, so waren Hetels
Mannen schon herangekommen und ans Land gesprungen. Ein schwerer
Kampf entbrannte, und allen voran focht König Hetel, dem es darum ging,

Der aus dem 7. oder 8. Jahrhundert stammende Reiterstein von Hornhausen. Der Stein ist ein 78 cm hohes, waagerecht in drei Felder gegliedertes Gedächtnismal. Das vollständig erhaltene Mittelfeld zeigt den mit Schild, Schwert und Speer bewaffneten Toten auf dem Ritt ins Jenseits. Das untere, fast vollständig erhaltene Feld ist mit ornamental verschlungenen und stilisierten Schlangenleibern ausgefüllt. Die Schlange gilt als Widersacherin der Welt und ihres Bestandes; ihr Platz ist nach mehreren Quellen in der Unterwelt. Dass der Tote hoch über den Schlangen dahinreitet, hat symbolhafte Bedeutung. Das oberste Feld fehlt fast vollständig; die wenigen Reste der ehemals angebrachten Darstellung lassen nichts mehr von ihrem Inhalt erkennen.

den Räubern sein liebes Kind wieder zu entreißen. Den ganzen Tag währte der Kampf, und als es Abend geworden war, war die Walstatt mit Toten und Verwundeten bedeckt. Da gerieten Ludwig und Hetel aneinander, und nach schwerem Kampf erhielt Hetel den Todesstreich. Als Wate den Tod seines Königs sah, entbrannte er in furchtbarer Wut, und mit ihm drangen seine Mannen auf die Feinde ein, um ihren Herrn zu rächen. Doch bald brach die Finsternis herein und zwang die Streitenden, den Kampf abzubrechen.

Hartmut und Ludwig berieten sorgenvoll, denn sie hatten schwere Verluste gehabt und fürchteten die Rache für Hetels Tod. Auf Hartmuts Rat beschlossen sie, das Dunkel der Nacht zu benutzen, um unbemerkt von den Feinden ihre Fahrt fortzusetzen. Durch lauten Lärm täuschten sie ihre Gegner, während sie die Schiffe bestiegen, sodass sie unbehindert die hohe See gewinnen konnten. Am nächsten Morgen, als Hetels Mannen neuerlich anzugreifen gedachten, um ihren König zu rächen und Gudrun den Feinden zu entreißen, erkannten sie voll schwerer Enttäuschung, dass Ludwig und Hartmut unbemerkt entwichen waren; selbst ihre Toten hatten die Normannen zurückgelassen. Wate, den es bitter schmerzte, dass er Hetels Tod nicht an Ludwig hatte rächen können, wollte ihnen sofort nachsetzen, aber Frute prüfte Wind und Wetter und riet davon ab. »Mindestens dreißig Meilen schon haben die Normannen Vorsprung«, sagte er, »und wir dürfen nicht hoffen, sie einzuholen. Wir wollen für unsere Verwundeten sorgen und die Toten begraben – das ist alles, was uns jetzt noch übrig bleibt.«

Während das geschah, warf Irold die Frage auf, ob man auch den toten Feinden ein Grab bereiten oder sie zur Beute für Wölfe und Raben liegen lassen solle. Da ward beschlossen, dass auch nicht einer der toten Normannen unbestattet bleiben solle. Sechs Tage währte es, bis alles Nötige vollbracht war, dann jedoch ward die Rückfahrt angetreten. Hilde wartete zu Hause in banger Sorge, ob wohl Gudrun wiederkehre. Da sagte man ihr, Wate sei gekommen – die anderen hatten es nicht gewagt, ihr mit der Trauerkunde vom Ausgang der Verfolgung unter die Augen zu kommen. Wate aber gab nur kurzen Bericht. »Ich will Euch nichts verschweigen«, sagte er, »und Euch nicht betrügen: Sie sind alle erschlagen!«

Laut klagte da Hilde, dass sie nun nicht nur ihr Kind, sondern auch den Gatten verloren habe. Wate aber antwortete: »Lasst das Klagen – die Toten kommen nicht wieder! Wenn aber hier im Land das nächste Geschlecht herangewachsen ist, dann werden wir an Ludwig und Hartmut alles rächen, was sie uns angetan haben.« Da rief die Königin: »Könnte ich es doch erleben, dass ich gerächt werde und dass ich noch einmal meine Tochter Gudrun sähe! Alles, was ich habe, wollte ich darum geben.«

Am nächsten Morgen kam auch Herwig auf die Burg, und als er Hilde in Tränen sah, tröstete er sie: »Nicht alle sind gestorben, die Euch helfen wollen. Mein Herz findet keine Ruhe, ehe ich an Hartmut gerächt habe, dass er meine Braut geraubt und so viele Helden erschlagen hat. Nicht eher will ich ruhen, als bis ich ihm sein Land genommen habe.«

Hilde musste sich der Erkenntnis fügen, dass die Rache aufgeschoben werden musste. Doch begann sie auf den Rat ihrer Freunde, eine große Zahl von Schiffen bauen zu lassen, um zur Heerfahrt gerüstet zu sein.

Gudrun in der Normandie

Ohne Rast fuhren die Schiffe der Normannen übers Meer, bis sie die Burg Kassiane vor Augen hatten. Ludwig deutete voller Stolz hinüber und sprach Gudrun zu, dass sie ihre Gesinnung gegen Hartmut ändern solle – dann werde ihr manche Freude in seinem Land zuteil werden.

Gudrun aber antwortete: »Lieber wäre ich tot, als dass ich Hartmut zum Mann nähme.« Da packte sie Ludwig in jähem Zorn und warf sie über Bord. Sie wäre ertrunken, hätte nicht Hartmut sie aus dem Meer gerettet. Mit scharfen Worten verwies der Held Ludwig sein Tun, und diesen reute seine Gewalttat, für die er bei Gudrun Abbitte tun ließ.

Als dann die Schiffe angelegt hatten, ging Gerlind, Hartmuts Mutter, zusammen mit ihrer Tochter Ortrun zum Strand, um Gudrun willkommen zu heißen. Freundlich und aus gutem Herzen grüßte Ortrun die Fremde, und weinend umarmte und küsste Gudrun Hartmuts Schwester. Als jedoch auch

Gerlind sie küssen wollte, wehrte sie ihr. »Euer Rat war es, durch den ich so viel Leid erdulden musste«, rief sie ihr zu, »ich will nicht, dass Ihr mir nahe kommt!« Trotz dieser scharfen Abweisung versuchte Gerlind zunächst noch immer, Gudrun freundlich zu stimmen. Diese aber blieb gegen sie und alle anderen herb und kalt, eine einzige ausgenommen, Ortrun, der sie sich in Freundschaft zuneigte.

Gerlind drang darauf, dass Gudrun mit Hartmut Hochzeit halten solle; diese aber antwortete, durch Hartmut hätten viele der Ihren das Leben verloren – wie sollte sie sich jetzt nötigen lassen, ihn zum Mann zu nehmen? Gerlind ließ das nicht gelten, denn, so sagte sie, das Geschehene könne nun einmal nicht mehr geändert werden. Auch Hartmut wurde zornig, als er von der Weigerung Gudruns hörte. Da riet ihm Gerlind, er möge Gudrun nur ihrer Zucht anheimgeben – dann werde sich alles schnell ändern. Hartmut willfahrte ihr und bat sie, Gudrun in Ehren zu halten und zu bedenken, dass diese hier in der Fremde sei.

Alle Bemühungen Gerlinds, Gudrun zur Heirat mit Hartmut zu bewegen, blieben vergeblich. Da sprach sie: »Willst du nicht in Freuden hier leben, so sollst du Leid erdulden. Du musst von nun an mein Gemach heizen und selbst die Brände schüren.« Gudrun änderte ihren Sinn aber trotz der Herabwürdigung nicht, und ihr Stolz blieb ungebrochen. Da trennte Gerlind sie auch von den Jungfrauen, die mit ihr als Gefangene aus der Heimat ins Land gekommen waren; auch sie mussten nunmehr schwere Arbeiten verrichten. Als Hartmut von der schmachvollen Behandlung Gudruns erfuhr, bat er seine Mutter, deren Los zu mildern. Einsichtsvoll stellte er ihr vor, dass die Normannen Hetel und so manchen von dessen Mannen erschlagen hätten und dass Gudrun den Schmerz darüber nicht leicht und schnell überwinden könne. Gerlind aber antwortete darauf: »Wenn wir Gudrun dreißig Jahre anflehen, dein Weib zu werden, so wird es nichts nützen – nur mit Schlägen können wir erzwingen, dass sie unserem Willen folgt.« Sie versprach zwar, Gudrun besser zu halten als bisher, aber in Wahrheit trug sie ihr immer schwerere Arbeiten auf und trieb es so weit, dass sie ihr zurief: »Willst du nicht anderen Sinnes werden, dann musst du mit deinem Haar den Staub von Schemeln und Bänken fegen. Dreimal am Tag sollst du mein Gemach kehren und auch das Feuer darin anzünden.«

Schon ging es ins neunte Jahr, dass Gudrun gefangen war. Da kehrte Hartmut von einem Heerzug zurück. Wieder bat er Gudrun, in die Heirat mit ihm zu willigen, sie aber antwortete: »Die böse Gerlind tut mir so viel zu Leide, dass ich wahrlich nicht an Liebe denken kann. Ihr und ihrem Geschlecht bin ich von Herzen Feind!« Wohl versprach ihr Hartmut, er wolle gutmachen, was Gerlind an ihr verbrochen habe, aber vergeblich; Gudrun sprach die bitteren Worte: »Ich traue dir nicht mehr!« Als Hartmut sagte, es liege nur bei ihr, Königin im Land zu werden, hielt sie ihm alles Leid vor, das er und die Seinen ihr angetan hatten. Sie schloss mit den stolzen Worten: »Stets war es dort, wo man auf Ehre hielt, Sitte, dass keine Frau einen Mann zur Ehe nahm, wenn es nicht der Wille beider war.« Im Zorn rief Hartmut, nun kümmere es ihn nicht mehr, wie Gerlind mit ihr verfahre. Dennoch bat er Ortrun, Gudrun zuzusprechen, sie möge seinen Wunsch erfüllen. Aber wie freundschaftlich ihr diese auch zugetan war – sie wies auch Ortruns Zuspruch ab.

Gerlinds Zorn stieg nun auf das Höchste. Sie befahl Gudrun, draußen am Strand die Wäsche zu waschen. Als sie hörte, dass Hildeburg der so tief Herabgewürdigten Trost zusprach, befahl sie ihr, denselben Dienst zu tun. Mitten im Winter mussten die beiden in Wind und Wetter am Strand waschen. Mehr als sechs Jahre währte dieser Dienst, und der einzige Trost Gudruns war, dass die treue Hildeburg ihr unverzagt Beistand leistete.

Die Befreiung

Wie lange auch Gudrun gefangen in der Fremde weilte, ihre Mutter Hilde vergaß sie nicht. Sie hatte viele starke Schiffe erbauen lassen, und die Zeit schien ihr gekommen, die Ihren zum Kriegszug gegen die Normandie aufzurufen. Sie sandte Boten an Herwig, Horand, Morung und Wate, und sie alle stachen nun, begleitet von Gudruns Bruder Ortwin, in

See. Auch Frute nahm an der Heerfahrt teil, und König Sigfrid von Morland stieß mit vierundzwanzig Schiffen zur Flotte. Obgleich unterwegs manche Gefahr zu bestehen war, gelangten die Schiffe doch glücklich in die Normandie, wo die Flotte unweit von Burg Kassiane heimlich vor Anker ging. Dort ward Rat gehalten und beschlossen, Boten auszusenden, die Gudruns Schicksal erkunden sollten. Ortwin und Herwig wurden dazu ausersehen, die Fahrt zu unternehmen.

Während das alles geschah, mussten Gudrun und Hildeburg ohne Unterbrechung ihre harte Arbeit tun. Eines Tages sah Gudrun im Meer einen Vogel schwimmen. »Ach, du schöner Vogel«, rief sie aus, »wie schmerzt es mich, dass du so unstet und ohne Heimat auf dem Meer umherirren musst!« Da antwortete der Vogel mit Menschenstimme: »Freue dich, edle Jungfrau, dein Leiden nimmt bald ein Ende. Bald nahen die Deinen, um dich zu befreien!« Der Vogel erhob sich hoch in die Luft und entschwand.

Am nächsten Morgen mussten Gudrun und Hildeburg sogleich wieder an ihre Arbeit gehen. Es war noch früh im Jahr, und obgleich die Osterzeit nahe war, hatte es geschneit. Vergeblich baten die Unglücklichen um Schuhe – sie mussten barfuß hinaus an den Strand und an die Arbeit. Voll Sehnsucht hielten sie Ausschau nach den Freunden aus der Heimat, von deren Ankunft der wunderbare Vogel ihnen Kunde gegeben hatte, und erhofften Erlösung aus ihrer Not.

Lange harrten sie vergeblich – da sahen sie den Nachen herannahen, in dem Herwig und Ortwin auf Kundschaft ausgezogen waren. Freudig rief Hildeburg Gudrun zu: »Sieh, da kommen sie, von denen der Vogel sprach!« Voll Scham schwankte Gudrun, ob sie sich in ihrer Niedrigkeit sehen lassen oder lieber verbergen solle, doch auf Hildeburgs Zuspruch hin hielt sie aus. Bald legten Herwig und Ortwin am Strand an und fragten die beiden, wessen Wäsche sie da wüschen. Sie hatten Mitleid mit den barfüßigen Frauen, die in nassen Hemden, mit vom scharfen Wind zerzausten Haaren und zitternd vor Frost vor ihnen standen. Herwig bot ihnen vier Goldringe als Lohn, wenn sie ihm Rede und Antwort stünden, aber sie schlugen sein Geschenk aus, und Gudrun berichtete mit kurzen Worten, das Land hier sei die

Normandie, die Burg aber heiße Kassiane und gehöre König Ludwig sowie dessen Sohn Hartmut.

Da sagte Herwig, er sei als Bote an die beiden gesandt, und fragte, wo er sie antreffen könne. »Du findest sie hier auf der Burg Kassiane«, antwortete Gudrun, »und mit ihnen viertausend Mannen, die ihnen dienen!« Verwundert fragte Herwig, warum wohl eine so große Streitmacht auf der Burg versammelt sei, Gudrun aber antwortete, Vater und Sohn hätten mächtige Feinde zu Hegelingen, vor denen sie sich schützen müssten. Da fragte Ortwin, ob sie etwas von Gefangenen wüssten, von denen eine Gudrun heiße und die man vor Jahren ins Land gebracht habe. Gudrun bejahte, Herwig aber sagte zu Ortwin, die Jungfrau, mit der sie da sprächen, sei wohl Gudrun selbst – nie habe er eine Frau gesehen, die ihr ähnlicher gewesen sei. Ortwin antwortete jedoch, das sei seine Schwester nicht – bei aller Schönheit gleiche sie ihr kaum. Da sagte Gudrun zu Herwig: »Ich kannte einst einen Helden, der Euch ähnlich sah, das war Herwig von Seeland. Ach, wenn der noch lebte, so würde er uns aus unserer Gefangenschaft befreien. Auch ich bin eine von denen, die einst gefangen ins Land gebracht wurden. Ihr suchet Gudrun, aber das ist vergeblich. Bitteres Ungemach brachte ihr längst den Tod.« Als die beiden Helden das hörten, wurden ihre Augen nass und Herwig sprach: »Bis an mein Lebensende muss ich um Gudruns Tod trauern, denn sie war meine Braut.«

»Ihr wollt mich betrügen«, sagte Gudrun; »wäre Herwig am Leben, so hätte er mich längst befreit!« Damit aber hatte sie sich verraten. Herwig wusste nun, dass Gudrun vor ihm stand, und nannte ihr seinen Namen. Sie erkannte an seiner Hand den Ring, den sie ihm einst zur Verlobung geschenkt hatte, und zeigte ihm mit frohem Lächeln den ihren, den sie vor vielen Jahren von ihm empfangen und in den langen Leidensjahren getreulich bewahrt hatte. Da umarmte und küsste Herwig seine Verlobte und rief Ortwin zu: »Nun lass uns eilen, damit wir Gudrun von hinnen bringen!« Ortwin aber widersetzte sich einer solchen Flucht. »Hätte ich hundert Schwestern«, rief er aus, »so ließe ich sie eher sterben, als dass ich sie verstohlen aus dem Land führte, in das sie als Kampfbeute gekommen sind!«

Wohl sträubte sich Herwig dagegen, Gudrun zurückzulassen, und sie selbst klagte darüber, dass sie auch jetzt noch ihr hartes Los weitertragen solle, aber Ortwin setzte seinen Willen durch. Doch blieb Gudrun nicht ohne guten Trost zurück. »Noch ehe morgen die Sonne aufgeht«, so sprach Herwig, »steht unser Heer zum Angriff auf die Burg bereit.« Damit bestiegen die beiden Gefährten ihren Nachen und ruderten hinweg.

In ihrer freudigen Erregung vergaßen die beiden Jungfrauen ihre Arbeit. Hildeburg war es, die sich zuerst besann und Gudrun an die Strafe erinnerte, die ihnen bevorstand, wenn sie es wagten, unverrichteter Dinge zurückzukehren. Gudrun aber wollte vom Waschen nichts mehr wissen, und wie sehr auch Hildeburg abmahnte, sie schleuderte die Kleider, die sie hätte waschen sollen, weit ins Meer hinaus. Inzwischen war es Abend geworden. Hildeburg trug schwer an den Kleidern, die sie als ihren Anteil redlich gesäubert hatte; Gudrun aber ging frei und unbeschwert neben ihr her.

Vor dem Burgtor erwartete Gerlind die beiden. Scharf tadelte sie Gudrun, weil sie so spät heimkehre, dann aber setzte sie hämisch hinzu: »Wie kommt es, dass du mächtige Könige verschmähst, aber zur Abendzeit mit schlechten Knechten Zwiesprache hältst?« Stolz antwortete Gudrun: »Das lügst du! Nie war es mein Wille, mit jemandem zu sprechen außer mit meinen Verwandten, wie es recht und billig ist!« Voll Zorn über den Widerspruch drohte Gerlind mit Schlägen, Gudrun aber antwortete, davon rate sie ihr ab, denn bald werde sie in Gerlinds Sippe mehr gelten als diese selbst. Da erst sah Gerlind, dass Gudrun keine Wäsche trug, und fragte sie, wo sie die Kleider gelassen habe. »Ich habe sie am Strand liegen lassen«, entgegnete Gudrun, »denn ich hätte daran allzu schwer getragen. Siehst du sie nicht wieder, so soll mich das nicht bekümmern.«

Nun stieg Gerlinds Zorn auf das Höchste, und sie befahl, Gudrun an ihrem Bett festzubinden und mit Ruten zu schlagen. Da sagte diese listig, an diese Strafe werde sie sich erinnern, sobald sie hier im Land die Krone trage – dann solle Gerlind den Lohn dafür erhalten. Ehe sie diese Strafe erdulde, wolle sie lieber ihren Sinn ändern und Hartmut zum Mann nehmen. Als Gerlind das hörte, legte sich ihr Zorn, und sogleich sandte sie zu Hartmut, um ihm die frohe Botschaft zu verkündigen, dass Gudrun nun endlich umgestimmt sei und seine Gattin werden wolle. Dieser wollte dem Boten zuerst keinen Glauben schenken, dann aber eilte er sogleich herbei – da stand Gudrun noch, wie sie vom Meer gekommen war, barfuß, im nassen Hemd. Freudig wollte er sie in seine Arme schließen, sie aber wich zurück. »Nein, nicht so«, sprach sie, »Hartmut! Ich bin eine arme Wäscherin – was sagten wohl die Leute, wenn sie es sähen? Wenn ich als Königin unter der Krone stehe, dann könnt Ihr mich umarmen. Dann bin ich nicht geringer als Ihr.« Hartmut ließ Gudruns Einspruch gelten und fügte sich ihrem Wunsch.

Da verlangte Gudrun zuerst nach einem Bad, dann aber, dass ihre Jungfrauen, die mit ihr aus der Heimat gekommen waren, ihr Gesellschaft leisten sollten – keine von ihnen solle in Gerlinds Gemach verbleiben. Auf ihren Wunsch wurden ihr und ebenso den Frauen gute Kleider gebracht.

Auch Ortrun eilte herbei und wurde von Gudrun liebevoll empfangen. Gemeinsam saßen sie nun bei Wein und Met in einem schönen Saal. Aber nicht alle waren frohen Sinnes, und eine der Frauen erhob ihre Stimme und klagte darüber, dass sie nun, da Gudrun Hartmut zur Ehe nehme, für immer in dem Land bleiben müssten, in das man sie mit Gewalt gebracht hatte. Die schmerzliche Erinnerung machte der Freude auch der anderen ein rasches Ende, Gudrun aber, die es besser wusste, lachte laut auf. Das hörte Gerlind, und argwöhnisch sagte sie zu Hartmut, er möge auf der Hut sein, denn Gudrun habe Arges im Sinn. Sie habe heimlich Botschaft von ihren Verwandten erhalten, und es könne wohl sein, dass er Leben und Ehre verliere. Hartmut aber war sorglos und sagte, Gerlind möge Gudrun die Freude gönnen. Gudruns Verwandte seien weit entfernt – wie sollten sie ihm schaden?

So kam die Zeit der Nachtruhe. Da ließ man Gudrun mit ihren Frauen allein. Auf ihr Geheiß wurde die Tür fest verriegelt, dann aber enthüllte sie die Wahrheit: »Nach langem Leid sollt ihr nun Freude erfahren«, sagte sie. »Heute habe ich Herwig geküsst und meinen Bruder Ortwin. Nun wartet bis morgen!« Da legten sich alle frohen Sinnes zur Ruhe.

Herwig und Ortwin waren inzwischen zum Heer zurückgekehrt und hatten dort alles berichtet, was sie erlebt hatten. Noch in der Nacht, beim Schein

des Mondes, stießen die Schiffe vom Land, und bald waren sie bei Ludwigs
Burg vor Anker gegangen. Das Heer ging an Land und legte sich für den
Rest der Nacht zur Ruhe. Wate gebot, dass sich alles zum Kampf bereite,
sobald er früh am Morgen das Heerhorn blase.

Schon war der Morgenstern aufgegangen, da schlich eine von Gudruns
Gefährtinnen zum Fenster und spähte hinaus. Da sah sie Schilde und Helme
glänzen – die Burg war umringt! Sogleich weckte sie Gudrun, und ein Blick
aus dem Fenster zeigte dieser zahllose Segel auf dem Meer, rings um die
Burg aber das Heer der Befreier. Aber auch Ludwigs Wächter sah vom
Turm aus die Feinde. Laut stieß er ins Horn und rief: »Erwacht, ihr stolzen
Recken! Feinde sind da!« Den Ruf hörte Gerlind und eilte hinauf auf die
Zinnen. Sogleich erkannte sie, was geschehen war, und weckte mit lautem
Ruf Ludwig: »Auf, Herr Ludwig! Unliebe Gäste umringen unsere Burg!
Gar teuer kommt uns Gudruns Lachen zu stehen!« Auch Hartmut ward ge-
weckt, und als er auf den Zinnen stand, erkannte er sogleich an den Heer-
zeichen, dass Gudruns Verwandte gekommen waren, um altes Leid zu
rächen. Auf sein Geheiß rüsteten sich alle Krieger zum Kampf, und gegen
Gerlinds Rat ward beschlossen, den Feinden draußen vor der Burg entgegenzutreten. Die Riegel aller vier Burgtore wurden geöffnet und dreitausend Mannen folgten Hartmut in den Kampf. Die anderen blieben als
Bedeckung in der Burg zurück.

Zur selben Stunde ließ Wate dreimal sein Horn ertönen, und sogleich rückte
das Heer zum Angriff gegen Kassiane vor. Von allen vier Seiten nahten sich
die Krieger der Burg, und zu hartem Kampf stießen sie mit Hartmuts Scharen zusammen, die eben aus den Burgtoren kamen. Ortwin stürzte sich auf
Hartmut, aber obgleich beide bald aus schweren Wunden bluteten, blieb der
Streit unentschieden, da die Mannen beider sie voneinander trennten.

Gegen Ludwig wandte sich Herwig, erhielt aber einen so gewaltigen
Schwerthieb, dass er strauchelte. Er fürchtete, Gudrun habe das gesehen,
und voll Zorn griff er seinen Gegner nochmals an. Wie stark auch Ludwig
war, Herwigs Kraft konnte er nicht widerstehen, und der Streit endete damit, dass Herwig seinem Gegner das Haupt abschlug.

Hartmut wusste nichts vom Tod seines Vaters. Nach hartem Kampf wollte er sich in die Burg zurückziehen, um Rast zu halten. Inzwischen aber war Wate mit seiner Schar bis zum Tor vorgedrungen und versperrte ihm den Weg. Doch auch die anderen Tore waren von den Scharen der Feinde umgeben. »Nicht in der Luft, nicht im Wasser, nicht unter der Erde können wir uns vor unseren Feinden bergen!«, rief Hartmut aus. »Nun bleibt uns nur eines – steigt von den Rossen und haut mit den Schwertern zu, so stark ihr könnt! Ich muss Wate vom Tor verdrängen!« Als Wate ihn herankommen sah, trat er ihm entgegen, und es schien ein Wunder, dass Hartmut in diesem harten Kampf nicht seinem Gegner erlag. Da hörte der Held, wie seine Mutter Gerlind über den Tod Ludwigs klagte. Maßlos in ihrer Wut bot sie dem reichen Lohn, der zur Vergeltung Gudrun samt allen ihren Jungfrauen erschlage. Wirklich fand sich ein Wicht dazu bereit und eilte mit bloßem Schwert auf Gudrun zu. Den Tod vor Augen, schrie diese laut, und noch lauter erscholl das Wehklagen ihrer entsetzten Frauen.

Als Hartmut Gudruns Stimme erkannte, blickte er auf – da sah er den Mörder neben ihr. Mit furchtbarer Stimme drohte er dem Argen, er werde die Untat an ihm und seinem Geschlecht rächen – da entfloh der Unhold. Obgleich selbst in Todesnot, hatte Hartmut Gudruns Leben gerettet.

Mit gerungenen Händen eilte Ortrun herbei und fiel Gudrun zu Füßen. »Erbarme dich meiner«, rief sie, »und gedenke deines Schmerzes, als dein Vater fiel! Nun ist auch der meine tot, aber bald fällt Hartmut von Wates Hand, wenn du nicht hilfst. Jetzt denke daran, dass ich allein von allen hier im Land deine Freundin war.«

»Gerne hülfe ich dazu, dir den Bruder zu erhalten – doch wie kann ich das?«, antwortete Gudrun. »Ja, wäre ich ein Recke, dann machte ich dem Kampf der beiden bald ein Ende!« Da entdeckte sie im Kampfgewühl ihren Verlobten und rief ihm zu, er möge Wate und Hartmut trennen. Herwig forderte Wate mit lautem Zuruf auf, er solle von seinem Gegner ablassen, aber der Alte wollte davon nichts wissen und antwortete mit rauer Stimme, Frauen sollten sich nicht in den Kampf mischen – Hartmut müsse nun seine Freveltat büßen. Da sprang Herwig zwischen die Kämpfer, doch ein furchtbarer Schlag Wates streckte ihn zu Boden. Sogleich traten seine Mannen dazwischen und halfen ihm hinweg, aber sie entrissen auch Hartmut Wates Zorn und nahmen ihn gefangen.

Damit war das Schicksal der Burg entschieden. Wate erzwang den Eingang und stürmte, gefolgt von seinen Mannen, durch die ganze Burg. Furchtbar wütete er unter allen, die ihm vor das Schwert kamen, und voll Verzweiflung bat Ortrun Gudrun um ihren Schutz. Er ward ihr und ihren Jungfrauen gerne gewährt – da stürzte Gerlind ins Gemach und flehte um ihr Leben. Im selben Augenblick kam Wate herbei. Furchtbar war er anzusehen mit seinem ellenbreiten Bart und seinen wilden Augen, die Feuer sprühten, und in seinen blutverschmierten Kleidern. Vor Wut biss er die Zähne zusammen, dass es knirschte. Nur Gudrun wagte, ihn willkommen zu heißen und um Schonung für Ortrun zu bitten, die vor ihm voll Furcht erbebte. Da fragte Wate nach Gerlind. Gudrun antwortete, sie sei nicht hier, aber eine der Frauen winkte mit den Augen nach der Königin hin, und damit war es um Gerlind geschehen – Wate schlug ihr das Haupt ab. Er hätte wohl noch weitergewütet, da kam Herwig mit seinen Mannen herbei und rief, es sei genug des Kampfes und des Mordens. Die Burg war in den Händen der Angreifer und es gab keine Gegenwehr mehr.

Nach dem Fall Kassianes war bald auch das Land ringsum erobert, und während Horand und Morung, die mit tausend Mannen als Hüter von Burg und Land eingesetzt worden waren, zurückblieben, bestieg das gesamte Heer die Schiffe und trat die Heimreise an; auch Hartmut und Ortrun wurden mitgeführt.

Während die Schiffe eilig heimwärts strebten, wurden Boten an Frau Hilde vorausgesandt, um ihr den glücklichen Ausgang der Heerfahrt zu melden. Festlich empfing die Königin die Heimkehrenden, und als sie dann endlich ihre Tochter in die Arme schließen konnte, war für Mutter und Tochter eine lange Leidenszeit zu Ende. Herwig führte Hilde Ortrun zu, und Gudrun bat ihre Mutter, sie freundlich aufzunehmen, habe sie ihr doch in der Fremde oft Trost gespendet. Hilde dachte aber nur an den Schmerz, den ihr Ortruns Verwandte zugefügt hatten, und rief aus, sie täte besser, Hartmuts Schwester zu töten als sie zu küssen. Lange blieb sie gegen Gudruns Bitten unempfindlich, bis diese in Tränen ausbrach; da endlich wandte sich ihr harter Sinn zur Milde.

Erst nach Tagen wagte es Gudrun, von Hartmut zu sprechen, dem Hilde den Kerker bestimmt hatte. Als aber Gudrun, die der Rettung ihres Lebens gedachte, nicht abließ zu bitten, ließ sie Hartmut schwören, dass er nicht fliehen wolle, und erlaubte sodann, dass er ungefesselt vor sie treten dürfe. Es währte nicht mehr lange, bis sie ihren Groll bezwang.

Nun war es an der Zeit, für Herwig und Gudrun die Hochzeit zu rüsten, doch sollten nicht nur sie allein sie feiern. Ortwin hatte Ortrun lieb gewonnen, und sie willigte gerne ein, ihn zur Ehe zu nehmen. Da wählte Hartmut die treue Hildeburg als Gattin, und Herwig vermählte seine Schwester dem König Sigfrid von Morland, der sich als Helfer in Not und Gefahr erwiesen hatte.

Mit großer Pracht ward die Hochzeit der vier Paare begangen, dann aber musste Abschied genommen werden. Gudrun folgte Herwig nach Seeland, doch versprach sie ihrer Mutter Hilde, ihr dreimal im Jahr Boten zu senden, um von ihrem Ergehen zu berichten. Auf ihre Bitte erhielt Hartmut sein Land wieder zurück, in das ihn seine Gattin Hildeburg begleitete, und Herwigs Schwester folgte ihrem Gatten Sigfrid von Morland, während Ortwin mit Ortrun zu Hortland wohnte, wo Ortwin die Herrschaft führte. Zwischen ihm und Herwig herrschte treue Freundschaft, und sie schworen, einander redlich gegen jeden Feind beizustehen. Horand und Morung aber kehrten auf Hildes Geheiß wieder in ihre Heimat zurück.

So war nach langen Jahren des Zwistes und des Leides wieder Friede geworden. Lange noch aber pries man Gudruns Standhaftigkeit und ihre Treue gegen den Verlobten sowie ihre Ausdauer in schwerer Not. Der Ruhm ihres edlen und tapferen Herzens, ihre Großmut gegen den besiegten Gegner, der ihr so tiefes Leid bereitet hatte, leben fort in der Dichtung, die Gudruns Ruhm durch die Jahrhunderte bewahrt hat, im Gudrunlied.

WESEN UND QUELLEN
DER DEUTSCHEN HELDENSAGE

Die Sage von Wieland

Die älteste Quelle für die Sage von Wieland ist eine Dichtung in altnordischer Sprache, die in die als »Edda« bekannte Liedersammlung aufgenommen wurde und nur dort erhalten ist. Die Sage, auf der sie beruht, ist aber deutscher Herkunft, und dieser Ursprung ist auch noch aus unverkennbaren Spuren des alten »Wielandliedes« (Völundarkvidha) ersichtlich. Den Eingang bildet die uralte und weit verbreitete Überlieferung von der Schwanfrau, die in Vogelgestalt aus ihrer dem menschlichen Bereich entrückten Heimat herbeigeflogen kommt, ihres Federkleides beraubt wird, das allein ihr die Rückkehr ermöglicht, und die Gattin des Mannes wird, der das Federkleid in seinen Besitz gebracht hat. Sobald sie dieses wiedergewonnen hat, verlässt sie ihn, doch sucht sie ihr Gatte nunmehr unter unsäglichen Mühen in ihrer Heimat auf und erlangt so die Wiedervereinigung mit ihr. Diese Fortsetzung fehlt in unserer Dichtung; an ihrer Stelle wird erzählt, dass Wieland in die Gefangenschaft eines Königs gerät, der Wielands unübertreffliche Schmiedekunst für sich ausnutzen will, diesen aber außerdem seiner besten Schätze beraubt. Die Sage berichtet dann weiter, wie der Gefangene furchtbare Rache nimmt, und schließt damit, dass er mit Hilfe künstlicher, selbst gefertigter Flügel entkommt. Dieser Teil erinnert an die antike Sage von Daidalos, der von König Minos seiner Kunst wegen auf der Insel Kreta gefangen gehalten wird, dann aber zusammen mit seinem Sohn Ikaros entkommt, der allerdings auf der Flucht den Tod findet. Die germanische Sage ist nicht aus der antiken ableitbar, von der sie viele wichtige Züge trennen. Sichere Anzeichen deuten vielmehr auf eine östliche, wohl iranische Quelle, mit der beide Sagen unabhängig voneinander in Beziehung stehen.

Eine zweite Fassung der Sage, die hier im Allgemeinen nicht berücksichtigt werden konnte, der aber die Angaben über das Geschehen nach Wielands Flucht entnommen wurden, bietet die aus deutscher Überlieferung schöpfende, viele wichtige Sagen zusammenfassende altnordische »Saga von

König Thidrek (d. i. Dietrich) von Bern«, kurz Thidrekssaga genannt. Die
Saga schließt die Überlieferung von der Schwanfrau aus ihrer Darstellung
aus und bringt dafür andere Züge. So spielt in der Thidrekssaga im Unterschied zum Lied Wielands Bruder Egil eine wichtige Rolle. Dieser ist ein
Meisterschütze; wie Wilhelm Tell schießt er einen Apfel vom Haupt seines
Sohnes, und als Wieland flieht, wird Egil vom König gezwungen, auf den
eigenen Bruder zu schießen. Doch wird Wieland nur scheinbar verwundet
und entkommt unversehrt. Die Saga berichtet auch, dass Egil dem Bruder
bei der Anfertigung seiner Flügel hilft – ein Zug, der auch durch eine aus
England stammende alte Bilddarstellung, das »angelsächsische Runenkästchen«, beglaubigt wird.

Schließlich weist auch eine mittelhochdeutsche Dichtung wichtige Spuren
der Wielandsage auf. Ihr Held, Friedrich von Schwaben, wird von seiner
Braut Angelburg getrennt und begibt sich auf die Suche nach ihr. Dabei
führt er den Namen Wieland, und die Wiedervereinigung mit ihr glückt ihm
nur dadurch, dass es ihm gelingt, der in eine Taube verwandelten Braut ihre
menschliche Gestalt zurückzugeben. Die mittelhochdeutsche Dichtung beglaubigt die ursprüngliche Zugehörigkeit der Schwanenfrauenüberliefe-
rung zur Sage. – Dass die Schwanfrau so, wie das alte Wielandlied berichtet, zugleich Walküre ist, die in der Schlacht ihres Amtes waltet, beruht
nicht auf Zufall. Mit Brünhild, die vor der Bestrafung ihres Ungehorsams
durch Odin Walküre war, ist der Zug verbunden, dass sie ein der Verwand-
lung dienendes Gewand besaß, das wohl mit Recht als Federkleid gilt, und
von der Walküre Kara wird berichtet, dass sie in Schwanengestalt in die
Schlacht eingriff. Auch diese Vorstellung greift weit über den Kreis der
germanischen Völker hinaus, da auch griechische Todesgöttinnen, Keren
genannt, die in der Schlacht die dem Tod verfallenen Kämpfer auslesen,
deutlich die Spuren einer Vogelgestalt erkennen lassen, während nach alt-
persischer Überlieferung überirdische Wesen in Vogelgestalt den Kriegern,
die sie anrufen, in der Schlacht zu Hilfe eilen.

Von den drei Brüdern, die in der altnordischen Dichtung genannt werden,
hat dort nur Wieland eine für das Geschehen der Sage wesentliche Bedeu-

tung, doch zeigt die schon erwähnte altenglische bildliche Darstellung
ebenso wie die Thidrekssaga, dass auch Egil von altersher eine Gestalt der
Sage ist. Dagegen trifft dies für den dritten Bruder nicht zu. In die Handlung
der Sage ist er nicht verflochten, und sein Name »Schlagfittich« (altnordisch Slagfidhr) legt die Vermutung nahe, dass er ursprünglich ein Beiname
Wielands war. Auch sonst hat der nordische Dichter ursprüngliche Bei-
namen verselbstständigt, sodass ein und dieselbe Gestalt unter mehreren
Namen auftritt; die Gattin Egils hieß Hladhgudhr mit dem Beiwort »weiß
wie ein Schwan«; an anderer Stelle aber wird sie einfach »Schwanweiß«
(altnordisch Svanhvitr) genannt. Davon jedoch abgesehen ist es wohl überhaupt eine zum Teil auf Missverständnissen beruhende Neuerung des nordischen Dichters, dass jeder der drei Schwanfrauen ihr Federkleid geraubt
wird; ursprünglich war es Wieland allein, der auf diese Weise seine Gattin
gewann.
Die in der Darstellung verwendeten Stellen aus dem Wielandlied sind der
Edda-Übersetzung von Felix Genzmer entnommen.

Walther und Hildegund

Die Sage von Walther Starkhand und Hildegund gehört zu den am
frühesten bezeugten Heldensagen auf deutschem Boden. Sie führt
uns in die Völkerwanderungszeit und zeigt uns den Hunnenkönig Attila auf
der vollen Höhe seiner Macht. Aber obgleich niemand gegen ihn und sein
Volk zu kämpfen wagt, sondern überall die Unterwerfung unter seinen Willen dem drohenden Untergang vorgezogen wird, zeichnet die Sage doch
nicht das Bild eines kulturlosen Barbaren und Wüterichs, einer alles ver-
nichtenden »Gottesgeißel«, sondern das eines mächtigen Heerkönigs, der
die Unterworfenen schont und die ihm gestellten Geiseln mit fürstlicher
Milde behandelt. Die Sage selbst weist deutlich eine Zweiteilung auf. Der
erste Teil stellt die mit List ins Werk gesetzte Flucht der Geiseln dar, der
zweite und gewichtigste den Überfall auf die Flüchtlinge durch den als

Franken bezeichneten Gunther, den wir aus der Geschichte als den Burgundenkönig Gundahari kennen. Er und sein Gefolgsmann Hagen gehören, so
wie Attila-Etzel, auch zu den Hauptgestalten der Nibelungensage, und
nicht nur durch diese Namen sind die beiden Sagen verbunden, sondern
auch durch die Bezeichnung Nibelunge. Die lateinische Dichtung »Waltharius manu fortis«, zu Deutsch »Walther Starkhand«, gebraucht für die Franken auch den Ausdruck »Franci Nebulones«, und Nebulones beruht vielleicht auf einer Nebenform des Namens Nibelungen; er bedeutet dann die
»Nebelleute«, wohl eine Anspielung auf die klimatischen Verhältnisse der
Wohnsitze (W. Jungandreas). So wie die Walthersage mit der von den Nibelungen verbunden ist, kennt auch die mittelhochdeutsche Dichtung von den
Nibelungen, »Der Nibelunge nôt«, in etwas abweichender Form die
Walthersage. Sie weiß von der Vergeiselung Hagens, Walthers und Hilde-
gunds, berichtet aber, dass Hagen nicht geflohen, sondern von Etzel in die
Heimat entlassen worden sei. Auch der Kampf Walthers gegen Gunther und
dessen Mannen sowie die Teilnahme Hagens am Kampf wird von der mit-
telhochdeutschen Dichtung angedeutet.
Der Dichter des lateinischen Epos, dem unsere Darstellung folgt, ist der
Mönch Ekkehard von St. Gallen, und zwar der erste von den berühmten
Trägern des Namens, der 900–973 gelebt hat und sein Werk als »Schul-
übung« um 930 geschaffen haben dürfte. Die ursprüngliche Dichtung ist
aber nicht erhalten geblieben. Etwa zwischen 1020 und 1031 wurde sie von
einem Namensvetter ihres Schöpfers, dem vierten Träger des Namens
Ekkehard im Kloster St. Gallen, überarbeitet.
Trotz der Entstehung im Kloster und der für die Klosterkultur bezeichnen-
den lateinischen Sprache ist die Dichtung des Mönchs Ekkehard keineswegs ein nur dichterischer Erfindung entsprungenes Werk, sondern eine
echte, in verschiedenen Formen verbreitete Sage. Das lässt sich nicht nur
daraus erkennen, dass Handlung und Gestalten der Sage auch sonst in der
mittelalterlichen Literatur auftauchen, sondern auch daran, dass es volks-
sprachige Dichtungen mit zum Teil abweichendem Verlauf gab, und zwar
sowohl innerhalb als auch außerhalb des deutschen Sprachgebietes. Nur in

Bruchstücken ist eine altenglische Dichtung erhalten, die unter dem Namen des Helden, »Waldere«, bekannt ist, während eine dem 13. Jahrhundert angehörige Fassung, die aus der lateinisch geschriebenen »Chronik Polens« des Boguphal stammt, in vielen Einzelheiten stark abweicht und überdies an den aus unserer Fassung bekannten Verlauf noch eine umfangreiche Erzählung anfügt, auf die wir hier nicht eingehen können. Aus dem niederdeutschen Sprachgebiet stammt dagegen eine weitere Fassung, die uns in altnordischer Sprache erhalten ist. Im 13. Jahrhundert entstand nämlich ein umfangreiches Werk in dieser Sprache, die auch eine Fassung der Wielandsage enthaltende und bereits angeführte »Saga von König Dietrich von Bern«, die im Wesentlichen auf niederdeutschen Quellen beruht und außer vielen anderen deutschen Heldensagen, wie denen von Dietrich von Bern, von den Nibelungen und von König Rother, auch die Walthersage enthält. Diese Erzählung weicht von der unsrigen insbesondere darin ab, dass die Verfolgung der Flüchtlinge nicht unterbleibt, sondern dass Hagen, der noch in den Diensten des Hunnenkönigs steht, den Flüchtlingen nacheilt und sie während einer Rast überfällt. Auch eine mittelhochdeutsche Waltherdichtung hat es gegeben, die aber ebenso wie die altenglische nur bruchstückhaft erhalten geblieben ist.

Dass die lateinische Waltherdichtung trotz der fremden Sprache, in der sie abgefasst ist, verhältnismäßig gut bekannt ist, verdankt sie vor allem Josef Viktor von Scheffel, der in seinem Roman »Ekkehard« eine zwar freie, aber dichterisch wohlgelungene Nachdichtung geboten hat. Der »Waltharius« ist aber auch sonst wiederholt übersetzt worden, so von Paul von Winterfeld, der sich durch seine »Deutsche Dichter des lateinischen Mittelalters« um die Kenntnis der mittelalterlichen lateinischen Dichtung verdient gemacht hat und in dieses Buch auch eine Übertragung des lateinischen Epos aufgenommen hat. Eine Übersetzung in Hexametern, dem Versmaß des Originals, hat Hermann Althof geliefert, der sich auch um Originalausgabe und Erklärung bemüht hat.

Die Nibelungensagen

So wie die Walthersage reicht auch die Nibelungensage in die Völkerwanderungszeit zurück. Sie umfasst aber nicht nur einen weitaus größeren Bereich als diese, sondern übertrifft sie auch ganz wesentlich hinsichtlich der Zahl und des Umfanges der erhaltenen Denkmäler.

Die der Sage zugrunde liegende Überlieferung aber führt uns überdies über den germanischen Bereich weit hinaus zu anderen indogermanischen Völkern, besonders zu denen des iranischen Hochlandes, den Medern und Persern, sodass sie auch ein Zeugnis uralter und weit reichender Kulturbeziehungen ist. Mit der rein sagenhaften Überlieferung haben sich auch auf deutschem Boden die Geschicke geschichtlicher Gestalten und Völker verbunden und ihr das Gepräge gegeben.

Wohl noch im 5. Jahrhundert entstanden in Rheinfranken Heldenlieder, die allesamt verloren sind, aber sowohl in England als auch besonders in Skandinavien eine reiche Blüte an Heldendichtungen gezeitigt haben, die in der unter dem Namen Edda bekannten Liedersammlung vereinigt wurden. Leider zeigt die einzige erhaltene Handschrift dieser Sammlung eine große Lücke, sodass manche Dichtungen vollständig, andere zum Teil verloren sind. Einen gewissen Ersatz bietet eine Prosaumschrift, die so genannte Völsungasaga, deren Verfasser noch die vollständige Handschrift benutzen konnte. Die in diesen Denkmälern erhaltene Form der Sage nennt man gewöhnlich die nordische Fassung der Nibelungensage; ihren Inhalt bietet der erste Teil unserer Darstellung.

Wenn auch die deutschen Quellen der ältesten Stufe, die nur in mündlicher Überlieferung lebten, nicht in die Literatur eingegangen und daher verloren gegangen sind, so können wir dennoch ihren dauernden Bestand und ihre Entwicklung von kurzen, liedmäßigen Dichtungen zu breiterer Darstellung mit Sicherheit erschließen. Den Abschluss dieser Entwicklung bildet die in einer großen Zahl teils vollständiger, teils unvollständiger Handschriften erhaltene umfangreiche epische Dichtung »Der Nibelunge nôt«, die den zweiten Teil unserer Darstellung ausmacht. Eine Vorgestalt der mittelhochdeutschen Dichtung hat die schon oben wiederholt genannte »Saga von König Dietrich von Bern« erhalten.

Eine Sonderstellung nimmt die zwar nur in später Überarbeitung auf uns gekommene und nur in Drucken des 16. Jahrhunderts erhaltene, in ihrem alten Kern inhaltlich aber äußerst wichtige Dichtung »Hürnen Seyfrid« ein, deren Inhalt in gedrängter Übersicht wiedergegeben sei:

Schon in früher Jugend stark und groß, kommt Sigfrid zu einem Schmied in die Lehre, erweist sich aber als sehr ungeschlacht und misshandelt Meister und Gesellen, sodass der Schmied ihn um Kohlen in einen Wald schickt, in dem Lindwürmer hausen; er hofft, Sigfrid werde dabei sein Leben einbüßen. Dieser aber reißt, sobald er die in einem engen Tal hausenden Untiere erblickt, mit seiner ungefügen Kraft Bäume aus, häuft sie über den Lindwürmern an und entzündet ein gewaltiges Feuer, in dem alle umkommen. Ihre Hornhaut schmilzt im Feuer und fließt wie ein Bächlein dahin. Mit der flüssigen Masse bestreicht Sigfrid seinen Leib, ausgenommen eine Stelle zwischen den Schultern, die er nicht erreicht, und erhält durch das erkaltende Horn einen seinen ganzen Leib schützenden Panzer. Nur zwischen den Schultern bleibt er verwundbar. So zieht er in die Welt. – In der Stadt Worms herrscht König Gibich, dessen Tochter Kriemhild eines Tages ein Drache raubt und auf einen Felsen bringt. Der Drache ist ein verwünschter Mann und will Kriemhild gefangen halten, bis er seine menschliche Gestalt wiedererhält.

Eines Tages findet Sigfrid auf der Jagd die Spuren des Drachen und geht ihnen nach. Der Zwergenkönig Eugel, der ihm in der Nähe des Drachenfelsens begegnet, warnt ihn vor dem Ungeheuer und nennt ihm Namen und Abkunft, die Sigfrid angeblich vergessen hat, in Wahrheit aber, wie sich aus der näheren Untersuchung ergibt, nie gekannt hat, da er vater- und mutterlos aufgewachsen ist. Da Sigfrid trotz der Warnung des Zwerges Kriemhild, von deren Schicksal ihm Eugel erzählt, aus der Gewalt des Drachen befreien will, wird er zu dem Riesen Kuperan gewiesen, der den Schlüssel zum Drachenstein bewahrt. Er besiegt Kuperan und zwingt ihn, ihm den Weg zu weisen. So gelangt er zu Kriemhild, tötet den verräterischen Riesen, der ihn heimtückisch zu ermorden versucht hatte, und kämpft sodann mit dem herbeikommenden Drachen, den er nach harter Mühe besiegt. In einer Höhle findet er einen reichen Schatz, das Erbe des Königs Nibelung, das den Brüdern des Zwerges Eugel gehört. Er lädt den Schatz auf sein Ross und zieht mit der befreiten Kriemhild nach Worms. Da ihm der Zwerg geweissagt hat, er werde nach acht Jahren ermordet werden, versenkt er den Hort in den Rhein. König Gibich vermählt ihm die aus der Gewalt des Drachen befreite Kriemhild, aber deren Brüder, vor allem Gunther und Hagen, hassen ihn wegen des Ansehens, das er in kurzer Zeit gewinnt, und Hagen ersticht Sigfrid bei einer Quelle im Odenwald.

Den Dienst des seine Abkunft nicht kennenden Helden beim Schmied kennen auch die Thidreksage und die persische Heldensage. Davon abgesehen gehören sowohl die wesentlichen Gestalten der Sage als auch ihre Handlung einer alten Überlieferung an, die ihre Ausprägung außer in der Sagenwelt verschiedener Völker auch im Volksmärchen gefunden hat.

Der »Hürnen Seyfrid« geht aber nicht nur auf alte Quellen zurück, sondern hat auch die Kenntnis der Sage zeitlich am weitesten hinaufgeführt. Ihm entstammt das seinerzeit höchst beliebte und verbreitete Volksbuch vom »Hörnenen Sigfrid«.

So wie uns die Nibelungensage in ihren verschiedenen Formen erhalten ist, ist sie ein sehr vielschichtiges Gebilde. Diese Schichten zu sondern und den Beziehungen zu der Heldensage, besonders der des Iran, nachzugehen ist eine der schwierigsten Aufgaben der Sagenforschung.

Die nordische Fassung enthält die in der deutschen Überlieferung verloren gegangene »Erweckung der Walküre«, wobei Sigfrid zu der im verschlossenen, unzugänglichen Bereich schlummernden Brünhild vordringen muss. Diese Überlieferung ist mit dem Märchen vom Dornröschen verwandt. Es handelt sich dabei um eine »Schildburg«, eine Dornenhecke oder einen unzugänglichen Turm. Der Flammenwall, den die nordgermanische Sage auch sonst kennt, ist eine wohl erst auf nordischem Boden eingeführte Neuerung. Als »Jungfrau im Turm«, zu der dem Helden von einem Vogel der Weg gewiesen wird, ist Brünhild im »Falkenlied« gekennzeichnet. Die-

ses »Falkenlied« ist zwar verloren, uns aber dem Inhalt nach bekannt durch
eine in der Völsungasaga bewahrte Prosaumschrift. Der »weisende Vogel«
findet sich auch in Fassungen des Märchens vom Dornröschen.

Die deutsche Sage hat den Zug erhalten, dass die Freier um Brünhild mit ihr
kämpfen und sie besiegen müssen. Dieses Motiv ist sehr alt, und ebenso der
weitere, dass Brünhild den ihr missliebigen Freier überwindet und fesselt;
beide Züge haben weit reichende Gegenstücke. Die nordische Fassung hat
diese Bestandteile dadurch ersetzt, dass der Ritt durch den Flammenwall
als Freierprobe eingeführt wurde. Geblieben ist nur, dass Sigfrid anstelle
Gunthers diese Aufgabe löst. Der Verrat dieses Geheimnisses, dessen sich
Sigfrid, wenn auch ohne böse Absicht, schuldig macht, ist hier wie dort die
Ursache seines Untergangs. Ein alter Zug ist es, dass Sigfrid unverwundbar
ist und nur auf bestimmte Weise getötet werden kann sowie dass Kriemhild
das Geheimnis dem bittersten Feind ihres Gatten verrät. Die nordische Fassung hat die in ihren ältesten Denkmälern erhaltene Fassung von Sigurds
Tod, die unserer Darstellung zugrunde liegt, später dahin geändert, dass der
Mörder den schlafenden Sigurd im Bett erschlägt, dafür aber von dem todwunden Helden sofort getötet wird. Entsetzt sieht die erwachende Gudrun
den Gatten sterbend neben sich.

Von größter Bedeutung ist der Unterschied in der Begründung des Untergangs der Nibelunge. Die nordische Fassung stellt zwischen Sigfrids Tod
und dem Untergang Gunnars und Högnis eine eher lose Beziehung her:
Gudrun-Kriemhild wird Attilas-Atlis Gattin, der sich des einst von Sigfrid
gewonnenen und in den Besitz der Nibelunge gelangten Schatzes bemächtigen will, weshalb er die verhängnisvolle Einladung ergehen lässt. Gudrun-Kriemhild steht trotz Sigfrids Ermordung auf der Seite ihrer Blutsverwandten und tötet aus Rache den Gatten. Die mittelhochdeutsche Dichtung
hat hier einen grundsätzlichen Wandel vollzogen und macht nicht Atli-
Etzel, sondern Kriemhild zur Urheberin des Anschlags. Ihr Beweggrund ist
die Ermordung Sigfrids, den sie rächen will. Daneben ist das Schatzmotiv
geblieben, sodass außer der Rache für Sigfrid auch das Verlangen nach dem
Schatz immer wieder als Triebfeder ihres Handelns genannt wird; zum

Schluss der Dichtung tritt es sogar allein herrschend in den Vordergrund. Etzel ist an der Planung des Anschlages nicht beteiligt und wird ohne eigene Schuld und gegen seinen Willen in den Kampf hineingezogen.

Eine Art Zwischenstufe stellt die in der Saga von Dietrich von Bern erhaltene Fassung dar, da sie Atlis Schatzgier noch deutlich durchblicken lässt. Diese Fassung erklärt manche wichtigen Einzelheiten, so die Mordtat an Ortlieb. Das Nibelungenlied sagt, Kriemhild habe Ortlieb in den Saal bringen lassen, weil sie sonst den Kampf nicht habe entfachen können, obgleich sie die Mordtat an dem Kind nicht voraussehen konnte und überdies durch die Ermordung der Knechte bereits einen Schritt getan hatte, der zwangsläufig zum Kampf führen musste. Die Saga bietet hier die Erklärung. Sie erzählt, Kriemhild habe ihr Kind aufgefordert, Hagen einen Schlag ins Gesicht zu versetzen; damit führt sie zielbewusst die Ermordung von Atlis Sohn herbei und zwingt den König zur Rache. Auch die Ermordung des Erziehers findet so ihre Erklärung.

Sieht man von den geschichtlichen Namen Gundahari-Gunther, Gibica-Gibeche, Gislahari-Giselher, Gundomar-Gutthorm, deren Träger aus der Geschichte der Burgunden bekannt sind, und Attila-Atli-Etzel ab, so beschränken sich die Anklänge an die Geschichte auf den zweiten Teil der Sage und sind nur lose. Die Sage berichtet nicht von einem Kampf der Völker und von einer Schlacht, wie sie geschichtlich tatsächlich bezeugt ist. Wir wissen, dass im Jahre 436 eine mit dem römischen Statthalter Aëtius verbündete Hunnenschar auf dessen Betreiben die Burgunden überfiel und den König Gundahari mit allen seinen Verwandten tötete. Davon weiß die Sage nichts. Ihre Grundlage sind die auch sonst wiederholt belegte verräterische Einladung und der Überfall auf die Gäste. Die im Norden erhaltene älteste Fassung weiß auch nichts von dem Kampf mächtiger Scharen gegeneinander, von dem das mittelhochdeutsche Nibelungenlied berichtet. Gunnar und Högni allein reiten zum Besuch bei Atli aus, werden sofort bei der Ankunft überfallen und überwältigt. Da man beim Vergleich zwischen Geschichte und Sage von der ältesten Sagenschicht ausgehen muss, beschränkt sich die Gemeinsamkeit auf den Untergang Gundaharis-Gunthers und wohl auch Gislaharis-Giselhers, der im Norden nicht genannt ist, aber zweifellos von Anfang an als einer der Überfallenen genannt worden sein muss. Attila selbst war an den geschichtlichen Kämpfen persönlich gar nicht beteiligt, obwohl er zwischen 433 und 445, also während der kritischen Zeit, zusammen mit seinem Bruder Bleda, dem Blödelin des Nibelungenliedes, über die Hunnen herrschte. Ein allerdings entfernter Anklang an die Geschichte liegt dagegen in der Erzählung der nordischen Fassung von der Ermordung Atlis durch Gudrun vor. Attila war 453 in der Nacht nach der Hochzeit mit einer Frau namens Ildicho infolge eines Blutsturzes erstickt, und diese Tatsache wurde später in dem Sinne aus- und umgedeutet, dass Attila von einer Frau aus Rache für den Tod ihres Vaters ermordet worden sei.

Derartige geschichtliche Beziehungen fehlen für die Schicksale Sigfrids, obwohl wiederholt versucht wurde, solche aufzufinden. Das Geschehen dieser Sage beruht durchweg auf ungeschichtlichen Voraussetzungen, und manche ihrer Züge und Gestalten haben Gegenstücke, was zum Teil schon angedeutet wurde. Wichtig ist hier auch der »Hörnene Sigfrid«. Der Aufenthalt des noch halbwüchsigen Helden beim Schmied findet sich auch in der Saga von Dietrich von Bern und ist ebenso in der eddischen Dichtung noch angedeutet, obwohl in der Völsungasaga aus dem Schmiedemeister ein höfischer Erzieher geworden ist. Dieser Zug gehört aber zu den ältesten Bestandteilen der Saga und findet sich im Iran ebenfalls. Dasselbe gilt für die Befreiung Kriemhilds aus der Gewalt des Drachen und für den Kampf gegen Kuperan. Auch enge Beziehungen zum Volksmärchen lassen sich bei dieser Erzählung nachweisen. Ein alter und weit verbreiteter Zug, den die Dichtung des 16. Jahrhunderts bewahrt hat, besteht zum Beispiel darin, dass Sigfrid das Schwert, mit dem allein das Untier besiegt werden kann, auf dem Drachenstein erhält.

Der Volksüberlieferung angehörige Züge finden sich schon in den ältesten Denkmälern. Hierher gehört der Vogel, der die Vergeltung für Sigurds Ermordung weissagt, und die Vögel, deren Sprache Sigurd versteht, sobald das Blut Fafnirs auf seine Zunge kommt. In Märchen und Sagen findet sich ferner der Zug, dass das an der Grenze zwischen Diesseits und Jenseits zufallende Tor dem Helden die Ferse wegschlägt.

Was indessen die Sage über ihre kultur- und geistesgeschichtliche Bedeutung hinaus für unsere Gegenwart bedeutsam macht, ist die Fülle von Charakterbildern, die im Guten wie im Bösen aus einem Guss sind. Diese Helden stellen sich ihrem Schicksal und weichen vom einmal gewählten Weg nicht ab, auch wenn sie den Untergang vor Augen haben. Manches, wie die Trotzrede des Gefangenen vor seinem Tod, hat sich hier bis in die mittelhochdeutsche Dichtung erhalten, mag sie auch im Norden Gunnar-Gunther, in der deutschen Dichtung Hagen in den Mund gelegt sein. Sehr hoch ist auch der künstlerische Wert vieler unserer Denkmäler, und besonders der zweite Teil des Nibelungenliedes gehört zu den größten Leistungen der Weltliteratur. Eine unheimliche Stimmung lagert schon vor dem Beginn des Kampfes über dem Aufenthalt der Nibelunge an Etzels Hof, aber auch über der gesamten Reise der Helden, die im Bewusstsein, dass sie todgeweiht sind, dennoch ihren einmal gefassten Beschluss ohne Zögern ausführen. Während Hagen, seinem Wesen getreu, hart bleibt bis zum bitteren Ende, findet der Dichter auch weichere Töne, so bei der Darstellung Rüdegers, der nach schwerem innerem Ringen in Erfüllung seiner Pflicht gegen seine besten Freunde in den Kampf zieht und dabei mit untrüglicher Sicherheit den eigenen Tod voraussieht. Hier waltet eine innere Größe, die schon für sich allein der Dichtung von der Nibelunge Not unvergänglichen Wert verleiht.

Die Sagen von Dietrich von Bern

Nach der Sage wird das Lebensschicksal Dietrichs von Bern durch zwei Umstände bestimmt: durch die Feindschaft seines unter dem unheilvollen Einfluss Sibeches stehenden Onkels Ermenrich und durch das verhängnisvolle Eingreifen Witeges, der zweimal den bereits errungenen glanzvollen Erfolg Dietrichs zunichte macht.

Stellen wir der Sage die geschichtliche Wirklichkeit gegenüber: Ermenrich
ist der geschichtliche Airmanareiks (sprich: Ermanariks), Beherrscher des
mächtigen Gotenreiches am Schwarzen Meer, das um 370 dem Ansturm
des aus dem Osten kommenden Hunnenvolkes erlag. Im Zusammenhang
mit diesem furchtbaren Zusammenbruch fand Airmanareiks, der nie seinen
Fuß nach Italien gesetzt hatte, den Tod. Die Gotenherrschaft in Italien wurde durch Thiudareiks (sprich: Thiudariks, die latinisierte Namensform lautet Theodericus), den Dietrich von Bern der deutschen Sage, begründet.
Thiudareiks, der 488 zum »Heermeister« (magister militum) des Oströmi-
schen Reiches ernannt worden war, führte seit 489 in seiner Eigenschaft als
kaiserlicher Feldherr den Eroberungskrieg um Italien gegen Odowakar, der
476 dem Weströmischen Reich ein Ende gemacht hatte. Durch Loslösung
von Ostrom nach siegreicher Beendigung des Feldzuges schuf er das Reich
der Goten in Italien. Er starb 526, also mehr als einhundertfünfzig Jahre
nach dem Tod des Airmanareiks. Auf Italien hatte er naturgemäß keinerlei
Erbanspruch, er war auch nie von dort vertrieben worden, und sein Erobe-
rungsfeldzug war keine Rückkehr in ein von ihm schon vorher besessenes
Land. Im Namen Witeges lebt wohl der des Gotenhelden Widigoja fort, der
nach den Angaben des Geschichtsschreibers Jordanes zu den Helden
gehörte, die das Gotenvolk in Preisliedern feierte; für seine Rolle in der Sage gibt es keinen geschichtlichen Anhaltspunkt.
Die Sage setzt also geschichtlich beglaubigte Gestalten zueinander in eine
historisch in keiner Weise vorgezeichnete Beziehung und macht sie zu Trägern einer durchaus ungeschichtlichen Handlung. Trotzdem beruht das,
was sie berichtet, keineswegs auf dem freien Spiel der Phantasie. Ihr Inhalt
entspricht vielmehr alter Überlieferung, nach der zwei Blutsverwandte in
unversöhnlichem Gegensatz zueinander stehen. Auch der treue Ratgeber,
der nach schwerer Kränkung zum erbitterten, aber heimlichen Gegner seines Herrn wird, gehört dieser Überlieferung an. Diese Auseinandersetzung endet mit Tod und Herrschaftsverlust für den einen, und zwar immer
den älteren der beiden Blutsverwandten. Außerdem greift eine zweite
Überlieferung ein, wonach einem Herrscher der Schicksalsspruch zuteil

wird, er müsse eine schwere Notzeit durchmachen. Freigestellt ist ihm nur, ob er diese Notzeit in der Jugend oder im Alter auf sich nehmen wolle, und er entscheidet sich für die erste Möglichkeit. Freiwillig verlässt er sein Reich und kehrt erst auf ein bestimmtes Zeichen zurück. Beide Überlieferungen sind in der Sage von Dietrich von Bern zu einer Einheit verbunden. In ihnen ist das Verwandtschaftsverhältnis zwischen Ermenrich und Dietrich, die durch den bösen Ratgeber veranlasste Verfolgung des Neffen durch den Onkel, die freiwillige Aufgabe des Landes durch Dietrich – denn die in der Sage gegebene Begründung ist erst spätere Zutat – und die schließliche Heimkehr Dietrichs in sein Reich begründet. Aber auch der Zug, dass Dietrich nicht stirbt, sondern lebend entrückt wird, gehört einer uralten, weit verzweigten Überlieferung an; zu ihr gehören die Sagen vom »Kaiser im Berge«, der in einen Berg entrückt ist und dort des Zeitpunktes harrt, da er wieder in die Welt zurückkehren und sein Reich aus ärgster Not erretten kann. Die scharfen religiösen Gegensätze zwischen Arianern und Orthodoxen brachten es dahin, dass der Berg, in den Dietrich einging, zur »Hölle« wurde, doch ist auch die ursprüngliche Form der Überlieferung noch erhalten.

Mit der Rückkehr Dietrichs in sein Reich hängt auf das Engste der Kampf Hildebrands gegen seinen Sohn Hadubrand zusammen. Auch dieser Kampf zwischen dem Vater und dem eigenen Sohn ist eine weit verbreitete Sage, die mit dem Tod des Sohnes durch die Hand des eigenen Vaters endet. Diesen Ausgang enthielt nach sicheren Zeugnissen auch das alte Hildebrandslied, die einzige uns erhaltene Heldendichtung in althochdeutscher Sprache, die leider nur als Bruchstück auf uns gekommen ist, sodass gerade der Schluss mit dem Ende des Kampfes fehlt. Später wurde das tragische Ende durch ein versöhnliches ersetzt, wie es sich auch in unserer Darstellung des Kampfes zwischen Hildebrand und Hadubrand findet.

In eine ganz andere Welt versetzen uns die Jugendtaten Dietrichs, die vor allem seine Kämpfe gegen riesige Gegner betreffen. Von ihnen konnte nur eine Auswahl des Wichtigsten geboten werden. Besondere Bedeutung kommt dabei dem »Rosengarten« zu, dem nur durch einen seidenen Faden beschützten, umhegten Bereich, mit dem sehr eigenartige Vorstellungen verbunden waren; so ist der Rosengarten unter anderem das Symbol der Herrschaft, und die Verletzung des Rosengartens bedeutet zugleich den Verlust der Herrschaft.

Die Zahl der Quellen, in denen sich zugehörige Sagen finden, ist verhältnismäßig groß, doch weichen sie zum Teil nicht unerheblich voneinander ab. In Betracht kommen für die Kämpfe um das Reich vor allem die Dichtungen »Dietrichs Flucht«, auch »Buch von Bern« genannt, »Alpharts Tod« und die »Rabenschlacht«. Auch die Thidrekssaga berichtet in allerdings zum Teil stark abweichender Form von diesen Kämpfen.

Die Saga erzählt auch ausführlich von den Taten Dietrichs während seines Aufenthaltes bei König Etzel sowie von seinen Jugendtaten, die auch in einer Reihe von deutschen Epen dargestellt sind. Zu den wichtigsten dieser Epen, von denen manche in verschiedenen, voneinander mehr oder weniger abweichenden Fassungen vorliegen, gehören vor allem das »Eckenlied«, der »Wormser« oder »Große Rosengarten«, der »König Laurin« sowie der »Sigenot«. Ein umfangreiches Epos, »Virginal« genannt, berichtet von den zahlreichen Abenteuern Dietrichs, die er auf seiner Reise ins Gebirge zu Königin Virginal zu bestehen hatte, um sie von schwerer Bedrängnis durch einen Riesen zu befreien.

Die zum Abschluss wiedergegebenen Verse stammen vom Runenstein zu Rök; es wurde die Übertragung von Andreas Heusler gewählt.

Die Sagen von Hild und Gudrun

Im Jahre 1515 vollendete der Zolleinnehmer Hans Ried aus Bozen nach langjähriger Arbeit eine umfangreiche Handschrift, deren Entstehung Kaiser Maximilian veranlasst hatte. Diese Handschrift, heute einer der wichtigsten Schätze der Nationalbibliothek in Wien, heißt nach ihrem früheren Aufbewahrungsort, dem Schloss Ambras in Tirol, die »Ambraser Handschrift«. Zu den kostbarsten Stücken, die sie enthält, gehört die Dichtung von Gudrun, die uns nur in dieser einen Quelle erhalten ist. Es handelt sich dabei um die in sprachlicher Beziehung den Zustand der damaligen Zeit herstellende Abschrift einer weit um ein Vierteljahrtausend älteren Vorlage, die ihrerseits eine lange Vorgeschichte hinter sich hat und verschiedene Schichten aufweist, deren älteste ostgermanischer Herkunft sein dürfte und schon um die Mitte des 4. Jahrhunderts anzusetzen ist.

So, wie die Dichtung uns vorliegt, umfasst sie die Schicksale dreier Geschlechterfolgen, von den Großeltern bis zu den Enkeln: Die drei Paare sind Hagen/Hilde, Hetel/Hilde und Herwig/Gudrun. Allerdings ist Gudruns Schicksal der breiteste Raum gegönnt, denn von den 1705 Strophen der Dichtung umfasst der Gudrun gewidmete Teil allein 1143. Abgesehen vom Einfluss geschichtlicher Tatsachen, zu denen besonders die Wikingerkämpfe des 9. Jahrhunderts im heutigen Frankreich gehören, hat die Volksüberlieferung die wichtigsten Züge für den Aufbau der Dichtung geliefert. Diese nicht der Wirklichkeit, sondern alter und weit verzweigter Überlieferung angehörigen Züge geben uns das Recht, von einer Gudrunsage und nicht nur von einer Gudrundichtung zu sprechen. Die früheste, feste Umrisse aufweisende Ausprägung der Sage findet sich in mehreren Fassungen in Skandinavien, doch bietet keine die echte, ursprüngliche Gestalt.

Unsere Darstellung folgt im Wesentlichen der in Snorris »Edda« gebotenen Überlieferung, die jedoch besonders die Eingangszüge wesentlich verkürzt, weshalb auch die im 5. Buch der »Dänischen Geschichte« des Saxo Grammaticus enthaltene Wiedergabe der Sage herangezogen wurde. Aus Saxos Bericht stammt der Zug, dass Hild und Hedin einander lieben, ohne einander gesehen zu haben. Er ist zweifellos alt, und das gilt auch für die Absicht Hagens, seine Tochter nicht zu verheiraten; diesen Zug hat nur die mittelhochdeutsche Dichtung von Gudrun bewahrt.

Wichtig ist die Vorstellung, dass die Gefallenen jeden Morgen zu neuem Leben erwachen und ihren Kampf von neuem beginnen; er stimmt mit dem Bericht über die Einherjer überein, die ebenfalls jeden Tag gegeneinander kämpfen und einander fällen, dann aber zu neuem Dasein erwachen; auch ihr Kampf währt so lange, bis sie zur großen Schlacht am Ende der Welt

ausziehen (Mudrak, Nordische Götter und Heldensagen). Nach einer Vor-
stufe der Gudrundichtung, deren Spuren im »Alexanderlied« Lamprechts
erhalten sind, fand die Schlacht zwischen Högni/Hagen und Hedin/Hetel
um Hild(e) auf der »Wolfsinsel«, dem »Wülpensand« unserer Dichtung,
statt und endete mit dem Tod Hagens; die »Gudrun« verschiebt dieses Geschehen in die nächste Generation und lässt die Schlacht zwischen dem
Frauenräuber Hartmut und Gudruns Vater Hetel auf dem »Wülpensand«
stattfinden, wobei Hetel den Tod findet. Der mythische Zug von der Wie-
dererweckung der gefallenen Krieger und der Dauer des Kampfes bis zum
Weltenende, der in den täglichen Kämpfen der »Einherjer« genannten,
gefallenen Krieger, wie sie die nordgermanische Überlieferung kennt, ein
Gegenstück hat, ist in der Gudrundichtung nicht mehr erhalten.

Die Zahl der Anklänge an Züge aus der Volksüberlieferung ist außerordent-
lich groß, doch haben zahlreiche Abänderungen die ursprünglichen Zusammenhänge oft verdunkelt.

Die genaue Untersuchung lehrt, dass zum Beispiel die unmöglich oder
doch unwahrscheinlich scheinenden Einzelheiten von Hagens Jugendge-
schichte – drei Königstöchter und überdies Hagen entfliehen dem Greifen,
der sie geraubt hat, und Hilde, die doch schon auf der Greifeninsel so weit
erwachsen ist, dass sie sich Hagens mütterlich annehmen kann, wird dessen
Gattin – aus einer sehr alten Überlieferung umgestaltet sind, wonach sich
eine Frau überirdischer Art in einen Vogel verwandelt und den ihr von
Geburt an schicksalhaft zum Gatten Bestimmten in ihren Bereich entführt.
Alter Sage entstammt auch die zweimal wiederkehrende Weigerung des
Vaters, seine Tochter zu vermählen, der die nahe Ankunft der Befreier ver-
kündende Vogel sowie der Ausruf Hartmuts, dass es vor den Feinden weder
unter der Erde noch in der Luft oder im Wasser eine Zuflucht gebe, da diese
Aufgliederung des Raumes in die drei Bereiche von Erde, Luft und Wasser
eine schon sehr früh belegte und weit verbreitete Vorstellung ist. Auch
Horands Sangeskunst und ihre Wirkung gehören alter, bedeutsamer Überlieferung an. Einer weit späteren Schicht entstammt dagegen die Angabe
Horands, er sei ein Verbannter, und seine Tarnung als Kaufmann. Diese

Züge sind sowohl dem Volksmärchen als auch einer ganzen Anzahl von mittelalterlichen Epen vertraut.

Nicht nur dem Umfang nach liegt das Hauptgewicht auf dem dritten Teil des Epos, der Gudrun und ihren Schicksalen gewidmet ist. Die Gestaltung dieses Charakters gehört zu den größten künstlerischen Leistungen der Dichtung überhaupt. Die weder durch die ärgsten Misshandlungen noch durch verführerische Lockungen zu brechende Treue zum einmal gegebenen Wort, der Stolz, mit dem Gudrun die Würde der Frau bewahrt, der unbeugsame Mut, mit dem sie für Ortrun eintritt, die Milde, die sie gegen den für lange und schwere Leidensjahre verantwortlichen Hartmut zeigt, fügen sich zu einer widerspruchslosen Einheit zusammen, zu einem Bild von seltener Größe. Hier liegt der vom Wandel der Zeit und vom Wechsel der Anschauungen unberührte Wert der Gudrunsage, der ihr auch heute unsere volle Anteilnahme zuwendet.

Herkunft und Lebensbedingungen der Heldensage

Als Abschluss mögen hier zur Vertiefung des in den Erläuterungen Gesagten noch einige Worte über die Entstehung, die Lebensbedingungen und das Wesen der Heldensage stehen. Hat auch eine ganze Reihe von Gestalten der Heldensage geschichtliche Wurzeln, so ist das doch bei vielen anderen nicht der Fall, und das allein mahnt schon zur Vorsicht gegen die oft vertretene Auffassung, die Heldensage beruhe auf der bloßen Um- und Weiterbildung geschichtlicher Tatsachen. Zur Geschichte besteht vielmehr in den meisten Fällen, in denen geschichtliche Beziehungen überhaupt gegeben sind, ein unüberbrückbarer Gegensatz; denn man darf nicht vergessen, dass die echte Sage alte, von der Geschichte unabhängige Überlieferung ist, mit der geschichtliche Tatsachen manchmal, aber durchaus nicht immer, in Beziehung gebracht werden.

Schon seit langem sind dagegen Übereinstimmungen mit der Göttersage und dem Märchen beobachtet worden, für die verschiedene Erklärungen

gegeben wurden. Eine davon versuchte, eine absteigende Stufenfolge dar-
zutun, die von der Göttersage über die Heldensage zum Volksmärchen führte, während eine andere den entgegengesetzten Weg geht und das Märchen
als die allgemeine Grundlage ansieht, aus der Götter- und Heldensage erwachsen seien. Daneben wurde auch die Übernahme einzelner Züge (»Mo-
tive«) und selbst eine Typik des Denkens für die Übereinstimmungen ver-
antwortlich gemacht, die dazu geführt habe, dass bestimmte Einzelzüge in
der Heldensage ebenso wie im Märchen unabhängig voneinander in glei-
cher Weise miteinander verbunden worden seien. Alle diese Erklärungen
unterliegen jedoch Einwänden, die nicht entkräftet werden können.
Als gemeinsame Grundlage werden wir vielmehr nach sicheren Anhalts-
punkten eine in sehr ursprüngliche Kulturverhältnisse zurückreichende
Ausbildung bestimmter Sageninhalte anzunehmen haben, die als brauch-
tümliches Spiel, verbunden mit Gesang und Tanz, Wirklichkeit gewannen.
Aus der Verbindung dieses Sagengutes mit religiösen Vorstellungen erwuchs die Göttersage, während das Märchen mit seiner im Wesentlichen
optimistischen, lebensbejahenden Art vornehmlich in der Gemeinschafts-
kultur der Hirten und Ackerbauern ausgebildet wurde. Die Haltung der
Heldensage, besonders in ihren ältesten Beständen, ist von der des Märchens grundsätzlich verschieden. Es geht in ihr um harten Kampf und um
Kriegertum, zu dessen höchsten Idealen fester Zusammenhalt der Gefährten auch in höchster Not ohne Rücksicht auf das eigene Schicksal gehört.
Die Ausbildung solcher Ideale geschieht nicht von ungefähr, sie setzt vielmehr Verhältnisse voraus, in denen Bewährung im Kampf allein das Leben
der Gesamtheit sichern kann; solche Verhältnisse waren besonders in der
Völkerwanderungszeit gegeben, es ist also kein Zufall, dass gerade diese
Epoche wesentlich zur Ausbildung der Heldensage beigetragen hat. Ihre
älteste für uns erreichbare Lebensform ist die stabreimende Dichtung, die
nicht in Büchern, sondern in mündlicher Überlieferung fortgepflanzt wurde. Zu ihrem Bestand bedurfte diese Dichtung einer Gemeinschaft, deren
Anschauungen und Idealen sie entsprach, die an ihr Anteil nahm und in
deren Kreis sie vorgetragen wurde. Diese Gemeinschaft war bei den germa-

nischen Völkern die Gefolgschaft, deren Wurzeln im freiwilligen Zusammenschluss waffenfähiger Mannschaft unter einem selbst gewählten Führer liegen.

Aus diesen Voraussetzungen erklärt sich die fast durchweg tragische Stimmung und Haltung der Heldensage, die allerdings in so manchen Fällen in späterer Zeit, dem inzwischen eingetretenen Wandel der Anschauungen gemäß, dem Streben nach einem freundlichen, versöhnlichen Abschluss weichen musste. Auch sonst hat sich im Laufe des Mittelalters so manches geändert. An die Stelle der verhältnismäßig kurzen, oft nur Höhepunkte heraushebenden und vieles bereits als bekannt voraussetzenden Heldendichtungen traten umfangreiche epische Gebilde und Prosadarstellungen, die ihrem Wesen nach bereits an die Schrift und an schriftliche Verbreitung gebunden waren. So spiegelt sich in der Heldensage, die in ihren späteren Gestaltungen auch eine Fülle von im Laufe der Zeit eingewandertem Kulturgut aufnimmt, ein wesentliches Stück unserer Geistesgeschichte. Davon abgesehen ist im Künstlerischen vieles anders geworden, und als Ganzes gesehen hat die mittelhochdeutsche Heldenepik kein einziges Werk aufzuweisen, das sich den besten der alten Lieder an die Seite stellen ließe, denn der breite Raum, den diese Epen in Anspruch nehmen, ist zu einem nicht unerheblichen Teil mit von einem vergänglichen Zeitgeschmack gefordertem, für das Geschehen der Sage aber durchaus nebensächlichem Beiwerk ausgefüllt, das der alten, straff gegliederten und mit seiner Beschränkung auf das Wesentliche künstlerisch geschlossenen Heldendichtung fremd ist. Scheidet man allerdings dieses Beiwerk aus, so tritt die hohe Kunst der Charakterzeichnung, die Fähigkeit, Stimmungen auszudrücken und zu vermitteln, umso deutlicher hervor und zeigt den wertvollen, unvergänglichen Kern auch dieser Dichtung. Im Wesentlichen unverändert ist aber bei allem sonstigen Wandel der Gehalt an sagenhafter, in weite zeitliche Fernen reichender Überlieferung geblieben, von der in den Erläuterungen wenigstens einiges angemerkt ist.

NACHWORT

Als meine Neubearbeitung des »Germanischen Sagenborns« von Emil Engelmann erschien, enthielt das Buch an Heldensagen lediglich die Sage von Walther und Hildegund und die Sagen von den Nibelungen, denen mit Recht schon von Engelmann breiter Raum gegönnt worden war, sodass das Buch außer der »nordischen« und der »deutschen« Fassung auch den sagengeschichtlich wichtigen, wenn auch nur in später Fassung überlieferten »Hürnen Seyfrid« enthielt.

Den mir schon damals vorschwebenden Plan, den »Germanischen Sagenborn« zu einer »Deutschen Heldensage« umzugestalten, konnte ich 1955 ausführen. Es war bei dieser Bearbeitung möglich, die Sage von Wieland, die Dietrichsage und die Gudrunsage aufzunehmen; nicht bloß Raumgründe, sondern vor allem die Rücksicht auf den einheitlichen Charakter führten dazu, dass die Schwanrittersage und die Rolandsage fallen gelassen wurden. Die notwendige Beschränkung des Inhaltes auf einen vertretbaren Umfang erforderte zwar, dass der »Hürnen Seyfrid« ausgeschieden wurde, doch wurde dieser Umstand dadurch gemildert, dass in die Erläuterungen des Anhangs eine alle wesentlichen Züge umfassende Inhaltsangabe aufgenommen werden konnte.

So war ein neues Buch entstanden, das mit Recht den Titel »Deutsche Heldensagen« führen durfte; enthielt es doch jetzt den Gesamtbestand der in ihren Wurzeln auf die Völkerwanderungszeit zurückgehenden deutschen Heldensage. Nur zwei Sagen, der »Ortnit« und der damit in nahem Zusammenhang stehende, umfangreiche und in verschiedenen Fassungen überlieferte »Wolfdietrich« samt dem »Hugdietrich« mussten ausgeschlossen bleiben, sollte nicht durch diese besonders in der uns vorliegenden Form jüngere Sagenschicht der Rahmen des Buches gesprengt werden. Dieser Verzicht ist weder dem Herausgeber noch dem Verlag leicht gefallen, doch war er einer allzu gedrängten und damit unzureichenden Darstellung entschieden vorzuziehen.

Von Anfang an war es der oberste Grundsatz der Bearbeitung, die Darstellung dem Inhalt und dem Geist der Quellen unterzuordnen. Nur unter dieser Voraussetzung kann sie dem Ziel dienen, einem Kulturerbe von solchem Wert, wie die Heldensage es ist, im Bewusstsein der Gegenwart den ihm gebührenden Platz zu verschaffen. Subjektive Änderungen, sei es der einzelnen Gestalten und ihres Wesens, sei es der Handlung im Sinne von Anschauungen welcher Art immer, bedeuten einen Eingriff in die Überlieferung, deren sich niemand schuldig machen wird, der die sagengeschichtlichen Zusammenhänge überblickt. Sie sind aber überdies eine Täuschung des Lesers.

Die einzelnen Denkmäler der Heldensage stammen aus sehr verschiedenen Zeiten und sind, unbeschadet ihres Gehaltes an Überlieferung, in ihrem künstlerischen Wert sehr verschieden. Die Darstellung, die nach einem einheitlichen Stil verlangt, kann diese Unterschiede naturgemäß nicht wiedergeben, doch wurde dort, wo dem Original ebenbürtige Übertragungen zur Verfügung stehen, mit Proben nicht gespart.

Zur Aufnahme von Stellen aus der mittelhochdeutschen Heldenepik allerdings konnte sich der Herausgeber nicht entschließen. Originalstellen hätten vielen Lesern sprachliche Schwierigkeiten bereitet, Übertragungen aber fallen meist so stark ab, dass eine Darbietung von Stellen daraus ihren Zweck nicht erfüllen könnte. Seit der ersten Bearbeitung des Buches im Jahr 1955 ist eine Übertragung des Nibelungenliedes von Felix Genzmer erschienen, dem wir eine in ihrem Wert sonst von niemandem erreichte Verdeutschung der »Liederedda« verdanken. Einzelstellen aus diesem umfangreichen Werk hätten aber keinen richtigen Eindruck von seiner Eigenart vermitteln können, sodass nach reiflicher Überlegung davon abgesehen wurde, einzelne Strophen wiederzugeben.

Bereits für die Neuausgabe im Jahr 1987 wurde der gesamte Text sorgfältig durchgesehen. Neu aufgenommen wurde schon damals die Hildensage, die bisher nur in den Erläuterungen berücksichtigt worden war, und in der »nordischen« Fassung der Nibelungensage wurde bei der Darstellung von Sigurds Tod statt der jüngeren Fassung mit dem »Betttod« die ältere mit dem »Waldtod« gewählt.

Das Namen- und Sachverzeichnis wurde ebenfalls überprüft und um mehrere Stichwörter, besonders um solche mit kulturgeschichtlicher Bedeutung, erweitert.

Seit 1955 sind dem Buch Tafeln mit zeitgenössischen Darstellungen aus
der Welt der Heldensage und mit für die Kultur der Heldensagenzeit be-
zeichnenden Funden – besonders Schmuck und Waffen – beigegeben. In
der Neuausgabe wurden die Tafeln vermehrt, wobei auch die Landschaft
der Heldensage berücksichtigt werden konnte. Damit dürfen die Bemühungen als abgeschlossen gelten, das Buch einheitlich und geschlossen zu
gestalten und zu zeigen, dass die Heldensage keine Einzelerscheinung,
sondern in eine Gesamtkultur eingegliedert ist, zu deren bedeutendsten
Denkmälern sie gehört.

Prof. Dr. Edmund Mudrak

Aus dem Fürstengrab bei Altflußheim, nahe Mannheim, wurde dieses Prunkschwert geborgen. Es ist eine südrussisch-ostgotische Arbeit aus der Mitte des 5. Jahrhunderts n. Chr. Die hölzernen Teile, Schwertscheide und Griff, sind zerfallen; lediglich der Goldbeschlag der Scheide deckt noch die Klinge. Bemerkenswert ist vor allem die kunstvolle Parierstange aus Bronze, die auf der so genannten Schauseite mit in Goldstäbchen gefassten Halbedelsteinen (Almandinen) verziert ist.

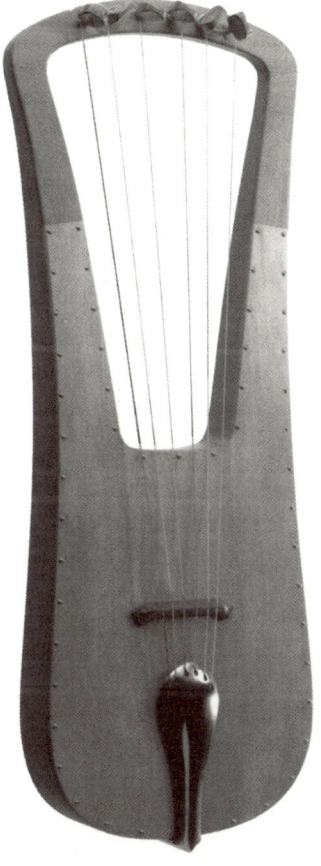

Eine Leier, auch Rotte genannt, wurde in verschiedenen Gräbern der ausgehenden Völkerwanderungszeit gefunden (Ende des 5. Jahrhunderts n. Chr.). Die hier abgebildete Leier ist nach Fundresten in einem Grab bei Köln wiederhergestellt worden. – Dieses hölzerne Instrument hatte sechs Saiten und war bei verschiedenen germanischen Stämmen, vor allem bei den Alemannen und Franken, in Gebrauch.

NAMEN- UND SACHVERZEICHNIS

Die den Stichwörtern beigesetzten Ziffern beziehen sich auf die einzelnen Sagen, und zwar bedeutet:

(1) Wieland
(2) Walther und Hildegund
(3) Die alte Sage von den Nibelungen
(4) Der Nibelunge Not
(5) Die Sagen von Dietrich von Bern
(6) Die Sagen von Hild und Gudrun

Die mit keiner Ziffer versehenen Stichwörter beziehen sich auf die Erläuterungen zur Nibelungensage im Nachwort.

Zur Aussprache: v ist in altnordischen Wörtern als w, y als ü zu lesen, z. B. Lyngvi, lies Lüngwi.

Abkürzungen: *lat.* = lateinisch; *an.* = altnordisch; *got.* = gotisch; *mhd.* = mittelhochdeutsch

Aegishelm (3) »Schreckenshelm«; ihn erbeutet Sigurd von Fafnir.

Agnar (3) Gegner Hialmgunnars; Brünhild verleiht ihm gegen den Willen Odins den Sieg.

Alberich (4) Zwerg, der Hüter des Nibelungenschatzes, zuerst im Auftrag Schilbungs, dann Sigfrids.

Aldrian (4) in der Nibelungensage Vater Hagens von Tronje.

Alf (3) Sohn Hialpreks von Dänemark, zweiter Gemahl der Hiördis.

Alpher (2) zu sprechen: Alp-her; Vater Walthers von Aquitanien.

Amelolt (5) einer von Dietrichs Mannen; beim Kampf im Wormser Rosengarten besteht er gegen Gunther.

Amelrich (4) landflüchtiger Held, Bruder des von Hagen erschlagenen Fergen.

Amelungenland (4) das Land des aus dem Geschlecht der Amaler stammenden Dietrich von Bern.

Andvaranaut (3) »kostbares Eigentum des Andvari«, Name eines Ringes.

Andvari (3) Zwerg; ihm nimmt Loki seinen Schatz und den Ring Andvaranaut ab.

Aquitanien (2) das südwestliche Gallien; im Jahr 418 n. Chr. westgotisches, ab 507 fränkisches Herzogtum.

Asen (3) nordisches Göttergeschlecht, dem auch Odin angehört. Dagegen zählen Gestalten wie Freyr zu den Wanen.

Asinnen (3) weibliche Angehörige des Asengeschlechtes.

Asprian (5) ein Riese, einer der Hüter des Rosengartens zu Worms.

Atli (3) nordische Namensform des Hunnenkönigs Attila; nach nordischer Überlieferung ist Brünhild Atlis Bruder.

Attila (2) Verkleinerungsform zu *got.* atta = Vater. Der bei den Goten aufgekommene Name des Hunnenkönigs bedeutet demnach »Väterchen«.

Balmung (4) Sigfrids Schwert, das vorher Nibelung gehörte.

Baum inmitten der Halle (3) Nach wiederholt bezeugter Vorstellung steht mitten in der Halle ein Baum, dessen Stamm und Krone über das Dach hinausragen, sodass sich die Äste über dieses ausbreiten.

Bechelaren (4) das heutige Pöchlarn an der Donau.

Berhtram (5) überlässt Dietrich einen reichen Schatz. Bei der Einholung desselben werden die besten Mannen Dietrichs von Bern gefangen genommen.

Bern (1, 5) eingedeutschte Namensform für Verona.

Biterolf (5) Vater des Dietrichshelden Dietleib.

Blödelin (4) Etzels Bruder, der geschichtliche Bleda.

Blut getrunken (6) verleiht gewaltige Kraft. Nach einer auch sonst belegten Vorstellung nimmt man mit dem Blut die Kraft dessen in sich auf, von dem es stammt.

Bödwild (1) Tochter des Königs Nidung.

Borghild (3) Sigmunds erste Gattin.

Brautlauf trinken (3) Brautlauf bedeutet »Hochzeitstanz«. Der festliche Tanz und gemeinsames Trinken gehörten zu den Bräuchen bei der Eheschließung. Der Ausdruck »Brautlauf trinken« fasst beide Bräuche zu einer Einheit zusammen.

Bredi (3) Knecht des Skadi; er wird von Sigi aus Neid auf sein großes Jagdglück erschlagen.

Brünhild (3, 4) schon durch den Namen als Kämpferin charakterisierte Hauptheldin der Nibelungensage. Der Name war auch im Königsgeschlecht der Merowinger bekannt, doch gibt es zwischen ihr und der Brünhild genannten Gattin Sigiberts, der Gegnerin der Fredegund, keine nachweisbaren Beziehungen.

Brünneneichbaum (3) umschreibender Ausdruck (Kenning) für den Helden, siehe Schildbaum.

Budli (3) Brünhilds Vater.

Burgunden (4) germanisches Volk, das durch die Hunnen eine schwere Niederlage erlitt. Siehe die Erläuterungen zu den Nibelungensagen im Nachwort.

Chalôns (sur Saône) (2) das alte, schon bei Caesar bezeugte Cabillonum, burgundische Stadt, zu Ekkehards Zeit noch als Residenz des 593 verstorbenen Frankenkönigs Guntram in Erinnerung.

Dainsleif (6) das Schwert Högnis, das einen Mann tötet, sooft es gezogen wird; siehe »Das Schwert Tyrfing«, Mudrak, Nordische Götter- und Heldensagen.

Dankrat (4) Vater von Gunther, Gernot, Giselher und Kriemhild nach dem Nibelungenlied.

Dankwart (4) Bruder Hagens von Tronje, Marschall Gunthers.

Diether (5) Onkel Dietrichs von Bern, Bruder Ermenrichs.

Diether (5) Bruder Dietrichs von Bern; nach der Sage wird er von Witege im Kampf getötet.

Dietleib (5) Sohn Biterolfs, Bruder Künhilds, einer der Dietrichsmannen; im Rosengarten zu Worms kämpft er unentschieden gegen Walther vom Wasgenstein.

Dietlind (4) Tochter Rüdegers von Bechelaren, Verlobte Giselhers.

Dietmar (5) Vater Dietrichs von Bern. Geschichtlich entspricht ihm der Gotenkönig Thiudemer, der im Jahre 470, also ein Jahrhundert nach Airmanareiks (Ermenrich), gestorben ist.

Dietrich von Bern (1, 4, 5) So nennt die deutsche Heldensage den Ostgotenkönig Thiudareiks (»Volksherrscher«), den Begründer der Gotenherrschaft in Italien (gestorben 526).

Drachenschiff (3) Der Steven der altnordischen Schiffe zur Wikingerzeit hatte häufig die Gestalt eines Drachenkopfes.

Drogo von Straßburg (2) Gefolgsmann Gunthers im Kampf gegen Walther.

Ebenrot (5) ein Riese, Bruder Eckes und Fasolds.

Ecke (5) ein Riese, der zum Kampf gegen Dietrich von Bern auszieht und dabei sein Leben verliert.

Eckefried aus Sachsen (2) einer von Gunthers Gefolgsmannen im Kampf gegen Walther.

Eckehart (5) Hüter der Harlunge. In der Volkssage hütet er als »Getreuer Eckehart« den Eingang zum Venusberg.

Eckenot (5) ein Ritter Eckes, der seinen Herrn an Dietrich von Bern rächen will und dabei umkommt.

Eckewart (4) Markgraf, der Kriemhild bei ihrer Vermählung mit Etzel in ihre neue Heimat begleitet.

Eckewart (4) Grenzhüter, den die Burgunden bei ihrer Reise zu den Hunnen an der Grenze von Rüdegers Mark schlafend antreffen und der sie zuerst vor den ihnen drohenden Gefahren warnt.

Egil (l) Bruder Wielands. Nach dem alten Wielandlied ohne besondere Rolle, hilft er nach anderen Überlieferungen seinem Bruder bei der Herstellung des Fluggewandes; als Meisterschütze ist er bekannt; siehe auch Erläuterungen im Nachwort zur Wielandsage.

Elsan (5) Gefolgsmann Dietrichs von Bern. Ihm werden die Etzelsöhne und Dietrichs Bruder Diether anvertraut.

Else (4) Bruder Gelfrats, Gegner der Burgunden bei deren Zug zu Etzel.

Ermenrich (5) der geschichtliche Gotenkönig Airmanareiks (sprich: Ermanariks), Beherrscher des von den Hunnen vernichteten Gotenreiches am Schwarzen Meer.

Erp und Eitil (3) Atlis Söhne von Gudrun.

Etzel (4, 5) mittelhochdeutsche Form des Namens Attila. Nach dem Nibelungenlied ist er der Gatte Kriemhilds; in der Dietrichsage nimmt er den landflüchtigen Dietrich von Bern in seinem Reich auf.

Eugel, Zwergenkönig, nach dem »Hürnen Seyfrid« Helfer Sigfrids bei der Befreiung Kriemhilds aus der Gewalt des Drachen.

Eylimi (3) König, Vater der Hiördis.

Fafnir (3) der in einen Drachen verwandelte, von Sigurd getötete Bruder Regins.

Falke (5) das Ross Dietrichs von Bern.

Fasold (5) ein Riese, Bruder Eckes. Er wird von Dietrich besiegt und später wegen seiner Hinterlist getötet.

Feng (3) Name für Odin.

Fjölnir (3) Name für Odin.

Friedrich (5) Sohn des Königs Ermenrich; er kommt durch die Ränke Sibeches ums Leben.

Frigg (3) Gemahlin Odins, deutsch Frija. Ihr Name lebt im Wochentagsnamen Freitag fort und ist von dem Namen der Wanin Freyja, d. i. »Herrin«, zu dem das deutsche Wort Frau gehört, zu trennen.

Fritile (5) einer der beiden Harlunge, die durch Ermenrich getötet werden.

Frute (6) *mhd.* Fruote, *an.* Frodi, »der Weise«; er nimmt als Gefolgsmann Horands an der Entführung Hildes teil.

Gamelo von Metz (2) einer von Gunthers Gefolgsmannen im Kampf gegen Walther.

Gautland (3) Götland, Landschaft in Südschweden.

Gelfrat (4) ein Herr im Bayernland, Gegner der Burgunden bei ihrem Zug zu Etzel, Bruder Elses.

Ger (4) Markgraf, einer der Getreuen Kriemhilds am Hof Etzels.

Ger (6) König in Irland, Großvater Hagens.

Gerhard (4) Gefolgsmann Dietrichs von Bern.

Gerlind (6) Gattin König Ludwigs, Mutter Hartmuts und Ortruns. Ihre schmachvolle Behandlung Gudruns büßt sie mit dem Tod.

Gernot (4, 5) Bruder Gunthers und Kriemhilds.

Gerwit (2) Gefolgsmann Gunthers im Kampf gegen Walther.

Gibeche (4) ein König, der am Hof Etzels weilt.

Gibeche (5) König zu Worms, Vater Gunthers und seiner Brüder sowie Kriemhilds; im Nibelungenlied entspricht ihm Dankrat.

Giselher (4) jüngster Bruder Kriemhilds, verlobt mit Rüdegers Tochter Dietlind.

Giuki (3) König, nordische Entsprechung des Königs Gibich, Vater Gunnars, Högnis, Gutthorms und Gudruns.

Giukunge (3) Bezeichnung für die Nachkommen König Giukis.

Gnitaheide (3) Dort fand der Kampf Sigurds gegen Fafnir statt. Ein von dem isländischen Abt Nikolaus aus Munkathvera stammender Reisebericht des 12. Jahrhunderts verlegt die Gnitaheide in den Raum von zwei Dörfern zwischen Paderborn und Mainz.

Gold, mit Gold hüllen und füllen (2, 3) Das Hüllen und Füllen etwa des Balges eines erlegten Tieres mit Korn ist als Buße aus dem alten Recht bezeugt. Unsere Redensart »in Hülle und Fülle« leitet sich davon ab.

Gotelind (4) Gattin Rüdegers von Bechelaren.

Goti (3) Gunnars Ross.

Gram (3) Sigurds Schwert nach nordischer Überlieferung.

Gran (S) Stadt in Ungarn, die früher als Sitz des Hunnenkönigs Etzel (»Etzelburg«) galt.

Grani (3) Sigurds Ross.

Greif (6) ein riesiges Tier mit dem Leib und den Tatzen eines Löwen; es hat einen Adlerschnabel und Adlerflügel, ist also ein Mischwesen. Sein über das Griechische durch lateinische Vermittlung in die europäischen Sprachen eingegangener Name stammt ebenso wie das Tier selbst aus dem alten Vorderasien, wo es auch sonst Mischwesen ähnlicher Art gibt.

Grim (5) ein Riese, den Dietrich von Bern besiegt und von dem er das Schwert Nagelring gewinnt.

Grimhild (3) Mutter Gudruns. Für die Unterschiede der Namen in der nordischen und der deutschen Fassung der Nibelungensage ist zu beachten: Die deutsche Kriemhild heißt im Norden Gudrun, die Mutter der Heldin heißt in Deutschland Ute, im Norden Grimhild.

Gudrun (3) die Kriemhild der deutschen Überlieferung, Sigurds Gattin.

Gudrun (6) Tochter Hetels und Hildes. Von ihrem Schicksal berichtet das Gudrunlied.

Gunnar (3) der deutsche Gunther.

Gunther (2, 4, 5) Als Bruder Kriemhilds und Gatte Brünhilds sowie als König der Burgunden eine der Hauptgestalten der Nibelungensage; in der Walthersage ist er der Gegenspieler Walthers, mit der Dietrichsage ist er durch seine Rolle im Rosengarten zu Worms verbunden. In der Geschichte entspricht ihm der Burgundenkönig Gundahari (Gundicarius).

Gunther (4) Sohn Sigfrids von Kriemhild.

Gutthorm (3) Mörder Sigurds; dem Namen nach entspricht ihm der geschichtliche Gundomar.

Hadawart (2) einer von Gunthers Gefolgsmannen im Kampf gegen Walther.

Hadburg (4) Name einer Wasserfrau, die Hagen an der Donau über den Ausgang des Zuges zu den Hunnen falsche Auskunft gab.

Hadubrand (5) Sohn Hildebrands. Bei der Rückkehr Dietrichs in sein Reich kam es zwischen Vater und Sohn zu einem Kampf, der ursprünglich mit dem Tod Hadubrands endete, während es nach späterer Überlieferung zur Versöhnung kommt.

Hagathie (2) nach dem Waltharilied der Name von Hagens Vater; in der Nibelungensage heißt diese Gestalt Aldrian; siehe dort.

Hagen von Tronje (2, 4, 5) eine der Hauptgestalten der Nibelungen- und der Walthersage. Als einer der Kämpfer im Wormser Rosengarten ist er auch mit der Dietrichsage verbunden.

Hagen (6) Gatte Hildes und Vater von deren gleichnamiger Tochter.

Halle, Feuer darin (3) Die nordische Halle, ein rechteckiger Bau, wurde durch Feuer erwärmt und erleuchtet, die in ihr entzündet wurden. Für diese Feuer war eine den Boden der Länge nach durchziehende Vertiefung, der »Golf«, bestimmt.

Harlunge (5) die Söhne Diethers. Sie werden durch Ermenrich, ihren Onkel, auf Anstiften Sibeches ermordet.

Hartmut (6) König Ludwigs Sohn, Entführer Gudruns.

Haward (4) Dänenkönig an Etzels Hof.

Hedin (6) Entführer Hilds, Gegner Högnis. Er ist der Hetel der Gudrunsage.

Hedinsey (6) »Insel Hedins«, die Insel Hiddensee bei Rügen. Auf ihr findet der »Hiadningavig« statt.

Hegelingen (6) das Land König Hetels.

Heime (5) ursprünglich Gefolgsmann Dietrichs von Bern, der dann in den Dienst König Ermenrichs tritt. Im Wormser Rosengarten siegt er über den Riesen Schrutan.

Heimir (3) Ziehvater Brünhilds.

Hel (3) nach der nordgermanischen Überlieferung die Herrin des Totenreiches, das auch selbst mit diesem Namen bezeichnet wurde. Eine Parallele dazu ist der griechische Hades. Dieser Name bezeichnet den König des Totenreiches und dieses selbst.

Helche (4, 5) Gattin Etzels; sie nimmt sich besonders des landflüchtigen Dietrich von Bern freundlich an.

Helferich (4, 5) Gefolgsmann Dietrichs von Bern. In der »Rabenschlacht« verkündet er Dietrich den Tod der Etzelsöhne und reitet nach der Schlacht zusammen mit Rüdeger nach Etzelburg.

Helmnot (2) einer der Gefolgsmannen Gunthers im Kampf gegen Walther.

Helmschrot (5) einer von Dietrichs Mannen beim Kampf im Wormser Rosengarten; er tritt gegen Gernot an.

Herrad (4, 5) Nichte der Hunnenkönigin Helche, Verlobte und spätere Gattin Dietrichs von Bern.

Herrich von Burgund (2) Vater Hildegunds.

Herwig (6) König von Seeland, Verlobter Gudruns und nach ihrer Befreiung aus der Gefangenschaft ihr Gatte.

Herwör (1) »die das Heer Bewahrende«, Gattin Wielands.

Hetel (6) *an.* Hedin, König in Hegelingen, Entführer und Gatte Hildes, Vater Gudruns; er fällt auf dem Wülpensand durch Ludwig von der Normandie.

Hiadningavig (6) »Kampf der Hedeninge«, die täglich erneuerte und bis zum Weltenende während Schlacht zwischen Hedin und Högni.

Hialli (3) Name eines Feiglings, dem anstelle Högnis das Herz aus der Brust geschnitten wird.

Hialmgunnar (3) »Helmgunnar«, Gegner Agnars, von Brünhild beim Kampf mit diesem gegen Odins Auftrag gefällt.

Hialprek von Dänemark (3) König, an dessen Hof Sigurd aufwächst.

Hiarrandi (6) Vater Hedins. Sein Name entspricht dem Horand der Gudrunsage.

Hild (6) Tochter Högnis, von Hedin entführt. Sie erweckt die Toten zu immer neuem Kampf. Sie ist die Hilde der Gudrunsage.

Hilde (5) eine Riesin, das Weib Grims, samt ihrem Gatten von Dietrich und Hildebrand getötet.

Hilde (6) eine der Jungfrauen, die Hagen aufnehmen und für ihn sorgen, später seine Gattin.

Hilde (6) Tochter Hagens und Hildes, von Horand im Auftrag Hetels entführt und dann Hetels Gattin.

Hildebrand (4, 5) der Erzieher Dietrichs von Bern und sein treuester Gefolgsmann. Von dem tragischen Schicksal Hildebrands, der bei der Heimkehr nach langer Abwesenheit den eigenen Sohn (Hadubrand) im Kampf tötet, berichtet das unvollständig erhaltene, aber durch nordische Quellen ergänzbare Hildebrandslied. Spätere Fassungen der Sage geben dem Kampf einen versöhnlichen Ausgang.

Hildeburg (6) eine der drei Jungfrauen, die Hagen auf der Greifeninsel zu Hilfe kommen. Später folgt sie Hagens Tochter Hilde nach Hegelingen und wird zusammen mit Gudrun gefangen in die Normandie gebracht. Schließlich wird sie Hartmuts Gattin.

Hildegund (2, 4) Braut und Fluchtgefährtin Walthers.

Hindarfiall (3) »Hindenberg«, auf dem Brünhild in der Schildburg schläft.

Hiördis (3) im Norden die Mutter Sigurds; siehe Siglind.

Hiörvard (3) Sohn Hundings, Bruder Lyngvis.

Högni (3) nordische Form des Namens Hagen. Högni entspricht in der nordischen Fassung der Nibelungensage Hagen von Tronje und gilt als Bruder Gunnars, Gutthorms und Gudruns.

Högni (6) Vater Hilds, Gegner Hedins. Er ist der Hagen der Gudrunsage.

Hönir (3) ein Ase, der zusammen mit Odin und Loki bei Hreidmar einkehrt.

Horand (6) als Lehensmann König Hetels Herr über Dänemark, berühmt durch seine Sangeskunst. Er setzt die Entführung von Hagens Tochter Hilde ins Werk.

Hornboge (4) Gefolgsmann Etzels.

Hreidmar (3) ein Riese, Vater Regins, Fafnirs und Otrs.

Hrimnir (3) Vater der Walküre Liod, die den Apfel, der die Geburt Wölsungs bewirkt, Rerir überbringt.

Hrotti (3) Name des Schwertes, das zuerst Fafnir, dann Sigurd besitzt.

Hunding (3) Vater Lyngvis.

Hunnen (2, 3, 4, 5) ein Turkstamm, der zuerst in der äußeren Mongolei belegt ist. Der ursprüngliche Name lautete Hiungnu. Aus dem 4. vorchristl. Jahrhundert sind siegreiche Kämpfe gegen China bezeugt. Von iranischen Stämmen übernahmen sie Tracht, Waffen und das Ross als Reittier. Ihr Reich erreichte Ende des 3. Jahrhunderts v. Chr. unter Mao-dun seine größte Ausdehnung, China musste sich durch Tribute von ihren Einfällen loskaufen. Später aber wurden die Einfälle durch siegreiche Kämpfe und durch Grenzsperren abgewehrt, ihr Reich vernichtet. Sie zogen gegen Westen. Ihr Weg führte sie aus der Dsungarei und Russisch-Turkestan in das Gebiet nördlich des Aralsees. Im 2. Jahrhundert kennt sie der Geograph Ptolemaios im Gebiet zwischen Don und Wolga. Nach älterer Sage führt sie ein sechsfüßiger Elch, nach jüngerer eine Hinde durch die Maiotischen Sümpfe. 375 greifen sie das Gotenreich des Airmanareiks an und vernichten es. Airmanareiks kommt dabei um. Dieses Geschehen leitet die Völkerwanderung ein.

Hunold (4) burgundischer Held, Kämmerer Gunthers.

Ilsan (5) Bruder Hildebrands; er wurde Mönch, zieht aber mit Dietrich zum Kampf im
   Rosengarten nach Worms.
Imbrecke (5) einer der beiden Harlunge, die durch Ermenrich getötet werden.
Iring von Dänemark (4) In der deutschen Sage ist Iring als Rat des Königs Irmenfried
   von Thüringen bekannt, den er verräterisch erschlägt. Siehe Grimm, Deutsche Sa-
   gen Nr. 551.
Irland (6) das Land König Hagens, doch ist damit nicht die Insel Irland, sondern die
   Grafschaft Boulogne gemeint.
Irnfried von Thüringen (4) siehe die Bemerkung zu Iring.
Irold (6) einer der Mannen Hetels, die zur Gewinnung Hildes ausziehen.
Isenstein (4) der Sitz Brünhilds.
Island (6) In der Dichtung steht Iserland, das sich seiner Lage nach nicht bestimmen
   lässt und sonst nirgends genannt wird. Einer alten, aber nicht gesicherten Vermu-
   tung folgend wurde im Text Island eingesetzt.

Jochgrim(m) (5) die Burg, wo Seeburg mit ihren Schwestern haust; sie liegt in Tirol.

Kassiane (6) die Burg König Ludwigs von der Normandie. Dort weilte Gudrun
   während ihrer Gefangenschaft.
Knefröd (3) Als Bote Atlis entspricht er Etzels Spielleuten Wärbel und Swemmelin,
   die Gunther die Einladung Etzels überbringen.
Konrad (5) Sohn des Herzogs Ludwig; beide nehmen Dietrich von Bern bei seiner
   Heimkehr freudig auf.
Kreuz, goldenes, als Mal (6) Solche Male sind auch sonst belegt; so hat Wolfdietrich
   als Mal ein rotes Kreuz zwischen den Schultern. Das Volksmärchen kennt ähnliche
   Kennzeichen, wie einen goldenen Stern, den der Held an der Stirn trägt.
Kriemhild (4, 5) Sigfrids Gattin und Rächerin. In der Sage vom Wormser Rosengarten
   ist sie die Herrin des Gartens.
Künhild (5) Schwester Dietleibs, von Laurin entführt und gefangen gehalten, von Diet-
   rich und dessen Mannen befreit.
Kuperan, ein Riese, Hüter des Drachensteines; nach mehreren heimtückischen Angriffen von Sigfrid getötet.

Lamparten (5) mittelalterliche Namensform für die Lombardei.
Länder, dreißig (4) Die Zahl dreißig spielt im Weltbild der volkstümlichen Überliefe-
   rung eine wichtige Rolle; dreißig Länder sind der Inbegriff der ganzen Erde, die
   Wanderung durch sie drückt eine unermesslich große Entfernung aus.

Laurin (5) Zwergenkönig und Herr eines wunderbaren Rosengartens, dessen Verletzung er furchtbar rächt; Entführer Künhilds.

Liod (3) urspr. Namensform Hliod. Als Odins Botin überbringt sie den Apfel, der Wölsungs Geburt bewirkt; sie erscheint in Vogelgestalt. Später Wölsungs Gattin.

Loki (3) erscheint hier als Gefährte Odins, während er sonst als Gegner der Asen gilt; er bewirkt Balders Tod und wird schließlich in Fesseln gelegt. Am Weltenende wird er frei und kämpft in der großen Endschlacht mit den Weltenfeinden gegen die Asen. Siehe Mudrak, Nordische Götter- und Heldensagen.

Lüdegast (4) König von Dänemark; von Sigfrid besiegt.

Lüdeger von Sachsen (4) Bruder Lüdegasts, von Sigfrid wie dieser besiegt.

Ludwig (5) Herzog, Vater Konrads; empfängt Dietrich bei dessen Heimkehr mit großer Freude.

Ludwig (6) König der Normandie, Vater Hartmuts. Er tötet in der Schlacht auf dem Wülpensand König Hetel; wird später im Kampf vor Kassiane von Herwig getötet.

Lyndalir (3) Wohnsitz Heimirs.

Lyngvi (3) Nebenbuhler Sigmunds bei der Werbung um Hiördis, Sohn König Hundings.

Mage (3) alte Bezeichnung für nahe Verwandte; *mhd.* mac und mage.

Matelane (6) die Burg König Hetels.

Mimung (5) von Wieland geschmiedetes und seinem Sohn Witege übergebenes, unübertreffliches Schwert.

Morgengabe (4) ein wertvolles Geschenk, das die Frau nach alter Sitte am Morgen nach der Hochzeit von ihrem Gatten empfing.

Morung (6) Gefährte Horands sitzt im Rat König Hetels und nimmt an Hildes Entführung teil.

Myrkvid (1) Schwarzwald, Dunkelwald.

Nagelring (5) Schwert, das Dietrich von Bern bei dem Riesen Grim erbeutet.

Niarenkönig (1) Beiname des Königs Nidung. Die Niaren sind ein sagenhaftes, geschichtlich nicht nachweisbares Volk.

Nibelung (4) Vater der Brüder Schilbung und Nibelung, Herr des Nibelungenschatzes.

Nibelung (4) Sohn Nibelungs; wird von Sigfrid getötet.

Nibelunge (4) zunächst die von Sigfrid unterworfenen Mannen Schilbungs und Nibelungs. Im 2. Teil des Nibelungenliedes, aber auch in der nordischen Fassung heißen die Gefolgsmannen Gunthers Nibelunge (Niflunge).

Nidung (1) *an.* Nidudhr, König der Niaren, Gegenspieler Wielands.

Nix (6) sagenhafter Wasserbewohner, an dessen Gestalt sich besonders in der Volkssage sehr zahlreiche und verschiedenartige Überlieferungen angeschlossen haben.
Der Wassermann ist auch Meister des Gesanges, siehe die von F. Löwe vertonte Bal-
lade »Der Nöck«.

Nornen (3) Der nur nordisch belegte Name bezeichnet die Schicksalsfrauen.

Nudung (4) von Witege getöteter Held, Sohn Gotelinds, der Gattin Rüdegers.

Odin (3) nordische Form des deutschen Götternamens Wodan, Wuotan; einer der Asen,
Stammvater des Geschlechtes der Wölsunge. Er ist Herr des Kampfes und versammelt die toten Krieger in Walhall. An ihrer Spitze zieht er zum letzten Kampf gegen
die Weltenfeinde. Siehe Mudrak, Nordische Götter- und Heldensagen.

Ölrun (1) eine der drei Schwanfrauen, die ihrer Federhemden beraubt werden; Gattin
Egils.

Ort (5) einer der Söhne Etzels, die von Witege getötet werden.

Ortlieb (4) Sohn Etzels von Kriemhild, von Hagen getötet.

Ortrun (6) Tochter Ludwigs von der Normandie, Schwester Hartmuts, Freundin der gefangenen Gudrun, später Gattin Ortwins.

Ortwin (4) von Metz, burgundischer Held, Neffe Hagens, Truchsess Gunthers.

Ortwin (5) ein Riese, Hüter des Wormser Rosengartens, unterliegt gegen Sigestab.

Ortwin (5) einer von Dietrichs Mannen, der im Wormser Rosengarten gegen Volker
von Alzey siegt.

Ortwin (6) Sohn Hetels und Hildes, Bruder Gudruns. Er nimmt am Zug zur Befreiung
Gudruns teil und wird der Gatte Ortruns.

Ospirin (2) Name der sonst Helche genannten Gattin Attilas. Der Name Ospirin wird
nur im lateinischen Waltharilied gebraucht.

Otr (3) Sohn Hreidmars, Bruder Regins und Fafnirs.

Patafrid (2) Neffe Hagens, von Walther im Kampf getötet.

Pilgrim (4) Onkel Kriemhilds, Bischof, dessen Sitz Passau war.

Pusold (5) ein Riese, Hüter des Wormser Rosengartens, im Kampf von Wolfhart besiegt.

Raben (5) eingedeutschter Name der Stadt Ravenna.

Ramung (4) Herzog aus der Walachei, Gefolgsmann Etzels.

Ran (3) nach altnordischer Vorstellung die Herrin des Meeres, in deren Reich die Er-
trunkenen kommen.

Randolf (2) einer der Gefolgsmannen Gunthers im Kampf gegen Walther.

Randolt (5) wird mit einer verräterischen Einladung zu Dietrich von Bern gesandt, um ihn an Ermenrichs Hof zu locken, warnt diesen aber vor den Anschlägen auf ihn.

Regin (3) als kunstfertiger Schmied und Erzieher Sigurds eine der ältesten Gestalten der Nibelungensage. Die Thidrekssaga, in der die Erziehung des mutterlosen Kindes durch den Schmied in ursprünglicherer Form erhalten ist, nennt diesen Mimir; der Aufenthalt Regins am Hof Hialpreks und Alfs gehört einer jüngeren Sagenschicht an.

Rerir (3) einer von Sigurds Ahnen, Vater Wölsungs.

Rienold (5) Verwandter Witeges, bei dessen Verfolgung durch Dietrich er sich diesem entgegenstellt; er findet dabei den Tod.

Rosengarten (5) Ursprünglich eine »Jenseitslandschaft" (vgl. den Namen »Rosengarten« für Friedhöfe), wird der Rosengarten in der Dietrichssage zweimal genannt, als Rosengarten zu Worms und als Rosengarten Laurins. Hier wie dort wird er als paradiesische Landschaft dargestellt, deren Unverletzlichkeit durch das ihn umhegende Seidenband symbolisch angedeutet wird. Kriemhild als Herrin des Rosengartens ist der alten Überlieferung von der »Frau im umhegten Garten« eingegliedert; in einer Fassung der Sage steht inmitten des Rosengartens ein wunderbarer Baum, der ebenfalls in diesen Zusammenhang gehört.

Rüdeger von Bechelaren (4, 5) Markgraf unter der Oberhoheit König Etzels. Seine Treue gegen Etzel und seine Freundschaft zu den Burgunden bringen ihn beim Untergang der Nibelunge in schwere Gewissensnot.

Rumold (4) Küchenmeister an Gunthers Hof zu Worms.

Runen (3) Die Runen sind aus altitalischen Alphabeten entlehnte Schriftzeichen, die aber bei den Germanen an die Stelle alter, einheimischer Zeichen getreten sind und neben ihrer Verwendung für ursprünglich nur kurze Mitteilungen (Inschriften usw.) als Vermittler eines geheimnisvollen Wissens galten, sodass sie unter anderem Krankheiten hervorrufen, aber auch heilen konnten.

Sabene (5) Gefolgsmann Dietrichs von Bern, Gebieter über Raben/Ravenna.

Sälde (5) Name einer Jungfrau, die Dietrich aus schwerer Bedrängnis rettet und die ihn dafür in ihr überirdisches Reich einlädt.

Santen am Rhein (4) das heutige Xanten.

Säwarstad (1) die Insel, auf die der gelähmte Wieland gebracht wird und wo er für König Nidung schmieden muss.

Scharf (5) einer der beiden Söhne König Etzels, die durch Witege getötet werden.

Schelch (4) ein nicht genau bestimmbares Tier, vielleicht ein Wildpferd; vgl. »Schälhengst«.

Schemming (5) das Ross Witeges.

Schilbung (4) einer der Söhne Nibelungs; er wird von Sigfrid getötet.

Schildbaum (3) Kenning, d. i. umschreibende Bezeichnung für den Krieger.

Schildburg (3) ein kreisförmiger Wall aus aufrecht stehenden Schilden.

Schlafdorn (3) Durch Stich mit dem Schlafdorn versetzt Odin Brünhild in Schlaf. Solche Schlafdorne sind der altnordischen Überlieferung auch sonst bekannt.

Schlagfittich (1) *an.* Slagfidhr; »sprechender« Name, ursprünglich Beiname Wielands, später als Name eines der Brüder Wielands aufgefasst.

Schrutan (5) ein Riese, einer der Hüter des Wormser Rosengartens.

Schutzgeist der Sippe (3) *an.* kynfylgia, auch aettarfylgia; ein überirdisches Wesen, das die Angehörigen der Sippe schützt, vor kommendem Unheil und vor verderblichen Handlungen warnt.

Schwanenjungfrau (1) ursprünglich echte Verwandlungsgestalt, nach späterer Auffassung Besitzerin eines Federhemdes, das zum Flug angelegt werden kann.

Schwanweiß (1) *an.* svanhvitr, »weiß wie ein Schwan«, ursprünglich Beiname einer Hladhgudhr genannten Gestalt, dann als selbständiger Name aufgefasst.

Segelross (3) umschreibender Ausdruck für Schiff.

Sibeche (5) zuerst getreuer, nach erlittener schwerer Unbill ungetreuer Ratgeber Ermenrichs.

Sigeband (6) König in Irland, Vater Hagens.

Sigenot (5) ein Riese, Bruder Grims, in dessen Gefangenschaft Dietrich von Bern gerät; Hildebrand befreit ihn.

Sigestab (4, 5) einer der Gefolgsmannen Dietrichs von Bern. Im Wormser Rosengarten siegt er über den Riesen Ortwin.

Sigfrid (4, 5) der berühmte Drachenkämpfer und von Hagen ermordete Gatte Kriemhilds, nordisch Sigurd; im Rosengarten zu Worms unterliegt er im Kampf gegen Dietrich.

Sigfrid (4) Sohn Gunthers von Brünhild.

Sigfrid von Morland (6) abgewiesener Freier um Gudrun, der in Herwigs Land einfällt, dann aber auf Seite von Gudruns Gesippen an dem Krieg gegen die Normannen teilnimmt.

Siggeir (3) Gatte Signys, der verräterisch Wölsung und dessen Söhne zu sich einlädt und überfällt.

Sigi (3) Angehöriger des Wölsungen-Geschlechtes.

Siglind (4) Sigfrids Mutter. Die Namen Sigmund, Siglind, Sigfrid gehören zusammen und stellen die älteste Namensschicht dar. Im Norden wurde der Name Siglind durch Hiördis ersetzt.

Siglind (4) eine der Wasserfrauen, die Hagen von Tronje den Untergang der Burgunden voraussagt.

Sigmund (3, 4) Sigfrids (Sigurds) Vater.

Signy (3) Sigmunds Schwester, Gattin des Königs Siggeir.

Sigurd (3) siehe Sigfrid.

Sindolt (4) burgundischer Held, Mundschenk an Gunthers Hof.

Skadi (3) Nachbar Sigis, der Skadis Knecht Bredi tötet.

Skaramund (2) fränkischer Held und Neffe Gamelos, Gegner Walthers.

Sleipnir (3) Odins achtbeiniges Ross.

Streitaxt, doppelschneidige (2) Ihre Bezeichnung als die Hauptwaffe der Franken zeigt, dass die so genannte Francisca (ergänze: *lat.* securis = Beil), das »fränkische Beil«, gemeint ist, das aber ein einschneidiger Wurfkeil war und im 10. Jahrhundert, in dem die erste Fassung der lateinischen Waltherdichtung entstand, schon abgekommen war. Der Dichter hatte keine unmittelbare Kenntnis der Waffe mehr, woraus sich ihre Bezeichnung als zweischneidig erklärt.

Studenvuhs (5) einer der Hüter des Wormser Rosengartens, unterliegt im Kampf gegen Ilsan.

Swemmelin (4) Spielmann und Bote König Etzels.

Tanast von Speyer (2) einer der Gefolgsmannen Gunthers im Kampf gegen Walther.

Tarnkappe (5) Laurin besitzt eine unsichtbar machende Tarnkappe, siehe Tarnmantel; nach der Volkssage besitzen die Zwerge unsichtbar machende Mützen.

Tarnmantel (4) *mhd.* »tarnkappe«, das aber nicht etwa eine Kopfbedeckung bezeichnet. *Mhd.* kappe bedeutet »Mantel«; erst auf späterem Bedeutungswandel beruht unser Wort Kappe im Sinne von Kopfbedeckung. Die »Kappe« besaß auch eine den Kopf bedeckende Kapuze, worauf dieser Bedeutungswandel zurückgeht.

Ute (4) Kriemhilds Mutter.

Ute (5) Hildebrands Gattin.

Ute (6) Gattin Gers, Großmutter Hagens.

Ute (6) Gattin Sigebands, Mutter Hagens.

Virginal (5) eine Königin, die über ein Land im Gebirge herrscht. Dietrich von Bern befreit sie aus arger Bedrängnis durch einen Riesen.

Vogel, weissagender (6) Ein weissagender Vogel verkündet Gudrun die nahe Befreiung. Zukunftskundige Vögel werden in volkstümlicher Überlieferung, darunter auch im Märchen, oft genannt; häufig sind sie treue Ratgeber und Warner.

Volker von Alzey (4, 5) Hagens getreuer Gefährte und Spielmann; im Rosengarten zu Worms kämpft er gegen Ortwin.

Waghild (5) eine Meerfrau, Ahnmutter Witeges.
Walküre (1, 3) »Kieserin des Wals«, d. i. Wählerin der gefallenen Krieger. Die Walküren stehen in enger Beziehung zu Odin, zu dem sie die gefallenen Krieger nach Walhall geleiten. Diese Gestalten sind mit solchen der altpersischen Überlieferung, den »Fravartayas«, verwandt, die als waffentragende, weibliche Gestalten im Kampf zur Hilfe herbeifliegen. Die Verbindung zwischen Walküre und Schwanfrau ist also wohlbegründet.
Walther Starkhand (2, 4, 5) »Starkhand« wird im lateinischen Waltherepos durch »manu fortis« wiedergegeben; ein anderer Beiname, »vom Wasgenstein«, bezieht sich auf den Kampf zwischen Walther und Gunther. Im Wormser Rosengarten kämpft Walther gegen Dietleib.
Wärbel (4) einer der Spielleute und Boten Etzels.
Wasgenstein (2) Kampfplatz zwischen Walther und der von Gunther angeführten Schar.
Waske (4) Irings Schwert.
Wasser, bei der Geburt mit Wasser begießen (3) Diese Sitte ist schon bei den vorchristlichen Germanen belegt, entspricht also nicht der christlichen Taufe.
Wate (6) Verwandter und Lehensmann König Hetels. Alter, gewaltiger Kämpfer; er ist heilkundig und hat diese Kunst bei einem »wilden wîbe« erlernt.
Werinhard (2) einer von Gunthers Gefolgsmannen im Kampf gegen Walther.
Wieland (1, 5) an. Völundr, berühmter Schmied, Vater Witeges.
Wighard (4) einer von Dietrichs Mannen.
Wildeber (5) einer der Gefolgsmannen Dietrichs von Bern.
Wilzen (5) ein slavisches Volk, zu dem auf Sibeches Rat Ermenrichs Sohn Friedrich gesandt wird.
Witege (1, 4, 5) zuerst Gefolgsmann, dann Feind Dietrichs von Bern. Sein Name entspricht dem 332 im Kampf gegen die Römer gefallenen Widigoja, der nach dem Geschichtsschreiber Jordanes als Held in Preisliedern gefeiert wurde. Er gilt als Sohn Wielands.
Wolf im Heiligtum (3) an. vargr i veum; Bezeichnung für den wegen seiner Vergehen aus der menschlichen Gemeinschaft ausgeschlossenen Übeltäter.
Wolfbrand (4) Gefolgsmann Dietrichs von Bern.
Wolfhart (4, 5) Gefolgsmann Dietrichs von Bern, Neffe Hildebrands; im Wormser Rosengarten kämpft er gegen Pusolt.

Wolfssee (1) *an.* Ulfsjár; die Stätte, wo Wieland und seine Brüder die Schwanfrauen
   antreffen.

Wolfstal (1) *an.* Ulfsdalir; die Stätte, wo Wieland und seine Brüder hausen.

Wolfwin (4) einer von Dietrichs Mannen.

Wölsung (3) Urahne Sigurds (Sigfrids).

Wölsunge (3) das Geschlecht, dem Sigurd (Sigfrid) angehört.

Wölund (1) *an.* Völundr; siehe Wieland.

Wülfinge (5) das Geschlecht, dem Hildebrand angehört.

Wülpensand (6) Insel in der Nähe der Scheldemündung, auf der Hetel die Räuber seiner Tochter zum Kampf stellt, in dem er sein Leben einbüßt.

BILDNACHWEIS

Vorsatzkarte von Rudolf Führmann.

Badisches Landesmuseum, Karlsruhe (Seite 77, 283). Bayerisches Nationalmuseum, München (Seite 23, 161). Professor Dr. Friedrich Behn, Mainz (Seite 39). British Museum, London (Seite 15). Foto Marburg (Seite 161, 227, 247). Fürstlich Fürstenbergische Hofbibliothek, Donaueschingen (Seite 93). Germanisches National-Museum, Nürnberg (Seite 23). Landesbibliothek, Kassel (Seite 225). Landesmuseum für Vor- und Frühgeschichte, Schleswig (Seite 77). Österreichische Nationalbibliothek, Wien (Seite 135, 201). Rheinisches Bildarchiv, Köln (Seite 283). Rheinisches Landesmuseum, Bonn (Seite 161). Otto Siegner, München-Pullach (Seite 193). Universitetets Oldsaksamling, Oslo (Seite 31, 67). Württembergisches Landesmuseum, Stuttgart (Seite 239).

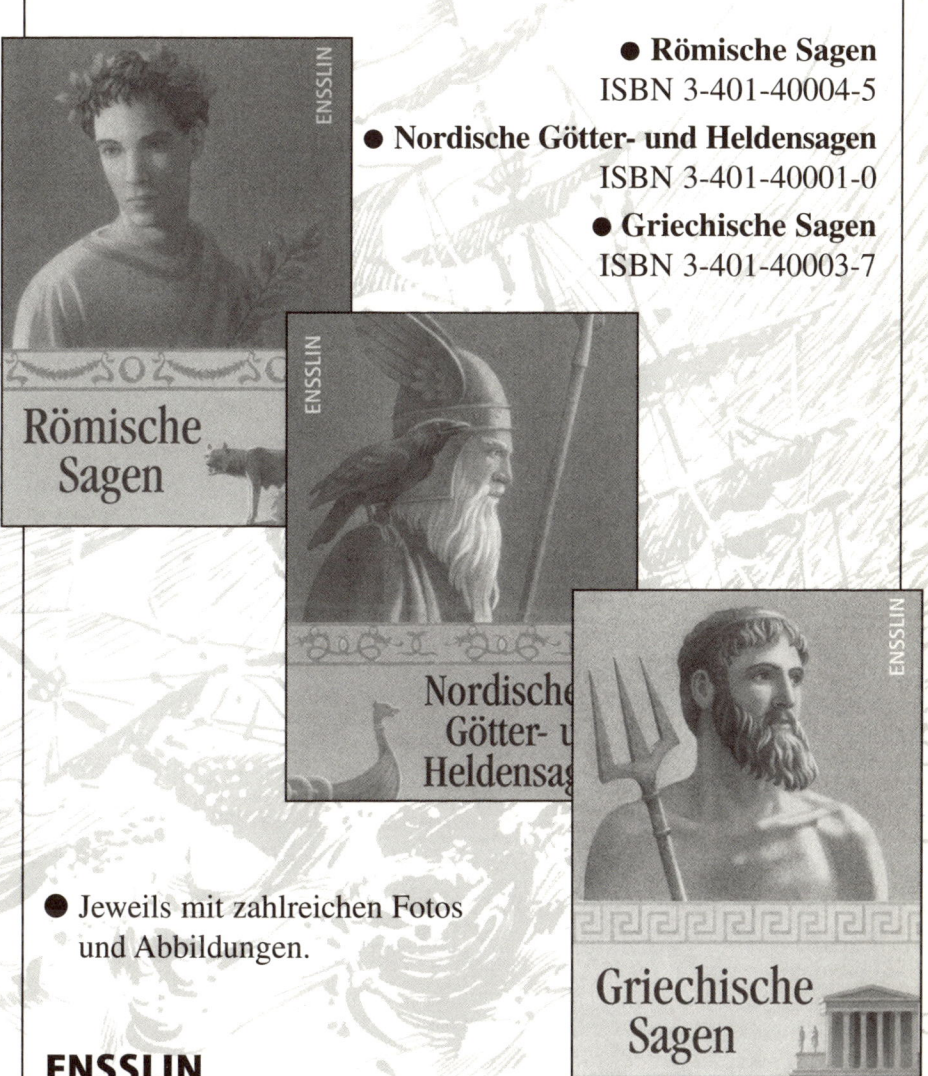

Leseprobe

Aber diesmal kam alles anders. Als ich an einem Mittag zu dem Boot wanderte und meine Augen lebhaft umhergingen und auch auf den Boden blickten, hielt ich plötzlich im Gehen inne, stand wie vom Donner gerührt still, und es war mir, als ob ich ein Gespenst sähe. Ich lauschte, schaute angstvoll ringsum, konnte aber weder etwas hören noch sehen. Ich lief am Ufer auf und nieder, erstieg klopfenden Herzens einen kleinen Hügel und hatte nun einen weiteren Blick als von der ebenen Erde aus.

Es war nichts zu sehen. Es war immer dasselbe. Ja, ich sah nichts außer dem einen, was ich gleich zu Anfang mit Entsetzen bemerkt hatte, **nämlich die Spur eines Menschenfußes im Sand.** Die Spur eines nackten Fußes mit Zehen, Ferse und was sonst an einem nackten Fuß an Form und Umfang zu sehen ist. Das wars, was mich so maßlos erschreckte. Und das wars, was mich flüchten ließ wie ein verfolgtes Tier. Ich rannte, so schnell ich konnte, zu meiner Festung, ohne dass ich, wie das Sprichwort sagt, die Erde unter mir spürte.

(Aus: Daniel Defoe, Robinson Crusoe)

Main

Worms

Nibelungenstraße

Neckar

Rhein

DEUTSCHLAND

Pföringen

Moeringen

Breisach

Bodensee

ÖS

SCHWEIZ

Rosenga

Bern

ITALIEN

Rabe
(Rave